Tourism Culture Theory

제3판

관광문화이론 탐색 및 사례 중심

2011년도
대한민국학술원
기초학문육성
"우수학술도서"
선정

관광문화론

조명환 저

백산출판사

제3판 머리말

2000년에 『국제관광과 문화』를 출간한 이후, 2010년 『관광문화론: 관광문화이론 탐색 및 사례 중심』이란 제목으로 책을 발행했고, 관광문화 관련 이론들을 보완하여 2017년 『관광문화론』 제2판으로 펴내었다.

저자가 책 제목을 『관광문화론』으로 정한 이유는 다음과 같다. 우리나라에 관광학이 도입된 지 60여 년이 지났지만 아직까지도 독자적인 학(a discipline)인가, 아니면 단순히 어느 학문 분야에서나 흔히 가질 수 있는 한 관심사로서의 연구 분야(a study field)인가에 대해 명확한 해답을 주지 못하고 있다. 이러한 상황에서 관광문화현상을 학으로 단정 짓는 건 논리적인 비약이라고 판단했기 때문이다.

하지만 우리나라 관광 관련 연구자들이 끈질기게 노력한 결과, 관광학의 영역을 관광학(순수관광학)과 관광관련학(관광응용학)으로 분류하기에 이르렀다. 김사헌은 2000년도에 발간한 『관광학 연구방법론』에서 관광학(순수관광학)을 사회 · 문화 · 경제 현상으로서의 여가현상과 관광이동현상을 조사하고 파악하며 예측하는 사회과학적 성격의 학문으로 보았다. 나아가 주객(主客: hosts and guests)의 행태, 객을 대상으로 한 사회경제적 행위 분석, 주변 사회 · 문화 · 환경에 미치는 영향과 효과, 그리고 정책을 연구하는 것이라 개념화했다.

관광학을 개념화하는 과정에서 문화현상에 착안해 관광문화현상을 하나의 연구 분야로 도출할 수 있다. 관광문화 연구영역은 관광학(순수관광학)에 속하며, 접근방법으로는 사회과학적 분과학문 중 사회학 · 문화학 · 문화인류학 등의 연구방법론을 채택하면 될 것이다.

본서에서 관광문화론의 이론적 범위는 관광문화의 정의 및 발생과정,

관광과 문화 변용의 관계, 관광과 예술품의 진화, 관광과 민족의식, 관광과 고유성의 재해석, 관광과 문화종속, 관광과 문화충격, 관광과 순례를 다루었다. 실증적 범위로는 관광 · 휴양형 이주와 섬 문화, 관광과 민족문화 연출, 선진국을 위한 인조 놀이터 문화로서의 개도국 관광, 관광 개발의 실상과 허상, 관광 입국 쿠바의 딜레마, 그리고 이번 제3판에서 추가한 탄자니아 사파리관광과 마사이족 사람들의 생활문화적 고뇌를 1 · 2차 자료 중심으로 다루었다.

저자는 지난 20여 년간 관광문화현상이란 무엇을 의미하는지, 관광문화관련 이론들을 어떻게 한정시킬 것인지, 실제 연구에서 지역주민(hosts)의 입장과 관광객(guests)의 입장 중 어느 쪽으로 내용을 전개할 것인지에 관해 깊이 고민했다. 이런 고민에 대한 해답은 관광객의 관광행동이 그들 자신의 문화와 지역주민문화에 긍정적 효과를 최대화 하고, 부정적 효과는 최소화해야 한다는 것이다.

향후 후속 연구자들은 관광문화현상에서 다루어야 할 내용적 범위를 명확히 하여 핵심적 요인과 주변 요인으로 분류하고, 이들 간의 관계를 실증 분석해 대안을 제시해야 할 것이다.

신생 학문이 학문적 체계를 갖추는 데는 한 연구자에 의해, 그리고 단시간 내에 이루어지지 않는다는 것을 통감하였다. 앞으로 관광문화를 주제로 한 이론적 · 실증적 연구가 많이 이루어져 학문적 깊이를 더해간다면 『관광문화론』이 아닌 『관광문화학』으로의 발전까지도 가능할 것이다.

끝으로 AI 시대, 전자출판의 시대에 접어들어 출판사 사정이 여의치 않아도 흔쾌히 제3판 출판을 수락해 준 백산출판사 진욱상 회장님, 진성원 대표님께 고마움을 표한다. 백산출판사는 그동안 수많은 관광 관련분야 서적을 발간해 오면서 우리나라 관광 관련학문 발전에 크게 공헌해 왔고, 앞으로도 그럴 것이라 확신한다.

2025년 10월 청도 시골집에서

Preface

관광문화(tourism culture)라는 용어는 우리나라의 경우 관계당국이나 연구자들도 문화관광(culture tourism)이라는 용어와 혼동하여 사용하고 있다. 문화관광은 관광자원의 한 유형으로서 문화를 소재로 한 관광상품 개발의 한 유형이라 할 수 있다. 반면에 관광문화는 관광객과 관광목적지 주민들과의 상호작용에 의해 생성되는 문화의 한 패턴이라 볼 수 있다.

주지하다시피 문화는 특정한 인간집단에서 특징적으로 나타나는 생활의 한 유형으로서 물질적, 사회적 산물이나 사건의 영역을 포함하는 등의 다른 사람들과는 구분되는 생활양식의 총체로 보는 게 일반적이다. 생활양식에는 의식주의 형태를 포함한 결혼관례, 종교의식, 여가활용 방식부터 가치관, 규범, 사회제도, 이데올로기 등이 있으며 구체적인 사물로는 건물, 책, 컴퓨터까지도 포함하고 있다. 문화를 한마디로 표현하면 물질과 정신이 한데 어우러진 것이라 하겠다.

관광문화는 이러한 정신과 물질이 구체적인 생활형태로 나타나는 지역 또는 그런 사람들을 찾아나서는 과정에서 창출되기 시작한다. 그 대상은 타 지역의 사람, 문물, 제도 등이 될 수 있다. 이러한 관광대상을 관광객이 관람 또는 시찰하는 과정에서 관광지 주민 간에 의사소통이 이루어지게 된다. 이런 과정에서 관광으로 인하여 두 집단이 받게 되는 구체적인 영향으로는 문화상대주의, 민족중심주의, 문화전파, 문화변동 등이 있다.

관광으로 인한 문화적 영향을 다루는 관광문화에 관한 정의는 학자에 따라 다양하게 나타나고 있다. 자파 자파리(Jafar Jafari)는 관광객 문화

(tourist culture)로 정의하고 있는데, 이는 휴가로 인해 발생하는 관광객들의 문화라는 것이다. 자파리에 따르면, 관광문화라 할 경우 적어도 두 집단이 존재해야만 가능하다는 것이다. 한 집단은 관광객(guest)이고, 또 한 집단은 관광지 주민(host)이다. 자파리는 관광문화의 특징을 다음과 같이 제시하고 있다. 관광과정에 참여하는 모든 참가자들의 행동은 독특한 관광문화를 창출한다는 것이다. 이렇게 생성된 관광문화는 그들의 일상적 문화와는 다른 것이다. 관광객들은 집을 떠나면 일상생활과는 전혀 다른 상태와 논다는 양상 때문에 지금까지와는 다른 행동을 하게 된다. 그리고 관광객과 마주치는 관광지 주민들도 관광객들에게 환대서비스를 제공해야 하기 때문에 행동이 다를 수밖에 없는 것이다. 이와 비슷한 견해를 가진 일본학자 하시모토 가쓰야(橋本和也)는 관광현장에서 사람들이 만나게 되는 문화 그 자체를 관광문화라고 한다.

하시모토는 지역민들이 문화적인 차이를 가지고 찾아오는 관광객을 어떻게 맞이할 것인가에 대한 방안을 생각하고, 또 관광객이 관광만족을 위해 관광지에 요구하는 여러 가지 내용도 포함될 수 있음을 강조하고 있다.

한편 관광문화 내용의 범위에 대해서는 학자들마다 견해가 다양한데 본서에서는 반덴 베르헤(Vanden Berghe)의 「관광의 문화적 영향」이라는 논문에서 다루고 있는 언어사용, 예술, 고유성, 민족적 의식을 중심으로 장을 구성하였다. 그리고 문화인류학의 범위라 할 수 있는 문화적 충격, 문화적 종속, 순례와 같은 주제도 다루었다. 사실상 관광문화론에서 다루어야 할 내용을 고찰하다 보면 관광으로 인한 사회적 영향과 분리시키는 문제와 관광학의 인접 학문이라 할 수 있는 문화인류학에서 다루는 내용을 어떻게 차별화시킬 것인지가 현실적인 문제로 대두된다. 물론 어떤 시각에서 바라보느냐에 따라 다를 수밖에 없는 것도 현실이다.

그러나 하나의 학문이 완성되기 위해서는 가장 인접한 기존 학문으로부터의 차입은 불가피하다. 차입과정에서 다루고자 하는 구체적 현상에 관한 깊은 통찰을 통해 신생학문의 과정을 거쳐 독립학문으로의 발전과정을 거치게 됨은 분명하다. 관광학이 그랬듯이 관광문화론도 이런 과정에서 예외일 수는 없다. 물론 과학적인 연구방법론의 적용과 응용이 가능해야 함은 두말할 필요가 없다.

본서는 2000년에 발간한 『국제관광과 문화』라는 책의 내용을 10여 년간 대학에서 강의하면서 『관광문화론』으로 발전시키는 데 필요한 주제들, 그리고 그 주제들과 관련한 각국의 사례들을 소개하고 거기서 중요한 시사점을 제시하려 노력했다. 세계 인구의 10% 가까이가 해외 관광을 하고 있고, 국내 관광객의 숫자는 해외 관광객의 몇 배가 되고 있다. 우리나라의 경우도 국내외 관광객 2천만 시대를 맞이하고 있는 이 시점에서 관광학의 경우도 핵심이론을 부각시키면서 실증연구가 이루어지고 있음을 고려할 때 관광문화론도 하나의 학문영역으로 자리매김할 당위성이 존재함을 저자는 강조하고자 한다.

끝으로 우리나라 출판사 사정은 대단히 어려운 현실에 처해 있음을 누구나가 공감하고 있다. 그럼에도 불구하고 본서 출판을 흔쾌히 수락해 준 백산출판사 진욱상 사장님께 사의를 표하며, 워드 작업과 교정에 열과 성을 다해준 동아대학교 관광경영학과 최주영 조교에게도 고맙다는 말씀을 드리고 싶다.

2010년 2월
동아대학교 부민동캠퍼스 관광경영학과 저자 연구실에서

Contents

CHAPTER_9 관광과 순례

CHAPTER_10 관광과 민족문화 연출

CHAPTER_11 선진국을 위한 인조놀이터 문화로서의 개도국 관광

관광문화의 정의 및 발생과정

CHAPTER 1

01 | 문화의 개념 및 속성

일상생활에서 문화라는 용어는 널리 사용되고 있다. 선사문화, 대중문화, 음식문화, 자동차문화, 청소년문화 등 인간생활의 거의 모든 영역에서 문화라는 말은 접미사처럼 사용되고 있다. 때때로 문화는 문명, 교양, 의식을 뜻하기도 하고 생활양식을 의미하기도 한다.

국어사전에는 문화를 자연상태에서 벗어나 삶을 풍요롭고 편리하고 아름답게 만들어가고자 사회구성원에 의해 습득, 공유, 전승되는 행동양식 또는 생활양식으로 물질적 · 정신적 소산을 통틀어 일컫는 의미로서 의식주를 비롯하여 언어, 풍습, 종교, 학문, 예술 및 각종 제도를 포함하는 것으로 되어 있다.

문화는 어떤 식으로 정의되어 왔는가? 그리고 문화의 일반적인 기능은 무엇이고 문화의 속성들은 어떠한가? 관광으로 인해 관광객과 지역주민들에게 영향을 줄 수 있는 문화와 관련된 이론에는 어떤 것이 있는가 등 관광문화를 이해하기 위한 문화의 기초개념에 대해 살펴보고자 한다.

1) 문화의 정의

문화의 개념은 인류학에서 논의되고 있으며, 이때 문화는 단순히 예술이나 교양을 의미하지 않는다. 아직까지 개념적 정의는 일치하지 않고 있지만, 인류학적 문화개념은 학습되고 축적된 인간의 경험을 가리킨다. 타일러(E. B. Tylor)는 문화를 지식, 신앙, 예술, 도덕, 법률, 관습 등 사회 성원으로서 인간이 획득한 모든 능력과 습성을 포함한 복합적인 총체로 보았다. 그리고 크뢰버(A. L. Kroeber)는 문화를 학습되고 전승되는 반작용, 습성, 기법, 관념, 가치의 총합과 그것들에 의하여 유발되는 행위로 보았다. 크뢰버와 클러크혼(Alfred L. Kroeber & Clyde Kluckhohn)은 상징에 의해 획득되고 선승되는 명시적 · 묵시적 행위유형으로 인간집단의 독특한 것과 인위적 산물까지 문화에 포함시켰다. 문화란 구체적인 사물이나 제도가 아니라 그로부터 추출된 하나의 추상으로 볼 수 있다.

사실상 문화는 특정한 인간집단에서 특징적으로 나타나는 생활유형의 물질적 · 사회적인 배열로 사물 및 사건의 영역을 가리키기도 하고, 다른 한편으로는 생활에서 표현되는 모든 개념 및 규칙 그리고 의미 등의 관념체계를 가리키기도 한다. 그러나 우리는 여기서 잠정적이나마 문화가 이 두 가지 개념, 즉 구체적 생활양식과 관념론적 체계 모두를 포함하는 생활양식의 총체로 보기로 한다.[1] 따라서 생활양식의 총체로서 문화개념은 의식주의 형태, 결혼관례, 종교의식, 여가활용 방식에서 가치, 규범, 법, 사회제도, 이데올로기 등과 구체적인 사물인 건물이나 책, 그리고 컴퓨터 등과 같은 모든 것을 포함하는 것으로 이해하는 게 중요하다.

2) 문화의 속성

(1) 문화의 공유성

문화는 우리가 관찰하고 측정할 수 있는 사물이나 사건이라기보다는 공유된 관념과 의미로 구성되어 있다. 이는 인간세계의 사물이나 사건도 결국 공유된 의미세계에서 이해되고 전달될 수 있다는 뜻이다. 그러므로 문화란 일차적으로 개인들의 정신 속에 있는 공통의 의식적 · 무의식적 체계인 것이다. 예를 들어, 의사소통을 위한 언어와 같은 기호(code)체계는 부락 또는 민족의 문화체계로서 개인들의 머릿속에 존재한다. 그리하여 언어는 시제, 존칭 등 언어문법체계를 공유하는 개인들 간의 관계 속에서 그 의미가 이해되고 전달되는 것이다. 비록 지역이나 성별, 연령, 개인적 시각에 따라 언어사용법에 조금씩 차이가 있더라도 그러한 개인들은 모두 공통의 기호적 전통을 공유하기 때문에 서로 의사소통이 가능한 것이다. 이러한 문화적 코드를 공유하기 때문에 우리는 어떠한 상황에서 어떻게 행동할지 알 수 있으며, 상대방의 행동을 기대하고 예측할 수 있는 것이다.

또한 문화는 위에서 말한 지역, 성별, 연령 등의 범주에 따라 [그림 1-1]에서처럼 하위집단의 고유한 하위문화들로 이루어진다. 이것은 사회구성원들이 집단이나 인종, 성 등에 따라 다양하게 문화를 공유하고 있다는 것을 말한다. 문화는 다양한 사회집단의 사회적 관계에서 형성된다. 개인들은 사회집단 속에서 다양한 역할기능을 수행하면서 자신의 정체성을 형성하게 된다. 한 개인의 문화적 정체성은 역할 수행의 반복되는 사회적 관계 속에서 확립된다. 문화는 사회화(socialization)과정을 통해 만들어지는 사회적 산물인 것이다.

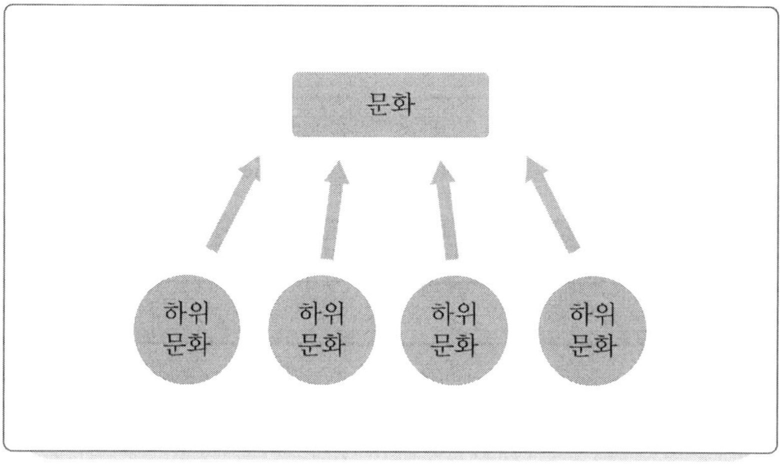

[그림 1-1] 문화의 형성

(2) 문화의 상징성

인류학자 화이트(L. A. White)는 인간이 상징을 다룰 수 있다는 점에서 동물과 구별되고 이것이 문화의 기초라고 생각했다.[2] 그에 따르면 인간은 자유롭게 인위적으로 의미를 창작하고 이를 사물과 사건 및 행위들에게 부여하는 능력을 지녔고, 다른 인간도 그런 의미를 포착하고 이해할 수 있는 능력을 가진 유일한 동물이다. 화이트가 말한 성수(聖水)의 예를 들어보자. 성수는 보통의 물과 구별되는 화학적 성분을 가지고 있지 않다. 인위적으로 부여된 의미도 물의 성분에서는 포착될 수 없다. 성수의 의미는 냄새나 맛으로 또는 손으로 만져서 포착될 수 있는 성질의 것이 아니다. 그러나 성수의 가치는 이를 믿는 수많은 교인들에게는 큰 의미가 있고 때로는 강력한 힘을 발휘하기도 한다.

이같이 화이트는 인간이 상징행위에 기초하여 만든 사물 및 사건들을 상징물(symbolate)이라 부르고 이것이 문화를 구성한다고 보았다. 기어츠도 종교나 이데올로기를 하나의 상징체계로 보았는데, 생활과 세계에 대한 지식을 상징으로 구체화시키고 의미를 부여한 것이기 때문이다.

언어는 인간이 의사소통을 위해 가장 보편적으로 사용하는 상징체계이다. 언어는 경험의 축적과 전달 외에 기억과 상상력을 통한 사고능력을 발달시키는 수단이다. 동물심리학자 여키스(R. M. Yerkes)의 침팬지 연구는 흥미롭다.[3] 그는 상자에 작은 창을 내고 그 속에 빨강, 파랑 채색 판이 불규칙하게 출현하는 상자를 침팬지 앞에 놓았다. 빨간 것이 나왔을 때 옆에 있는 스위치를 누르면 채색판이 없어지고 4~5초 만에 먹이가 나오게 되어 있었다. 그러나 파란색이 나왔을 때 스위치를 누르면 파란색 판만 없어질 뿐 먹이는 나오지 않았다. 침팬지는 여러 번의 시행착오 끝에 먹이를 얻는 이치를 깨달았다. 그러나 채색판이 사라지고 4초 이상 경과하면 그곳에 나온 색이 무엇이었는지 잊어버렸다. 만약 인간이라면 채색판의 색을 빨간색, 파란색 등의 말로 고쳐서 머리에 기억해 두기 때문에 비록 시간이 지연된다 하더라도 다음에 나올 것이 기억에 저장된다. 특히 오랜 시간이 경과하더라도 인간은 문자로 기록하여 보존할 수 있기 때문에 좀처럼 망각하지 않는다. 이 실험은 언어가 기억작용과 불가분의 관계가 있음을 보여주는 동시에 언어가 상징적인 기능을 가지고 추상적인 것을 생각하고 사고할 수 있게 한다는 것을 증명하였다.

언어 이외에 상징적 의미가 전달되는 여러 문화적 형태가 있다. 상징물이라 부를 수 있는 것은 옷, 그림, 음식, 건축 등의 물질문화이다. 예를 들어, 옷 입는 방식으로 인간은 남성과 여성의 성구별을 상징화한다. 따라서 바지는 남성을, 치마는 여성을 상징하는 옷이다(그러나 스코틀랜드에선 남자가 치마를 입어, 치마는 반대의 의미를 갖는다). 전통적인 도시에서 사원이나 교회가 대개 도시의 중앙에 근접한 언덕에 위치하는 것도 종교가 인간의 일상생활에서 가장 큰 영향력을 행사하고 있다는 권위를 상징한다. 오늘날 부유한 계층이 큰 저택과 고급 승용차를 소유한 것도 부의 상징으로 볼 수 있다. 베블렌(T. B. Veblen)은 그의 저서 『유한계급론』에서 상류층의 과시적 · 낭비적 소비는 부와 명성을 사회적으로 인정받기 위한 상징적 행위로 보았다.

현대인들 못지않게 성대한 축제를 열어 무절제하게 소비하는 풍습을 가진 원시부족이 있다. 마빈 해리스(M. Harris)는 인디언의 포틀래치(Potlatch)라는 축제에서 보여지는 문화행위의 상징성을 관찰하였다.[4)]

아메리카 일부 지역에 사는 인디언의 추장들은 다른 사람에게 보이기 위한 낭비를 함으로써 서로 경쟁했다. 성대한 축제를 열 수 있는 능력은 경쟁자들이 축제에 내놓은 음식의 양에 따라 평가되었다. 그래서 성공한 축제가 되려면 초대된 손님들이 과식을 하여 토하고 나서 다시 먹고도 남을 정도로 음식을 마련해야 했다. 또한 그들은 축제의 흥을 돋우고 자신의 위신을 세우기 위해 심지어 자신의 집을 다 태워 보여주기까지 하면서 손님들을 주눅이 들게 하는 기름축제(grease feasts)를 열었다.

많은 세월이 흘렀지만 원시인의 성대한 축제, 선조들의 잔칫날 그리고 현대인의 한턱내기에 이르기까지 풍성한 음식을 보여주려는 과시적 · 낭비적 행위의 동기와 의미는 무엇일까? 그것은 위신과 명성에 대한 인간의 욕망 때문이며, 부와 실력을 인정받기 위한 상징적 행위이다.

유형 · 무형의 관광자원들도 상징성을 띠고 있다. 예를 들어 신라 첨성대의 상징성을 살펴보자. 높이 10m밖에 안 되는 작은 규모이지만, 천체의 상징성과 계절의 변화를 정확히 측정하는 구조이다. 몸체를 이루는 돌은 약 360개로 1년을 상징한다. 기단부와 몸체의 27단을 합한 28은 하늘의 대표적인 별자리 28수를, 여기에 정자석 2단을 합한 30은 한 달의 길이에 해당하며, 가운데 난 창문기준으로 아래위가 각기 12단으로 나누어진 것은 1년 12달 24절기를 의미한다.[5)]

출처 : EBS지식채널e, 신라 첨성대의 상징성을 아시나요, 2012년 6월 18일.

신라 첨성대의 상징성

또 다른 예로는 인도 갠지스강의 모습으로 사람들은 여기서 목욕을 하면 무병장수하고 더욱 신령스러워져 불심이 깊어진다고 믿고 있다.

출처 : Pixabay, Yolanda.

인도 갠지스강물(聖水)에 목욕하는 사람들

(3) 문화의 학습성

인간이 먹고 잠자는 것은 본능이다. 그러나 요리하는 법과 말하고 놀이하는 법은 배워야 할 수 있는 것이다. 이렇게 문화는 학습되어 획득되는 것이다. 인간은 문화를 갖고 태어나는 것이 아니라 단지 문화를 학습할 능력을 가지고 태어났다. 이는 문화가 인간 출생과 함께 선천적으로 타고난 것이 아닌 후천적으로 학습에 의해 획득된다는 것을 의미한다.

언어의 경우, 언어학과 인지심리학에서는 어린이의 언어습득이 일반적으로 발달단계에 따라 획일적으로 신속하게 이루어지고 있음을 밝히고 있다. 언어능력은 인지능력과는 달리 단기간 내에 이루어지는데, 이는 생물학적 성숙과정과 관계가 있다고 본다. 그러나 언어들의 특정한 유형은 보편적인 문법체계가 생물학적으로 인간의 두뇌에 프로그램화되어 있기 때문에 나타나는 것이 아니다. 오히려 언어의 유형적 특징은 언어가 사용되는 방식에서 나타난다. 예를 들어, 존칭어, 낮춤말은 언어가 말하는 사람의 연령, 신분 등 사회적 상황에 따른 사회적 용법에 따라 유형화된 것이다.

학습에 의한 언어의 습득은 인간의 문화적 속성 가운데 가장 특징적인 능력이다. 동물들도 의사소통을 할 수 있지만, 그 소리와 관념은 인간의 언어처럼 체계적으로 발전하지 못했다. 인간과 가장 가까운 침팬지의 경우도 언어를 습득할 수 있지만 그 학습능력은 매우 초보적인 것에 불과하다. 그 예로 워슈라는 침팬지는 불과 백여 개의 단어를 외우고 짧은 문장을 구사하였지만 언어규칙의 추상성을 이해하지 못했고 다른 동료 침팬지들에게 가르칠 수 없었다. 언어를 가르치고 규칙에 따라 추상적으로 언어를 복잡하고 다양하게 조합하여 구사할 수 있는 능력은 인간만이 가지고 있는 것으로 이해할 수 있다.

그러나 인간이 아무리 뛰어난 언어학습능력을 가졌다 하더라도 유아기부터 적절한 사회화과정이 전제되어야 정상적으로 언어를 습득할 수 있다. 사회화란 인간이 자신이 태어난 문화를 익혀가면서 성숙되어 가는 것을 말하는데, 언어습득도 이런 사회화과정의 한 부분이다.

(4) 문화의 보편성

모든 사회에는 공통적인 문화형태들이 있다. 이것을 문화의 보편성이라고 한다. 모든 사회에 존재하는 복잡한 체계의 언어라든지, 부부와 자녀에 관련된 가치나 규범이 포함된 가족체계, 혼인제도, 종교 등은 보편적인 문화형태들이다. 부녀간, 부자간, 형제간의 성행위를 금지하는 근친상간의 금기는 보편적 문화형태 중 하나이다. 예술, 신체장식, 오락, 선물교환, 농담 등도 인류학자들이 규정하는 보편적 문화형태들이다. 그러나 이러한 문화형태들도 각각의 경우 상당한 다양성이 존재한다.

한편, 이 같은 보편적인 문화가 존재한다는 것은 모든 인간의 마음이 다 똑같다는 것을 대전제로 한다. 이 같은 전제는 인류학의 창시자 타일러가 말하는 심적 단일성(psychic unity of mankind)에서 나타난다. 이 심적 단일성이란 대전제가 있기 때문에 진화론자들은 각기 다른 종족의 문화를 진화론적 관점에서 설명할 수 있고, 전파론자들은 어떤 문화적 요소가 다른 문화로 수용될 수 있다고 설명한다. 이 전제적 개념은 인류문화의 보편성과 민족문화의 특수성에 대한 논의의 근거를 마련해 주고 있다. 타문화에 대한 이질감은 그 문화의 특수성을 말해 주지만, 그 특수성들의 공통분모 또는 기저가 되는 문화의 보편성을 전제로 하기 때문에 분별이 가능한 것이다.

02 | 관광문화의 정의

1) 관광문화의 정의

관광은 관광객과 지역민의 문화가 서로 혼합되는 과정을 거치게 된다. 이 과정에서 관광객은 관광경험에 영향을 받게 되고, 그 결과 관광지문화를 개조할 수도 있다. 실제 많은 관광객이 관광목적지에 밀접히 관여하면서 다소 간의 문화변용을 초래하고 있다. 문화변용은 교환(exchange), 변화(change), 그리고 창조(creativity)를 통해 일어나며 이 과정에서 새롭고 독특한 문화풍경(cultural landscapes)이라 할 수 있는 관광문화개발(tourism cultural development)로 이어지기도 한다.[6)]

이처럼 관광객과 지역민 상호 간의 작용 정도에 따라 관광문화가 어떻게 형성되는지에 관한 연구는 관광객들의 참가를 간과하거나 관광객 중심의 편향적 사고를 보였다. 이로 인해 동적인 상황에서 아주 미묘하고 다양한 경험의 결과를 지나치게 부정적으로 평가하는 경우도 있었다. 아래에서는 지금까지 관광문화 관련 연구결과들을 바탕으로 관광문화는 어떻게 정의되고 있고, 관광문화 발생과정은 어떤 흐름을 거치는가를 알아보고자 한다.

하시모토 가쓰야(橋本和也)는 관광현장에서 사람들이 만나게 되는 문화 그것을 관광문화(tourism culture)로 정의하고 있다. 그에 따르면, 지역민들이 문화적인 차이를 가지고 찾아오는 관광객을 어떻게 맞이할 것인가에 대한 방안을 생각하고, 또 관광객의 관광을 만족시키기 위해 관광지에 요구하는 여러 가지 내용도 포함될 수 있다는 주장을 하고 있다.[7)] 문화의 관광자원화 전개는 관광용 혹은 관광객 중심의 문화를 만들어가는 것을 의미한다.

관광객의 관광대상에는 공연, 관광 토산품, 공예품 등이 있다. 오하시 겐이치(大橋建一)는 관광문화를 관광객의 존재를 상정해서 어떤 면에서든 기존의 문화와는 다른 문화의 생성으로 정의하고 있다.[8] 여기서 주목해야 할 점은 관광문화는 단순한 관광대상이라는 수준의 문화를 넘는 개념이라 할 수 있다. 이것은 관광을 계기로 새로운 문화가 창출된다는 의미도 포함된다. 세계 각지에는 다양한 자연환경이 존재하고, 역사의 전개과정에서 각 민족이 고유의 문화를 형성해 가는 가운데 관광이 자연발생적으로 이루어지게 된다. 관광을 통해 사람들은 자기 자신이 경험하지 못한 자연과 문화를 접촉함으로써 감동을 자아내고, 자신의 생활에 의욕을 불러일으킴은 물론 육체적, 정신적으로도 재창조라는 힘을 얻게 된다.

위어링, 스티븐슨과 영(S. Wearing, D. Stevenson, T. Young)은 이를 관광객문화(tourist cultures)로 표현하면서, 관광객문화는 관광목적지라는 공간과 그 공간에서의 관광객의 체험 내지 경험에 초점을 두는 것으로 관광객의 자아와 관광공간이라는 상황 속에서 상호복잡하게 작용하기도 하고, 자기모순적이기도 하며, 재구성이라는 협상의 전 과정의 산물로 보고 있다.[9]

1927년 『관광경제강의』라는 저서를 발간한 마리오티(A. Mariotti)의 지적처럼, 관광지에는 관광객을 흡인하는 힘이 존재하기 마련이다. 흡인력의 구성요소는 크게 자연적 제 조건(예술적, 고고학적, 풍토적, 보건적)을 통한 자연발생적 흡인력과 시설, 인적 서비스, 호텔조직과 같은 인위적 제 조건인 파생적 흡인력으로 나뉜다. 인기관광지는 자연발생적 흡인력과 파생적 흡인력이 균형을 이루는 곳이 된다. 그것이 관광지의 매력, 바꾸어 말하면 자원성이고 지역성이다. 관광객이 접촉하는 경관은 자연이고 문화이다. 따라서 관광문화라고 할 때 관광지의 개성 있는 자연과 문화, 그것에 대응하는 개성 있는 관광활동을 조화시켜 가면서 전개해 나가는 과정으로 정의하고 있다.[10] 한편 자파리(Jafar Jafari) 같은 학자는 관광문화에 대한 견해를 다음과 같이 제시하고 있다. 우선 용어를 관광객 문화로 표현하고 있고, 이때 관광객 문화(tourist culture)는 휴가로 인해 발생하는 관광객들의 문화라는 것이다(tourist culture is the culture that tourists bring on vacation). 관광문화라 할 때는 적어도 두 집단이 존재해야만 가능하다. 한 집단은 관광객(guest)이고, 또 한 집단은 관광지 주민(host)이다. 이때 호스트 문화(the host culture)는 관광객과 접촉하는 관광목적지의 문화이다. 자파리에 따르면, 관광과정에 참여하는 모든 참가자들의 행동은 독특한 관광문화(tourism culture)를 창출한다는 것이다. 이렇게 생성된 관광문화는 그들의 일상적 문화와는 다르다. 관광객들은 집을 떠나면 일상생활과는 전혀 다른 상태와 논다(play)라는 양상 때문에 지금까지와는 다른 행동을 하게 된다.

그리고 관광객과 마주치는 관광지 주민들도 관광객들에게 환대서비스를 제공해야 하기 때문에 행동이 달라질 수밖에 없다. 그러나 관광객이나 관광객과 접촉하는 사람들은 모두 접점의 순간에는 그들 자신만의 문화가 존재하고 있다. 이 때문에 관광객문화는 잔존문화(residual culture)에 대한 이해가 필수적이다. 잔존문화는 상이한 문화에 직면했을 때 어떻게 행동하는가를 의미한다. 자파리에 의하면 관광객, 호스트, 그리고 잔존문화는 혼합되어 나타나고 각 관광지별로 구분 가능한 특수성을 띠게 되며, 관광객과 호스트(지역주민)의 행동으로 구성된다는 주장을 하고 있다.

이를 그림으로 나타내면 [그림 1-2]와 같이 구성해볼 수 있을 것이다.

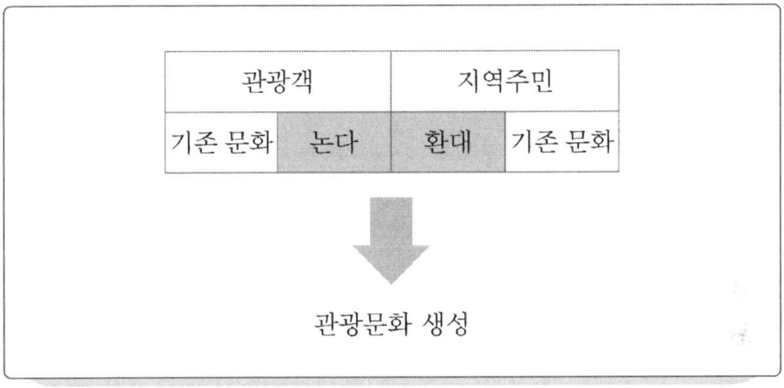

[그림 1-2] 관광문화의 생성

피잠(A. Pizam)과 같은 학자는 다양한 국적의 관광객들은 관광객의 문화(touristic cultures : 관광객, 도보 여행자 등의 문화)와 국가문화(national cultures)가 모두 동시성을 띠면서 나타난다고 한다. 피잠은 관광객들 자신의 국가문화를 벗어나 국적에 관계없이 모든 관광객들의 행동 속에 관광객적 문화가 어느 정도 있는가가 중요하다는 것이다.[11]

중국의 사회학자 왕(Ning Wang)은 관광의 개념을 자신이 처한 현실에서 여행자 자신에게 거리를 두거나 떼어놓는 일종의 사회행동으로 정의한다. 여기서 거리가 있다(to distance)라는 말의 의미는 관광이 관광객과 관광목적지 간에 발생하는 시간적 거리(예컨대 고유성, 역사문화유산, 원시성 등)나 공간적 거리(예컨대 신기성, 문화 간 차이, 물리적 구조, 물적 환경), 그리고 문화적 거리(예컨대 인종, 이국적 정취, 탈일상성 등)를 의미하며, 이같이 원거리에 따른 소구력(distance appeal)에 바탕을 둔 사회적 행동을 관광으로 인식하고 있다.[12] 그리고 김사헌(2007)은 『국제관광론 : 국제관광현상의 사회문화론적 해석』에서 관광이 사회문화적 현상인 점을 감안한다면, 관광은 여행 중 개인은 물론 현지주민이나 지역사회와의 사회문화적 접촉(socio-cultural encounter)을 수반하는 행위로 보고 있다.[13] 이 정의는 너무 추상적이라 할 수 있는데, 그 이유는 사회문화적 접촉을 수반했을 때 관광객이나 지역민에게 어떠한 결과를 가져다 줄 것인지에 대한 방향성이 없기 때문이다. 캐나번(Brendan Canavan) 역시 관광 문화를 지역문화와 방문객문화의 결합체라는 아주 포괄적인 방식으로 정의하고 있다.[14]

이상과 같은 관광문화에 관한 학자들의 정의를 바탕으로 본서에서는 관광문화를 관광객과 관광지 주민들 사이에서 관광으로 인해 발생하는 문화적 영향으로써 양 집단 모두의 행동에 영향을 미치거나 제3의 문화가 새롭게 탄생하는 경우로 정의하고자 한다.

03 | 관광문화의 발생과정

1) 문화의 확산과정

관광문화는 관광이란 장(場, field)에서의 관광객과 관광지 관련자들이라 할 수 있는 게스트(guest)와 호스트(host) 사이의 커뮤니케이션 과정에서 비롯된다. 관광지는 관광객과 관광지 사람들이라는 2개의 다른 문화유형을 가진 사람들의 만남의 장소로 생각할 수 있다. 이런 상황에서 양자간의 상이한 문화로 인한 차이를 극복하기 위해서는 커뮤니케이션을 보다 원활하게 할 필요가 있다.

상이한 문화를 가진 양 집단이 어떻게 통합되거나 새로운 문화적 양상이 생겨날 것인지는 만나는 장소에서의 상황이 중요하다. 관광이란 사람의 이동을 의미하며 사람의 이동은 문화의 이동이라 해도 지나친 말이 아닐 것이다. 이 과정은 문화의 확산과정으로도 볼 수 있는데, 여기서 어떤 형태로든 문화충돌(culture collision)이 발생할 가능성이 높다.

이민 간 한국인이 현지 이발소에서 겪었던 경험을 사례로 문화충돌에 대한 이해를 돕고자 한다. 로스앤젤레스로 이민 간 한국인이 멕시칸 아주머니들이 운영하는 이발소에 갔다. 몇 번이나 갔지만 그들은 이 한국인을 언제나 낯선 이방인으로만 인식했다. 그리고 이발하는 과정에서도 전화가 오면 손님을 의식하지 않고 몇 분이고 통화하고, 통화가 끝나면 곧바로 후닥닥 머리를 깎아주고는, 이발료가 분명 4불 50센트라고 간판에 적혀 있는데도 이 한국인에게는 꼭 8달러를 받고 10달러를 주면 2불마저도 팁으로 생각하고 거슬러주지 않았다는 것이다. 이 과정에서 멕시칸 아주머니들이 이민 간 한국인에게 말하는 태도나 심지어 웃음까지도 자기네들끼리 말하고 웃을 때의 모습이나 태도와 아주 달랐다고 한다. 더욱 놀라운 사실은 한국인 이민자도 그 아주머니들에게 말하고, 대답하고, 웃는 모습이 자신이 한국 사람을 만나서 말하고, 대답하고, 웃는 모양이 전혀 아니었다는 사실이다. 그것은 이 한국인 이민자가 다른 어느 곳에서도 해본 적이 없는 자기 자신에게도 낯설고 거북한 말투며 몸짓이었다. 이런 결과를 문화의 충돌이라 할 수 있다.

문화충돌의 깊이와 크기에 따라 문화쇼크(culture shock)가 일어나게 된다. 문화쇼크는 문화충돌로 인한 것으로 신체적으로는 오감(五感)을 통해서 받아들인 자극과 그 자극으로 인하여 정신적으로 영향을 받는 정도인데, 문화쇼크는 즉시성을 띠고 있다. 문화쇼크는 문화갈등(culture conflict)을 유발하게 되며, 문화갈등은 문화적응(culture adaptation)의 과정에서 자민족문화와의 비교평가과정에서 발생하게 된다. 거기서 문화적 종속(culture dependency) 또는 문화적 동화(culture assimilation)가 일어나게 된다. 경우에 따라 문화적 종속이나 문화적 동화가 아닌 자문화 중심주의로 돌아설 가능성도 있다. 이들의 관계를 [그림 1-3]과 같이 나타낼 수 있다.

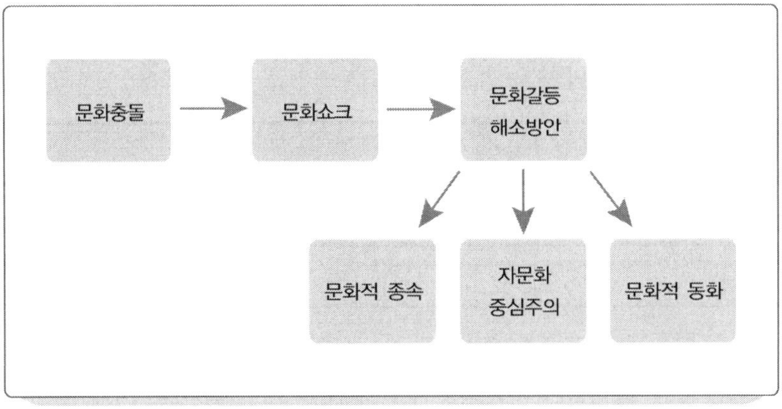

[그림 1-3] 문화의 확산과정

2) 관광객의 유형과 문화와의 영향관계

관광객의 집단은 주로 그 숫자와 관광목적에 의해 분류되고 있다. 코헨과 스미스(E. Cohen & V. Smith) 같은 학자들은 관광객의 지역주민 문화에 대한 적응력 정도와 관광객의 숫자를 근거로 관광객 유형을 분류하고 있다. 이들 학자들에 따르면, 관광객을 상품화된 여행패키지에 따라 움직이는가 아닌가에 따라 조직화된 관광객과 비조직화된 관광객으로 구분한다.

조직화된 관광객은 말 그대로 대량 전세관광객을 말하는데, 이들은 자국 환경과 같은 분위기를 원하므로 친밀성은 최대화되고 신기함은 최소화된다. 개별적 대량 관광객은 일정(itinerary)에 어느 정도 재량권이 있고 신기함은 약간 커진다. 대량 관광객 수용국은 하부구조 및 관광시설 확충에 막대한 자금이 필요해진다.

비조직화된 관광객에는 탐험가와 표류자가 있다. 탐험가는 관광코스를 피하며 주민을 이해하려 하나 완전 몰입하지는 않는다. 그리고 표류자는 현지문화에 완전히 몰입하여, 신기함은 가장 커지고 친밀성은 거의 사라진다. 비조직화된 관광객은 관광지 사회에 퇴폐적 영향을 줄 우려도 있다.

스미스는 관광객 유형에 따른 지역규범 적응 정도를 〈표 1-1〉과 같이 제시하고 있다. 관광객을 ① 탐험가 ② 엘리트 ③ 관광코스를 벗어난 자 ④ 유별난 관광객 ⑤ 초기 대량 관광객 ⑥ 대량 관광객 ⑦ 전세기 도착 관광객 등의 일곱 가지로 분류하였다.15)

〈표 1-1〉 관광객 유형에 따른 지역규범 적응 정도

관광객의 유형	관광객의 수	지역규범에 대한 적응
탐험가(explorer)	아주 제한적임	충분히 수용
엘리트(elite)	드물게 보임	충분히 수용
관광코스를 벗어난 자(off-beat)	이따금 보임	잘 적응
유별난 관광객(unusual tourist)	자주 보임	어느 정도 적응
초기 대량 관광객(incipient mass tourist)	많이 보임	서구적 쾌적성 추구
대량 관광객(mass tourist)	계속적 유입	서구적 쾌적성 기대
전세기 도착 관광객(charter tourist)	대량집단으로 도착	서구적 쾌적성 요구

출처 : Valene L. Smith(1989), Host and Guest : The Anthropology of Tourism(2nd ed.), University of Pennsylvania Press, p. 12.

탐험가는 발견과 새로운 지식을 추구하며 그들은 관광객이 아니라 활발한 참여관찰을 하므로 인류학자의 생활과 유사하다. 엘리트는 1주일 정도는 원주민 생활을 할 수 있다는 관광객이다. 관광코스를 벗어난 자는 관광객의 혼잡을 피하고 규범 너머에 있는 어떤 것을 추구함으로써 관광의 흥분을 높이고자 한다. 유별난 관광객은 조직화된 관광을 통해 하루 정도는 안내인의 도움을 받아 원주민 집을 방문하여 돈을 주고 사진을 찍고, 원주민 집 내부를 구경하며 음식은 가져간 것을 먹는다. 여기서 소수의 탐험가나 엘리트 등에서부터 대량관광 성향을 띠어갈수록 지역규범에 대한 적응성은 낮아지며, 반대로 자신의 일상 거주권에서와 같은 쾌적성과 안락을 강하게 요구하게 된다.

또 스미스는 원주민 문화에 대한 관광객의 영향과 관광객이 지역에 대한 이해의 정도를 [그림 1-4]와 같이 나타내고 있다. 관광객의 숫자가 많아질수록 지역문화에 대한 영향은 커지며, 반대로 지역에 대한 이해는 줄어든다는 것이다. 그는 그림의 두 삼각형 접점에서 관광산업을 지역문화를 보호하기 위해 장려할 것인가, 통제할 것인가를 결정해야 한다고 주장한다.[16)]

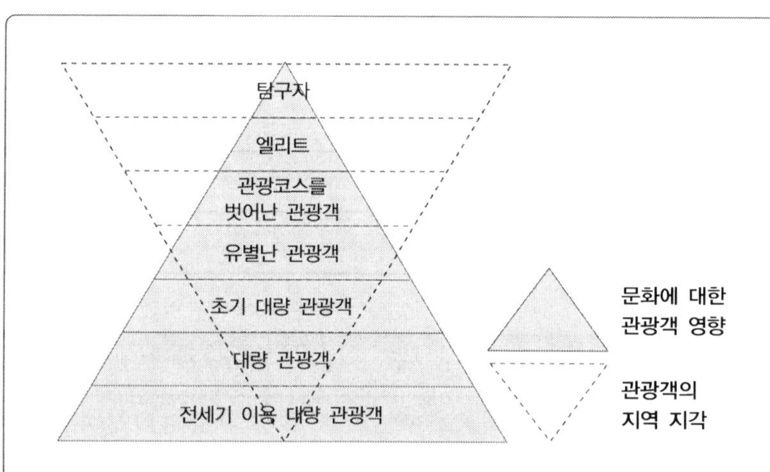

출처 : V. Smith(1989), Host and Guest : The Anthropology of Tourism(2nd ed.), Univ. of Pennsylvania Press, p. 15.

[그림 1-4] 관광객의 유형과 현지문화 접촉 간의 관계

앞에서 다룬 문화의 확산과정이나 관광객 유형별 문화에 대한 영향 및 지역지각 모두는 이문화(cross-culture)를 전제로 하고 있고 특히, 국내관광의 경우도 그러하겠지만 국제관광에서 더욱 잘 설명될 수 있다. 이문화는 결국 문화를 근간으로 하고 있다. 문화는 다른 사람들과 구별되는 삶이라는 포괄적 정의가 가능하다. 모든 인간들은 먹어야 한다. 그러나 무엇을, 언제, 어디서, 그리고 어떠한 상태하에서 먹는지를 결정하는 것은 문화이다. 세계 대부분의 사람들은 신체를 보호하기 위해 옷을 입어야만 한다. 그러나 신체의 어느 부분을 가려야 할 것인가는 문화가 결정한다. 사람들은 때때로 공격적이 된다. 그러나 언제 공격적이 되어야만 영예로운 것이고 정당한 것인가를 결정하는 것도 문화이다.

어떤 이는 물이 무엇인지를 알게 되는 마지막 동물은 물고기라고 하였다. 물속의 물고기는 그가 뭍으로 나와 갑자기 그 물을 잃어버릴 때까지 물이 무엇인지를 알지 못한다. 마찬가지로 문화적인 가치와 규범들이 우리의 생활에 매우 완벽하게 침투되어 있기 때문에, 우리는 우리가 다른 문화권 속으로 들어갈 때까지 그들의 존재를 인식하지 못한다.

문화의 개념을 최초로 취급한 것은 초기 인류학자들이었다. 그들은 인간의 행위가 각 지역에 따라 다양한 문화적 체계에 의해 형성된다는 것을 인식하게 되었다. 문화는 모든 인간의 생활세계를 규정해 준다. 문화는 물질적인 실체에 관계없이 '사회적인 실체'를 구성한다. "예"라고 답할 때 고개를 끄덕이고, "아니오"라고 답할 때 고개를 가로젓는 것과 같은 자연스러운 신체적 제스처까지도 문화의 영향을 받는다.

존 레아(John Lea)는 [그림 1-5]에서처럼 제3세계에서 국제관광의 영향을 검토하는 과정에서 광범위하면서도 현대적인 3가지 방법들을 제시하고 있다.[17)]

그 첫 번째는 일련의 긍정, 부정적 결과들과 관찰자가 개발에 대한 올

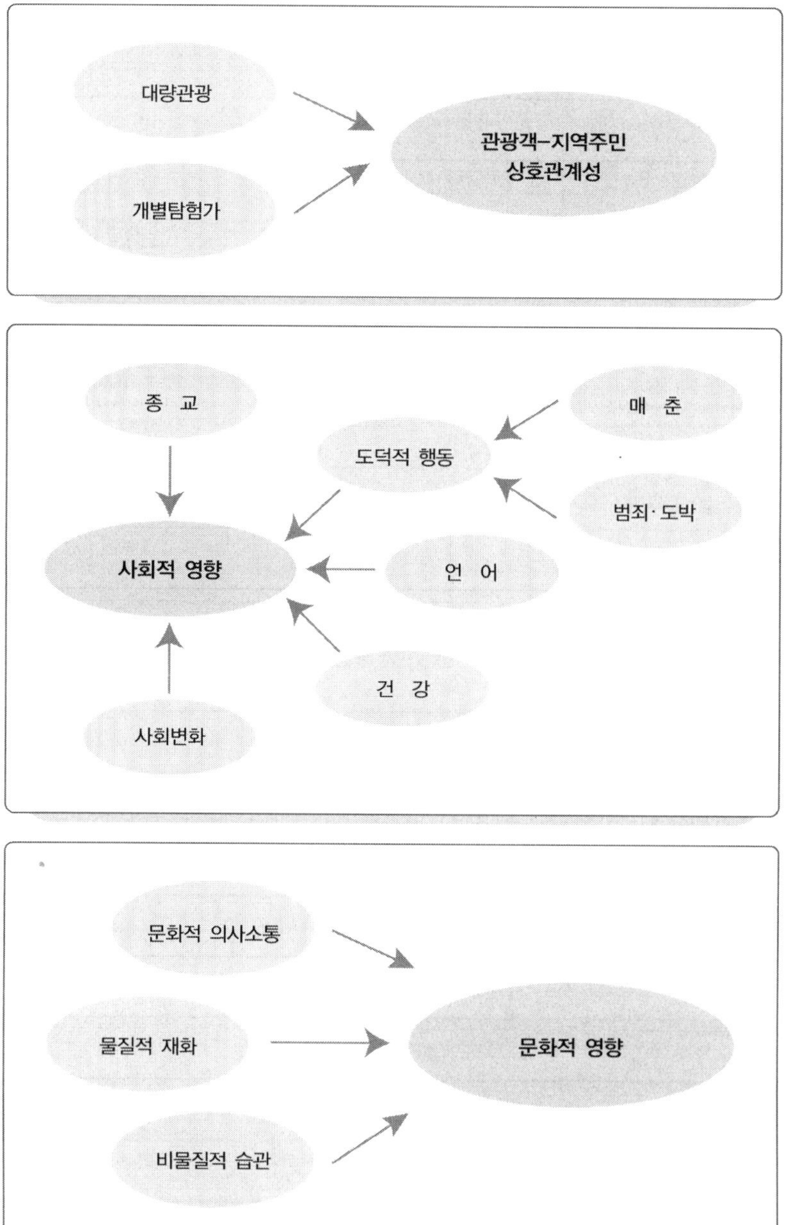

출처: John Lea(1988), Tourism and Development in the Third World, London: Routledge, pp. 62-63.

[그림 1-5] 관광의 사회적·문화적 영향

바른 길이 어떤 것인가에 대해 평가할 수 있는 구체적 이벤트라 할 수 있는 관광객-지역주민 간의 만남을 묘사하고 있다. 두 번째는 관광의 직접적 결과로서 도덕적 행동, 언어, 건강과 같은 것에 대한 변화를 경험하게 되는 제3세계 사회의 다양한 요소들을 기능적으로 살펴보고 있다. 세 번째는 전통적인 기술과 수공예 및 춤과 같은 관습에 관광의 영향으로 부흥을 가져다주는 문화적 변화 측면을 고려하고 있다. 이 3가지는 매치슨과 월(A. Mathieson & G. Wall)의 지적처럼 사회적 영향과 중복되어 나타나기 때문에 실제로 하나하나를 구분하기 힘들다. 그러나 사회학적 연구대상인 매춘, 범죄 · 도박, 건강, 종교, 사회변화 등은 관광으로 인한 사회적 영향으로, 관광으로 인한 문화적 영향은 의사소통, 문화의 소산물인 문화유산, 습관 등을 통해 구분하여 살펴볼 수 있다.

대부분의 연구에서 관광이 문화에 어느 정도 영향력을 미치는지에 관한 연구주제들로는 지역주민과의 접촉과정에서 관광지 주민의 언어, 가치관의 변화, 전통생활양식에 대한 영향, 직업에 대한 인식, 소비패턴의 변화, 예술에의 영향 등이 있다. 하시모토 가쓰야 같은 경우는 관광문화의 유형을 3가지로 분류한다.[18] 첫 번째 유형은 전통적인 문화로, 관광화가 본격적으로 시작되기 전 지역의 정체성을 가진 문화로서 전통음악 및 무용 등이 여기에 속한다. 두 번째 유형은 새롭게 창조된 문화로서 관광객용의 토산품이 여기에 속하며, 세 번째 유형은 다른 문화로부터 차용한 문화로서 미국문화, 동남아시아 문화, 일본 문화가 그대로 우리나라에 들어와 새로운 문화를 구축하는 경우를 말한다. 이러한 예는 러시아 거리, 상해 거리, 일본 거리 등이 조성되어 해당국 관광객이 향수를 가지고 찾는 경우이다.

캐나번(Brendan Canavan)은 관광문화 발생과정을 크게는 지역민문화와 방문객문화가 접촉해서 시작된다고 주장하며, 접촉되는 과정을 세분화시킨' 모형을 [그림 1-6]처럼 제시하고 있다.[19] 우선 제일 큰 두 개의 원은 지역민문화와 방문객문화를 나타낸다. 지역민문화는 지역문화를 포함한 국가차원의 제반 요소들을 의미하고, 방문객문화 역시 방문객 국가가 가지고 있는 문화적 총량을 의미한다. 다음으로, 짙은 색 두 개의 원은 지역민, 방문객의 문화적 요소만을 나타낸 것이다. 그림에서 A는 방문객문화가 지배적이어서 지역문화가 대체되는 경우를, B는 지역민문화가 지배적이어서 방문객문화가 약화됨을 뜻한다. 가장 작은 옅은 색 C 원은 관광이 쇠퇴하며 관광문화가 약화되는 경우이다. 가운데 짙은 타원형 공유부분이 가장 이상적인 관광문화를 창출한 경우다. 이는 지역민, 방문객들이 문화상대주의를 인식하면서 양 집단의 고유문화를 지키려는 노력이 전제되어야 하는 하나의 이상공간이라 할 수 있다. 캐나번의 모형은 지역의 관광쇠퇴기에는 관광문화의 총량 자체가 감소하며, 그 영향력 자체가 줄어든다는 점을 주장한다. 이는 기존의 관광문화 발생과정에서 진일보했다고 할 수 있다. 그렇지만 실제 관광문화의 영향력 정도를 측정할 때 어려움이 존재한다. 지역민문화, 방문객문화가 지배적이라 판단하는 기준과 지역민, 방문객문화만을 한정하는 문제 등이 그 예이다.

지금까지 관광문화 발생과정을 관광객 유형에 따른 지역규범 정도, 관광객의 유형과 현지문화 접촉 간의 관계, 관광의 사회적 · 문화적 영향 관련 연구자들의 제안모형을 바탕으로, 저자는 관광문화 발생과정을 [그림 1-7]처럼 제안하고자 한다.

관광객의 문화가 그 영향력이 강하여 관광목적지의 문화에 강하게 영향력을 미치는 경우가 A이고, B는 관광목적지 문화의 영향력이 커서 관광객의 문화에 영향을 미치는 경우이고, C는 두 문화가 서로 작용하여 제3의 독특한 관광문화가 탄생되는 경우를 의미한다.[20]

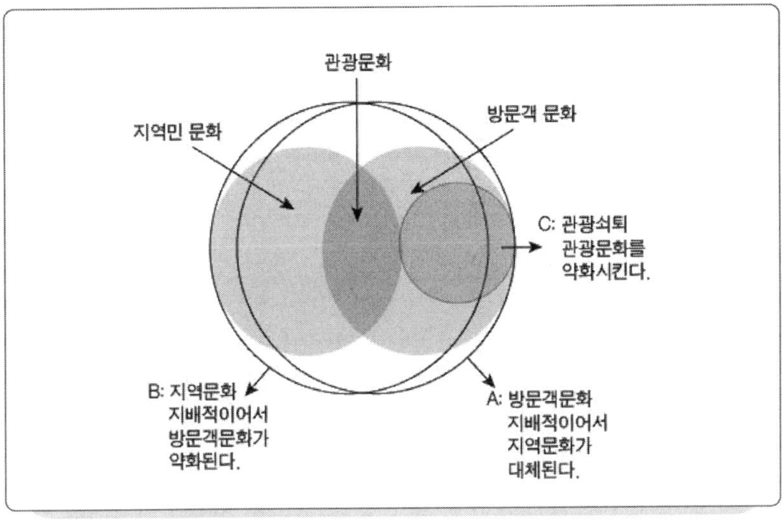

출처 : Brendan Canavan(2016), Tourism Culture : Nexus, characteristics, context and sustainability, Tourism Management, Volume 53, 229-243.

[그림 1-6] 지역민-방문객-관광문화 연계 관계

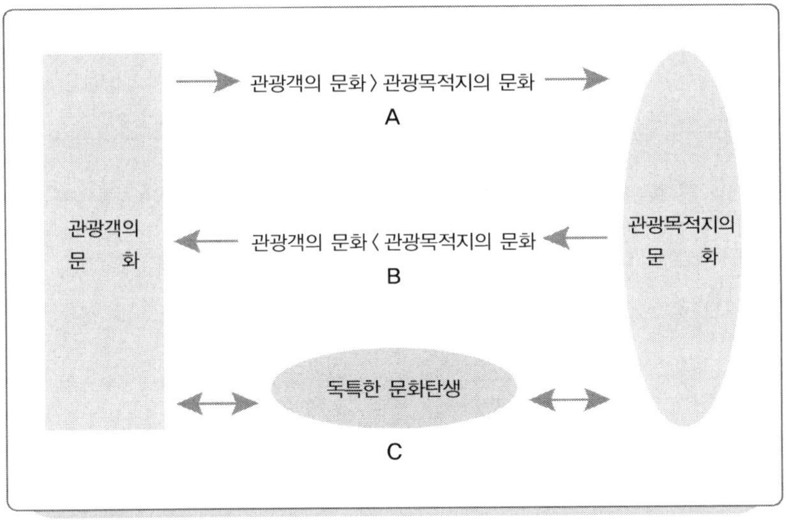

출처 : 조명환(2002), 『국제관광문화』, 서울: 백산출판사, p. 103.

[그림 1-7] 관광의 영향에 의한 관광객과 관광목적지 문화의 변화 가능성

04 | 관광문화의 속성

1) 관광행동유형 결정계층의 가변성

인류학자 튀로 부부는 프랑스 중산계급을 사례로 관광행동유형의 결정계층을 분석하고 다음과 같은 시사점을 제시하였다. 첫째, 안정된 계급들과 관광객 소비양식의 긴밀한 연관성이 1960년대 말에 무너졌고, 둘째, 관광행동유형은 소득이 아니라 생활양식이 결정하며, 셋째, 관광행동유형의 이미지 형성을 주도하는 지식인들이 계급적 가치관과 생활양식의 유행에 기초하여 경쟁적인 관광행동유형을 만들어냈다는 것이다. 이러한 요인에 의해 생겨난 관광행동유형들을 살펴보면, 대중들이 투숙하는 호텔과는 다른 귀족적 양식(궁전풍의 호텔), 태양(sun), 바다(sea), 운동(sports), 성(sex)으로 상징되는 4S 추구(예컨대, 젊은이를 위한 '지중해 클럽'), 민족적 · 문화적 유형 선호(자의식이 강한 '지식인'을 위한), 그리고 위험한 모험 시도(다른 모든 것에 대해 반기를 드는) 등이다. 이러한 현대의 다양한 관광행동유형의 출현은 관광문화를 이해하는 하나의 이론적 틀을 제공한 것으로 볼 수 있다. 그리고 한 걸음 더 나아가 특정 관광행동유형이 특정 역사적 시기의 특수한 사회집단과 결부되는 경우도 있음을 이해하는 게 중요하다.

2) 일상을 벗어난 현대적 의례

관광은 '그 모든 것에서' 대중을 '벗어나게 하는' 일종의 '현대적 의례'이다. 여기서 '그 모든 것'이란 일상적이고 세속적인 생활을 말하는데 특히, 일터, 숙제, 가사 등을 포함하는 일을 가리킨다. 관광은 다른 특수한 형태의 도덕생활과 마찬가지로 일정한 시간 동안에만 지속되므로, 장기간에 걸친 일상생활과는 대조를 이룬다. 따라서 출발기, 즉 '집에서 벗어나는 여행'으로 특징지어지는 이탈기와 비일상적인 장소에서 '색다른 것'을 경험하게 되는 일정한 시간 동안의 중간기, 그리고 가정과 일상으로 되돌아오는 시점인 종료기를 갖는다. 따라서 관광의 구조는 기본적으로 모든 의례행위의 구조와 동일하다고 할 수 있다.

의례를 언급할 때는 세시의례와 통과의례에 대한 명확한 이해가 전제되어야 한다. 세시의례는 대개 한 해를 주기로 사회적 세계와 자연적 세계를 쇄신시키는 주기적, 순환적 의례이며, 통과의례는 '고비' 때마다 열리는 비주기적인 의례로 때때로 '인생 고비의례(life crisis rites)'라고 불리기도 한다. 세시의례와 마찬가지로 통과의례도 인간에게 보편적인 요소이지만, 이것은 인생경로의 종적 시간(longitudinal time)과 관련된다. 이 의례는 사회적으로 제공되는 범주(사춘기, 결혼, 취직, 장례 등) 내에서 어떤 사람이 한 신분에서 다음의 신분으로 옮겨감을 표시하기 위해, 개인 혹은 비슷한 상황에 처한 개인들의 집단에 초점을 맞추어 행하는 사회적 사건이다.

현대관광은 이런 두 가지 범주의 특징을 다 가지고 있다. 이를 테면 연례적인 여행이나 정기휴가, 주말, 크리스마스나 부활절 혹은 하계휴가는 사람들에게 여가활동의 기회를 제공해 주는 한편 순환적 시간의 경과를 표시하므로 반복적이고 예측 가능하므로 세시의례적 관광으로 볼 수 있다. 이에 반해 졸업, 군복무, 승진, 결혼, 퇴직 등으로 인해 개인의 신분이 바뀌어갈 때의 관광 혹은 관광경험들은 통과의례적 성향을 내포하는 것으로 볼 수 있다.

의례적인 측면에서 현대관광의 특징을 살펴보면, 통과의례적인 성향보다 세시의례적 성향이 상대적으로 강해지고 있는 실정이다. 그 이유는 종전에는 관광활동이 여러 가지 제약요인으로 자유롭지 못해 인생의 통과의례적 시기에는 어쩔 수 없이 일어났지만, 이제는 관광활동을 할 수 있는 사회적, 법적, 경제적 환경이 조성되고 있고, 개인적으로도 삶에 대한 가치관의 변화로 인해 관광의 세시의례 중간중간에 관광의 통과의례적 활동이 신기성이 약한 상태로 이루어지고 있기 때문이다.

이처럼 관광활동의 보편화 추세는 관광객들로 하여금 보다 강한 신기성, 모험, 일탈을 갈구하게 만들게 되는데 이 과정에서 관광객과 관광지 주민은 지금까지와는 다른 상호작용의 결과를 낳게 되고, 그것은 곧 또 다른 관광문화 생성 가능성을 높이는 계기가 될 것이다.

관광과 문화 변용의 관계

CHAPTER 2

01 | 관광객-지역민 간 상호작용의 특성

관광객들이 정주지가 아닌 곳에 있다면, 그들은 실제 이방인들 속에서 일상거주지에서와는 또 다른 나로서 이방인들이며 서로 간에 타인으로서 독특한 관광경험을 추구하게 된다. 관광은 관광을 통해서가 아니면 만날 수 없는 서로 다른 사회계층, 종교, 언어, 민족, 인종집단을 만나게 됨은 당연한 일이다. 이런 관계성은 사회학자나 인류학자들에게는 중심적인 흥밋거리이다.

관광이라는 특별한 사회적 관계를 형성하는 관광객과 지역주민과의 상호작용의 특성에는 어떤 것들이 있을 것인가? 독특한 관광이 아니라면 적어도 다음의 7가지 특성들을 발견할 수 있다.[1)]

첫째, 관광객-지역주민의 상호작용은 서로 반대의 입장에서 2가지 차원의 부조화가 발생한다. 그중 한 가지는 관광객들의 경우 대개 관광지 지역주민의 신분보다 높다는 점이다. 특히 개발도상국을 관광목적지로 하여 제3세계에 찾아오는 관광객들은 대부분 서구 자본주의 체제하에서 경제적으로 풍요로운 선진국 국민들이다. 그리고 부유한 국가 내에서의 국내관광의 경우도 마찬가지이다. 적은 예산으로 보잘것없는 대항문화(counter culture)를 가지고 있는 관광객들조차도 호화로운 여가를 즐기는 것같이 보인다. 실제로 관광객들은 그들 송출지의 다른 사람들보다 부유하지는 않다. 다만 관광객과 지역주민과의 상호작용인 관광지 내에서의 경치, 걸출한 자원, 서비스들을 소비하는 과정에서 불평등관계의 형태를 띠게 된다. 그리고 이때 지역주민들은 있는 그대로, 아니면 제 자원들을 훌륭하게 만들어 관광을 통해 생계를 꾸려나가는 사람들이다. 관광객과 지역주민 사이의 평등관계는 거의 없다.

그 다음 한 가지는 관광객과 지역주민 사이는 지위와는 정반대로 사용하는 지식에서도 커다란 불균형이 존재한다. 지역주민은 자기 거주지역이기 때문에 지역에 관련된 여러 가지 조건이라 할 수 있는 가격, 관광자원, 서비스 관련 지식에 커다란 이점을 가지고 있다. 관광객들이 모르는 지식들은 지역민들의 수익이 될 수 있다. 반면, 관광객들은 그들이 모르는 지식을 빠른 시간 내에 배울 것인가, 아니면 그대로 받아들일 것인가를 선택해야 한다. 지역 관련 지식들을 관광객들이 습득하는 과정에서 부담되는 것은 가이드북을 통해서 배운다는 것 자체가 불완전하다는 점과, 가끔은 언어장벽이 관계를 악화시킬 수 있기 때문에 관광 관련자가 제공해 주는 지식을 수용하는 게 현실이다.

둘째, 관광객과 지역주민의 상호작용은 일시적이고 반복적이지 못하다. 이 때문에 서로 신뢰를 못하고, 속이고 계약을 파기하는 틈이 생기기도 한다. 관광객들은 많은 것을 받아들이려 하기 때문에 그것들이 그렇게 되어 있지 않을 때 놀라움을 표현한다(예를 들면, 호텔 브로슈어에는 수영장의 물이 채워진 상태였는데 그렇지 않은 경우). 사진에 제시된 대로 그대로를 받아들이는 관광객들을 보고 지역민들은 유쾌해 하면서도 놀란다. 관광객들에게 믿음을 주었던 볼거리, 광경들이 현지에 가서 확인한 결과 현격히 다를 때 관광객은 물론 지역민 모두의 기대에도 상당한 영향을 미친다.

셋째, 관광객과 지역주민의 상호작용은 단편적(segmented)이고 도구적이다. 말하자면 이들 양자는 구체적, 제한적, 그리고 즉시적 목적을 가지고 만난다. 그리고 그들은 오랫동안 지속되는 관계 혹은 광범위한 영향을 기대하지는 않는다. 그들이 우호적인 관계로 발전시키는 것은 일시적, 예외적, 그리고 비정형적인 것이기 때문에 가능하다.

넷째, 관광객과 지역주민의 상호작용은 너무도 광범위한 언어와 문화적인 장벽 그리고 상호 공유된 규범의 부재와 예절에 대한 애매한 문제, 사생활의 기준 등의 미묘한 문제를 발생시킬 수 있다.

다섯째, 관광객과 지역주민의 문화에 대한 상대적인 거리감이 있게 된다. 상호 간 언어의 명료성은 음식메뉴의 중복주문, 사생활의 기준, 산업기술의 친숙도, 성적 행동의 규범 그리고 상호작용에 따른 장애물에 대한 침투가능성 정도를 결정한다. 여기서 명료성이란 관광객이 관광지 주민이 쓰는 언어를 이해하지 못하는데 지역민들은 분명히 알고 있는 경우와 그 반대의 경우를 의미한다.

여섯째, 상이한 계층, 민족, 혹은 인종집단, 관광객과 지역주민 사이의 관계에서 서로가 가지고 있는 한정된 지식으로 고정관념(stereotype)을 형성할 수 있다. 개인 간에 보다 친숙한 관계로 발전시키기 위한 유인의 계기나, 복잡한 관계로의 발전을 위한 시간 부족으로 양자 간에는 편의에 따른 뭔가 낯선 얼굴표정을 지을 수밖에 없다. 대부분의 고정관념은 다음 세 가지의 특징을 가지고 있다.

① 지나친 일반화(overspecialization) : 대부분의 고정관념은 한두 사람(혹은 사례)의 행태를 보고 듣고 형성된 것으로, 각 개인의 차이를

무시하고 한 집단을 지나치게 단순화시켜서 본다.

② 부정확(inaccuracy) : 대부분의 고정관념은 정확하지 않다.

③ 잘 변하지 않음(resistance to change) : 자신에게 한번 형성된 고정관념은 다른 정보를 들어도 잘 바뀌지 않는다.

예를 들면, 이탈리아 사람은 정열적이다. 영국 사람은 신사다. 일본 사람은 경제적 동물로 인식하는 경우이다.

일곱째, 관광객과 지역주민들 간의 상호작용은 결국 마찰과 갈등을 낳게 되는 속성들을 가지고 있다. 그러나 상호 간의 기대가 낮고, 시간, 공간 모두가 하나의 부류로 취급되기 때문에 그나마도 유익하고 즐거움을 발견할 수 있다. 관광객이 그들의 상황에서 선택을 해야 할 경우 자기 자신의 기대수준을 낮추려는 노력을 하게 되고, 좁은 공간에 고립된 이문화권 속에 있는 관광객들을 가까이에서 대하는 주민들도 그들의 일상생활에서는 이런 현상들로 인해 흐트러짐을 허용치 않는다(관광호텔, 식당, 경관과 같은 것은 국토면적의 1% 미만이 관광객의 90% 이상을 맡고 있는 실정이기 때문이다). 그렇기 때문에 특정지역을 개발하여 관광객을 나머지 지역에서 분산시키는 것은 관광객은 물론 지역주민 모두에게 만족을 줄 수 있는 해결책이 될 수 있다. 관광객과 지역주민들 서로가 그들이 파악할 수 있는 범위 내에서 접촉하는 게 사실이다(예를 들면, 관광객의 건강 공포증은 순수한 우정과 환대를 방해한다. 반면 나체, 음주, 섹스에 대한 대중들의 반대는 결국 지역주민들과는 차단된 고급호텔에서 조장되고 있다). 지역주민의 입장에서는 관광객에게 호기심과 물질적 관심을 불러일으킬 수 있도록 잘 정리된 상황을 제외하고는 상호 간의 회피는 만족을 가져다 줄 일시적 해결책이 될 수 있다.

02 | 관광으로 인한 문화의 영향

관광의 문화적 영향은 아주 다양한 유형의 관광과 관광지 사회의 다양성 때문에 복잡하다. 가장 일반화될 수 있는 사실은 관광은 결코 관광지 사회를 떠날 수 없다는 것과 그곳의 문화는 변하지 않는다는 것이다. 이념적인 차이 내지는 방해의 어려움이 있다 하더라도 관광으로 인한 영향 평가는 이루어져야 한다. 크게 보면 관광의 영향 평가에서는 2개의 축을 가질 수 있다. 일반적으로 정부나 관광 관련기업의 홍보마케팅 담당자들이거나 관광으로 인한 직간접 수익을 얻는 입장에서는 외화획득의 원천으로서, 무역수지 균형책으로서, 굴뚝 없는 산업으로서, 국제우호친선도모 차원에서, 평화에의 기여와 이해 제고 차원에서, 내적인 부와 고용기회 창출요인으로서 매우 낙관적인 점을 강조하고 있다. 그와는 반대인 부정적 입장에서는 자본주의 국가에서 제3, 제4세계 사람들의 문화적인 제국주의화, 고유문화의 파괴, 생태계 파괴의 원천, 개인 사생활 품위 저하, 외국자본유치를 통한 지역의 자본가에게 유리한 관광개발 등의 말하자면 불평등, 종속, 지배를 가져온다는 주장이 제기되고 있다. 여기서 제4세계라는 용어에 관해 간략히 살펴보고 넘어가도록 하자. 미국 · 러시아와 같은 초강대국을 제1의 세계, 중국을 포함한 개발도상국을 제3세계, 그 중간의 일본, 유럽을 제2세계로 구분하여 부를 때 어디에도 속하지 않는 나라들을 의미하였는데, 1973년 석유파동에 직면하여 석유자원을 갖지 못한 개발도상국이 경제적으로 심각한 타격을 받게 되면서부터 이들 국가들을 산유국과 함께 제3세계로 파악한다는 것이 어렵게 되자 1974년 4월 국제연합자원특별총회에서 제4세계라는 용어를 사용하기 시작했다. 관광문화적인 측면에서 제4세계란 국가 안의 소수민족, 즉 공식적인 인정은 없으나 독특한 정치문화민족(191개국 6,000~9,000여 개 민족), 국가적 주권을 가지고 있지 못하다는 의미에서 제4세계로 분류한 것이다. 예를 들면 웨일스, 토스카나, 발렌시아 등의 민족을 말한다.

실질적으로는 이와 같은 2가지 양극단의 견해라 할 수 있는 관광으로 인한 관광지 사회에서의 밝은 면과 어두운 면 관련 사례연구 형식으로 이루어져 왔다.[2] 관광지에 있어서 관광의 문화적 영향에 관한 부분에만 초점을 맞출 경우 아래의 2가지 상반된 점에 주의를 기울여 고찰할 필요가 있다.

첫째, 관광객과 만나는 지역민의 문화적 영향에 대한 반응들은 극히 다양하다. 이미 유목민(nomad), 준유목민인 수렵 채집자, 목자, 원예가들과 같이 모여 사는 규모가 작은 사회는 외부접촉으로 인해 파괴되어 왔다. 그러나 이런 파괴되기 쉬운 사회들은 일반적으로 전염병, 주거환경, 습속파괴, 그리고 토지탈취 등 관광객들이 이런 지역에 도착하기 전에 파괴되는 경우가 보통이다. 보통 관광객에 의한 관광지 사회에 영향을 미치기 이전부터 선교사, 개척자, 목동, 광부, 도로건설인부들에 의해 파괴가 진행된다. 대규모 사회에서는 관광을 유지시키기 위해 정복, 식민지주의, 유행병, 예속, 재난과 같은 것을 잘 관리하고 있다. 하지만 새로운 경제적 기회들에 대한 열정적 이용과 새로운 조건들에 적응하기 위한 기술에 대해 반감을 가지거나 철수, 회피와 같은 다양한 반응을 보인다. 그러나 실제상황에 대한 다양한 반응이 있을지라도 관광으로 인한 희생이라고 생각하는 지역주민들은 드물다.

독시(George V. Doxy)는 관광객에 대한 지역주민의 일련의 분노지수가 발생하게 되는데, 그 과정은 행복감(euphoria), 무관심(apathy), 괴로움(annoyance), 적대감(antagonism), 포기(abandonment)단계를 거친다는 주장을 하고 있다.[3] 그러나 특정시점에 다른 사람들에 대한 반응을 반영한 분노화의 정도는 해당 지역사회가 가지고 있는 태도의 변화라기보다는 관심 정도를 반영한 것이라 할 수 있다.

둘째, 모든 관광객들 사이에서 공유된 것은 아니지만 관광과 관련된 고유한 환경들을 관광객들이 망가뜨리고, 질적 저하를 초래한다는 게 일반적인 견해이다. 자주 인용되는 것이지만 관광의 가장 큰 역설은 고유성을 파괴한다는 것이다. 관광객에 의해 가격이 비싸지고, 고유한 행동에 대한 질적 저하를 초래하며, 공예품 등의 질을 망가뜨린다는 것이다. 문화적 산물과 공예품들의 질 혹은 고유성에 대한 가치판단은 고도로 주관적이며 사회과학 분석으로는 어려운 것이 사실이다. 더욱이 고유문화가 초기에는 순박한 형태였지만, 관광의 영향 이전에 이미 오랫동안 외부영향으로 인해 충격을 받게 마련이다. 그렇다면 관광으로 인한 영향력 측정이란 더욱더 어려운 일일 수밖에 없다.

03 | 관광목적지의 문화변동과정

1) 관광목적지 진화주기

오상훈(1993)은 그의 논문 「관광목적지의 진화적 특성과 마케팅 전략 방향에 관한 연구」에서 버틀러(R. W. Butler)의 관광목적지 진화주기(destination evolution cycle 혹은 destination life cycle) 7단계를 중심으로 단계별 특징을 이론적으로 논의하고 있다.[4] 관광지 진화주기 이론의 바탕은 다윈주의자(Darwinian)들의 자연선택이론(natural selection theory)을 비롯하여 혁신의 확산과 수용(diffusion and adaption of innovation), 그리고 제품수명주기(product life cycle) 이론에 근거한 것이다.

자연선택이론이란 생물의 종(種)은 자손을 많이 번식시키는 것을 원칙으로 하며 이 때문에 생기는 생존경쟁에서 환경에 보다 잘 적응하는 개체가 생존하여 자손을 남기게 되고, 그 변이가 다음 자손에 전해질 확률이 높기 때문에 모든 종은 환경에 적응하는 방향으로 변화함을 뜻한다. 흔히 이를 적자생존(the survival of the fittest)이라 한다. 진화론이야말로 가장 포괄적인 이론이다. 따라서 관광목적지의 진화주기 가설도 유기체의 출생→성장→성숙→사망이라는 생물학적 유추를 도입하고 있다. 혁신의 확산과 수용이론은 뉴멕시코대학의 에버렛 로저스(Everett M. Rogers) 교수가 1972년 신제품 커뮤니케이션을 다룬 저서 『혁신의 확산(diffusion of innovation)』에서 알려진 것으로 혁신의 확산과정은

① 혁신층(innovator) : 최초 수용자로 대략 전체 사용자의 2.5%
② 조기수용층(early adaptor) : 혁신가 다음 수용자로 전체 사용자의 13.5%
③ 조기다수층(early majority) : 조기수용층 다음 수용자로 34%
④ 후기다수층(late majority) : 초기 다수를 뒤따르는 수용자로 34%
⑤ 지체수용층(laggard) : 마지막 수용자로 16%

혁신 수용과정 5단계는

① 자각(awareness) : 혁신을 접했지만 그에 대한 정보가 부족한 단계
② 관심(interest) : 새로운 사고에 관심이 생기면서 관련 정보를 찾아다니는 단계
③ 평가(evaluation) : 자신의 현재 상태에 혁신을 적용시켜 미래의 모습을 예상해 본 뒤 수용 여부를 결정하는 단계
④ 시도(trial) : 혁신을 시험적으로 적용하는 단계
⑤ 수용(adoption) : 혁신의 계속적인 적용 여부를 결정하는 단계로 구분하고 있다.

혁신의 과정은 사회체계 내의 구성원들 사이에 시간의 경과와 함께 일정한 경로를 통하여 커뮤니케이션되어 가는 과정으로, 새로운 아이디어라는 메시지의 보급과 관련한 특수한 형태의 커뮤니케이션이다. 관광객의 혁신성과 모험성의 정도와 선호하는 관광목적지의 유형 간에 상관관계가 있음을 충분히 예상할 수 있다. 제품수명주기이론 역시 생물학에서 유래한 것으로 시간의 경과에 따라 시장에 도입된 신제품이 시장에서 사라질 때까지 매출액과 이익의 변화상황을 설명하는 모형인데, 이 역시 도입→성장→성숙→쇠퇴라는 곡선을 그리게 된다.

버틀러는 관광목적지의 진화과정에 따라 아래의 가설을 제시하고 진화주기를 탐험(exploration)→주민개입(involvement)→개발(development)→경화(consolidation)→침체(stagnation)→쇠퇴(decline)→재활(rejuvenation) 단계의 7단계로 구분하고 있다. 단계별 특징을 살펴보면 다음과 같다.

첫 번째 단계인 탐험단계는 관광객의 수가 적고, 관광객들이 개별적으로 등장한다. 관광객 전용시설이 없어 지역주민의 시설을 이용하므로 관광객과 지역주민 간의 접촉이 현저하다. 관광유인요소는 주로 자연적, 문화적, 역사적 매력물이고, 관광객의 유출입으로 인한 경제적, 사회적 영향은 미미하다.

두 번째 단계인 주민개입단계에서는 관광객의 수가 증가하기 시작하고 약간의 규칙성이 나타난다. 지역주민 중에는 관광객 전용시설을 공급하기 시작한다. 관광객과 지역주민 간의 상호접촉은 관광사업자를 중심으로 높게 나타나기 시작한다. 관광시장이 부각되고 이들에 대해 광고활동이 등장한다. 관광시즌이 형성되고 여기에 대한 대책이 사업자를 중심으로 강구되기 시작하며, 관광사업자단체가 형성되고 관광교통 및 시설공급을 위한 공공부문의 지원을 요청하기 시작한다.

세 번째 단계인 개발단계는 관광시장이 더욱 분명해지고 관광송출지에서 광고활동이 더욱 활발해진다. 지역주민의 개입과 개발통제력이 급감한다. 지역주민이 소유하고 있는 시설은 외지인의 현대적 시설(특히 관광숙박)에 의해 대체되기 시작한다. 자연적·문화적 자원이 개발, 상품화되고, 이들 원래의 매력물들은 인공적, 수입된 시설에 의해 대체된다. 겉으로의 변화가 현저하고 이러한 현상이 모든 지역주민들에게 환영이나 인정을 받지 못하게 된다. 개발계획과 시설공급과정에 지역적, 국가적 개입이 불가피하며, 이들 활동은 지역주민의 이해와 완전히 일치하지 못하는 경우가 생기기도 한다. 성수기 때 관광객의 수는 지역 상주인구의 수를 능가하고, 외지로부터의 유입노동력이 필요하게 되며, 관광산업의 보조적인 시설(세탁소 등)이 등장한다.

네 번째 단계인 경화단계는 총 관광객 수가 지역의 상주인구를 능가하고 그 수도 계속 증가하지만 그 증가속도는 둔화된다. 지역경제의 관광의존도는 매우 높으며, 비수기 타개와 시장확대전략을 강구한다. 관광 관련 산업 특화숙박시설의 경우 프랜차이즈와 체인경영을 시도하지만 더 이상 증가하지는 않는다. 상당수의 관광객과 관광시설은 어떤 형태로든 관광산업에서 소외, 박탈 또는 활동의 제약을 받고 있다고 느끼는 지역주민에게는 반감을 유도한다. 오래되고 낡은 시설들은 이제 매력 없는 시설로 전락하고 만다.

다섯 번째 단계인 침체단계는 관광객의 수가 절정을 이룬다. 환경적, 사회적, 경제적 문제를 유발할 정도로 수용력에 한계를 보이거나 초과한다. 관광지는 그동안 이미지를 유지하지만 더 이상의 유인이 될 수 없다. 그리고 자연적, 고유의 문화적 매력물은 수입한 인공적 시설로 대체된다. 예를 들면, 주제공원을 개발하거나 아니면 오래된 주제공원이라면 놀이기구들을 부분적으로 교체하는 경우이다.

여섯 번째 단계인 쇠퇴단계의 경우 관광지는 새로운 관광자원에 필적할 수 없고 공간적으로 숫자적으로도 감소한다. 관광객들에게 더 이상 소구되지 못하며 주말 또는 1일 관광객이 주류를 이룬다. 부동산에 대한 용도변경이 빈번하고 관광시설은 비관광 관련시설로 대체되며 관광지는 점차 관광과 관련이 멀어진다. 마침내 지역은 관광슬럼화되고 관광기능을 완전히 상실한다. 그러나 대부분의 관광지는 관광슬럼화를 막기 위해 여러 가지 대안들을 마련하게 되는데 버틀러는 이를 재활단계로 부르고 있다.

마지막으로 일곱 번째 단계인 재활단계는 관광의 본래적 매력물을 완전히 변화시키지 않은 상태에서 결코 기대하기 어려운 일이지만 인공적인 매력물을 추가시키거나, 아직 미이용 상태에 있는 자연자원을 이용하는 등의 경우를 뜻한다. 버틀러의 관광지 라이프 사이클을 문화적인 측면에서 살펴보면 초기단계에는 그 지역의 문화적 정체성을 찾아오는 관광객에게 충분히 보여줄 수 있으나 후기단계로 갈수록 문화적 정체성은 희박해지며, 어느 시점에는 그마저도 완전히 상실하여 재활단계에 이르면 지역의 잔존문화에 새로운 외래문화를 도입하여 혼합문화형태로 존재할 가능성이 커진다. 한편 밀러(M. L. Miller)와 갈루치(V. F. Gallucci)는 침체기 이후 관광목적지의 변화궤적은 A부터 E의 경우가 있는데, A와 B의 경우는 관광지가 기술적으로 발전하거나 관광객 수용력과 같은 관광지의 하부구조시설이 확충됨으로써 관광지가 재성장의 길로 접어듦을 의미한다. C나 D는 혼잡이 가중되거나 발전에 대한 지속성이 결여되면서 매력성이 상실된 경우로서 수확체감의 법칙이 적용되는 현상이다. 마지막으로 E의 궤적은 관광목적지의 입장에서는 커다란 위기에 처하면서 관광객 수가 급격하게 감소하는 경우가 된다.[5)]

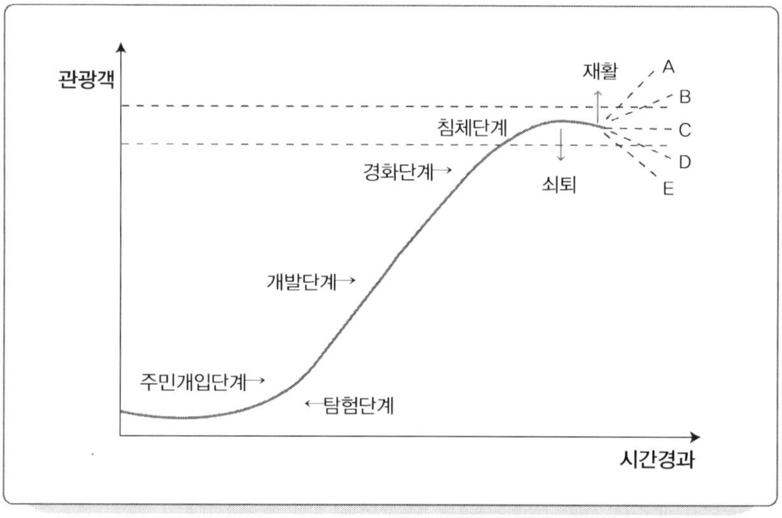

출처 : 오상훈(1993), 관광지 진화주기 방향에 관한 연구, 『관광·레저연구』, 제5호, p. 92.

[그림 2-1] 관광목적지의 진화주기 특성과 마케팅 전략

04 | 관광문화의 내용적 범위

관광은 상호 접촉하는 사회와 관광객 모두를 변화시킨다. 그 일례로 뉴기니 관광에 대한 사례연구에서, 관광객 자신보다 현지인 전통사회가 받는 영향이 더 크며, 현지인과 관광객의 접촉에 따른 변화를 보면 언제나 관광지에 더 크게 작용하지만 관광객 자신의 변화에도 많이 작용한다는 것이다.[6] 관광지 사회의 변화는 결코 관광개발이란 요인에 의해서만 비롯되는 것이 아니다. 오히려 많은 요인들, 이를테면, 공업화의 물결, 세계화의 진전, 텔레비전 · 신문 · 영화 · 소설 · 음악 등 대중매체의 발달, 사회구조 변혁, 정치권력구조의 변동, 새로운 종교의 전파 등 실제 여러 가지에 의해 좌우된다. 그러나 외부로부터 고립된 어떤 사회, 위와 같은 소위 역동적 근대성을 경험하지 못한 전통사회의 경우에는 관광객을 포함한 외지문명의 갑작스런 도래는 현지 전통사회에 엄청난 영향을 미치며, 그 사회를 해체시키기에도 충분할 것이다. 물론 관광개발의 속도와 지역민의 수, 그리고 지역관광자원의 다양성 정도에 따라 변화속도는 달라질 것이다.

김사헌(2007)은 관광의 사회문화적 효과를 긍정적인 것과 부정적인 것으로 나누고, 긍정적 사회문화 영향으로는 문화의 상품화로 인한 지역민의 생활수준 및 의식 향상, 문화적 교류, 목적지 사회의 안정화 역할, 지방자치정부 자율 의사결정 권한 및 여성권한의 강화를 제시하고 있으며, 부정적 사회문화 영향으로는 전시효과, 신식민지주의, 도덕적 해이 및 지역사회의 붕괴, 매춘, 범죄 등 사회교란, 관광과 현지문화의 충돌로 문화의 상품화와 문화의 몰이해를 들고 있다.[7)]

한편, 조명환(2008)은 관광의 문화기능을 순기능적 요소와 역기능적 요소로 구분하여, 순기능적 요소로는 전통문화 및 유적의 보호 · 보존, 지역문화의 발전, 고유문화의 관광상품화, 관광객 경험 만족의 극대화를 들고 있고, 역기능적 요소로는 문화의 상품화, 문화적 갈등조장, 전통문화의 변질 및 파괴를 제시하고 있다.[8)]

이제 세계관광산업은 다른 어떤 산업의 성장률보다 높은 게 사실이고, 관광객이 관광을 하게 되는 근본적인 동기가 특정지역, 특정국가, 특정인종집단들의 삶을 보고자 하는 이른바 신기성(novelty), 고유성(authenticity)을 추구하는 게 주류를 이루고 있는 상황에서 관광으로 인한 순수문화적인 측면만을 고찰해 보는 게 타당할 것으로 판단된다. 이 분야의 연구로는 Vanden Berghe(1993)의 관광의 문화적 영향에 관한 것이 있다.[9)]

반덴 베르헤는 관광으로 인한 문화적 영향으로 언어사용, 예술, 고유성, 민족적 의식을 들고 있다. 이에 대한 구체적 내용을 살펴보도록 하자.

1) 관광과 언어 사용

우선 관광에 있어 언어 사용이 어떤 영향을 미치는가를 살펴보기 전에 한국인과 외국인 간의 의사소통과정과 그 과정에서 어떤 문제가 발생하는지를 예로써 알아보자.

한국사회에서 형성된 언어 · 문화적 공간들에 따라 한국인과 외국인이 서로 의사소통할 수 있는 방식은 3가지 유형으로 나눌 수 있다. 이 유형들을 정의하고 한국에서 어떻게 기능하고 있는지를 살펴보면 한국인과 외국인 간에 의사소통을 하고 서로를 이해하는 데에 무엇이 문제가 되는지가 뚜렷해진다. 결과적으로 한국에서는 사람이 자기가 속하고 생활하는 언어 · 문화적 공간을 벗어나서 다른 공간으로 들어가는 현상이 한쪽으로 치우쳐진 편향, 혹은 불균형을 갖고 있기 때문에 한국인과 외국인이 서로를 오해하게 되는 문제가 발생한다.

(1) 언어·문화적 공간에 따른 의사소통의 유형분류

언어는 사람과 사람을 연결하는 매체이면서 문화적 규범들을 전제로 한다. 한국어와 같은 경우에는 높임말과 존댓말, 반말 등과 같은 말에서 격식을 지켜야 되고 그 말의 격식들을 상대방과의 관계에 맞춰서 하게 된다. 그래서 한국어 화자(話者)와 청자(聽者)가 한국의 문화적 규범들의 요구를 받고 수행함으로써 유교적인 문화적 유산들이 유지되는 한국적 공간을 만들게 된다. 이와는 달리 영어는 높임말도 없고 직설적인 대화와 개인주의를 전제로 하기 때문에 영어도 마찬가지로 또 다른 맛이 나는 공간을 형성하게 된다. 결국에는 언어 · 문화적 공간은 바로 언어와 문화적 특징을 가지는 사람과 사람의 관계가 이루어지는 의사소통환경이라고 보면 된다.

유형 ① 공간 단절로 인한 의사소통 부재

첫 번째 의사소통 유형은 바로 소통 부재라고 할 수 있다. 한국 사람은 한국적 공간에 머물며 외국인도 마찬가지로 외국적 공간에 머물기 때문에 서로를 서로의 맥락에서 접해 보는 경우가 없을 때이다. 즉 교류가 아예 없는 이 경우에는 의사소통이 이루어지지 않는다.

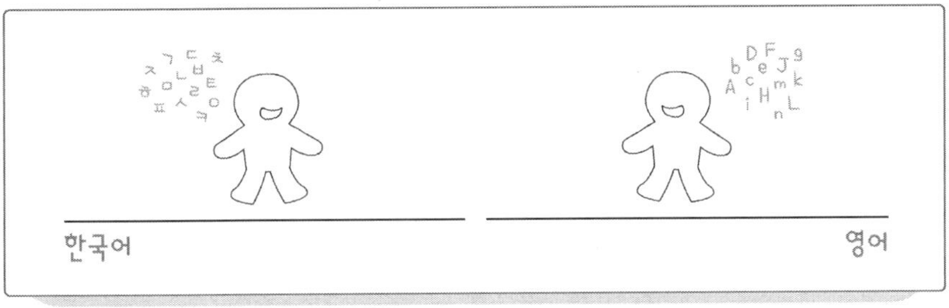

[그림 2-2] 공간 단절로 인한 의사소통 부재

유형 ② 외국적 공간에서의 만남

두 번째 의사소통 유형은 외국적 공간에서 이루어지는 것으로 외국적 공간에서의 만남이다. 한국에서 한국 사람들은 외국어를 열심히 공부해야 한다고 생각하니까 그러려고 노력하고 기회가 되면 자기 공간을 벗어나서 배우려는 언어나 문화에 해당하는 타 공간(他空間)에 일시적으로 가는 경우이다. 예를 들어서, 영어를 배워본 적이 있는 한국 사람들은 주로 외국인과 만날 때 외국인이 영어로 얘기하는 것이 더 편하다는 생각에 한국말을 꺼리고 영어로 상대를 대하려고 하는 경우가 많다. 따라서 그 한국인과 외국인은 영어적 공간에서 만나게 되고 의사소통이 그 공간에서 한정적으로 이루어진다.

[그림 2-3] 외국적 공간에서의 만남

유형 ③ 한국적 공간에서의 만남

마지막으로 세 번째는 한국적 공간에서의 만남이다. 외국어를 배우려는 한국인에 비해 비율이 당연히 적다고 하겠으나 반대로 한국어를 배우려는 외국인들이 있고 한국적인 공간으로 들어와서 한국적인 것과 한국 사람을 접하려고 할 것이다. 이 경우에는 한국인과 외국인 간의 의사소통인 한국적인 공간에서 이루어진다고 할 수 있고 그 의사소통이 한국적인 것이라고 할 수 있을 것이다. 이때도 한정적 의사소통은 이루어질 수 있다.

[그림 2-4] 한국적 공간에서의 만남

위의 3가지 유형 중에서 첫 번째는 말할 것 없이 문제가 되는데 그 나머지 두 가지 유형은 둘 중에 하나만 상대적으로 중시되는 경우에는 편향 문제가 발생한다. 한국인과 외국인 간의 의사소통이 한 종류의 언어 · 문화적 공간에서만 이루어진다는 뜻이고 일방적인 성격을 가지게 된다. 예컨대 한국 사람들은 외국인이 한국어를 못하기 때문에 그를 대우할 때 영어를 써야 한다는 고정관념에 사로잡히게 되며, 외국인들은 한국인이 영어를 해줄 테니 한국말을 안 써도 되겠다거나 한국말을 해봐도 상대방이 영어만 하니까 한국말을 못 배우겠다거나 쓸데가 없다고 생각할 수도 있다. 양쪽의 의도와 배려가 엇갈리는 오해일 뿐이지만 이 때문에 효과적인 의사소통이 이루어지지 못하여 점점 쌓이는 오해들이 결국에 선입견과 편견, 차별까지 야기할 수도 있다.

(2) 관광과 언어 사용

언어적 장벽 때문에 관광객-지역주민 간의 상호작용이 억제되기도 한다. 표면적으로는 관광객과 지역주민이 똑같은 언어를 사용한다 할지라도 변증법적 차이(dialectical difference) 이를 테면, 현실적으로 이 두 집단은 사회계층, 교육, 지역주의 등으로 유동·변화하는 과정에서 모순과 대립이 존재하기 마련이다. 또한 관광객들의 절반 이상은 지역민들의 형식적인 인사 혹은 예절 바른 행동, 해당지역 언어를 배우려는 의향도 그리고 그럴 시간적 여유가 없는 것도 현실이다. 관광객들에게 관심을 갖는 지역주민들은 효과적으로 의사를 교환하고 싶어 하는 마음이 강하므로 그런 과정에서 해당지역 언어를 배우기도 한다. 관광객들이 단일 언어를 사용하는 집단인가, 아니면 여러 가지 언어를 사용하는 집단인가, 아니면 해당지역 언어가 영어, 불어, 스페인어와 같은 국가적, 국제적으로 널리 확산된 언어인가 아니면, 엄격히 제한된 하나의 언어만 사용하는지, 그 지방 사람들이 여러 가지 언어를 사용하는지, 그리고 넓은 범위에서 같은 언어 사용으로 의사소통이 이루어지는 이른바 언어사회학적 상황에까지도 관심을 두는 경우가 있다. 이를 표로 나타내면 〈표 2-1〉과 같다.

〈표 2-1〉 관광객과 지역민 사이 언어 사용 가짓수에 따른 의사소통 정도

관광객 / 지역민	단일 언어	여러 언어
국제적 공통어	약간의 소통 (지역, 도시 엘리트들의 매개 역할)	소통
제한된 한 가지 언어	소통 부재	약간의 소통 (지역, 도시 엘리트들의 매개 역할)
여러 언어	약간의 소통 (지역, 도시 엘리트들의 매개 역할)	소통
넓은 의미에서 같은 언어	약간의 소통 (지역, 도시 엘리트들의 매개 역할)	소통

아래에서는 관광으로 인한 언어 사용에서 몇 가지 되풀이되고 있는 상황을 간략히 살펴보도록 하자.

첫 번째, 국내관광의 경우 대부분의 관광객들은 표준적이고 지배적인 언어를 사용한다. 그리고 해당지역 방언을 사용하기도 한다. 이런 경우는 흔히들, 관광객들은 지역 방언을 말하지는 못하지만 이해는 가능하다. 지역에 따라 2개국어 이상을 사용하는 곳이라면 그곳 사람들은 누구나가 다 아는 언어와 해당지역 방언을 혼용할 수 있다. 흔히들 지역 사람들은 관광객들의 반응 여하에 따라 2개 이상의 언어를 교묘하게 사용하기도 한다. 그 지역 방언이 열등한 것으로 낙인찍힐 경우, 관광객들에게는 그 방언을 되도록 사용하지 않으려고 할 것이다. 그러나 관광객들이 그 방언을 색다르게 그러면서도 이해가능하다면, 그 방언을 더욱 강조하거나 부활시킬 수도 있다.

두 번째, 국제관광의 경우는 관광객들 서로 간에도 다른 언어를 쓰거나 관광지 주민들과는 다른 언어를 사용하는 경우가 많다. 이 경우 공통어(lingua franca)로 흔히 영어, 불어, 스페인어, 러시아어, 독일어, 혹은 기타 널리 쓰이는 언어로 의사소통이 이루어진다. 이 때문에 관광은 공통어 보급을 촉진시키는 원동력이 된다. 실제, 많은 관광객들은 지역 공통어 지식을 가진 지역으로 한정하는 경우도 있다. 영어는 세계여행에서 거의 필수적이라 할 수 있다. 우선 현지 주민들에게 영어로 의사소통을 시도한다. 만약 아프리카의 경우 불어, 라틴아메리카의 경우 스페인어와 같은 세계 주요어를 쓰고 있다면 그런 언어로 의사소통을 시도한다.

세 번째, 관광객들이 다른 언어를 사용하는 집단일 뿐만 아니라 지역민 역시 2개 이상의 언어를 하는 경우이다. 이런 상황은 특별하고 흥미롭다. 예를 들면, 인도와 같은 나라는 인종박물관이라고 부를 정도로 수많은 인종이 살고 있어 사용언어도 약 3,700가지이고 각 주(州)는 언어 위주로 구성되어 표준어가 13개나 되며, 인도인들은 숙명적으로 두 개 이상의 언어를 사용해야만 지역적으로나 사회적으로 또는 기타 생활영역에서 고립을 면할 수 있을 정도이다. 우리 한국인 관광객들이 많이 찾는 태국의 경우도 공용어로 태국어를 사용하지만, 태국인들에게도 산스크리트어에서 파생된 그들만의 훌륭한 문자가 있다. 북쪽 지역인 매홍손에는 이런 태국어를 사용하지 않고 자그마한 한 마을에 무려 10여 개의 각기 다른 언어를 사용하는 특이한 마을이 존재하는 실정이다. 최근 우리나라 텔레비전에서 자주 방영하고 있고, 그로 인해 개별관광객이 자주 찾기도 하는 잉카문명으로 대표되는 페루의 경우도 스페인어가 국어인데, 고지대에 사는 대부분의 인디언들은 두 가지 언어를 사용하고 있으며, 그 가운데서 케추아어를 자기들의 언어로 사용한다. 페루에는 70여 가지의 다른 언어가 있을 정도이며, 외국인 관광객들이 많이 이용하는 호텔, 공항, 항공사 사무소에서는 영어가 통용되고 있다. 이런 경우에 흔히 이국적 토착민들이 주된 관광매력이 되어 이들을 피관광객(被觀光客)으로 부른다. 말하자면 이들 원주민들 스스로가 하나의 볼거리가 되거나 볼거리를 만드는 사람들인 셈이다. 그러나 관광객과 피관광객 사이의 상호작용은 언어소통의 어려움 때문에 극히 제한적이다. 이런 상황 속에서, 지역이나 도시 엘리트들은 그들 스스로가 관광객과 피관광객 사이의 매개자로 중재하는 경우가 흔히 있다. 이때 이들은 국가 공용어와 영어에 대한 지식을 이용하게 된다. 결과는 관광으로 인한 외부의 영향력이 그 지역에 미치는 이른바 근대화(modernization)의 원인이 되기도 한다. 그러므로 관광은 지금까지 봐서는 고립된 지역이라 할 수 있는(멕시코·페루의 스페인어), 태국의 타이(Thai)어, 인도의 힌디어(Hindi) 등에서 간접적으로 국가 공용어를 확산시키는 데 공헌하고 있다. 그리고 관광은 그런 국가 고유의 문화를 훼손시키기보다는 촉진시킬 수 있다.

네 번째, 개인적인 수준에서, 지역민들에 의한 언어 사용기술 습득은 관광수입을 증대시킬 수 있다. 그들 중 상당수는 전문화되어 있다. 일부 지역민들은 주된 관광객들과 접촉하기 위해 수박 겉핥기식으로 여러 언어에 대한 지식을 획득한다(예를 들어, 페루의 Cuzco에는 거지들이 스페인어, 불어, 영어, 독일어로 그리고 멕시코의 San Cristobal의 식당주민들은 이런 언어들을 알고 있고 심지어 네덜란드어까지 배웠었다). 또 다른 집단이라 할 수 있는 투어 가이드들은 한 가지 언어를 유창하게 구사하는 데 집중한다. 그리고 목적지 국가에서 중상류계층의 사람들은 공용어를 위험하지 않는 범위 내에서 제2외국어로써의 확산을 촉진시킨다.

이처럼 언어는 관광에 미치는 영향력뿐만 아니라 해당 국가의 국민성에도 영향을 미칠 정도로 중요한 의사소통의 수단이다. 예를 들면, 스페인어를 쓰는 사람들은 가장 낙천적이며, 중국어권 사용자는 가장 비관적이라는 연구가 있다.[10]

2) 관광과 예술

예술적 소산물들은 상품화(commoditized)되어 유행을 따르는 경향이 있다. 상업화라는 압박하에서 많은 전통적인 예술가들이 유치한 사람들로 전락한 경우가 많다. 장인정신은 변변치 못한 사람으로, 보다 싸구려로, 보다 판에 박힌 디자인으로, 더 정교한 단순 반복기법 등으로 되고 있다. 이러한 경향은 공항 출발 라운지에서 대량생산된 질적 저하의 관광기념품(derivatives)으로 목격하게 되는데 이에 대해 관광객 혹은 공항예술(airport arts)이라는 나쁜 이름이 붙게 된다. 전통예술을 사랑해야 한다는 것을 배울 땐 일시적으로 부정적 가치판단으로 혼란을 겪는 경우도 있다. 그러나 일시 중지된 부정적 가치판단도 관광이 예술품, 공예품에 어떤 영향을 미치는가를 이해한다면 부정적 가치판단은 많이 완화될 것이고, 적어도 다음과 같은 4가지 점을 고려하는 계기가 될 것이다.[11)]

첫째, 많은 관광객용 예술이 전통적인 형태의 예술에 퇴보적인 변형이 아닌 뭔가는 새로워진다는 것을 알아야 한다. 우선 생각해서는 퇴보되는 것이 예술품이 가지고 있는 심미적인 장점일 수도 있다. 왜냐하면 누구를 고려하지 않고 예술가의 예술혼이 작품에 녹아 있기 때문이다. 그래도 경제적 측면에서만 생각한다면 그것 나름대로 가치가 있게 마련이다. 보다 수준 높은 예술형태로 대체되지 않고 오로지 관광객 수요에만 그 초점을 맞춘다는 뜻이다.

둘째, 관광예술이 보다 차원 높은 전통의 대량생산된 산물이라 해도, 관광예술의 수준은 절대적으로 보다 높은 전통에 의해 대체되지 못한다는 점이다. 보다 수준 높은 전통은 개개인의 삶에 있어서 그 지역의 고유성을 가질 때이거나, 외국의 전문가 고객들을 많이 가질 때이고 단순한 형태로 재생된다는 것은 이미 죽은 것이 된다. 태평양 북서부 해안(Pacific

Northwest Coast)의 인디언 가면, 토템 기둥(totem poles : 북아메리카 원주민이 집 앞에 세우는 토템상을 그리거나 조각한 기둥) 등이 그 좋은 예인데, 이것들은 대량 관광수요 발생 반세기 전에 이미 소멸상태로서 관광에 의한 재생의 예술형태가 되었다.

셋째, 새로운 전통(neotraditional)이든 혹은 신기성(novel)이든 간에 예술은 흔히 그런 것처럼 관광수요에 의해 창출 가능하지만, 예술 그 자체를 추구할 때라야만 고유한 새로운 전통이 되고, 심미적, 기술적, 질적인 요구 수준에 부합할 수 있다. 관광예술(tourist art)이 발생되는 과정에서, 예술가들은 부수적으로 고유성 창출이 가능하고 문화적인 재생의 기초를 제공할 수 있다. 예를 들면, 하와이의 훌라(Hula)춤과 북아메리카의 공예품인 병, 바구니, 양탄자, 은세공품, 목각품 등이 이와 같은 경우이다. 북아메리카에서는 질 높은 공예품들은 인디언이 아닌 공예가들에 의해 생산되고 있다.

끝으로, 예술전통이 소멸되게 될 때, 관광이 비난의 대상이 되기도 한다. 전통소멸의 전형적인 시나리오는 관광예술품을 통한 질적 저하가 아닌 격심한 경제적 압박과 새로운 공예가를 확보하지 못하는 기회 결여에 기인한다. 예를 들면, 라틴아메리카의 경우 가정에서 베틀로 가족들의 의복을 짜는 인디언 여성들의 숫자가 갈수록 감소하고 있다. 그것은 단순히 관광객을 위한 값싼 모방품을 만들기 때문은 아니다. 오히려, 부유한 국가들로부터 거대한 꾸러미로 수입한 값싼 서구의류 쪽으로 눈을 돌리고, 그들은 더 이상 천연염료를 생산하기 위해서 시간이나 토지를 할애하여 경작하지 않으며, 임금고용 압박 때문에 양모 부족을 해결하기 위해 면양을 사육하지 않고 이들은 시골을 떠나 보다 돈벌이가 잘되는 직장으로 옮겨간다. 노동력의 생산성은 관광으로 인한 영향력보다는 위의 경우들이 더 큰 영향인자가 될 수 있다. 하지만 관광이 그 복잡한 경제적 수지균형의 한 부분에 기여하는 것은 사실이다.

결과적으로, 예술품의 내재적 가치와 결부시키지 않는다면 관광이 예술품에 미치는 영향관계는 그 중요성을 더해갈 수 있다. 관광은 예술과 공예품, 인공예술, 음악, 춤, 도서, 극장 등의 모든 분야에 영향을 미치며, 경우에 따라서는 창조성과 발명의 자극제가 되기도 한다.

3) 관광과 민족의식, 고유성

(1) 관광과 민족의식

관광의 문화적 영향을 이해하는 데에는 민족과 민족의식의 재인식이 중요하다. 관광은 문화인류학자들이 얘기하는 문화접촉(상이한 전통을 가진 지역으로부터 온 상이한 집단에 소속해 있는 사람들 사이의 상호작용)의 한 형태이다. 관광은 민족적 자아표출(an ethnic presentation of self)이 불가피하다. 관광 관계당국과 상업적 촉진자들은 의식적으로 그들 문화의 모습들을 잠재고객들에게 투사시키려는 노력들을 한다. 관광객들은 때로는 긍정적일 수도 있지만, 정교하지 못한 고정관념(stereotypes)을 기초로 한 선입견과 기대라는 고립된 공간에 머물러 있을 수 있다. 그리고 지역주민들은 그런 것들을 마구잡이식으로 진귀한 상황을 연출해 낸다. 지역주민들은 그들의 행동을 의식적, 무의식적으로 교묘하고 복잡한 방법으로 수정을 가한다. 때때로 지역주민들은 관광객들의 고정관념을 무효화할 의도로 여러 가지 방법으로 행동을 시도한다. 예를 들면, 라틴아메리카인들은 그들 서로 간의 시간엄수보다는 관광객들과의 시간엄수를 위해 특별한 노력을 기울인다. 그러나 일부 지역주민들은 고정관념을 확인할 수 있도록 자기변명의 기회로써 관광객들에게 유머를 하기도 한다. 이 때문에 멕시코인들은 가끔 익살스럽게 둥글게 모여 춤을 추면서 멕시코인(hora mexicana)의 시간엄수의 결점을 사죄할 때 멕시칸 타임(Mexican Time)이라는 말을 사용한다. 같은 맥락에서 유카탄 휴양지의 상점에서는 짚으로 만든 인형 혹은 어깨에 탄띠를 걸치고 창이 넓은 모자를 쓴 무법자(bandito) 모습을 한 멕시코인이 옆에서 엉터리 영어를 완벽하게 표현하고 있다. 우리나라도 1950년대에서부터 1970년대까지는 우리 국민들이 시간을 제대로 지키지 않는다고 해서 코리안 타임(Korean Time)이라는 명칭이 붙여졌고, 실제 코리안 타임이라 해서 어떤 모임에 30분, 1시간 늦게 가도 면죄부를 받았던 시대도 있었다.

지역민들은 관광객의 면전에서 쇼를 한다는 느낌을 가지는 경우가 자주 있다. 그리고 개개인의 행동은 의식적으로 그 집단이 관광객에 대해 갖는 지각을 반영하고 있다. 제3세계 많은 국가에서는 관광객에게 좋게 보이자(be-nice-to-tourists)는 캠페인을 하고 있는데, 심지어 관광경찰을 두어 관광객과 지역주민 사이에 중재하도록 하는 경우도 있고, 상인들이 관광객들을 기만하거나 거리 범죄를 저지르는 경우 벌을 주기도 한다. 관광객의 면전에서는 원주민의 행동을 분명히 제약한다. 그와 동시에 이런 행위들은 수입을 위한 건전한 기회들을 제공해 주지 못하기 때문에, 원주민들에 의해 자행될 수 있는 부정적인 이미지들, 즉 소매치기, 구걸, 사기꾼, 거스름돈을 거슬러주지 않거나, 주유소에서의 눈속임, 상점에서 물건 바꿔치기 등뿐만 아니라 관광객들의 심리적 특징이기도 한 천진난만하고, 죄의식을 가지고 있고, 어리둥절해 하고, 친숙치 못하기 때문에 유혹에 약한 점을 이용해 관광객들에게 경제적, 심리적으로 부담을 주는 행위를 근절하고 있다. 우리나라도 외국인 관광객 유치증대를 목표로 범정부적인 노력을 기울이고 있지만, 외국인 관광객의 불편함이 사라진 것은 아니다. 한국관광공사의 발표에 따르면 외국인 관광객 불편신고 가운데 환불 거부, 가격표시제 미시행, 쇼핑과 관련한 불편신고는 지난 2008년

23.6%에서 2012년 34.7%로 증가했다. 그중 택시 바가지요금, 콜밴 불법영업 등 교통 관련 불편사항은 전체 불편신고의 20%가량을 차지하고 있다. 외국인 관광객을 노린 범죄는 국가 이미지에 손상을 주는 것은 물론이고, 관광객들이 우리나라를 재방문하는 것까지 주저하게 만든다. 문화체육관광부, 경찰청, 한국관광공사는 이 같은 외국인 관광객의 불편을 해소하고 더 많은 관광 서비스를 제공하기 위해 '관광경찰'제도를 2013년 10월 16일에 출범시켰다. 관광경찰이 하는 임무는 관광지 범죄예방 및 기초질서 유지, 외국인 관광객 관광 불편 사항을 처리하는 등 다양한 관광서비스를 제공하는 한국관광지킴이 역할을 한다. 특히 관광경찰은 외국인 관광객과 원활한 의사소통이 가능하도록 영어, 중국어, 일본어 능력이 우수한 인재들이다.

멕시코 San Cristobal Chiapas읍에서는 최근 관광이 크게 성장하고 있다. 몇몇 인디언 어린이들이 관광객들에게 접근하여 애처롭고, 우는 듯한 목소리로 그들이 짠 여러 가지 물건을 외치고 다니면서 판매한다. 대부분의 인디언 어른들은 유쾌하지 못하고 품위 없는 이런 행동을 보고 그렇게 못하도록 한다. 그러나 어린이들은 우는 듯한 목소리가 관광객들에게 동정심을 자아내게 하여 물건판매로 이어지게 하는 효과적인 전략임을 잘 알고 있다.

어린이들은 관광객들이 그만둬 하고 반응을 보이면, 그들은 즉시 평상시 관광객이 오기 전의 행동(pretourist behavior)으로 되돌아오고 갑자기 미소 지으면서 잡담을 하거나 조롱을 한다는 것이다. 관광객 면전에서의 비정상적인 지역주민들의 행동에 관한 예들은 많다. 그 예로써, 캄보디아 앙코르와트사원을 관광하기 위해 가는 도중 도로 양쪽에 늘어서서 그 지역의 과일이나 조잡한 기념품들을 사달라며 애절한 말씨로 관광버스 차량을 두드리는 경우도, 중국 계림 이강(離江)을 관광하는 과정에서 관광객들이 타고 가는 큰 배에 카누 같은 아주 작은 배를 타고 재빨리 노를 저으면서 큰 배에 붙어 부채그림을 사달라고 애원하는 어린이들과 같이 그 예는 많다.

본래 관광의 본질이 일상생활권에서의 경험과는 다른 뭔가를 적극적으로 추구하고 있고, 아웃사이더로 규정지은 관광객들을 위한 관광지 주민모두가 정상상태의 경계 바깥에 있는 것이 그 특징이다. 상황의 비정상성은 양측 모두가 비정상적이면서 의식적으로 경계하는 행동을 불러일으키게 마련이다. 이는 곧 비정상적인 행동은 상대편의 지각과 기대에 따라 수정이 불가피하다. 때문에 이런 상황은 민족적 혹은 유사민족적 관계로 우리와 그들(us-versus-them)의 관계로 상호 규정짓고 있다. 관광객과 호스트간의 상호작용은 민족을 경계로 한(ethnic boundaries) 계속적이고도 유동적, 재한정적, 재협상적인 과정이다. 이처럼 관광은 민족관계이면서도 특이하게 불안정하고 역동적인 관계이다.

(2) 관광과 고유성

대다수 관광객들에 관한 역설로는 그들은 관광지에서 그들의 원래 일상과는 다른 이국적이면서 순박한 모습들을 추구한다는 사실이다. 관광객의 출현으로 관광지 주민들이 추구하는 고유성은 파괴된다. 그 예로 관광을 통해 어쩔 수 없이 사생활을 침범하는 사진은 지역민에게 신랄한 비판을 받게 된다. 대부분의 관광객들은 그들이 사진에 담을 수 없는 것은 보기를 원치 않는다. 많은 관광객들에게 있어서 사진은 관광경험의 가장 타당한 수단이 되어왔다.12)

분명히 사진은 관광객과 관광지 주민들 사이에 복잡한 상호작용과 협상이 있게 마련이다. 많은 정교한 관광사진 전문가들은 실제 생활하고 있는 무엇을(real things) 의식하지 않는 현지 주민들(real natives)의 자연스러운(natural) 모습에 관심을 갖는다. 보통 관광객과 마주치는 현지인들은 기록에 의한 고유성과 관련된 것의 제공을 제한하고 통제하게 된다. 그러나 새로운 관광시장에 현지인들이 반응하는데에는 그렇게 시간이 많이 걸리지 않는다. 시간 단축의 정도는 금전 수입으로부터 출발하며 적어도 상호이익이 된다고 판단될 때 가능하다. 그러나 금전적 대가를 요구한다면, 사진은 이미 자연스럽지 못하고 가치가 저하된다.

관광객은 망원렌즈를 부착하여 몰래 숨어서 사진 찍는 행동을 한다. 이럴 경우 관광객과 마주치는 지역주민들은 무대화된 고유성(staged authenticity)을 보이게 된다.[13)]

어떤 지역주민들은 평상시와는 달리 보다 전통적으로 보이기 위해 몸단장을 한다. 관광객을 상대하는 사람들은 매일 의례적인 옷차림을 하고, 여러 가지 의류들에 낡은 장식들을 사용하여 재현한다. 그렇게 함으로써 관광객들에게 고유한 전통적 의상임을 인식시킨다. 심지어 아메리카 인디언들의 스포츠 원형천막과 깃털장식은 그들의 특별한 전통과는 조화되지 않지만 관광객들이 기대하고 있는 지각에 대한 반응으로 모조전통자원들을 발명하거나 창조하기도 한다.

북아메리카, 뉴질랜드, 남아프리카와 같은 지역에서는 고유한 전통들이 서구화, 의례적 행동, 도시화, 산업화로 인해 이미 크게 쇠퇴하여 관광객들을 위한 무대화된 고유성 연출에 필요한 목화산업을 번성케 하였다.

정부지원 춤의 순회공연은 지방민속을 보급시킨다(예 : 멕시코의 유명한 Ballet Folclorico이다. 멕시코와 아프리카의 춤과 음악이 혼합되어 만들어진 독특한 공연). 민간기업체는 유명세를 누리고 있는 민족집단에 속하지 않는 사람들을 대상으로 분장을 시켜 특별프로그램(extras)으로 원주민 마을(native villages)을 설립하기도 하였다(Hawaii Honolulu 근처

Polynesian Cultural Center). 그 지방 전체에서 선별한 규모가 작은 기념물로 구성된 정교한 공원들이 뉴질랜드와 태국에서처럼 설립되고 있다.

고급 호텔들은 전통춤(typical dance)과 부두쇼(Voodoo Ceremonies)를 곁들인 아주 비싼 디너쇼를 인기물로 구성하고 있다. 부두교에서는 서인도제도와 미국의 흑인들 사이에서 행해지는 악마숭배 · 주물(呪物)숭배 · 주술(呪術) 등을 포함하는 의례를 행한다. 또 다른 예로는 1989년 남아프리카 Durban 근처에 살고 있는 줄루족(Zulu Village) 흑인 6명의 여성들이 백인 청중 앞에서 티셔츠를 벗어버리고 가슴을 드러낸 채 처녀춤(maidens dance)을 추는 경우도 있었는데, 이런 경우는 고유성과 성적인 자극을 결합한다. Senegal의 National Ballet단도 Champs Elysee에서 Lido쇼를 약간 변형시킨 공연을 하는 경우도 있다.

세심한 관광객들은 이런 무대화된 고유성을 보고 냉소를 보내지만, 그러나 때때로 이런 창조물과 레크리에이션들은 문화 재생의 기초가 되고 시간이 지남에 따라 그것 자체가 제2의 고유성 획득을 가능하게 하며, 창작자들에 의해서 사유화될 수 있다. 이런 유형의 무대화된 이벤트는 관광객과 지역민 모두를 청중으로 엉기게 할 수 있다. 그런 예로는 북아메리카에 있는 아메리카 인디언 주술사가 병의 회복이나 전승을 비는 파와우(powwow)가 있다. powwow 또는 pauwau는 영어의 영적인 지도자(spiritual leader)를 뜻한다. 현대판 powwow는 미국 원주민과 비원주민들이 모여서 춤추고, 노래하고, 사교를 즐기고, 아메리칸 인디언 문화를 찬양하는 특별한 형태의 이벤트이다. 보통 춤은 상금이 걸려 있어서 경쟁이 치열하다. powwow는 하루 5~6시간부터 3일까지 계속되는 등 시간대별로 다양하다. 주요 powwow는 특별한 경우 1주일간 계속되기도 한다. 관광은 현지인들의 자기표현의 행동은 물론 자기 자신들을 한정하는데 복잡다기하고 예측 불가능한 상태로 변화시킨다. 관광은 지역문화를 파괴하기보다는 통상 그런 문화들을 변형 및 재생시키는 역할을 한다. 고립된 지역문화에 영향을 미치는 외부와의 접촉, 근대화의 모든 형태들 가운데 관광은 아마 가장 적게 파괴시킨다고 할 수 있는데, 그것은 문화의 역동성에 괄목할 만한 가치를 부여하기 때문일 것이다. 고유성을 위한 탐색은 근본적으로 지방문화의 손상과 타락을 초래할 수도 있지만, 또한 고유성은 서구스타일화, 기독교화, 도시화, 산업화 같은 근대화라는 거대한 힘의 공격으로부터 느슨해진 전통들을 재생하고 활기를 다시 불어 넣는 역할도 한다.

그러나 신(新) 혹은 모조적인 산물들은 고유성의 결여로 이어질 가능성이 크다. 특히 관광사업자(호텔, 여행사, 정부기관, 흥행단체)에 의해서 수입을 목적으로 후원될 때 그렇다. 그렇지만 지방에서는 그들이 가지고 있는 유산들을 되찾기 위해, 새로운 것을 발견하기 위한 창조성, 고유성의 재해석, 고유성이 없는 마을(the global village)로 전락하는 데 따른 저항이라는 회복력을 제공해 준다. 마크 트웨인(Mark Twain)의 말을 인용하면 제3, 4세계 문화 소멸의 뉴스는 크게 과장되었고, 관광으로 인한 문화 소멸의 비난은 좀처럼 없다는 것이다.

관광예술품의 진화

CHAPTER 3

01 | 관광예술의 진화

1) 관광예술의 진화

관광예술품은 민족의 문화적 표현 전통을 계승·수정함은 물론 관광예술품을 만들거나 판매하는 지역 민족집단의 전면부·후면부 모두에 영향을 미치게 된다. 마찬가지로 다양한 종류의 관광예술품은 관광을 목표로 한 민족집단의 자아지각에도 매우 중요하다. 민족에 따라서는 그들 자신의 문화적 정체성과 그들 외부의 판에 박은 듯한 이방인들의 물질적 상징과는 분리유지가 가능하지만, 경우에 따라서는 이런 균형을 유지하기가 힘들 때도 있다. 오랜 기간 동안에 걸쳐 민족 정체성의 강한 영향력에 대한 인식의 진화는 외부에서 바라보는 시각에 따라 발생할 수 있다.[1)]

관광예술의 첫 번째 특징은 관광객과 지역주민 간의 상호작용을 촉진시키는 계기가 될 수 있다. 관광객과 지역주민의 관계가 양립적이라기보다는 관광객이 수용 가능한 범위 안에서 지역주민들의 문화를 전파한다는 뜻이다. 민족예술의 수출은 아스펠린(P. Aspelin)이 얘기하는 간접관광

(indirect tourism)의 한 형태이다.[2] 여기서 간접관광이란 관광객의 관광 행동을 통한 주된 욕구실현을 직접관광이라고 하면, 직접관광을 하는 앞뒤 과정에서 부수적으로 발생한 관광동기 실현을 의미한다. 예술품들도 주변부에서 중심부로 민족적 이미지의 이전은 영화, 텔레비전, 그림광고, 여행자들의 이야기와 똑같은 방식으로 민족의 고정관념을 창출 및 유지시킨다. 그리고 수공업 제품들도 민족의 고유성을 보다 확대시켜 주는 한 방법이 될 수 있다. 그리고 그들의 관광적 민족 이미지 관리는 관광예술품 제작자들과 중간 유통상의 개입으로 체인시장과 연계해 피드백되는 게 보통이다.

관광예술의 두 번째 특징으로는 문화적인 경계에 대한 이해를 가져다주며, 지역주민들의 삶과는 다른 특별한 힘을 부여하여 중심부 문화의 가치시스템과 연계될 수 있다. 그러므로 기념품의 가치는 특별한 심미적 매력과 어우러져 나타나게 된다. 민족관광객(ethnic tourist)들은 시각적 · 물질적 예술품에 관심을 갖게 되므로, 민족관광 연구자들은 직 · 간접 관광 모두와 연상되는 주요 형태들을 이해해야 하며, 관광객의 성향과 심지어 그들 가정의 분위기까지도 파악하는 게 중요하다.[3]

관광예술의 진화문제는 단선진화(unilinear evolutionary direction)가 아닌 관광, 예술, 고유성의 결합체인 상호 연계 네트워크 형태로 일련의 상황에 따라 생성되는 다선진화(multilinear evolutionary direction)하는 데 있다. 관광예술의 진화과정을 이해하기 위해서는 진화에 대한 이해가 필요하다. 진화(evolution)는 생물학에서 출발하여 다른 학문에까지 영향을 미치게 되는데 민족문화 차원에서는 인류학자들의 공헌도가 컸던 게 사실이다. 민족예술도 크게 보면 문명진화에 해당될 수 있다. 문명은 세계의 모든 사회에서 기본적으로 동일한 양식으로 연속적인 발전단계를 걸쳐 진화한다는 것이다. 이러한 진화단계는 야만시대(Savagery, 구석기시대)에서 미개시대(Barbarism, 신석기시대)를 거쳐 문명시대(Civilization, 철기시대)에 이르는 3단계를 거쳐왔다. 이렇게 초기 진화론자들은 모든 문명은 동일한 선을 따라 단계적으로 진화한다고 간주하였다. 이러한 진화를 일컬어 단선진화(單線進化, unilinear evolution)라고 하며, 그 이론을 단선진화론이라고 한다.

단선진화론자들은 각 사회의 문화적 다양성을 무시하고 구체적인 현상에 무관심하며 선교사들이나 상인들로부터 전해들은 신빙성이 결여된 자료들을 갖고 가만히 앉아서 인류문명의 진화과정을 자의로 재구성하는 사람들이라고 하여 '안락의자 인류학자(armchair anthropologists)'로 불렸다. 따라서 20세기 초반부터 그들의 이러한 비과학적인 이론은 전반적으로 거부되었다. 그 대신 제2차 세계대전 전후에 활약한 인류학자 스튜어드(J. Steward)에 의한 이른바 다선진화론(多線進化論, theory of multilineal evolution)이 대두되었다. 이 이론의 핵심은, 각 사회가 그것이 처한 특수한 환경에 어떻게 적응하는가를 분석해야 한다고 주장한다. 즉 환경과 경제활동, 정치제도, 사회조직 등의 관계가 성립되어 문화생태를 이루며 이에 의하여 문화형이 결정되게 된다. 이때 각 사회는 각기 문화생태의 차이에 따라 상이한 진화과정을 거치게 된다. 스튜어드는 이러한 그의 견해를 19세기의 단선진화 개념에 대비하여 다선진화라고 하였다.[4)]

단선진화이건 다선진화이건 간에 문명의 진화를 생물진화와 동일시하거나 대치할 수는 없다. 왜냐하면 양자 간에는 근본적인 차이점이 있기 때문이다. 즉 생물은 유기체이나 문명은 유기체가 아닌 초유기체(무기체)인 까닭에 문명의 계승은 생식과정에 의해서 유전되는 것이 아니라, 학습과 모방에 의해서만 이루어지기 때문이다. 진화에 관한 위의 설명을 토대로 그림으로 나타내면 [그림 3-1], [그림 3-2]와 같다. 이 그림을 통해 인간에게 유익한 것은 더욱더 발전시키면서 불필요한 것은 퇴보되거나 소멸되지만 전체를 보면 인간에게 유익한 것 중심으로 시대를 따라 발전되어 감을 알 수 있다.

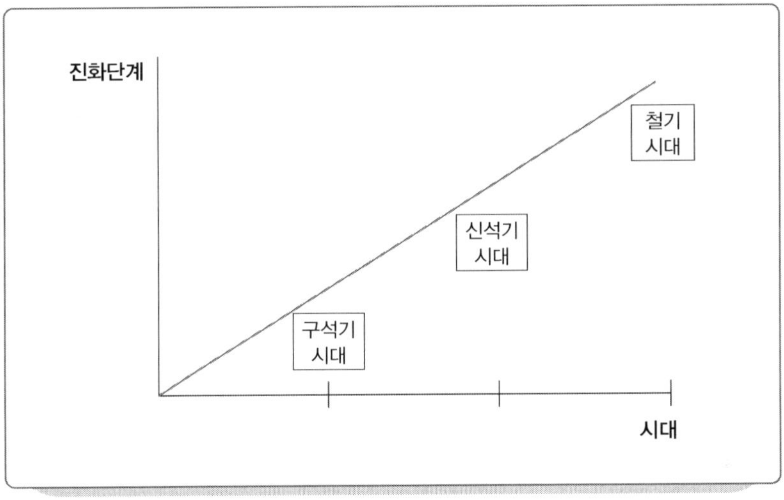

[그림 3-1] 단선진화

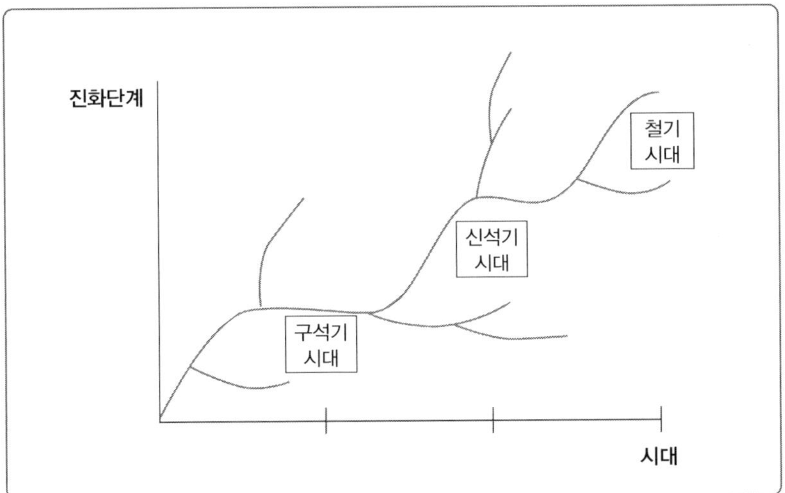

[그림 3-2] 다선진화

관광예술과 진화이론을 접목시켜 보면 단기간의 경우 관광예술이 퇴보될 수도 있지만 장기적으로 보면 특정국가의 관광발전 정도와 예술가의 예술혼 그리고 관광객의 수요가 상호작용하여 관광예술이 진화할 것으로 판단된다. 특히 예술가의 예술혼이 매우 중요할 수 있다.

2) 관광예술품의 분류 및 배경

지역 예술인들이 고수하고자 하는 고유성에 따라 관광예술의 형태는 다양하다. 이때 고유성은 관광객과 현지주민 사이의 문화적 인식차이로 한정한다. 그라번(Nelson Graburn)은 자신이 1976년에 제안했던 모델을 수정하여 관광예술의 형태들을 〈표 3-1〉에서 제시하고 있다.[5] 〈표 3-1〉에서 대두되는 문제는 분류기준이 무엇인지와 어떤 민족지적 상황을 적용할 것인지이다. 이 도식(schema)은 진화적이지 않고 시간경과에 따른 것이며, 분류체계는 사람들의 상황에 따라 다르게 인식됨을 전제해야 하며, 특히 식민지 지역 주민 혹은 관광객과 접촉이 발생한 후의 시간에 한정된 것이다. 실제 민족지(民族誌)에서의 많은 전통들은 한 가지 이상의 범주를 포함하고 있다.

예를 들면, 관광예술품(objects)들은 지역 내에서의 소비와 관광객을 위해서 혹은 수출을 고려하여 만들어진다. 기능적 미술은 그들의 형성과정에서 지역적 전통과 외국의 장르 모두를 고려하여 그려진다.

그러나 이런 다양한 범주의 경우라 해도 향후 변화를 반영한 결정체라 할 수 있으며, 주요 주제를 설정하는 데는 역동성과 방향성 등을 고려한 상황에서 발생하게 된다. 지속적인 기능적 · 전통적 예술들(functional traditional arts)의 민족지적 표출은 무엇보다 현재를 반영한 것이며, 적어도 접촉의 초기단계에서 일어나는 게 특징이다.

〈표 3-1〉 민족 및 관광예술의 범주

예술의 형태			관광지 예술의 형태		
			지역/민족지적 사회	관광지화 →	방문/관광객 사회
시간경과	↓	지역·민족지적	기능적, 전통적	→ ↙	상업적, 전통적
		신기 혹은 종합적	재통합	→ ↙	기념품의 신기성
		국가적·국제적 장르	대중예술	→	동화되고 세련된 예술

주 : 그라번의 관광예술의 진화라는 논문에서의 표를 보다 이해하기 쉽도록 저자가 화살표를 추가시켰고, 관광지화는 원래 표에는 없었던 것을 넣어 재구성함.

출처 : H. H. Nelson Graburn(1984), The Evolution of Tourist Arts, Annals of Tourism Research, Vol. 11, p. 396.

그러면 〈표 3-1〉을 통해 그라번의 민족 및 관광예술의 범주를 살펴보자. 우선 종축은 시간경과에 따라 지역 · 민족지적 → 신기 혹은 종합적 → 국가적 · 국제적으로 장르화되고, 횡축은 관광지에 관광객 · 방문객이 찾아왔을 때 두 집단에 예술의 형태가 변화를 가져와 기능적 · 전통적이었던 것이 상업적 · 전통적으로, 관광객과 접촉하는 과정에서 고유성을 지키기 위한 노력으로 재통합이 일어나지만 그 이후 관광객사회에는 기념품화가 진행되어 신기한 것으로 비춰지게 되며, 두 집단의 계속적인 상호작용으로 마침내 대중예술이 되고, 관광객 사회에는 국가적 · 국제적으로 쉽게 이해될 수 있는 동화되고 세련된 예술의 형태로 변모되어 감을 의미한다.

3) 민족 및 관광예술품의 진화과정

그라번은 관광객, 수집가, 수출을 위한 상업주의 영향력과 민족적 재구성 및 정체성 제고를 위한 문화적 영향력을 고려하고, 문화적 변화로 인해 고립된 전통에서 현대 다원주의로의 발전, 그리고 민족집단의 중요성에서 중심부(관광객집단)에서는 관광지 특유의 예술품을 추구하고, 주변부(지역/민족사회)에서는 시간경과에 따라 대도시의 세계화된 문화의 일부라는 변화를 가져오는 과정을 [그림 3-3]처럼 나타내고 있다.

[그림 3-3]은 한마디로 진화라는 이름의 총합이라 할 수 있다. 여기서 수직적 차원은 예술의 창작과 소비가 일어나는 사회문화적 상황에 근거를 두고 있고, 근본적으로 징형화된 심리적 원천에 대해서는 고려하지 않았다. 사회문화적 상황은 현대 다원적 국가들의 참여와 이들 국가의 고유성 인식의 증대를 통해 고립된 전통으로부터 변화가 일어난다. 때문에 쥘-로제트(Jules-Rosette)는 미술품생산과 관련된 시장으로는 4가지 형태를 제시하고 있다.[6] 이 4가지는 시골, 관습적인 도시 시장, 골동품상의 거래, 화랑과의 거래이다. 수평적 축은 예술품의 상징적, 종교적 중요성과 관련된 것으로 왼쪽의 희귀한 것부터 오른쪽의 외부지향적 주변적인 시장용 예술품에 이르기까지 다양하다. 그러나 중요한 사실은 사람들이 현대 국가적 배경하에서 그들의 고유성을 재구성하는 것처럼, 시간의 경과에 따라 이 차원들은 앞뒤로 이동할 수 있음을 이해하는 것이다.

A프로세스인 기능적인 것과 전통적인 것은 흔히 이방인들이나 관광객들의 기능성이 반영된 예술품들에 대한 구입 빈도가 많을 때 발생하는 일반적인 흐름이다. 지역민들은 그들 자신의 심리적 전통을 만족시키고, 구매자들이 생각하는 고유성을 보장하는 전통적 형태와 디자인에 충실하면서도 단순히 판매를 위한 복사품을 만드는 경우이다.

B프로세스인 기념예술품의 상업화는 전통적인 규제와 생산조건들의 재구축의 결과에서 비롯된다. 전통적인 미술의 기본적인 주제와 형태들은 갖추면서도, 그 크기 및 복잡성은 감소되며 원재료, 형식은 급격하게 변화를 가져온다.

C프로세스인 재통합된 기념 예술품은 기능적인 것부터 상업적인 것까

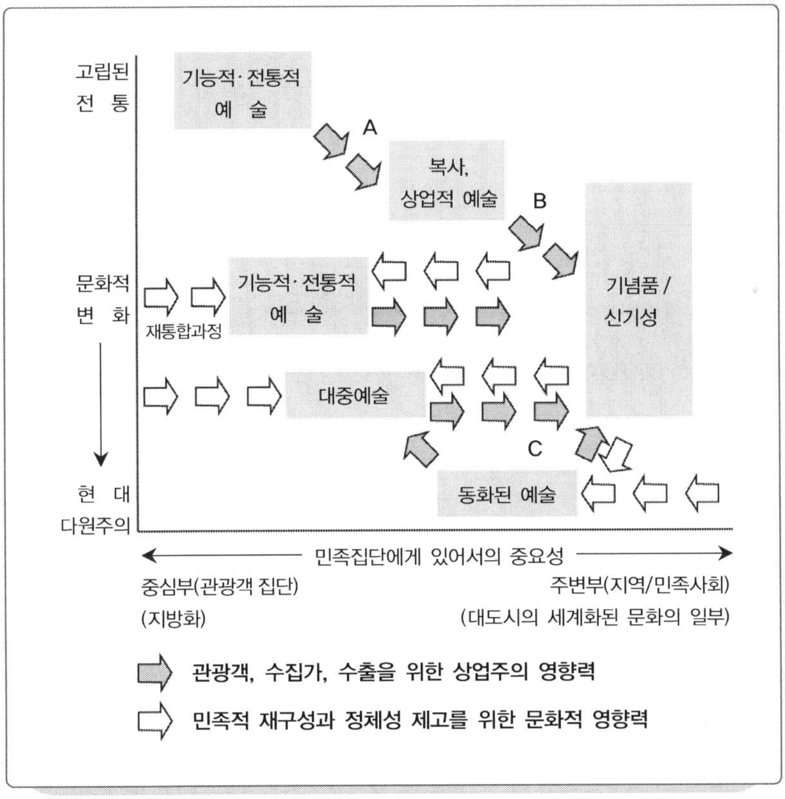

주 : 그라번의 그림 B(기념품/신기성으로 가는 과정)의 좌측에 통합과정을 저자가 추가시켰다. 이유는 기능적·전통적 예술이 고유성을 완전히 상실하도록 예술가들이 두지 않고 반성과정이 반드시 있기 때문이다. 이 과정을 재통합과정으로 명명하였다.

출처 : H. H. Nelson Graburn(1984), The Evolution of Tourist Arts, Annals of Tourism Research, Vol. 11, p. 399.

[그림 3-3] 관광예술의 변화과정

지 체인(chain)의 형태를 띠게 된다. 이때는 역사적인 근원이 무엇이든지 간에 기능추구 예술시스템을 기대할 수 있다. 나아가 기능적 · 전통적 예술품들은 실제성 면에서 이전의 역사적인 기원으로부터 재통합된 예술일 수 있고, 서로서로가 점진적으로 대체되는 일련의 가장 최근의 전통일 수 있다. 재통합된 예술품들은 그것 자체가 상당히 새로울 수 있다.

그 뒤 대중예술은 기능적 · 전통적 예술품의 재통합을 바탕으로 하면서도 현대 다원주의의 특성이 보다 더 반영된 예술이고, 동화된 예술은 기능적 · 전통적 특성이 아주 희박하며 오로지 관광객, 수요자 중심으로 제작된 예술품을 의미한다.

02 | 관광예술품의 진화 사례

1) 통가 · 말타의 사례

관광객은 관광기념으로 관광지의 예술품이나 공예품을 사고 싶어 하기 때문에 기념품의 물질적 요소에 변화가 일어날 수 있는데, 그 변화가 긍정적인 측면도 있고 부정적인 측면도 있다. 관광객의 욕구에 부합하기 위한 차원에서 가짜문화가 탄생하기도 하고, 문화의 상품화 문제가 제기되기도 한다. 그러나 한편으로는 이것이 문화의 타락이라기보다는 문화진화의 변형이라고 보는 긍정적 견해도 있다.

관광은 관광지 지역사회의 문화와 가치관에 심대한 영향을 미치게 된다. 폴리네시아의 통가 왕국 연구에서 보면 이러한 결과가 잘 나타나고 있다.[7)]

통가의 수공예품은 과거에 주로 실용적 목적이나 의례용으로 활용되었고, 또 그 자체로서 예술이라 간주되지는 않았지만, 통가의 문화와 미학에서 전통적으로 중요한 위치를 차지해 왔다. 관광산업의 급속한 발전에 따라 이제 문화상품들은 새로운 가치를 띠게 되었다. 미학적으로 볼 때 무엇이 사람들의 마음에 들고 무엇이 독창적인가를 암암리에 결정하는 쪽은 관광객이며, 이런 정보는 판매고를 통해 수공예품 제작자와 판매자에게 교묘하게 전달된다. 이 정보를 입수한 현지의 장인(匠人)들은 동일한 제품을 더 많이 만들어 새 고객들에게 자기 생산품을 판매한다. 관광객들이 어떤 상품을 고르느냐에 따라 생산의 방향이 다시 한 번 조정된다.

관광에 의해 야기된 통가 조형미술 형태에서의 주요 변화를 잘 보여주는 타파(tapa) 생산의 예를 보면 구매자의 선호가 영향을 미치고 있음을 알 수 있다. 타파는 닥나무의 내피(內皮)를 원료로 하여 손으로 만드는데 그 제작과정은 수백 년 동안 별다른 변화를 보이지 않았으며, 아기가 탄생했을 때나 결혼식, 장례식 등의 중요한 사건들이 있을 때 선물로 주어지며 이는 부(富)를 상징한다. 관광객용 상품생산을 위해 더 많은 여자들이 가내공업에 참여하게 되었지만 상품을 만드는 생산직 여성들은 줄어든 경우이다.

통가에서 팔리고 있는 타파는 몇 가지 물리적인 변형을 거쳤는데, 이런 변형은 관광객의 편의와 기호에 맞추다 보니 전통양식의 변화를 초래했다. 예술과 공예품이 관광객을 위해 크기가 달라지거나 다른 재료, 또는 새로운 기법을 모방하는 경우도 있다.

관광객이 관광지 토착사회의 공예품을 구매함으로써 사회발전에 기여하는 경우도 많다. 그 예로써 말타 지역에서 관광객은 지역의 문화발전에 도움을 주었는데, 관광객들은 미술, 연극, 공예, 음악, 그리고 심지어 음식에까지 영향을 미침으로써 현지의 문화적 표현들에 상당한 충격을 가했다.[8)]

관광이 시작된 이후 수공업이 번창하였는데, 말타인 공예가들과 외국인 공예가들은 말타의 자재와 말타적인 주제를 사용하여 아름다운 니트웨어, 직물, 정련된 철강제품, 불어서 만든 유리제품 등에서부터 함석으로 만든 갑옷과 부엌용 장식품에 이르기까지 다양한 수공예품을 생산하게 되었다. 관광은 말타인들이 자신들의 문화유산을 발견하는 데 도움을 주었으며, 새롭게 발견된 이 문화유산은 새로운 국가적 정체성을 찾으려는 노력의 중요한 계기를 제공해 주었다.

아프리카 지역에서도 관광은 전통예술과 공예에서 모양, 색깔, 심미적 외관에서 무시되어 온 것에 눈을 뜨게 하고 지역 장인(匠人)들을 위한 공예품센터, 조각학교 설립에도 공헌하였다고 한다.[9)] 카리브해 지역에서도 관광은 시각적 공연예술, 그리고 공예의 영역에서 소멸되는 관심과 활동을 자극하였고, 지역 수요에 의해서는 결코 유지될 수 없었던 상품이 새로운 시장을 개척하는 긍정적인 측면이 있었다.[10)]

2) 기능성 · 전통성 재현의 이란, 싱가포르 사례

민족예술이 관광예술과 기념품이 됨에 따라 상당한 변화가 일어난다. 그 변화로 예술품의 주제와 디자인은 혁신적이거나 심지어 생산자의 문화와 전혀 관계없는 것도 있다. 반면에 전통적이거나 고풍스러운 것으로서 장인(匠人)들이 그들 자신의 과거나 심지어 그들 자신의 지역 또는 국가의 먼 과거로부터 주제와 디자인을 탐색하여 반영하기도 한다. 관광예술품은 여행에서 휴대의 불편 때문에 축소되기도 한다. 반대로 일상의 기능적 물건들(예: 스푼, 포크 등)은 비정상적으로 확대되기도 한다. 관광예술품의 생산에서 원재료는 지역에서 구할 수 있는 것이거나 반대로 시장의 수요에 맞춘 재료가 쓰이기도 한다. 예술품은 생산을 통해 기능적 물건이 장식용이 되기도 하고, 관광객을 위해 새로운 종류의 기능적 물건을 만들기도 한다.

민족 고유의 예술품은 외부인과의 접촉을 통해 점진적 또는 급진적으로 변화가 초래되기도 한다. 프리차드(Evans-Pritchard)는 가치 있는 과거 속성이라 여기는 네 가지 특성을 언급하고 있다.[11)] 골동품성, 지속성, 종말, 그리고 연속성이다. 골동품성에는 오랜 시대, 진귀함, 희귀함, 고대기술, 복원할 수 없는 기술, 원시인들이 자연과 조화를 이루면서 살았다는 각종 물건을 다루는 기술과 예술, 사용과 이용을 위해 만드는 물건들을 포함시켰다.

프리차드 도식에서 네 가지 특성은 분명히 사회학적, 심리학적 요소들의 범주에 따른 것으로 매우 가변적이다. 그것들은 과거로 들어가는 관광 입장권처럼 판매되는 골동품의 경우 완전히 적용되는 것은 아니다. 그 예로 1991년 많은 대륙에 베를린 장벽의 작은 조각들이 유포된 것은 역사적 순간(종말), 역사(계속성), 한 시기와 한 시대의 역사적 변화(연속성)의 순간적인 기념물을 창조하였기 때문이다.

골동품에 대한 일반인과 관광객들의 계속적인 선호로 모조품이 만들어지기도 한다. 1960년대의 이란에서 무역은 유태인 골동품을 찾아다니는 유태인 관광객들에게 판매하기 위하여 고대 유태교 공예품을 제조하여 판매하는 것에서 시작되었다.[12)] 이란 상인들은 그 물건들이 골동품이라고 주장하면서 관광객들을 명백하게 속이고 있었다. 그러한 활동은 죄의식을 조장시키는 것 같지는 않았다. 왜냐하면 상인들이 관광객을 위해 카펫이 오래된 것처럼 보이기 위해 길거리에 깔아 놓는 것이 중동(中東)에서의 오래된 관행이 되었기 때문이다.

싱가포르에서는 독립 후 경제가 발전하면서 현대적 건축물이 들어서게 되어 과거 예술품들과 활동들이 설 자리를 잃게 되면서 1984년 정부 주관의 한 연구보고서에서 문제점을 지적하고 이의 시정을 요구하게 된다.[13)]

그 내용은 동양적 신비로움과 오래된 건물에서 가장 잘 상징되는 조용함, 전통활동, 떠들썩한 노상활동을 상실했다고 하여 문화지역과 역사경관지역을 보존할 것을 제기한 것이다.

이 장에서의 논의를 요약해 보면 관광예술품은 단선진화가 다선진화해 가고 있다는 점이다. 나라마다, 지역마다 관광의 발전 정도가 다르고, 지역민, 예술인, 관광객들의 관광예술품을 바라보는 인식이 서로 다르기 때문에 진화의 기간이나 유형이 다르게 나타날 수밖에 없다. 무엇보다 중요한 것은 시간경과의 이해이다. 예를 들면 관광예술품의 진화과정을 10년, 50년 아니면 100년이라는 시간의 길이에 따라서는 반드시 기능적 · 전통적 예술 → 상업적 · 전통적 예술 → 기념품 · 신기성 추구 → 대중예술 → 동화되고 세련된 예술의 과정을 거친다고는 할 수 없다. 그리고 관광객 수와 그들의 주된 관광동기가 무엇이냐에 따라서도 관광예술의 진화 속도는 다르다는 점이다. 끝으로 관광예술 등을 취급하는 중간상들의 관광예술품에 대한 인식차이에 따라서도 관광예술품의 진화단계 및 속도가 달라진다는 점을 이해할 필요가 있다.

관광과 민족의식

CHAPTER 4

01 | 자민족 · 문화상대주의의 개념

1) 자민족 중심주의

현재 우리는 지구촌 사회에 살고 있다. 통신기술과 교통수단의 급속한 발달로 지구 전체가 하나의 생활권으로 변화되어 사람들 모두가 서로를 알게 되고 모든 정보의 혜택을 누리게 되었다. 때로는 이러한 세계화로 인해 모든 국가가 단일화되는 것이 아닌가 하는 걱정이 있지만 문화에 있어서는 여전히 그 나라만의 고유성이 유지되고 있다.

세계 각지에는 다양한 자연환경이 존재하고 있고, 또 역사의 전개과정에서 각 민족이 고유의 문화를 형성해 간다. 세계의 국가들을 살펴보면 똑같은 음식을 먹고, 똑같은 언어를 사용하는 곳은 없다. 그것은 그들만의 생활양식이고 그들만의 역사이며 그들이 쌓아온 고유한 문화이기 때문이다.

문화라는 것은 이러한 민족의 고유성이 존재하기 때문에 자신의 입장과 자신의 문화적 관점에서 접근하면 한계가 있다. 따라서 자신이 가진 가치관이나 선입견을 내세우지 않고 상대방의 입장에서 그들이 살아온 역사와 환경을 먼저 이해하고 문화를 받아들이기 위해 노력해야 한다. 이러한 태도가 지구촌 사회에서 모든 인류가 조화롭게 살아가는 방법일 것이다. 이러한 논리에 부합하는 이론이 문화상대주의(cultural relativism)이다. 그러나 서로의 문화를 상대적인 기준으로 이해하는 과정에서는 어떤 사회의 문화는 다 옳고 바람직하다는 식의 극단적 상대주의가 개입할 수 있는 여지가 있다. 따라서 이를 비판하는 자들은 자민족중심주의(ethnocentrism)를 주장하지만 이것은 자신의 문화를 기준으로 타 민족의 문화를 판단하는 것을 의미하여 오늘날과 같은 세계화 사회에 맞지 않다는 부정적 평가가 많이 나온다. 따라서 본 장에서는 관광에 있어 자민족중심주의와 문화상대주의의 관계에 대해 살펴보며 이러한 태도들이 관광객과 지역민에게는 어떻게 작용하는지를 살펴보도록 하겠다.

먼저 자민족중심주의에 관해 알아보자. 모든 문화의 고유한 유형은 다른 문화배경에서는 낯설게 보인다. 그럼에도 불구하고 다른 민족의 문화를 별다른 성찰 없이 자신의 문화적 시각에서 보는 것을 자민족중심주의(ethnocentrism)라고 한다. 이는 자신의 문화를 기준으로 타 민족의 문화를 판단하는 것을 의미한다.[1)]

이러한 태도는 폐쇄적, 배타적 민족주의 또는 인종 차별주의, 자문화우월주의 등의 모습으로 나타날 수 있기 때문에 큰 문제점을 지니고 있다. 또한 소수민족이나 외국인 등을 억압하는 논리로 작용할 수 있으며, 국제 분쟁이나 대외 침략의 원인으로 작용하여 인류 평화를 위협하기도 한다. 자민족중심주의의 대표적인 예로는 독일의 나치즘과 호주의 백호주의를 들 수 있다.

(1) 나치즘

나치즘(Nazism)은 파시즘(Fascism) 가운데서 가장 반동적이며 가장 야수적인 독일의 파시즘을 말한다. 그 명칭은 히틀러와 함께 1933~45년 독일을 독재적으로 지배했던 국가사회주의독일노동자당에서 유래한다.

나치즘의 중심이론은 독일민족지상주의와 인종론이다. 즉 게르만족은 인류 중에서도 가장 우수한 종족이기 때문에 다른 민족을 지배할 사명감을 가지고 있으며, 이와 반대로 가장 열등하고 해악적인 인종은 유대인으로, 그들은 아무리 환경을 개선하고 교육을 실시하더라도 그들의 천성적인 열등성과 해악성은 개선되지 않으며, 항상 주위환경을 부패시키거나 해악을 만연시키려고 하기 때문에, 우수한 민족은 그들의 열악성에 감염되지 않기 위해서 그들을 격리시키거나 절멸시켜야만 한다고 주장하였다.

(2) 백호주의

백인만의 오스트레일리아를 주장하여 백인 이외의 인종, 특히 아시아인의 이민을 배척하였던 오스트레일리아의 인종 차별주의를 말한다. 금광 개발로 골드 러시(gold rush)가 일어나면서 중국과 인도인 등 아시아계 노동자의 유입이 늘자 백인 노동자들이 위협을 느끼게 되면서 백인 노동자들의 보호를 위하여 유색인종의 이민을 금하는 차별정책을 추진하게 된 것이다. 그러나 오스트레일리아는 국토 면적에 비하여 인구가 지나치게 적기 때문에 차별적인 이민정책은 심각한 노동력 부족 문제를 발생시키는 등 피해가 커지자 1970년대 이래 폐지되었다.

이러한 자민족중심주의 사상은 자신의 국가 외의 다른 나라 국민들의 문화를 배척하고 무시함으로써 오늘날과 같은 세계화 시대에 평화와 화합을 위협하는 사상이 될 수 있다. 또한 모든 문화를 자신들의 관점으로 보며 저급한 문화, 열등한 문화로 판단하게 됨으로써 문화가 가지는 다양성의 속성을 인정하지 않는다는 한계를 가지고 있다.

2) 문화상대주의

문화의 상대성은 문화의 다양성과 특수성에 대한 인식이며 보는 사람의 관점에 따라 다르다는 것을 말한다. 따라서 문화에는 어떤 보편적인 기준에 의한 우열이나 선악의 판단이 있을 수 없다는 것을 의미한다. 많은 인류학자들은 다른 문화를 이해하기 위해서 문화상대주의(cultural relativism)의 입장을 견지해야 한다고 주장한다. 문화상대주의란 다른 사람들의 행동과 신념 따위를 그들의 전통과 경험의 맥락에서 판단하고 분석하는 것이다. 따라서 한 문화전통에서 옳은 것이 다른 문화에서 옳을 수도 그릇된 것일 수도 있다.

특정의 문화는 그 사회의 필요 또는 요구에 의해 나타난 것이고 따라서 그 사회의 존속과 통합에 불가피한 기능을 수행하고 있다는 견해가 사회과학자들 사이에서는 지배적이다. 이러한 입장에서 보면, 각각의 문화는 그 사회의 요구에 의해서만 판단할 수 있는 것이지, 다른 사회의 기준에 의해 판단할 수는 없다.

즉 각각의 문화는 어떤 절대적인 기준에 의해 판단될 수 없고, 따라서 어떤 것이 더 좋고 더 옳고 더 우수하다고 판단할 수 없다는 것이다. 자민족 중심주의에 대한 이와 같은 비판적인 접근을 문화상대주의라고 한다.

서구의 식민주의 정책은 필연적으로, 피식민지 국가의 문화에 대한 우월의식을 수반할 수밖에 없다. 서구 열강의 사람들은 자신들의 문화보다 훨씬 낙후되고, 사실 그들의 시각에서 문화라고는 찾아볼 수 없는 곳에 사는 야만적 인간들을 계몽시켜야 한다는 일종의 사명의식을 가지고 있었다. 그런 사명의식은 결국 제국주의의 사상적 기반을 마련해 주었고, 서구로부터 나온 획일적인 기준을 통해, 개별적 문화에 대한 평가가 시작되었다. 결국 서구보다 열등한 문화권의 사람들에 대한 무자비한 훈육과 강제적인 서구식 근대화 과정이 진행되었고 개별 주체가 가지는 인간적 자유는 박탈당하고 말았다.[2)]

이러한 반인간적이고 보편 획일주의적인 사고에 대한 반작용이 20세기 초반부터 나타나기 시작하면서 개별 문화의 고유성을 인정하는 문화 상대주의가 하나의 새로운 신념으로써 등장했다.

자신들의 시각을 기준으로 다른 문화와 자신의 문화를 우열의 관계로 볼 것이 아니라, 전혀 다른 시각에서 둘의 관계를 봐야 할 필요성이 제기되기 시작한 것이다. 이런 사조의 변화는 보편이라는 것이 다른 누군가에게는 억압의 기제로 활용되었다는 것을 반성하고, 더 나아가 개별문화 주체 간에 다름을 인정하는 데까지 나아가게 되었다.

21세기 접어들면서 문화상대주의의 도전은 세계화(globalization)라는 거대한 역사적 흐름을 만나게 되었다. 그리고 문화상대주의적 사고의 중요성도 같이 커지고 있다. 그러나 우리는 그 중요성 이면에 위험성이 내포할 수도 있다는 사실을 고민해 볼 필요가 있다.

만약 문화상대주의가 전 인류가 인정하는 절대적 보편성을 띠게 된다면 어떻게 될까? 인간이라면 누구나 누려야만 하는 절대적인 권리가 박탈당할 위험에 처할 수 있다. 대표적인 사례가 얼마 전 영국에서 일어난 명예살인이라고 할 수 있다. 영국 정부의 경우 이슬람문화권에서 온 사람들의 가정사에 개입하는 것을 극도로 꺼려왔는데, 그 이유는 당연히 그들과의 문화적, 근본적으로는 종교적 차이가 너무 컸기 때문이었다. 섣불리 잘못 개입할 경우, 국제적인 비난을 감수해야 하는 상황이었기 때문에 군이 위험부담을 안고 개입할 이유가 없었던 것이다. 문제는 무개입 기조가 계속 유지되면서 오늘날에 와서는 그들에 대한 무관심으로 변질되었고, 이는 결국 명예살인이라는 최악의 비극이 연출되고 말았다.

명예살인이나 북아프리카 지역의 강제적 여성 할례와 같이 인간이 가져야 하는 기본적인 생명권과 신체권을 강탈하는 악습 역시도 문화상대주의의 논리로 바라보게 된다면, 이는 각 개별 문화권에서 공유되는 독특한 도덕적 관념에 지나지 않는다.

문화상대주의에서 한 인간이 해야 할 일은 오로지 그 행위가 자기 사회의 규범에 따르고 있는가를 물어보는 것이기 때문에 정당한 비판이 불가능해진다. 비판의 기능이 제대로 발휘되지 못하면 문화상대주의가 약자에 대한 또 다른 억압의 수단으로 사용될 가능성도 배제할 수 없는 것이다.

그 예로, 사우디 사회의 강자인 왕족과 귀족 남성들의 기득권을 보호하기 위해 그들의 의도대로 왜곡된 고무줄과 같은 이슬람 율법에 의거해서 전형적인 그 사회의 약자인 강간당한 소녀를 처벌하는 어처구니없는 판결을 내렸다. 이에 대한 우리나라 일부 개념 없는 네티즌들의 댓글들은 문화상대주의가 극단으로 흘렀을 때, 그것이 바로 비판이 통하지 않는 절대적인 성역을 구축하는 기제가 될 수 있음을 보여준다. 이런 모습은 서구의 자민족중심주의와 별반 다를 바가 없다. 단지 그 겉모양만 다를 뿐 그 속에서 일어나는 여러 억압들의 모습은 기본적으로 같다.

문화상대주의가 던지는 의미는 부정할 수 없다. 문화상대주의는 문화의 다양성과 개별성을 존중한다는 점에서 소중한 통찰의 계기를 제공해 준다. 또한 타 문화에 대한 개방된 정신을 가지기를 원한다면 이러한 통찰을 확고히 견지하는 것이 중요하다.

그러나 이러한 문화상대주의가 절대성을 띠게 되고 획일적인 사상으로 변질된다면 문화우월주의 또는 절대주의에 대한 비판조차 봉쇄되는 동시에, 인간이라면 가져야 할 보편적 윤리가 실종된 비규범적 사회와 인간을 탄생시키는 기제로 작용할 수 있다. 상대주의는 그것이 그 개념적 존립 기반인 상대성에 머물러 있을 때 그 빛을 발할 수 있다.

문화의 상대성을 인정함과 동시에 인간이 누려야 할 보편적 윤리에 대한 기본적인 통찰과 경계의식을 유지함으로써 극단적인 문화상대주의를 지양해 나가는 것이 교양인으로서의 올바른 문화태도일 것이다.

02 | 자민족중심주의와 문화상대주의 관점에서 본 관광객과 지역민의 관계

1) 관광객과 지역민의 관계

관광객의 시선에는 관광목적지의 관광자원과 지역주민에 대한 호기심, 기대, 관심 등이 담겨 있는데 이것은 관광객 개인의 사회적인 경험과 관련하여 형성되는 것이다.

주민에게는 삶의 터전이자 일상적인 공간이 관광객들에게는 유명한 관광목적지이자 관광대상이기 때문에 그들의 시선은 상호적인 측면을 가짐과 동시에 상충하는 측면도 존재한다. 따라서 관광지에서는 관광객과 주민이 서로를 바라보고 이해하는 상호적인 시선과 함께 전통 및 관광을 대하는 관광객과 주민의 시선을 고려하는 것이 중요하다.

인간활동의 기본이라 할 수 있는 보는 것, 즉 시선(gaze)을 통해 관광객과 주민의 상호작용 결과 그들은 직접적인 접촉이나 대화가 없더라도 상호작용이 가능함을 보여준다.

관광객과 주민은 그들이 속한 사회체계에서의 사회적 경험과 과정을 통해 관광지에 대한 인식을 형성하며, 이를 기반으로 상호 이해를 도모한다. 그리고 이러한 인식을 기반으로 관광객과 주민은 서로에 대한 기대와 요구를 하게 된다.

관광객은 본질적으로 다른 것을 추구하는 욕구를 가지고 다름을 직접 보고 확인하고자 관광활동을 하게 되므로 다르다는 것, 즉 차이에 가치를 둔다. 그런데 다름과 차이에 대한 인식과 추구는 관광객으로 하여금 대상을 타자화(他者化)하게 만들기도 한다. 나와는 다른 존재라는 인식에 바탕을 둔 타자화는 대상에 대한 올바른 이해를 방해하며, 선입견이나 고정관념과 같은 특정한 시선을 만들어낸다.[3] 대부분의 관광객들은 비관광상태에서 형성한 특정한 시선으로 인해 생긴 오해와 이해 부족을 해소하고자 하는 노력과 태도에 다소 소극적인 경향이 있다. 지역주민 또한 일상생활의 범주 안으로 들어오는 관광객의 존재를 받아들여야 하는 시선 속에 관광객에 대한 선입견과 고정관념이 작용한다.

관광객과 주민 간 상호 이해는 서로에 대한 심리적인 개방성을 확대했을 때 비로소 가능하다. 관광객의 시선을 차단하거나 제한하고 있는 행위적 배타성과 마찬가지로 관광지 지역민들 또한 관광객들에 대한 심리적인 배타성을 갖는다.[4]

주민들이 일상생활을 위해 소비하는 시간과 공간에서 관광객들은 관광활동을 하기 때문에 주민들은 관광객을 타자로 인식하는 것이다.

따라서 지역주민과 관광객은 이러한 상호 간의 차이와 배타성을 줄이기 위해 서로 간의 이해가 필요하며, 주민과 관광객 간에 발생하는 문제와 갈등의 해결을 위해 이들 사이에서 완충의 역할을 할 수 있도록 관계 당국의 역할 정립과 도입이 필요하다.

2) 자민족중심주의 국가에서 관광객과 지역민의 관계

자민족중심주의 국가는 자신의 문화의 우월성을 강조하며 자신의 문화와 다른 문화는 열등하다고 인식하거나 차별하며 받아들이지 않는 형태를 취한다. 이러한 의식을 가진 나라에 관광을 가게 된다면 관광객이라 하더라도 환대를 받기보다는 인종차별이나 문화차별을 받는 경우가 많을 것이다. 실제로 이러한 자민족중심주의 성격은 비교적 선진국에서 강하게 나타나는데 유럽과 같은 선진국에 아시아 국가 여행객들이 관광을 가는 경우 관광객이라 하더라도 제3세계국가에 여행을 갔을 때 받는 환대서비스나 대접까지는 아니더라도 지불한 금액에 맞는 서비스를 제공해 주는 경우가 있는가 하면, 아시아인이라는 이유만으로 자신들이 쓰는 언어, 자신들의 문화가 아닌 타 문화권에서 왔다는 이유만으로 차별하는 경우도 빈번히 발생한다. 이러한 경우 관광객은 그 관광지에 대한 좋지 않은 경험으로 부정적인 인식을 가지게 되며 재방문하지 않을 경우가 높으며 이것이 구전되면 향후 관광지로써의 이미지도 안 좋게 될 것이다.

3) 문화상대주의 국가에서 관광객과 지역민의 관계

문화상대주의란 말 그대로 자신이 속한 문화의 관점에서 상대방의 문화를 판단하는 것이 아니라 그 사람의 역사와 환경을 고려하여 그 문화를 존중해 주는 것이다. 이러한 사고가 바탕이 된 국가에 관광을 가게 된다면 관광객들은 자신이 여행하는 국가의 언어를 완벽히 구사하지 못하더라도, 그 나라의 문화를 완전히 이해하지 못하더라도 그 부담감이나 위험이 적을 것이다.

지역민들 또한 관광객이 지니는 문화를 이해함으로써 그들의 행동에 부정적인 시선을 보내기보다는 문화가 다르기 때문임을 이해하며 받아들이기 위해 노력할 것이므로 관광지에서 지역민과 관광객이 겪는 갈등이 비교적 적을 것이다.

또한 지역민들의 배려로 인해 관광객들은 더욱 환대받는 느낌을 받을 것이고 이로 인해 관광지에 대한 좋은 이미지로 재방문율 또한 높아질 수 있을 것이다.

03 | 자민족중심주의와 문화상대주의하에서의 관광상품과 관광지에 대한 평가

1) 관광상품에 대한 지역민의 평가

자민족중심주의 사고를 가진 지역민들은 자신들의 관광상품에 대한 큰 만족도를 가질 것이다. 그들은 다른 민족의 문화와의 비교 없이 오직 자신들만의 관점에서 문화를 판단하며 자신들의 문화를 가장 우월한 것으로 보기 때문에 관광상품 또한 그들 문화의 일부이므로 타 문화와는 비교할 수 없는 독특하고 뛰어난 자신들만의 자산이라고 생각할 것이다. 때로는 관광객들에 의해 자신들의 관광상품이 좋지 않은 평가를 받게 된다면 그것을 수용하고 고려하여 개선하기보다는 그들이 우리의 관광상품에 대해 부정적인 평가를 한 이유는 우리 문화를 이해하지 못하고 그들의 역사와 인식이 열등하기 때문이라고 생각할 것이다.

문화상대주의 사고를 가진 지역민들은 관광상품에 대해서도 객관적인 태도를 유지하기 위해 노력할 것이다. 보다 상대주의적인 관점에서 관광상품을 개발하기 위해 노력하여 관광지가 가지는 전통성과 매력성을 유지하되 그것이 관광객에게도 전달될 수 있는 보편성 또한 포함될 수 있도록 노력할 것이다. 자민족중심주의와는 달리 자신들의 관광상품에 대한 관광객들의 피드백을 존중하며 보다 나은 관광상품으로 보다 많은 관광객들의 흥미를 끌기 위해 노력할 것이다.

2) 관광상품에 대한 관광객의 평가

자민족중심주의 국가를 방문한 관광객들은 그들만의 우월주의에 심취한 지역민들과 관광상품에 조금은 적응하기 힘들지도 모른다. 또한 관광객이기에 다름을 보고 경험하고 싶어 관광지를 방문하는 것이지만 자신들과 다른 문화를 가진 관광지 지역주민들과 그들의 관광상품에서 매력성을 느끼기보다는 자신들의 문화만이 우월하고 그 외의 문화는 열등한 것이라는 태도에 불쾌함을 느낄 수도 있을 것이다.

관광지와 관광상품에서 느껴지는 타 문화의 고유성과 매력성은 충분히 가치 있는 것이지만 그 외에 관광지에서 느껴지는 지역주민과의 관계, 환대 서비스 태도, 관광객에 대한 인식 등의 부가적인 것들로 인해 관광지를 찾은 관광객들은 부정적인 평가를 내릴 수도 있다.

반면, 문화상대주의 국가를 찾은 관광객들은 자신들과 다른 문화와 역사를 가진 관광지 지역주민들과 그들의 관광상품에서 신기함과 매력을 느낄 것이다. 관광지 지역주민 또한 관광객을 대하는 태도와 시선에서 그들의 다름을 인정하고 문화의 차이를 받아들여주는 태도에서 관광상품과 부가적인 서비스로 인해 긍정적인 평가를 내리게 될 것이다.

CHAPTER 5

관광과 고유성의 재해석

01 | 고유성의 개념적 발전

1) 고유성의 개념

부어스틴(D. J. Boorstin)은 현대의 미국인들 가운데 특히 여행자가 아닌 관광객들은 고유한 것(authenticity)은 경험하지 못한 채 가짜사건(pseudo-event)만 보고 속아 넘어가는 바보라고 주장한다. 그 좋은 예가 여행사의 패키지여행을 하는 대량 관광객들이라고 할 수 있다. 이들은 현지인들은 물론 목적지의 여러 진정한 사회문화적 환경으로부터 고립된 채, 관광객을 위해 그럴듯하게 연출해 놓은 고유적이지 않은(inauthentic) 가짜사건에서 즐거움을 느낀다. 대량관광은 그 자체가 가짜사건의 집합체라는 것이다. 이는 대량관광객이 문화를 상품화시키고 관광객이 누릴 경험을 동질화 · 표준화시켜 놓은 데서 연유한다.[1)]

고유성에 대한 정의는 학자들에 따라 다양하게 정의되고 있으며, 국내에서는 고유성(固有性) 또는 진정성(眞正性)으로 번역하여 사용하고 있다.

사전적 개념은 authentic은 모조품이 아니라 진짜로 알려진(known to be real and genuine and not a copy), 믿을 만한 의미를 내포하고 있다. 따라서 authenticity는 고유성, 신빙성(quality of being genuine or true)을 의미한다.[2)]

김사헌(2007)은 고유성을 한 사회의 문화가 지니는 원형(original)을 뜻하는 것으로 해석하고 있다. 요즘 우리나라 TV의 '진품명품' 쇼에서 볼 수 있듯이, 원형은 진짜(genuine)이며, 실제적(real)이고 그 문화만이 가지는 독특성(uniqueness)을 의미한다. 그리고 김사헌은 authenticity를 우리나라 관광학계에서 정착된 대로 고유성으로 명명키로 한다고 그의 저서에서 밝히고 있다.[3)]

관광분야에서 고유성 개념을 처음으로 사용한 사람은 매카넬(Dean MacCanell)이다. 관광지를 방문한 관광객은 그 지역의 실제를 보고 싶어 하지만, 현실적으로는 언어장벽, 정해진 관광코스, 짧은 여정, 관광지의 지리 등에 의해 고유성을 확인하지 못하는 경우가 많다. 여기서 매카넬은 고유성과 관련하여 고프만(E. Goffman)의 전면부-후면부 이론(The Front-Back Theory)을 차용하여 설명하고 있다. 고프만의 전면부-후면부 이론의 기본 개념은 다음과 같다.

전면부는 주인과 손님 혹은 고객과 서비스 종사원이 만나게 되는 장소, 이를테면 대합실, 응접실, 연극의 무대를 의미한다. 후면부는 내부 구성원들이 연행(演行 : performance)의 막간에 쉬거나 준비를 위해 물러나 있는 장소라고 할 수 있는 주방이나 보일러실, 연기자 대기실이 될 수 있다.[4)] 매카넬은 고프만의 전면부-후면부 이론을 더 확장하여 다음과 같은 6단계 공간으로 구분한다.[5)]

• 제1단계 : 완전한 고프만의 전면부. 관광객들이 일반적으로 접하게 되는 무대화된 고유성(staged authenticity)의 가짜공간

• 제2단계 : 마치 후면부처럼 보이도록 꾸며놓은 관광공간의 전면부(해산물 요리식당에 분위기용으로 걸려 있는 고기잡이 그물 등)
• 제3단계 : 완전히 후면부처럼 보이게 하려고 면밀히 조작해 놓은 그렇지만 곧 밝혀질 위험성이 큰 전면부(섹스숍 위층에서 벌어지는 라이브 쇼 등)
• 제4단계 : 이방인들에게 개방되어 있는 후면부로서, 진짜 뒷무대의 일부분(과거 유명인사들이 쓰던 서재, 침대, 비밀협상 내용에 관한 문서진열 등)
• 제5단계 : 관광객들이 가끔 들여다보는 것이 허락된 관계로, 깨끗이 청소해 놓았거나 약간 개조되기도 한 후면부(오케스트라의 리허설 장소, 유명식당의 주방, 공장의 내부 등)
• 제6단계 : 고프만의 후면부. 관광객들이 훔쳐보는(들여다보는) 행위가 허락되지 않는 진짜 후면부

매카넬의 6단계를 [그림 5-1]과 같이 나타낼 수 있다.

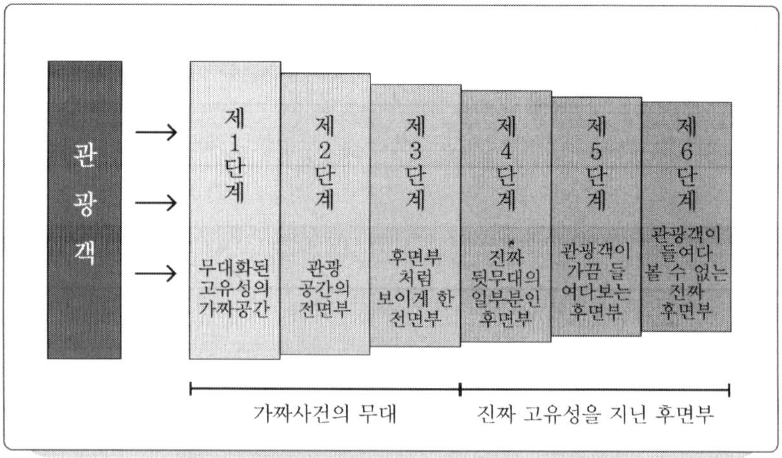

[그림 5-1] 매카넬의 6단계의 단계별 특징

이 6단계에서, 앞의 3단계는 가짜 사건의 무대이며, 뒤의 3단계는 진짜 고유성을 지닌 후면부이다. 여기서 뒷단계로 들어갈수록 고유성이 큰, 진짜 문화에 해당된다.

핼리우드와 한냄(C. Halewood & K. Hannam)은 전시박물관과 문화유산센터, 바이킹과 테마파크, 바이킹 마을들에 대한 바이킹 문화유산의 상호변경과 고유성 간의 개념을 연구한 결과, 고유성은 고고학적으로 확증된 대상물이기도 하고, 때로는 관광대상에 대하여 관광객 스스로 느끼는 자각이기도 하다는 것이다. 이 연구에서 고유성의 다른 두 가지 견해를 제시하고 있다.6) 첫째, 고유성은 고고학적, 역사적 정확성과 관련된 것이며, 고유성을 평가함에 있어 학술적 지식과 근거에 바탕을 두고 있다. 고유성은 순수와 연결된 개념으로서 과거와 연결된 실재장소에 거주하는 전통적인 공급자에 의해 제공되는 전통의 재현으로 정의한다. 둘째, 특정대상에 대한 관찰자들의 지각수준이기 때문에 정확성이나 완전한 순수와는 거리가 멀다는 관점이다.7)

2) 고유성의 유형

(1) 객관적 고유성

객관적 고유성은 원형 또는 진짜와 관련이 있다. 이는 대상과 관련된 두 개의 고유성 중 하나로 박물관과 관련된 고유성으로 관광객에 의해 인식될 대상의 고유성과 관련이 있다. 따라서 이는 고유성을 측정하는 데 필요한 객관적이고 절대적인 영역이 존재한다. 시간, 환경, 재료 등에 관해 이미 과학적, 객관적 검증이 이루어진 역사적 사건이나 현장의 고유성을 말하는 것으로, 관광객이 관광체험을 통하여 고유성을 지각했다 하더라도 인위적으로 조성된 공간이라면 비고유성으로 판정될 수 있다.

(2) 구성적 고유성

문화관광지에서 구매하거나 경험할 수 있는 상품들과 이벤트들은 객관적으로 고유할 수 없다. 따라서 구성적 고유성은 기획된 대상이나 활동들로부터 나온다. '사실'이라는 것은 인간의 해석과 구성의 결과에 의한 것이라는 구성주의의 기본 전제와 그 맥락을 같이하고 있다. 구성적 고유성은 완벽하고 오점이 없는 시뮬레이션으로서의 '진짜'를 의미하기도 하고, 가능한 최대의 신뢰와 설득력을 지니는 과거를 재현하려는 노력의 일환으로 볼 수 있다. 따라서 관광대상으로서의 자원과 사람, 이벤트들에 대하여 원형이나 진짜로써 고유한 경험을 하는 것이 아니라 기호 또는 상징을 통하여 고유성을 지각하게 되는 것이다.[8] 이의 의미는 본래 고유하기 때문에 고유하게 보이는 것이 아니라 지각에 의한 것이다. 문화는 새로워지고 항상 활동적이고 진화하기 때문에 배경의 의미는 사회적 배경 그 자체의 본질이 아니라 사람들이 사회적 배경을 어떻게 읽고 경험하는지로부터 생성되는 것이다. 이런 구성적 고유성은 진짜처럼 보이기 위해 대상물들과 건축물들의 원형을 정확하게 모사(模寫)한 것을 포함하며, 방문객들의 눈에 과거를 대표하는 공예품으로 보이기 위한 모든 종류의 재생산을 포함하는 개념이다.

(3) 경험적 고유성

경험적 고유성은 관광객이 일상 생활권을 벗어남으로써 일상 생활권과는 다른 환경이라는 느낌인 역치(閾値 : liminoid)과정에 들어가 개인적인 느낌으로 판단하는 고유성을 의미한다. 이 역치경험에서는 관광대상물이 고유하여서가 아니라, 관광객이 일상 생활에서 벗어났기 때문에 더 고유하고 더 자유로이 자기표현을 할 수 있다고 느끼게 되는데, 바로 이 느낌을 경험적 고유성이라 할 수 있다. 관광객은 일상 생활권을 떠남으로써 해방감, 신기성과 같은 심리적인 변화를 추구하기 때문에 경험 자체도 일상적인 경험과 크게 다를 바 없는데, 의미를 부여하는 게 사실이기 때문에 경험적 고유성이 존재하기 마련이다. 경험적 고유성의 예를 든다면 관광지에 관광객이 가면 과거시대의 의상을 입은 해설자들을 고용하고, 현대문명의 모든 자취를 배제시키고, 고유한 향을 사용하고, 많은 감각적 체험과 관련된 다양한 경험적 요소들을 적용하는 수많은 문화유산박물관이 속속 등장하고 있는 데서 찾아볼 수 있다. 또 다른 예로는 유령마을의 운영과 관련하여 양철지붕을 더욱 산화시켜 더욱더 고유하게 보이도록 한 경우이다.[9] 이처럼 관광대상의 역사적 진위여부와 관계없이 관광객이 그것을 진짜로 믿고 체험할 수 있도록 하는 것이 중요하다. 시각이나 청각, 후각, 촉각, 미각을 통하여 역사적인 것 또는 전통문화와 직접적이거나 강하게 연결되었을 때 이를 역사적 경험으로 부르기도 한다.

(4) 실존적 고유성

실존적 고유성은 관광연구에서 도출된 개념이 아니라 철학에서 시작되었으며 최근 관광과 관련한 고유성 연구에 도입되었다. 김희영과 김사헌(2006)은 실존적 고유성을 개인이 자기 자신의 진정한 자아를 찾게 되는 현상인 실존으로 정의하고 있다.[10] 관광객이 고유성을 체험하는 것은 관광행위의 역치과정에 의해 형성된 개인적, 주관적 감정을 통해서이다. 다시 말해, 관광객은 대상이 고유하기 때문이 아니라 비일상적인 활동에 몰입함(indulgence)으로써 역치 경험을 통해서 자신이 고유하다는 감정을 갖게 됨을 뜻한다.

다니엘(Y. P. Daniel)은 쿠바의 룸바(rumba)와 같은 관광댄스 공연을 통해 실존주의적 고유성을 설명하고 있다.[11] 실존적 고유성은 관광객이 그 행사를 단지 지켜보는 것이 아닌 관광객이 직접 참여하는 데서 비롯된다. 관광객들은 리듬과 율동을 즐기며 기쁨, 즐거움, 때로는 낭패감에 이르기도 하나, 이러한 감정을 춤과 연관시킴에 따라 그 댄스공연의 진실성은 변화된다. 관광객들은 공연하는 댄서들처럼 영적이며 심미적인 바탕에 도달한다. 이러한 댄스공연에 참가하는 순간의 관광은 일상생활의 긴장감을 해소하는 새로운 세계로 이끌어, 쿠바인 댄서(dancer)들과 춤추는 관광객들에게는 거의 무아지경에 달하는 경험에 대한 탐닉이 가능하게 된다. 객관적 고유성의 시각에서 보면, 고유하지 않거나 꾸민 것이지만 그것이 지닌 창조적이고 카타르시스적인 특성 때문에 실존적 고유성을 양산해 내는 것이다.

02 | 고유성 재해석의 필요성

Urry(1992)는 지역주민들이 관광객의 일방적이고 권력을 가진 시선(gaze)을 피하기 위해 고유성을 무대화시킨다고 하였다.[12] 축제나 의례, 의복 등과 같은 관광상품들은 보통 지역주민의 전통에 의해 고유성이 결정되는데 관광지나 대상물, 이미지, 사람들 등의 요인들은 단순히 동시대의 생산물로 보기는 힘들며 과거의 역사적 사실이나 시대, 혹은 삶의 방식을 강화함으로써 발생하는 것이므로 여기에서 생성되는 고유성은 사실상 본래의 것(original)과 같다고 할 수 있다. 따라서 현대적 의미에서 고유성은 본래의 의미와 개념에 충실한 것으로 이해해야 하며, 문화관광의 범주에서 이러한 고유성은 일종의 재생산행위로 볼 수 있다.[13]

문화적인 생산물은 본래의 신성성을 모방한 가치 있는 모델이 되며, 새로운 방향을 정립하거나 새로운 영역을 개척함으로써 현대 문명화에 기여하고, 이러한 문화요인들의 새로운 조합에 의한 현대성의 진보에도 공헌하게 된다. 이에 따라 오늘날 세계 곳곳에서는 이러한 기능들을 혼합한 전통들이 고유성을 목적으로 처음에는 본래의 형태를 모방하다가 점차 현대 지역사회의 필요를 충족시키는 방향으로 변모하는 경우가 많아졌다.

이와 관련하여 Wang(2007)은 현대에 들어 관광 대상물을 향한 고유성이 관광객의 수요, 행동, 지각, 상상에 맞추어 고안된다고 하면서 맞춤형 고유성(customized authenticity)의 개념을 제시하였다.[14] 소비자주의 시대에는 모든 산업들이 소비자들의 요구에 맞추고자 노력하는데, 여기에는 관광산업도 예외가 아니다. 그러나 이와 같이 고유성이 맞추어지는 과정에는 관광객들의 고유성 추구와 함께 지역주민의 입장이 절충된다. Goffman과 MacCannell이 설명한 것과 같이 전통의 주체인 지역주민이 상품화하여 관광객들에게 전달하는 무대화된 고유성이 아니라, 관광객이 추구하는 바가 지역주민들에 의해 의도적으로 맞춤형으로 제작된 문화적 대상물을 뜻한다.

Wang(2007)은 맞춤형 고유성을 두 가지 유형으로 구분하였다. 지역주민들이 그들의 개인적인 이익과 욕구에 부합하는 고유성을 만들거나 창조할 수 있는데 이는 창조적 맞춤(creative customization)으로 반드시 지역문화와 일치하지도 않을 수도 있다. 그리고 창조적 맞춤은 낯설고 신기한 경험을 추구하는 관광객들의 반응을 반영하는 반응적 맞춤(reactive customization)과 구분할 수 있다. Wang(2007)의 논의와 같이 현대의 관광산업의 전개과정에서 지역주민들이 관광객을 의식하여 고유성을 가공하기도 하는데, 이는 창조적이고 반응적인 가공의 단계를 거친 전통에서도 관광객들이 고유성을 느끼는 것이 가능하다는 것을 의미한다.

관광객들은 관광지의 주민들이 실제 살아가는 모습 그대로의 생활을 보고자 하는 동기를 가지고 있으며 그들의 문화와 전통을 공유하고자 하지만 관광객들의 경험이 고유성을 지니고 있는지는 알기 어렵다. 관광객들이 접하는 전통은 직접적이고 실재적인 것이라기보다는 관광객들에게 보여주기 위해 고안된 사회조직에 의해 규정된 특성들에 의한 피상성(superficiality), 즉 피상적 분위기를 가져오는 무대화된 속성(staged quality)에 의해 고유성 경험이 방해를 받기 때문이다.[15)]

그러나 모든 문화와 전통은 허구적인 부분이 있으며, 문화는 발생하면서 창조되기도 하고 구성요소들이 재구성되면서 형성되는 것이다. 따라서 전통의 고유성에 대한 문제는 어떻게 새로운 문화적인 산물이 중요한 전통으로 자리 잡는지, 어떻게 전통적인 것들이 잊혀지거나 낭만화되는지에 대한 각각의 문화적 맥락 속에서 연구가 필요한 문제이다. 또한 고유성의 생성을 진화의 과정 속에서 이해하고 전통적인 맥락 속에서 융통성 있게 연구하면서 판단해야 한다.

관광은 수용사회의 고유성(host authenticity)에 부정적인 효과를 가져올 수 있지만, 또한 수용사회의 고유성을 재정의(redefine)할 수 있는 기회를 제공하기도 한다. 즉 관광은 수용사회가 관광객들을 맞이하기 위해 그들 스스로 고유성을 왜곡시키는 계기가 되기도 하지만, 불가피하게 어떤 가능성과 결정을 내리지 않는 한 수용사회의 여건과 유산을 고유한(authentic) 그대로 유지시키는 데 관광이 기여할 수도 있다.

1) 경주 양동마을

(1) 주민과 관광객 간의 시선에·주목할 필요성 대두

안동 하회마을과 함께 2010년 유네스코 세계문화유산 1324호로 등재된 정주형 유산(living heritage)인 양동마을은 세계유산에 등재된 이후 많은 사람들의 관심과 호기심의 대상이 되었고 관광객이 급격히 증가하였다. 관광으로 인해 주민들은 생활환경이 변화하였으며 인식 또한 이전에 비해 다양한 변화를 겪고 있다.

정주형 유산이라는 물리적 공간에서 관광객과 주민은 직간접적으로 접촉하게 되는데, 이들 간 접촉을 통한 상호교류 및 상호작용은 서로 간의 이해를 가능하게 하기 때문에 중요하다. 특히, 관광활동에서는 보는 것이 차지하는 위상이 매우 중요하며, 보는 행위는 관광객이 가장 우선하는 활동이자 기본적인 행위이기 때문에 주민과 관광객의 접촉 및 상호작용을 연구하기 위해서는 시선(gaze)의 역할에 대한 주목이 필요하다.

양동마을 관광객의 시선을 분석한 결과, 관광객들은 시선을 통해 양동마을의 전통과 주민의 삶을 특정하고 있었다. 그러나 이와 같은 관광객 시선에는 양동마을을 시간이 멈춰 있는 대상으로 보거나, 전통문화를 재현해 놓은 민속촌으로 보거나, 단순히 유명 관광지로 보는 등 다양성이 내재되어 있었다. 또한 양동마을의 세계유산 등재는 양동마을 전통에 대한 관광객들의 관심을 증대시켰다. 대부분의 관광객들은 전통이 지속성과 변화성을 지니면서 현재에 상징적으로 구성되는 것으로 이해하고 있지 않았고, 현재도 여전히 조선시대에 고착되어 있는 존재로 이해하고 있었다. 이러한 관광객 시선은 대중매체, 미디어, 언론, 관광공급자, 전문가, 주변인 등 외부의 관여자에 의해 구성되고 있었다.

그리고 주민들은 양동마을 전통에 대해 강한 자부심을 갖고 있었다. 유네스코 세계유산 등재를 통해 주민들은 양동마을의 역사·문화적 가치를 세계적으로 인정받았다고 인식하면서 자부심을 재확인하였으며, 기존에 가지고 있던 주변성과 타자성(他者性, 주체적으로 행동하지 못하고 도외시되고 있다는 느낌)을 해소하고 있었다. 그러나 항상 관광객의 시선 및 관심의 대상이 될 수밖에 없는 주민들은 그들의 일상과 사적인 영역을 침해하는 분별 없고 예의 없는 일부 관광객을 향한 비우호적인 시선을 갖고 있기도 하였다. 때문에 주민들은 개별적으로 관광객의 시선을 차단하거나 제한하고 있었다.

(2) 관광객과 주민의 시선을 바탕으로 한 전통의 재구성

한편, 양동마을에 나타난 관광현상 및 전통에 대한 관광객과 주민의 시선으로 인해 양동마을의 전통이 재구성되고 있었다. 관광객 소비의 대상이 될 수 있도록 주민들은 그들의 전통을 선별하여 전면화(前面化)하고 있었다. 하지만 일부의 경우는, 상대적으로 후면화(後面化)시키는 전통적 요인도 존재하였다. 그리고 주민들은 관광으로 인해 그들의 전통이 변화하는 것을 우려해 전통의 재구성과정에 선조들의 전통적인 방식과 양식을 적용하여 오히려 일부 전통을 부각시키고 있었으며 이를 통해 그들의 자부심과 정체성을 공고히 하고 있었다.

마지막으로, 양동마을의 관광객들은 전통과 역사를 대상으로 객관적인 고유성을 추구하고 고유한 것을 보고자 하는 경향이 있었다. 그러나 관광객들이 추구하는 객관적 고유성은 전문가와 학자가 그들의 이론과 관점에서 판단해 준 것이거나, 혹은 미디어, 인터넷, 매체, 관광공급자, 주변인 등이 만들어낸 이미지와 기호의 영향을 받은 것이므로 사실상 구성적 고유성이라고 할 수 있다. 또한 양동마을에서 관광객들이 경험하는 고유성 역시 관광객 개인의 경험과 인지작용을 통한 것이며, 동일한 대상에 대한 관광객의 해석과 시선 역시 상대적인 것이므로 양동마을 전통에 대한 고유성은 구성적 고유성의 관점에서 이해해야 한다.

시선(視線)은 양방향의 시각적, 정신적인 행위이며 상호작용에 기인하는 것이다. 따라서 관광에서의 시선에 대한 연구를 위해서는 시선의 형성과 구성에 관여하는 주체 및 객체에 대한 상호적인 이해가 선행되어야 한다. 특히, 양동마을과 같은 정주형 유산은 관광객과 주민이 관광대상지의 사회·문화를 함께 영위하고 생산하는 특성을 가지기 때문에 상호 간의 이해가 중요하다.

관광객과 주민 시선의 상호성으로 인해 정주형 유산에서는 주민들이 그들의 전통을 재구성하며, 관광객들은 구성적 고유성을 경험한다. 관광으로 인한 전통의 재구성과 구성적 고유성은 상품화와 무대화의 관점에서 비판적으로 논의되어 왔던 것과는 달리, 관광객과 주민 간의 상호적인 이해를 높이고 주민들의 자부심과 정체성을 재확인하는 과정에서 두드러졌다. 그리고 관광이라는 문화적 요인이 양동마을에 영향을 끼침에 따라 주민이 선택적으로 전통을 재구성하고 있는 것은 자부심과 자긍심을 바탕으로 관광현상 및 관광객을 대하는 주민 시선의 의미와 특성을 보여준다.[16)]

03 | 전통 고유성의 재해석에 대한 국내외의 사례

1) 지리산 청학동 마을

고원규(2005)는 「문화의 관광 상품화를 통해 본 전통의 재구성-청학동의 사례연구-」라는 박사학위논문에서 청학동이 관광지화되면서 전통문화가 변질되고 또 재생산되는 과정에 대해 살펴보고, 특히 관광 상품화와 관련해서는 삼성궁과 서당의 관광으로 인한 문화적 변화과정을 문화인류학적 차원에서 논의를 전개시키고 있다.[17)]

(1) 전통의 변질과 재생산

청학동이 관광지로 급격히 변하면서 청학동의 전통을 창출하는 주역으로 나선 사람들은 상인이나 서당 사업가들이었다. 청학동의 상품은 주로 시장 수요자의 욕구에 반응하는 상품을 생산하는 것이다. 청학동을 처음 세상에 알린 주역인 도인촌 사람들은 삼성궁이라는 새로운 관광명소에 기대서 식당업이나 민박업으로 살아간다. 그리고 다른 도인촌 사람들은 전통 예절서당을 상품화하여 생계를 유지한다. 관광의 발전은 많은 사회에서 구성원 간의 관계를 변화시키는 요인으로 작용하였다. 특히 관광지로 변하면서 경제적 이익의 추이에 따라 특정집단이 중심부에 서게 되고 변화에 편승하지 못한 마을사람들은 주변부로 밀려나게 되었다. 삼성궁은 관광 명소화를 통해 그리고 도인촌의 예절서당은 외지인들을 상대로 하는 서당사업으로 경제적인 성공을 거두면서 청학동의 생산주체로 등장하였다.

청학동은 관광상품화과정을 겪으면서 많은 정치 · 경제 · 사회적인 상호작용을 통하여 전통이 변질되기도 하고 새로운 전통이 창조되기도 하였다. 청학동은 이야기와 매스미디어가 창출한 이미지에 의하여 창조되었다. 청학동의 창출된 이미지는 1990년 이전에 효와 예절을 숭상하는 마을이미지와 최근에 형성된 민족성지의 이미지이다. 청학동의 창출된 이미지는 두 가지 형태의 관광상품 생산과정을 통해 상품성이 추구되는 것으로 나타나는데, 한 가지는 삼성궁의 관광명소화를 통해 나타난 새로운 전통공간의 창출, 그리고 갱정유도인(更定儒道人)들의 유교식 교육전통을 통해 나타난 새로운 예절 교육전통의 재구성이다.

서당교육은 갱정유도인들의 유불선의 실천과정을 수행하기 위한 내부 교육제도이다. 유교적인 교육의 효와 예절을 배우는 갱정유도인들의 전통 교육방식이다. 이러한 서당식 교육은 외부와 교류되기 전에는 내부 구성원들의 생활실천을 위한 교육으로 잘 유지되었다. 그러나 현대식 교육이 도입되면서 내부교육과 병행되다가 서당교육은 사라지고, 대신에 외부인을 상대로 하는 인성 예절교육 서당들이 등장하게 된다. 이러한 서당교육 전통이 사라지게 된 이유는 내부적인 종교집단 정체성의 와해와 내부 구성원들이 현대식 교육을 선택했기 때문이다. 이러한 새로운 서당의 특징은 청학동 서당교육의 전통을 일부 계승하면서 수요자의 요구에 부응하여 상품생산에 반영하는 단기간 예절 인성교육이다. 시장경제의 논리에 부응하는 인성예절 상품은 외부의 시선에 의한 사회적인 인성교육의 요구, 인터넷 광고업자의 생산과정의 개입, 정부의 인성교육 강조에 따른 정책변화, 활동체험에 대한 학생들의 요구 등이 뒤섞여 독특한 청학동서당교육을 탄생시켰다. 이러한 청학동서당의 전통은 유교적 수련으로써 한문예절교육과 현대적 체험 프로그램이 절충되어 재구성된 것이라 할 수 있다.

한편, 청학동이 관광객들에게 주목받고 인성 예절서당의 요람으로 자리 잡으면서 삼성궁이 관광무대의 새로운 주역이 되었다. 단군교의 일파인 삼성궁 건립의 주체들은 청학동의 신선도적인 이미지의 표상화와 종교 참배지를 결합하여 배달성전이라는 공간을 창조하였다. 처음 조성시기부터 신선의 이미지를 통해 신선도의 수행공간과 고대 민족성지를 재현하고자 하였다. 관광객의 등장으로 전통을 경제적인 수단으로 이용하고자 하는 측면도 있었지만, 그 이면에는 관광객으로부터 얻은 관광수입을 통해 민족성지를 건설하고자 하는 전략이 숨어 있었다. 그들은 개인의 이익보다 민족성지 재현의 노력이 민족정기를 회복하는 것이라 여겼다. 사라져가는 민족정기를 모을 수 있는 상징적 수단인 소도(蘇塗 : 삼한 때, 하늘에 제사지내던 성지로서 해마다 오월 수릿날과 시월상달에 질병과 재앙이 없기를 빌었음)의 구축은 고조선의 복원, 더 거슬러 올라가 마고시대(麻姑時代)로까지 시간을 거슬러 민족역사를 재현하는 일이다. 그래서 그들이 쌓은 돌무더기는 관광객들에게 보여주고 돈을 받기 위한 경제적인 환산가치만을 지닌 것이 아니라 고유문화를 전승하고 창조하는 표상이다.

삼성궁의 관광명소화에 대하여 갱정유도인뿐만 아니라 다른 청학동 사람들도 삼성궁을 고마운 존재로 여긴다. 처음에는 삼성궁 측과 반목하던 도인촌 사람들도 삼성궁을 경제적 이익을 가져다주는 원천으로 생각한다. 그래서 청학동의 삼성궁은 이전에 갱정유도인들이 유교적으로 이단시하던 상대도 아니고 민족종교에 대한 정체성 논란도 적다. 다만, 삼성궁의 명소화를 고마워하고 부러워할 따름이다.

그러나 삼성궁은 관광객의 욕구에 부응하는 관광지 조성과 외부인들의 조성과정에의 개입으로 정체성의 위기를 맞이하였다. 이러한 위기감은 상품성에 대한 진위를 둘러싼 내부 정비와 정체성의 강화로 나타났다. 그들의 내부 정체성 강화는 내부 결속과 새로운 수행공간인 마고성의 구축을 통한 공간창출을 통해서 나타난다.

그들의 새로운 전략은 내부적인 측면뿐만 아니라 외부적으로도 정체성을 강화하는 수단으로써 매스미디어를 통한 민족성지 선전, 외부 유력인사의 의례 참여를 통한 지원강화를 추구하는 것이다. 2004년에는 세계미래학회의 회원들이 가장 한국적인 장소로 생각하고 방문한 곳이기도 하다. 이러한 일련의 새로운 이미지 창출을 통해 삼성궁은 청학동의 민족성소 삼성궁으로 소개하면서 민족의 혼을 이어가는 곳으로 의미를 부여하고 재해석함으로써 새로운 전통을 창조하고 있다.

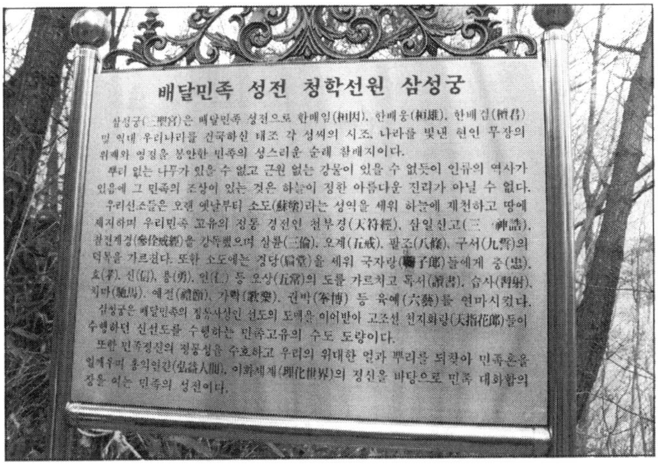

민족성전 삼성궁 안내표지판

삼성궁 입구, 신성한 모습을 위해 세운 장승

전통적인 초가집을 유지하면서 글을 가르치는 훈장

삼성궁의 신성함을 강조하기 위해 돌로 쌓은 출입구

(2) 변화에 대한 적응과 갈등

반면에 갱정유도인들의 서당전통은 일부 한문교육의 전통을 유지한 채 현대적 교육을 병행함으로써 새로운 서당교육의 전통이 재구성되었다. 갱정유도인들은 종교적인 삶이 와해되고 식당이나 민박을 하거나 다른 수단으로 서당사업을 택하였다. 처음에 마을공동체가 구상한 서당사업은 공동체를 이끌어가기 위한 목적으로 수입을 올리자는 취지에서 시작되었다. 그러나 서당사업의 경제적 이익으로 인해 개인 사업으로 바뀌게 되면서 다양한 서당들이 생겼다. 그들은 갱정유도인들이 수양의 일부로 삼던 한문공부를 외지인들을 대상으로 한 사업의 수단으로 이용하면서 인성 예절교육의 서당 사업화를 가져왔다.

청학동의 예절서당 운영은 경제적인 생계수단을 목적으로 함으로써 서당전통을 변질시켰다. 전통의 변질은 청학동의 서당사업들이 청학동의 전통적인 이미지를 이용하여 경제적인 이익추구에만 매달렸기 때문이다. 현재 청학동서당들은 하동군의 정책 차원에서도 청학동 전통을 이어가는 상징으로 소개되어 국가권력이 청학동의 이미지를 통해 상품성을 선전하고 있다. 청학동마을은 상품생산이 확대되면서 대량생산체계가 도입되었다. 청학동서당은 먼 거리에 있는 학생들에게 서당을 알리기 위한 인터넷 홈페이지 개설과 모객을 위한 중개 브로커의 등장으로 상품생산의 과정과 형태가 전적으로 시장경제의 논리에 지배받게 되었다.

처음에는 그들의 상업적인 행위들이 경제적인 이득을 가져다 주지만 스스로 진정한 지역문화의 주역인가에 대해 회의감을 느끼기 시작하였다. 서당사업과 식당경영에 의존한 삶 모두 그들의 정체성에 대한 혼란을 가져다 준 것이다.

청학동의 이면부를 들여다보면 남들에게 보여주기 위해 광대처럼 사는 것이 옳지 않다고 여기는 청학동 사람들도 있다. 청학동 사람들 중에 생계 때문에 할 수 없이 서당사업에 뛰어든 것이 좋은 인성을 길러내는 교육과는 무관하다고 생각하는 것이다. 그들이 생산하는 교육상품은 진짜 인성교육을 위한 것이 아니라 경제적인 이익 때문에 급조된 것들임을 안다. 서당으로 전업한 이후 학생들을 모으려고 외부의 브로커들에게 놀아나, 재주는 원숭이가 부리고 이익은 그들의 몫으로 돌아가는 현실을 탄식하는 일도 근래에 와서 늘었다.

청학동의 서당들 중에는 진정한 서당 전통을 다시 복원함으로써 그들의 잃어버린 자존심을 찾아야 한다고 생각하는 사람들도 있다. 그들은 한문수학(漢文修學)이 제대로 되어야 서당을 할 수 있다고 여기는 사람들로서, 부모나 윗대어른들이 서당 훈장을 지냈던 분들의 자녀들이다. 이른바 그들은 한문교육의 지식을 윗대에서부터 물려받은 전승의 주체들인 셈이다. 그들이 실천하고자 하는 서당은 전통 서당 교육방식의 큰 틀을 지키면서 현실적인 현대교육의 장점을 접목시키는 것이다. 어려서부터 한문을 학습하고 대처해 나가 현대식 공부를 한 훈장들이 경영하는 서당들은 다른 서당처럼 인터넷을 통한 학생모집도 하지 않고 외지의 아르바이트생도 고용하지 않는다.

일부이기는 하지만 청학동의 서당을 지키고 계승하고자 하는 젊은 서당 훈장들의 노력은 유학생활(儒學生活)의 실천과 학습을 통한 수련과정을 병행하는 것이다. 이러한 서당 전통교육의 실천은 유교교육의 전통을 지키면서 현대적인 실천을 수용하는 것이다. 새로운 서당교육을 실천하는 서당들은 단기연수를 하는 청학동서당들이 시설의 개선, 교육 내용의 정비와 관련하여 제도권의 간섭을 받는 것에 비해 제도권의 제재를 받는 일도 없다. 이러한 일부 서당들이 서당 전통의 고유성을 찾고자 하는 시도는 고유의 서당 전통을 계승하고 현대적 교육을 융합시킴으로써 독특한 전통교육을 재창조하는 과정이라고 볼 수 있다.

(3) 변화의 순응과 저항을 통한 정체성의 재구성

청학동의 전통은 구체적인 형상물로서의 전통과 생활방식으로서의 전통으로 대별된다. 청학동의 전통은 역사적으로 오랜 기간 지속되지는 않았지만, 1980년 이전까지 외부 사회와의 교류가 없던 시기에는 구체적인 형상물로서 그리고 생활 속의 전통이 있었다. 그러나 청학동의 전통은 폐쇄적인 삶이 개방되고 난 다음에 변형되어 재구성된 전통뿐 아니라 현대사회에서 완전히 새롭게 창조된 전통도 존재한다.

청학동의 전통은 엄격히 말하자면 창조된 것들이다. 그러나 청학동의 전통은 관광지화되기 이전의 시기를 변화기점으로 삼아 그들의 정체성이 어떻게 재구성되는지를 이해할 수 있다. 관광지화되기 이전의 청학동은 구체적인 형상물로서의 전통인 조선시대에 가까운 건축물과 복식 및 일상생활 전통인 갱정유도인들의 유교식 삶이 있었다.

청학동의 전통을 형상화하는 상징물로는 건축물로서 산대 초가집을 들 수 있다. 이러한 건축물은 옛날 조선시대를 연상시키는 것으로, 1980년 초까지는 청학동의 경관을 형성하는 것이었다. 다른 전통적인 요소는 갱정유도인들의 복식이다. 긴 머리와 상투, 갓, 한복 등의 복식은 유교적인 삶을 살아가는 갱정유도인들의 표식이었다. 이러한 형상물로써 전통의 공간은 관광지화되기 이전까지 도인촌 마을을 형성해 왔으나 관광지화되면서 급격히 전통공간이 축소되고 건축물의 현대화를 가져왔다.

청학동의 생활방식으로서의 전통은 유교적 삶이다. 청학동의 도인촌 사람들은 갱정유도적인 종교 수행과정에서 하나의 의례행위로써 치성(致誠)을 드려왔다. 그리고 한문교육은 전통적인 유교적 삶을 실천하기 위한 것이었다. 갱정유도인들은 종교적 삶의 일상화를 위해 유학의 명륜(明倫 : 인륜을 밝힘)과 경신(敬身 : 몸가짐을 조심함)을 도덕적인 수행의 지침으로 삼았다. 『해동소학(海東小學)』에는 중국 선현들의 말과 행동의 모범사례들이 실려 있는데, 그 목차는 입교(立敎), 명륜(明倫), 경신(敬身), 계고(稽古), 가언(嘉言), 선행(善行)의 여섯 편으로 되어 있다. 여섯 편 중 명륜과 갱신의 뜻은 위에서 설명한 바와 같고, 나머지 4편의 뜻을 살펴보면 먼저 입교는 가르침의 시작을 뜻하고, 계고는 옛일을 상기해 보는 것이고, 가언은 아름다운 말, 선행은 착한 행실을 의미한다. 이러한 유교적인 삶의 전통은 마을 내부의 종교적인 주도권 다툼과 청학동의 상업화과정에서 이권대립으로 와해됨으로써 의례의 약화와 한문교육의 단절을 가져왔다. 외적으로도 서당의 사업화와 관광객을 상대로 한 상행위로 인해 공동체적인 의례와 수행의 삶이 급격히 와해되었다.

청학동의 전통 중에서 관광지화되면서 변형되어 재구성된 전통은 예절서당이다. 예절서당은 외부의 어린이들을 대상으로 한 상업적인 목적을 띤 전통 서당교육이 변형된 상품이다. 재구성된 서당의 전통은 서당교육의 기초적 한문교육 내용에 현대적인 체험 교육활동을 융합하여 새로운 인성 예절교육을 만들어냈다. 이러한 서당교육의 전통은 생활의 실천교육에서 단기간 예절체험으로, 그리고 교육 소비자의 요구에 부응하여 다양한 놀이체험의 형태로 변형하여 새로운 서당교육의 전통을 재구성하였다. [그림 5-2]는 청학동의 정체성 변화과정을 나타낸 것이다.

현대사회에 새로이 창조된 전통은 삼성궁의 관광명소화를 통해 창출되었다. 삼성궁은 단군교에 기반을 둔 신선도와 민족성지가 결합하여 관광객의 소비가 발생하는 관광지이다. 삼성궁은 관광객들이 방문하는 전후를 기점으로 하여 수행공간이 관광성지로 변화되었다. 민족성지를 표상하는 재현된 공간은 전통시대의 유물들을 모아서 신성한 공간인 소도지역(蘇塗地域)을 구축하였다. 이러한 전통의 발명은 고대시대의 복장, 민속품 전시공간 등의 구체적인 형상으로부터 옛날부터 내려오는 선법수행(禪法修行)과 선무(禪武)를 재현하고 민족적인 종교의식을 복원하고자 했다. 삼성궁의 전통 창조의 주체들은 원시반본사상(原始返本思想 : 본래대로, 원시로 돌아가라의 뜻)과 고대 국가의 역사에 근원을 두고 공간을 구축하고 수행의 일상생활을 구성하고 형태와 일상은 과거에 근원을 두고 그들이 창조한 것들이다.

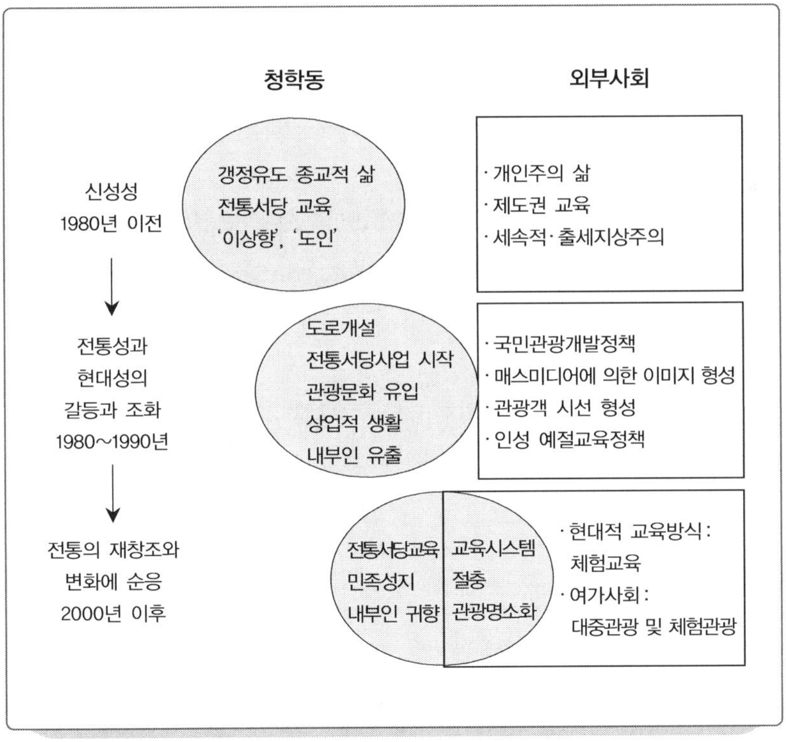

출처 : 고원규(2005), 문화의 관광상품화를 통해 본 전통의 재구성 - 청학동의 사례연구 -, 영남대학교 대학원 박사학위논문, p. 192.

[그림 5-2] 청학동의 정체성 변화

2) 중국 귀주성 양덕상촌과 고증

(1) 중국 관광의 고유성

❶ 단순모방이 아닌 창조적 인식의 중요성

중국정부가 민족관광에 관심을 기울이는 이유는 첫째, 관광산업이 민족지구에 있어서 유익한 지역개발 수단이 되고 있고, 둘째, 민족관광 발전이 국가가 진행시켜 온 민족정책이 결실을 거두는 증거가 되기 때문이다. 1978년 이후, 중국에서는 소수민족의 한화정책(漢化政策)을 개선하여, 민족은 소멸하는 것이 아닌 번창한다고 하는 방침을 명확히 했다. 오늘날에 이르러서는 대소도시에서 민족촌 및 민족원(우리나라의 민속촌에 해당)이 개설되고, 요리점에서는 소수민족의 요리가 나오고, 춤과 노래를 공연하고 있다.

중국 남서지역의 귀주성은 전체 인구의 26%를 비한족이 점유하고 있고, 전국을 통틀어서도 유수한 소수민족지구이다. 귀주 동남부에 있는 금동남자치주는 1986년부터 관광개발이 시작되었다.

이 자치주의 관광적 특징은 인공적인 관광촌이 아닌 개방된 곳으로서 관광객의 방문을 수용하는 형태를 취하고 있고, 외부 관광기업의 참여를 허용치 않고 관광개발에 주민이 직접 참가하고 있는 점을 들 수 있다. 이는 소수민족에 의한 지속가능한 자립형관광개발이라 할 수 있다.

그러나 다른 한편에서는 국가가 자립관광개발에 중요한 역할을 하고 있는 것도 사실이다. 국가의 관광정책은 물론 토지라는 형태로써 마을에 포고한다. 그러한 예로 품격에 어울리지 않는 건물의 건축금지, 마을의 전통공예, 예능발전, 마을 전체를 야외민족박물관으로 하는 구상들을 제창해 왔다.

금동남자치주 뇌산현 양덕상촌은 청나라시대의 역사적 인물인 陽大六

(1850년대)의 출신지이기 때문에, 성(城)에서는 문물보호촌으로 지정하였다. 마을은 문과 지붕을 잇는 풍우교(風雨橋)를 재건하고, 관광객용으로 새로운 동고장(銅鼓場) 및 민족진열실, 숙박시설, 화장실을 만들었다. 마을에 관광단이 도착하면 폭죽으로 맞이하고, 남자는 노생(盧笙 : 관악기의 한 가지. 여러 가지 길이의 대통을 U자 모양으로 배열하여 입으로 부는 악기)을 불고 여자는 노래를 부르며 물소뿔잔으로 술을 권한다.[18] 마을로 들어오는 의례가 끝나면 동고장에서 남녀가 만담형식의 노래, 노생춤, 선조를 기르는 동고무를 펼친다.

지금은 관광이 마을 총수입의 3분의 1을 점하고 있고, 그로 인해 마을 사람들은 각 가정에 손목시계, 재봉틀, 자전거, 그리고 자동밥솥까지 구입할 수 있게 되었다. 마을길이 돌로 포장되고 수도와 전기시설도 설치되었다. 전염병 및 화재도 격감하고, 마을사람들은 밝은 모습으로 살아가게 되었다.

관광객에 대한 위화감도 감소하고 한어(漢語)로 이야기할 수 있는 사람도 많아졌다. 정부정책에 의한 관광개발이 긍정적 평가를 받고 있고, 도시에서 민족관광 관련직에 종사하는 소수민족 출신자들은 2년 정도의 계약기간으로 일하며, 그 후는 고향에 돌아가거나, 아니면 수입이 좋은 민족요리점으로 발탁되어 가는 이들도 있다. 귀향한 사람들은 현지의 공무원이 되거나 관광업, 상업서비스업에 종사한다. 마을에서 농업에 종사하더라도 소매점을 운영하거나 도시에서 배운 것들은 윤택한 생활을 위해 활용되고 있다.

금동남자치주 뇌산현 양덕상촌의 민족문화의 창조가 화제가 되고 있다. 1986년 관광입촌(觀光立村)으로 할 때에는 노생을 부는 젊은 사람들도 동고무의 스텝을 밟는 여자아이는 없었지만, 그 이후 젊은 사람들을 특별 훈련시켜 기술을 전수받았다. 그러나 관광쇼에서는 전통과 다른 춤동작을 가르치고 있다.

춤은 전통적인 원형(圓形)이 아닌 관광객을 마주보는 행렬춤이며, 본래 남성의 악기인 노생을 여성이 불었다. 또 마을에서는 목고무(木鼓舞)를 추는 전통은 없었지만, 묘족(苗族)의 대표적인 춤으로 중국 내외에 알려진 이것을 마을의 민족문화로 채택하여 레퍼토리에 추가시켰다.

오늘날 유명해진 반배 목고무(反排 木鼓舞)는 반배촌 출신자인 방정문(方正文)에 의해서 만들어진 것이다. 그는 1978년에 개최된 성(城)의 문예 오디션에서 마을팀을 인솔하여 출전했지만 합격하지 못했다. 거기서 목고무의 단조로운 스텝과 회전의 반복을 그만두고 깡충깡충 뛰는 동작과 손놀림을 크게 하고, 속도를 빠르게 하여 박동감 넘치는 춤으로 변화를 주게 되었다.

1996년에는 전국 소수민족 전통체육대회에서 주(州)의 대표로 출전하게 되었다. 그 당시 용감한 춤, 강렬한 템포, 완급을 자유자재로 해서 눈을 현란하게 하는 춤으로 평가받았고, 전국적으로는 동양의 디스코로 그 명성을 날렸다. 반배라는 한 지방의 전통이 국가적인 평가를 받아 묘족 전체의 민족문화로서 탄생한 것이다.

그러나 각 민속촌에서도 이 춤의 춤꾼들을 유치하는 기회가 많아지고, 레스토랑 쇼 요원으로 발탁해 가는 경우도 많아졌다. 양덕상촌의 젊은 사람들이 반배 목고무를 선택했던 것은 묘족 민족문화의 대표적인 것을 공연함으로써 민족문화가 풍부하게 전승되고 있는 점과, 관광객들로부터의 평판이 곧 자기 자신들이 기대했던 평판이었기 때문이다. 다른 마을에서 고안된 목고무를 차용한다는 것은 고유성 측면에서 보면 모조품인 것이다. 그러나 그들의 행동은 관광객의 시선을 의식한 왕성한 문화의 창조로도 볼 수 있는 것이다.

이와는 달리 같은 자치주에 있는 동족(侗族)의 민족관광의 중심이 되고 있는 고증(高增)은 1998년의 화재로 마을의 3분의 2가 소실되었다. 국가가 인정한 특권적인 지위와 문화유산을 잃어버린 셈이다. 마을이 소실된 이후 고루(鼓樓)가 재건되었지만, 이미 진정한 문화유산이 아닌 것으로 간주되었고, 국가는 전통적인 기회를 갖지 않는 고루의 재건에 따른 비용을 지원해 주지 않았다.

그 때문에 고증에서는 근대화가 촉진되고, 젊은 사람들은 지금까지의 음악 및 노래 대신에 당구를 즐기고 서양담배를 피우기 시작했다. 여자들은 이미 베를 짜지 않고 의복을 사 입는다. 또 이들은 최근에 지어진 근대적인 건축물을 선호하고 있고, 그것이 근대화·진보화를 상징하는 것으로 자랑한다. 한편, 진정한 동족문화를 보고 싶어 하는 관광객은 고증에 가지 않고 지프차를 빌려 인근에 위치한 조흥(肇興)으로 가고 있다. 고증 사람들은 관광객을 조흥에 뺏기는 대신 근대적인 촌이 되는 것을 선택하였다. 여기서는 관광 에이전트와 관광개발의 대상이 된 마을사람들 간의 의식 차이를 엿볼 수 있다. 마을에서는 근대화된 편리한 생활을 영위할 수 있다면 그 수단으로 관광개발이든, 다른 개발이든 간에 좋고 무엇을 선택하는가에 대해서는 그렇게 중요시여기지 않았다.

관광과 문화적 종속

CHAPTER 6

01 | 관광의 문화적 종속배경

현대사회에서 관광이라는 것이 지구촌의 가장 큰 사업이 될 수 있다는 데에는 긍정적인 반응과 부정적인 반응으로 대립되고 있다. 특히 관광이 경제를 이끄는 주된 영역이 되고 있는 서인도제도에서 그러한 흐름이 더

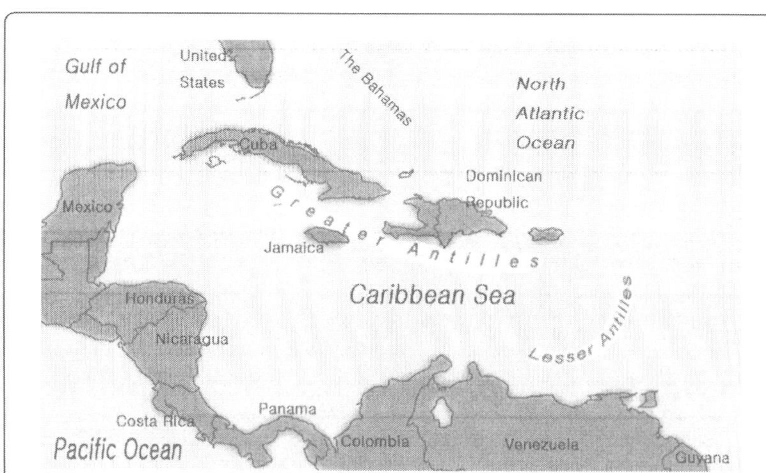

[그림 6-1] 서인도제도의 국가들

욱 두드러진다고 볼 수 있다. [그림 6-1]에서처럼 서인도제도(西印度諸島)는 카리브섬 전체를 지칭하는 용어로 사용되지만, 서인도제도의 지리학적 범위는 바하마와 마찬가지로 대(大)앤틸리스제도(Antilles)와 소(小)앤틸리스제도를 포함하고 있다. 서인도제도의 후원자들은 서인도제도가 지역 국가로서 고용창출, 무역적자를 보충할 수 있는 달러 획득, 그리고 승수효과를 가져올 수 있는 운영을 통해 전체적인 경제개발에 대한 기여라는 측면에서 이익을 얻을 수 있다고 주장한다. 그러나 또 다른 측면에서는 훨씬 더 어두운 상황을 예상하고 있다.[1)]

예를 들어, 페레즈(Louis A. Perez)는 다음과 같은 주장을 하고 있다.[2)] 카리브해에서 관광산업은 서인도제도의 사회경제적 신식민지주의 상황이라는 역사적 전개 속에서 가장 뒤늦게 개발되었다. 서인도제도에서는 카리브해의 단일문화를 다른 지배권으로 넘겨주게 되는데, 이를테면 백인 자본가들에 의한 지배를 의미한다. 관광은 외국인들의 잠깐의 즐거움을 위한 자연자원개발과 서인도제도인들의 고유한 문화에 기초를 두고 산업은 발전되었으나, 16세기에 확립된 종속적 관계의 기본적 위치를 수정하는 데는 큰 기여를 하지 못했다.

이러한 것들로 인해 카리브해 민족주의자들은 은신하면서 적대감을 키워갔다. 게다가 최근 그들의 관심은 관광으로 인한 경제적 결과에 있다. 민족주의자들은 관광이 지역의 경제적 공헌을 가져다주는 데 주된 역할을 수행하고 있다는 데 냉소를 보낸다. 민족주의자들은 라틴아메리카의 종속이론에 많은 영향을 받았다. 그러나 경제라는 배후에는 특정산업이 함정에 빠질 수 있다는 불안이 있을 수 있으며, 그것은 어떻게든 불리한 방향으로 서인도제도 사회에 악영향을 미칠 수 있는 것이 걱정거리이다. 결국 관광으로 인한 악영향은 경제활동 이상의 것으로, 그것은 특이한 생활양식 또는 문화를 산출하는 하나의 규범과 가치관 변화를 초래할 수 있다. 문제는 경제적 의존성에서 문화적 의존성 쪽으로 옮겨가고 있다는 점이다.

극소수의 학자들이 이 방향에서 연구를 진행하였다. 그들의 연구결과를 요약해 보면, 브리덴(J. M. Bryden)은 관광의 사회문화적 관점이 연구에서 무시되어 왔다는 사실을 비판하는 것으로 시작한다. 그는 그의 책에서 관광지의 투자비용이 수입을 능가한다는 것을 꽤 효과적으로 논증했지만, 관심을 둔 종속성과 그 밖의 다른 것들에 대한 더욱 폭넓은 개념적 문제를 규명할 수 없었다.[3] 매튜(Harry G. Matthews) 역시 관광에 대한 경제적 종속영역을 다양한 시각으로 규명하려고 노력했다.[4] 특히 그가 연구에 관심을 보인 주제는 메트로폴리탄 자본주의, 신식민지주의, 그리고 신제국주의 및 관광과 관련된 영역이다. 그러나 이러한 연구결과들 어느 것도 관광과 문화 종속성 간의 연결에 더 이상의 시사점을 제공하는 못했으므로 오히려 전통적인 경제적 용어 속에서 관광을 논의한 것이 더 나은 결과가 된 셈이다. 관광의 의존성 내지는 종속주의 관점에서 진일보한 것은 페레즈(L. A. Perez)의 연구이다. 실제로 페레즈는 종속성이라는 구조 내에서 관광산업을 다루려는 시도를 한 유일한 사람이며, 기존의 많은 종속연구자들과는 달리 그는 종속성을 경제적 · 정치적인 영역뿐만 아니라 문화적인 영역까지도 포함해야 한다고 주장하지만, 그 역시 문화적 범주의 의존성을 입증하는 데는 실패한다.[5]

문화적 종속의 예로는 흔히들 맥도날드화와 디즈니화를 들고 있다. 그러면 맥도날드화와 디즈니화의 실상은 무엇이며, 어떻게 문화적으로 종속되고 있으며, 관광에 문화적 종속이 어떠한 영향을 가져다 주는지를 아래에서 살펴보기로 하자.

1) 문화종속의 유형으로서 맥디즈니화

흔히들 문화종속의 대명사로써 맥도날드화(McDonaldization), 코카콜라화(Cocacolonization), 디즈니화(Disneyfication)를 연상하는데 맥디즈니화(McDisneyfication)는 맥도날드화와 디즈니화를 합성한 것이다.

1937년 맥도날드 형제는 캘리포니아주 패서디나에 최초의 맥도날드 가게를 열었다. 그것은 빠른 속도, 많은 양, 저렴한 가격의 원리를 적용한 기존의 음식점과 다른 개념의 음식점이었다. 그들은 개별화된 서비스와 전통적인 조리기술 대신 조리와 서비스에 조립라인의 과정을 이용했다. 굽기 담당, 셰이크 담당, 튀김 담당, 드레싱 담당 등과 같이 최초로 종업원의 업무 분담을 시도했다. 뿐만 아니라 맥도날드 형제는 공장식 조립라인에 테일러의 과학적 관리, 인간에 대한 통제와 관료제를 결합하여 효율성의 극대화를 꾀했다. 결국 그들은 패스트푸드 공장을 만든 셈이다. 더구나 그들은 효율성의 극대화를 위해 고객까지 관리한다. 일단 맥도날드에 들어서면 고객은 일종의 조립라인 속에 들어가게 된다. 줄을 서고, 계산대로 이동하고, 주문하고, 계산하고, 음식을 테이블로 가져가고, 먹고, 쓰레기를 모으고, 쓰레기를 쓰레기통에 버리고, 그리고 나간다. 고객은 그야말로 컨베이어 벨트처럼 움직인다. 불편한 의자로 고객을 빨리 나가게 하는 것도 그러한 수단 중 하나이다. 그래도 고객은 편리하고 효율적으로 식사했다는 환상을 갖고 맥도날드 점포를 떠난다.

세상은 맥도날드화되어 가고 있다. 맥도날드화는 패스트푸드점의 원리가 미국 사회와 그 밖 세계의 더욱더 많은 부문들을 지배하는 과정으로 정의할 수 있다. 이러한 맥도날드화의 근원은 테일러주의(Taylorism)에서 찾고 있다. 테일러주의 또는 테일러 시스템(Taylor System)은 작업과정의 능률을 최고로 높이기 위하여 시간연구와 동작연구를 기초로 노동의 표준량을 정하고, 임금은 작업량에 따라 지급하는 등 여러 가지로 합리적인 방법을 마련한 것을 의미한다. 테일러에 의한 고유한 의미의 과학적 관리법은 종래에 근로자의 창의와 이에 대한 자극에 의존하던 작업관리를 경영자의 과학적인 과업설정(課業設定)이라는 계획적 관리로 전환시켜서 노동의 생산성을 높이고 조직적 태업을 방지하며, 임금문제 해결을 위하여 과학적 · 객관적인 표준작업량을 설정하여 고임금 · 저노무비를 이루어 노사 쌍방이 만족하도록 하는 것이었다.

테일러는 임금인하를 방지할 수 있는 기준으로써 과업제도(課業制度 : task system)를 구상하였다. 이 과업제도가 테일러리즘의 달성수단이다. 과업제도는 공평한 1일의 작업량(a fair day's work)을 합리적으로 결정하고, 그에 의하여 근로자의 작업표준을 결정하는 기준이다.

이 방법에 의하면, 종래의 자의적 · 전습적(傳習的)인 과업결정방법이 배제된다. 합리적으로 과업을 설정하기 위하여 과학적인 시간연구(time study)를 하였고, 시간연구의 전제조건으로써 작업조건과 작업방법을 표준화할 필요가 있었다.

이대로만 되면, 노동생산성 향상에 따라 근로자는 고임금을 받게 되는 동시에 기업주는 일정금액에 대한 생산량 증가에 따른 저노무비(低勞務費)의 혜택을 받게 되는 것이다.

1970, 1980년대 초까지는 산업혁명 이후 제조업 제품에 테일러주의를 도입하여 생산성의 향상을 가져왔고, 1980년대 중반 이후는 서비스 부문에까지 이를 확대 적용하여 서비스의 표준화를 꾀하고 이를 통해 서비스의 양과 (주로 속도 측면에서) 질을 향상시키고자 한 것이다. 이러한 시도는 일면 정보화사회에서의 자본주의의 조절양식으로 생각할 수 있는데, 즉 신속 / 효율 / 표준으로 대표되는 정보화사회의 새로운 패러다임과도 일치하며 맥도날드화된 다양한 서비스업으로까지 확대되고 있지만(예를

들어, 햄버거에서도 맥도날드, 버거킹, 웬디스, 잭인더박스, 로이로저스 등이 만드는 방식, 맛, 대상고객 면에서 조금씩 차이가 있다), 전체적으로 질은 하향 평준화하는 경향이 있으며, 더 심각하게는 막스 베버(Max Weber)가 관료제를 비판하여 처음 사용한 합리성의 비합리성이 맥도날화한 사회에도 그대로 적용된다는 점이다.

이러한 맥도날드화로 인해 현재 세계의 모든 서비스 분야 또 모든 지역이 맥도날드화로의 질주를 계속하고 있다. 우선 분야별로 살펴보면 출생 이전부터 사망 이후의 모든 분야에 망라되어 있으며(패스트푸드 : 햄버거, 피자, 치킨, 김밥집 등; 중급식당 : 스테이크, 이탈리아 음식, 놀부 삼겹살 등; 기타 서비스업 : 세금, 자동차, 모텔, 다이어트, SK가 최근 자동차 수리를 시작; 신문 : USA Today(사진이 많고 글이 적은), 대학 교육, 아파트라는 주거지; 의료 : 전문 분야가 없는 가정의, 안경 등), 맥도날드화의 지역적 확장도 진행 중인 과정이다. 원래 패스트푸드는 미국의 교외 주택지, 중소 도시를 겨냥하여 개점하였으나, 현재는 미국의 모든 곳, 특히 자동차 여행과 관련 고속도로 주변에 밀집해 있고, 또 이전까지는 금역이었던 백화점, 학교, 호텔, 기차역, 병원 내에까지 침투했으며, 비행기 기내식으로도 제공되고 있다. 1991년 이후 맥도날드는 미국보다 외국에 가맹점이 더 많아졌고, 1995년 이후는 외국에서의 수익이 반을 넘어섰다. 또 미국 이외의 국가에서 자신들의 체인을 만들고 있다. 그 예로써, 인도의 양고기버거 체인 니룰라스, 중동의 맥도날드 주시 버거, 우리나라의 롯데리아 등이 있다.

(1) 맥도날드화의 특징 : 효율성, 계산가능성, 예측가능성, 통제

그렇다면 과연 무엇 때문에 세상은 자꾸만 맥도날드화되는가? 맥도날드는 최적의 방법으로 배고픈 사람을 배부르게 해준다. 효율성(efficiency)

이다. 맥도날드는 많은 양의 음식을 신속하게 생산하고, 종업원은 적은 임금을 받고 빨리 일하고, 고객은 짧은 시간에 많은 음식을 먹는다. 모든 것은 계산가능(calculability)하다. 맥도날드 햄버거의 양과 맛은 지점에 관계없이 동일하고, 종업원은 정해진 시간 내에 햄버거를 고객 손에 쥐어주고, 고객은 15분 이내에 매장을 빠져나간다는 사실을 알고 있으므로 예측가능(predictability)하다. 맥도날드 종업원은 규칙에 따라 행동하고 말하며, 고객은 정해진 절차에 따라 주문한 햄버거를 불편한 의자에 앉아서 먹고 말없이 나간다. 종업원과 고객을 완벽하게 통제(control)한다.

최석호는 맥도날드화의 특징이 여가의 세계화에도 영향을 미치고 있다는 주장을 한다.[6)]

사람들은 점점 더 멀리 여행하고, 비즈니스맨들은 점점 더 글로벌하게 비즈니스를 한다. 어디를 가나 호텔은 비슷한 객실과 서비스를 제공하고, 어느 나라나 비즈니스 관행은 별반 다를 것이 없다. 미국 호텔이라 해서 우주선으로 객실을 만든 것도 아니고, 한국 호텔이라 해서 초가삼간을 호텔로 만든 것도 아니다. 한국이라고 선진적인 호텔경영을 하는 것도 아니고, 미국이라고 후진적으로 호텔경영을 하는 것도 아니다. 세계는 점점 더 자본주의화되고 미국화되고 맥도날드화된다. 맥도날드화는 가능한 세계화의 한 시나리오이지만 세계화의 향방은 맥도날드화로 가고 있다. 온 세상이 맥도날드화되고 온 세상이 미국처럼 변해간다.

(2) 디즈니화의 특징 : 주제화, 잡종소비, 머천다이징, 감정노동

전 세계가 맥도날드라는 문화에 길들여지고, 점점 더 맥도날드화되는 것과 마찬가지로 디즈니화에서도 그 예를 찾아볼 수 있다.

디즈니는 21세기 초반 문화상품을 이용한 기업 권력의 새로운 면모를 보여주는 전형이다. 다른 거대 기업들과 달리 디즈니는 대중문화산업을 확장시키고 있다. 이러한 기업 활동으로 인해 디즈니는 미국 문화와 중산층 가정의 가치관을 대변하는 표상이 되었다. 디즈니는 모든 아이들을 평생 동안 디즈니 상품과 디즈니식 사고를 하는 소비자로 변형시키는 작업에 심혈을 기울이고 있다. 그러나 디즈니의 죽기 아니면 살기식의 상업적 이해관계와 디즈니가 표방하는 문화 사이에 모순이 표출된다. 왜냐하면, 디즈니는 표면적으로 권력이나 정치성, 이데올로기를 배제한 채 유익하고 건전한 오락물이라는 명성을 구축해 왔기 때문이다.

연간 2억 명 이상이 디즈니영화나 비디오를 보고, 매주 3억 9,500만 명이 텔레비전에서 디즈니 쇼를 즐기며, 매년 전 세계에서 몰려든 5,000만 명 이상이 디즈니 테마 공원의 입구를 통과하는 상황을 예로 들어, 디즈니가 이룩한 문화상품의 가치를 긍정적으로 평가하겠지만, 디즈니가 어린이를 대상으로 한 문화상품을 단순한 비즈니스로만 인식하고 있다면, 문화상품은 사회적 기여 측면이란 점을 간과해서는 안 된다.

월트디즈니사는 아동기의 순수함을 상품화하면서도 너그러운 기업의 이미지로 다른 거대 기업들이 수없이 당한 비판을 피하는 행복함을 누려왔다. 비판은커녕 연약한 어린이들을 보호해 주는 이상적인 대리부모라는 이미지를 미국인들의 가슴에 심는 데 성공했다. 이러한 순수와 동심의 대명사인 디즈니는 단순히 오락과 재미를 제공하는 기업이 아니라, 공교육에 영향을 미치는 상업적 교육모델을 개발해 미국 어린이들의 의식을 디즈니의 사업에 맞게 소비지향적 시민으로 세뇌해 온 기업이라고 볼 수 있다.

즉 디즈니사가 창안한 '교육+오락(에듀테인먼트 : edutainment)' 개념이 교육계에 미치는 영향을 감안할 때 백인우월주의, 성차별, 맹목적 애국주의, 보수우익 성향 등이 기저에 깔린 디즈니 사업에 대한 철저한 감시와 비판력 확보가 절실하지만, 이 점은 세계적 기업이 된 '마이티 미키'가 최근 인종 · 성차별 타파를 표방하고 내놓은 일련의 애니메이션조차 마찬가지여서 여전히 신식민주의와 백인우월 등을 담고 있다는 것이다.

'알라딘'의 남녀주인공은 여전히 백인의 외모를 닮은 반면, 악인들은 매서운 눈매와 턱수염, 우뚝한 코를 가진 전형적인 아랍인의 모습을 담고 있다. 아랍계 어린이들은 이 영화를 보고 자신에 대해 창피함을 느낀다고 한다. 디즈니의 주인공들은 미국식 표준영어를 쓰지만 악당들은 심한 외국어 억양이나 빈민가 흑인 · 히스패닉계 말투를 사용한다. 미국 내 소외계층과 소수민족에 대한 교묘한 차별을 지속적으로 이데올로기화하고 있는 미키왕국의 전략에 맞서기 위해서는 디즈니영화에 대한 비판적 읽기를 가르쳐야 한다는 주장도 나오고 있다.

"나는 아이들의 마음이 백지와 같다고 생각한다. 태어나서 처음 몇 년 동안에 많은 것들이 백지 위에 기록될 것이다. 기록될 것들의 질적 측면은 아이의 인생에 절대적인 영향을 주게 된다." 적어도 출발만은 순수했을 디즈니제국 창업자 월트 디즈니의 이 말은 디즈니를 넘어 지구촌에 디즈니화를 가져온 지금 이 시점에서 다시 한 번 되새겨보아야 한다.[7)]

디즈니화의 특징인 주제화, 잡종소비, 머천다이징, 감정노동 하나하나에 대해 간략히 살펴보도록 하자.

미국을 포함한 여러 나라에 있는 디즈니 테마파크는 각각의 독특한 이야기(theming)를 통해 다른 디즈니 테마파크 또는 여타 테마파크와 차별화한다. 디즈니 테마파크는 서로 다른 이야기를 하기 때문에 홍콩 디즈니랜드를 방문한 고객일지라도 플로리다 올랜도 월트 디즈니 월드 리조트를 방문한다. 디즈니 테마파크에서는 멀티플렉스, 백화점, 푸드코트 등이 한곳에 다 있기 때문에 잡종소비(hybrid consumption)가 일어난다. 지천으로 널려 있는 동일한 개념의 비슷한 가게들이 아니라 각각 다른 장소에 있는 판이하게 다른 가게들을 한곳에 모두 모았다. 디즈니 테마파크는 애초에 대량생산된 제품에 디즈니 캐릭터와 로고를 부착함으로써 완전히 새로운 기념품을 만든다.

또한 디즈니 캐릭터와 로고를 다른 제품에 판매함으로써 디즈니 테마파크 밖에서도 디즈니 캐릭터와 로고를 부착한 제품들이 생산·판매된다(merchandising). 디즈니 테마파크 종업원들은 마치 무대에서 연기하는 배우(the cast)처럼 멋진 옷을 입고 고객을 기분 좋게 함으로써 고품질의 서비스를 제공하는 연기 행위(performative labour)까지도 펼치고 있다.

세계화는 맥도날드화와 달리 세상을 더욱 다양하게 만드는 디즈니화에 가속도를 더하고 있다. 파리 디즈니랜드는 개장 초 실패를 교훈 삼아 유럽인들의 취향에 맞추려고 노력한 결과 안정기에 접어들었다. 반면에 도쿄 디즈니랜드는 미국에 가지 않고도 미국을 체험할 수 있도록 가장 미국적인 테마파크를 만들었다. 홍콩 디즈니랜드에서는 종업원의 감정노동을 자제시킨다. 과도하게 미소를 지으면 놀리는 줄 알고 손님들이 불쾌하게 생각하기 때문이다. 세계는 표준화와 동질화로 치달리는 것이 아니라 다양화로 변해간다. 세계는 맥도날화되고 있는 것이 아니라 디즈니화되고 있다.

위에서 우리는 세계적인 문화의 패턴으로 자리 잡은 맥도날드사와 디즈니사를 통해 거대국가, 소위 힘 있는 나라의 문화에 힘없이 끌려가고, 종속되는 현상을 확인할 수 있었다. 어떻게 패스트푸드점 하나가, 기껏해야 아이들을 상대로 만화를 만드는 회사가 전 세계를 흔들어놓는 문화의 틀로 정착할 수 있었을까?

아래에서는 이러한 문화가 가지는 종속성의 배경이론에 대하여 알아보고, 이러한 문화종속성 개념의 전개와 함께 관광이라는 매개를 통해 문화의 접촉이 더욱 활발해진 시점에서 관광에서 일어나고 있는 문화종속의 대표적인 예로 카리브해의 관광을 살펴보고자 한다.

02 | 문화종속의 개념 및 유형

1) 종속의 개념

사전적 의미에서 종속이론은 개발도상국의 후진성이나 그 원인을 설명한 이론을 뜻한다. 이는 제2차 세계대전 후 남아메리카가 처한 현실에 입각하여 남아메리카 학자들에 의하여 제기되었다. 1929년 세계공황과 30년대의 세계적 대불황으로 인하여 수출경제에 타격을 입은 남아메리카는 외국자본 계열기업의 국유화 · 민족화와 함께 수입대체 공업화를 적극적으로 추진하였다. 그러나 제2차 세계대전의 종료와 함께 남아메리카의 고립성이 해제되는 한편, 수출주도형 성장론의 부활, 수입대체 공업화의 부진, 국제적 · 국내적 소득격차의 확대, 다국적 기업의 세력팽창, 관료적 권위주의가 대두하게 되었다. 그때 남아메리카의 사회과학자들은 저발전이란 무엇인가? 왜 저발전이 지속되고 있는가?에 관한 질문을 제기하기에 이르렀고, 저발전에 대한 문제의식이 종속이론으로 발전하게 되었다. 그들은 서유럽 사회의 발전이론이 남아메리카 사회의 발전에는 적합하지 않다고 판단, 남아메리카에 적합한 이론적 틀을 구축하려 하였다.[8)]

일반적으로 종속이론의 근원은 1948년에 설립된 유엔 산하 ECLA(UN Economic Commission for Latin America)에 모인 라틴아메리카 학자들이 제시한 데서 비롯된다. 이 이론은 저개발국의 교역조건이 불리해지고 있는 경향을 통계적으로 검증하여, 라틴아메리카의 전통적인 수출이 국민소득의 증대를 가져오는 것이 아니며, 중심부보다 생산성이 낮다고 해도 투자자금을 수입대체에 충당하는 것이 유리하다는 결론을 내렸다. 라틴아메리카는 높은 보호벽 안에서 공업화를 이룩할 필요가 있으며, 이러한 보호벽이 라틴아메리카의 미성숙한 산업을 도울 뿐만 아니라 구조적 불완전고용과 자본의 저활용 상황에서 자원의 적정분배를 도울 수 있게 될 것이라는 이론에 대항한 것이다. 제2차 세계대전 후 수출주도형 성장론의 부활에 대항하여 수입대체 공업화의 필연성 및 이론적 정당성을 옹호하는 이론을 펼쳤고, 이들 학자들은 바로 ECLA 이론에 대한 비판에서 출발하여 60년대 후반 이후 라틴아메리카 종속이론을 계속 연구하고 있다.[9)]

그런데 영어사전에서 단어가 비슷하게 사용되고 있는 종속과 의존의 개념을 간략히 살펴보고 넘어가도록 하자. 의존(dependence)은 통일국가 사이에서 외부적으로 서로 의지하는 것인 데 반하여, 종속(dependency)은 후진적이고 동질성이 덜한 사회를 병합하여 노동을 세계적으로 분화하는데 중점을 두는, 보다 복잡한 일련의 관계를 포함하는 것이라고 구별하는데서 출발하고 있다. 하지만 우리가 잘 아는 바와 같이 과거에는 경제적, 정치적 목적으로 강대국이 약소국의 물리적 국경을 무시하고 약소국의 운명을 좌우했다면, 현재는 이보다는 문화적, 경제적, 정치적 목적으로 물리적 국경은 존중하면서 인터넷의 발달에 힘입어 의존관계에 있다고 보는 게 타당할 것이다.

종속과정과 관련하여 칠레오테(Ronald H. Chileote)는 다음과 같이 주장한다.[10)] 종속이론은 라틴아메리카의 정치적 · 경제적 내에서의 외국인 침투에 대한 문제에 초점을 두고 있다. 일반적으로 이 이론은 정치적 영향과 외부경제의 결과로써 라틴아메리카의 저개발을 설명하고 있다. 더 구체적으로 한 나라의 경제는 확대할 수 있고 개발할 수 있는데, 이는 지배적인 다른 나라의 경제와의 관계에 의해 결정된다는 것이다.

2) 종속의 유형

로웬탈(David Lowenthal)은 한 국가의 완전한 종속을 정치, 경제, 문화의 3가지 주요한 하부시스템 모두가 외국의 행정에 의해 지배되고, 국가적인 독립에도 불구하고 정치, 경제, 문화적인 측면에서 식민지화될 때를 의미한다는 주장을 하고 있다.[11] 이러한 조건의 진화는 대체로 2단계로 나누어 생각할 수 있다.

첫 번째 단계는 경제적 종속으로 이는 일반적으로 중심부와 주변부의 관계에 있어서 가장 두드러진 특징이다. 경제적 종속의 근원은 다양할 수도 있는데, 외국으로부터 자유로운 개별투자가 이루어지거나, 다른 정부로부터 원조를 받아들이거나, 또는 외국 부채가 많아지면서 그 파생물로써의 식민지로의 전략이다. 그러나 그것이 무엇에 기인하든 결과는 동일하다. 그것은 외부세력의 확장을 통한 국가경제의 궁극적인 통제일 것이다. 두 번째 단계라 할 수 있는 정치적 종속은 그러한 경제적 종속에 의한 당연한 결과이다. 정치는 사회를 위해 자원을 배당하여 여러 가지 이유로 미시경제에 해당하는 의사결정이 주요 정치상의 책임이 되는 것이다. 간단히 말해, 정치적 종속은 경제적 종속에서 발전되어 왔다.

[그림 6-2]가 이에 해당된다. 여기서 실선은 직접적 영향관계에 있음을 의미하고, 점선은 간접적 영향관계임을 뜻한다. 경제→정치 종속에서 문화종속이라는 유리한 환경을 조성하고 있음을 의미한다.

[그림 6-3]은 경제적 종속에서부터 문화적 종속의 중요성을 나타낸 것이다. 21세기 인터넷의 발달로 국경 없는 시대를 맞아 이제는 점선의 간접적 영향관계가 없어지고 실선의 직접적 영향관계가 문화종속을 중심으로 형성되고 있는 실정이다.

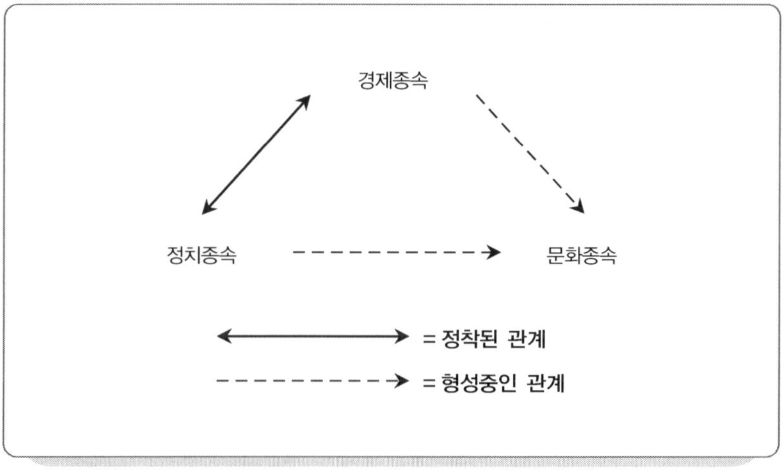

출처 : H. Michael Erisman(1983), Tourism and Cultural Dependency in the West Indies, Annals of Tourism Research, Vol. 10, p. 344.

[그림 6-2] 경제적 종속모형

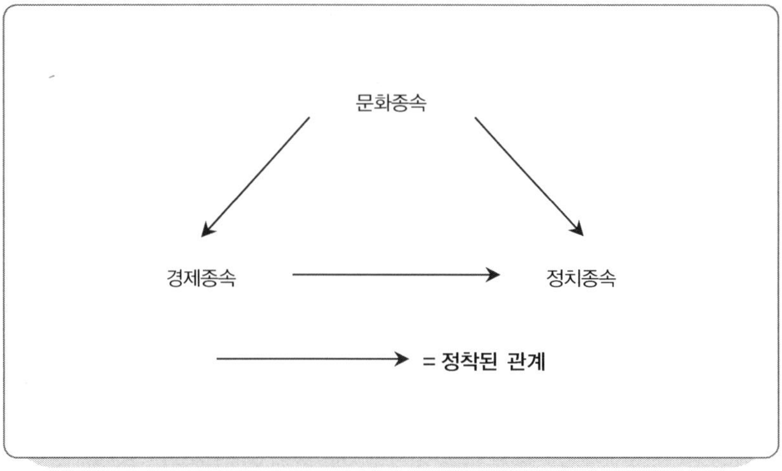

출처 : H. Michael Erisman(1983), Tourism and Cultural Dependency in the West Indies, Annals of Tourism Research, Vol. 10, p. 345.

[그림 6-3] 포괄적인 종속모형

이론적으로는 문화적 종속이 만연하면 주변국의 주민들은 우리들, 그들이라는 구별을 하지 않을 것이며, 개인들은 문화적 종속이 존재한다는 것을 인식하지 못하기 때문에 잠재적으로 가장 강력한 형태라는 의미이다. 그러므로 지배, 피지배라는 지위를 바꾸려는 경향이 생기게 되지 않을 것이다. 서구는 물론 우리나라의 역사를 통해서도 이러한 예를 쉽게 찾아볼 수 있다.

이러한 대표적인 예로 카리브해의 관광을 들 수 있다. 동카리브해안은 북미 관광객들에게 자연관광자원이 매우 풍부한 곳으로 인식되고 있다. 이곳은 장대한 해변과 바다를 보완해 주는 거의 완벽한 날씨와, 비행기나 배로 쉽게 갈 수 있는 곳이기도 하다. 그러나 제2차 세계대전 전까지 대다수의 미국인 휴가자들은 이 지역을 발견하지 못했다. 상황이 바뀌어 카지노와 야간 투어의 과감한 개방을 하지만, 1959년 카스트로(Raul Modesto Castro Ruz) 정부가 들어서면서 카지노를 폐쇄하고, 거리의 창녀들을 없앴으며, 마피아를 없앴다. 그리고 혁명적인 새 정부 쿠바는 도발적이며 변덕스런 양키 관광객을 모집하지 못하도록 했고, 이는 쿠바를 여행하는 모든 미국인에 대한 추방을 포함하는 워싱턴의 봉쇄정책과 결합되었고, 미국의 휴가 예상지역으로부터 쿠바를 완전히 제거해 버렸다.

1970년대 후반까지 서인도제도는 미국 관광객에게 두 번째로 인기 있는 목적지가 되었다. 이는 미국인이 되풀이되는 겨울 에너지 위기에서 비롯된 기록적인 추위로부터 벗어나려기 위함으로 항공운임 인하와 값싼 패키지 투어의 이점 때문이었다.

대부분의 관광객은 그들 주위의 뭔가 친숙한 것, 그들에게 집을 생각나게 하는 무엇인가를 요구하고 있다. 오늘날 많은 관광객들은 변화와 신기성(novelty)에 대한 경험을 단지 친숙함(familiarity)이라는 강한 기반 위에서만 즐길 수 있는데, 친숙함이라는 것은 관광객들의 일상의 환경과 비슷하면서도 무언가 낯선 장소에 대한 신기로움의 경험까지를 포함한다.

코헨(Eric Cohen)의 주장처럼, 관광객들은 그들 자신의 문화적 환경범위 내에서 해외로 이동하기를 원한다. 그 한 가지 예로 패키지 투어 구성을 살펴보면 미국의 운송수단으로 여행하고, 미국계 호텔에 머무르며, 미국 음식을 먹고, 미국인의 취향에 맞는 레저활동을 하게 함으로써 관광객의 관광욕구를 만족시키게 된다. 모든 산업은 규모의 경제로 운영되기 때문에 이러한 모든 것들은 미국 국민의 평균적인 재정적 수단 내에 있다.

휴가자들이 그들의 여행에서 많은 돈을 소비한다는 것을 인식하는 순간, 패키지 투어 관리자는 카리브해 대중관광에서도 재정적인 측면을 생각하지 않을 수 없게 된다. 보다 엄밀히 말하면, 누가 탁월한 경제 통제를 행사하여 이익의 발생범위를 결정하는가?와 같은 질문에 대한 대답은 미국회사에 의해 경영되고 미국인 회사의 이익을 만족시킨다는 것이다.

그 예로써, 서인도제도에서 1,000달러당 관광객의 지출 가운데는 315달러가 숙박료로, 385달러가 식음료비로, 150달러는 관광에 소비되는 것으로 측정되었다. 방문객들이 체재하고 그들이 식사를 하는 가장 많은 호텔들을 미국이 소유하고 있기 때문에, 이러한 두 가지 주요한 지출경비가 마침내는 그들의 손에 들어가게 된다. 터너(Louis Turner)와 애시(John Ash)는 관광객들이 소비하는 1달러 중 42센트에서 82센트만 수용국에 남게 되는데, 그 이유를 관광산업이 외부인들에 의해 좌우되기 때문으로 보고 있는 반면,[12] 페레즈는 1달러당 77센트로 예측하였다. 명백하게 서인도제도의 관광 중심영역의 광범위한 소유권이 미국인에게 주어져 있다. 이러한 회사들, 특히 관광 도매업자와 관광 에이전시는 관광객들을 패키지 관광에 포함시키고 관광목적지 선택에 영향력을 발휘하게 된다. 그들의 영향력으로는 카리브해로의 일정을 조정하며, 관광객을 교묘하게 다룸으로써 관광지의 성수기와 비수기를 마음대로 조절할 수 있게 한다는 것이다.

더욱이 환대협회라고 하는 것이 구성되어 경영자의 통제력을 집중하는 쪽으로 방향을 제시해 왔다. 관광객이 지출하는 모든 돈이 그들의 손에 들어오게 하기 위해 전문화된 관광서비스를 제공하는 미국회사들 간의 활동관계는 하나의 연속체 선상에서 비공식적·수직적으로 통합이 이루어진다. 미국은 대략 14개 서인도제도의 도시에 각종 경영노하우, 자본, 인력을 제공하고 있으며 이는 네트워크의 한 부분이다. 이 네트워크는 아메리카나 호텔체인을 운영하고 있고, 그 호텔의 전 세계 경영시스템에서는 서인도제도를 포함시켰다. 그리고 대량판매 관광상품은 카리브해 유람패키지이며, 아메리칸 익스프레스사가 운영하는 주요 운송수단을 이용하는 것이며, 그 지역에 있는 판매 에이전트로서 동부 카리브해를 위한 지역 항공사인 Leeward Islands Air Transport를 소유하기 위해 준비하는 과정으로 예약, 티케팅, 그리고 일정한 보조금을 지급하고 있다. 이 경우 가장 유리한 세 가지 대중관광의 구성요소인 고객을 모객하는 마케팅능력, 국제운송수단 제공 그리고 숙박 및 식료 제공이 전체 시스템 속에서 통합되어 있으며, 게다가 관광객들의 달러를 거의 독점하고 있는 협회 멤버를 주목해야 할 것이다.

증가하고 있는 비공식적·수직적 통합이라는 배경 내에서 관광객 흐름에 통제력을 행사하고 주요 지출영역은 소유권을 결합함으로써 미국인 관광기업가가 압도적으로 서인도제도 여행사업을 지배하고 있는 실정이다. 그 결과 휴가환경이 지역의 주요한 자연자원일 수 있다는 사실도 미국의 경제적 종속에서 비롯될 수 있다. 하지만 이러한 관광사업들이 문화 에이전트로서의 기능을 발휘하고 있는 것도 사실이다.

03 | 문화적 종속 배경이론

어떠한 주제에 대한 집중적인 연구를 시작하기 위해서는 검증할 수 있는 가설을 설정해야 한다. 이 가설설정을 위해서는 우선 이와 관련된 이론의 검토가 있어야 한다. 그러나 대중관광과 서인도제도에서의 문화적 종속 간의 일반적인 관계를 나타내는 체계화된 이론이 제시되지 못하고 있다. 아직 정교한 이론은 없지만 연구를 일반화하는 데 기초가 될 수 있는 이론들이 있다. 그것은 다름 아닌 트리클다운이론(trickle down theory), 상품화이론(commodization theory), 대중유혹이론(mass seduction theory), 그리고 노예근성이론(black servility theory)으로 요약된다.[13)]

1) 트리클다운이론

이 이론은 대기업을 성장 · 촉진시키면 중소기업과 소비자에게도 혜택이 돌아가 총체적으로 경기를 활성화시키게 된다는 경제이론으로서, 트리클다운정책, 트리클다운이론이라고도 한다. 우리말로는 적하정책(滴下政策)으로 번역된다. 말 그대로 '넘쳐흐르는 물이 바닥을 적신다'는 뜻이다. 미국의 제41대 대통령인 부시가 재임 중이던 1989년부터 1992년까지 채택한 경제정책이다. 정부가 투자를 증대하여 대기업과 부유층의 부(富)를 먼저 늘려주면 중소기업과 소비자에게 혜택이 돌아감은 물론, 이것이 결국 총체적인 국가의 경기를 자극해 경제발전과 국민복지가 향상된다는 이론이다. 레이건 행정부가 공급 측면 위주로 추진한 경제정책인 레이거노믹스(Reaganomics)의 본체였으나, 1993년 1월 클린턴(Bill Clinton) 행정부가 들어서면서 폐지되었다. 그러나 이 트리클다운 정책은 경제용어로 정착하였다. 예를 들면, 자동차의 경우 마진폭이 높은 중대형 고급차 부문에 투자를 집중해 재원을 확보한다. 이렇게 마련된 재원으로 연구개발을 활성화하면 소형차 시장도 연쇄적으로 경쟁력을 확보할 수 있게 되는데, 이러한 현상을 트리클다운 효과라고 한다.

트리클다운이론과 마찬가지의 확산효과를 가져오는 대량수요이론에 관해서 간략히 살펴보기로 한다. 상류계층의 유행의 리더십은 '사회집단을 의식하는 유행'으로 변동되는 것이 일반적인 현상이며, 대량생산과 대중매체, 생활양식의 변화로 인해 유행의 주기가 짧아지게 되고 거의 모든 사람들이 즉각적으로 동일한 것을 채용하는 것이 가능해진다. 이것이 대량수요이론(the mass market theory)이다. 유행의 확산이 각각의 계층 내에서 동시에 일어날 수 있는 기회를 가짐으로써 위에서 아래로 수직 전달되는 것이 아니라 계층 간에 교차(트리클어크로스: trickle-across)되는 특성을 가지고 있기도 하다.

유행의 리더십이 더 이상 상류계층에 한정되지 않으며 새로운 유행은 집합적인 선택의 과정으로부터 흡수되는 것인데, 이 과정에서 많은 새로운 스타일이 소비자들에게 선택되기 위해서는 경쟁을 할 수밖에 없다. 그러나 집합적 선택과 집합적 기호의 형성 메커니즘을 정확히 기술하는 데에는 어려움이 있다.

트리클다운이론을 관광기업경영에 적용해 보면, 관광기업경영에 필요한 노하우나 자금지원과 같은 것을 미국과 같은 중심부 국가들로부터 지원받는 동시에 이들 중심부 국가들의 국민들이 주변부 국가에 관광객으로 대량 유입하게 되면, 주변국 국가는 관광객 수용측면에서나 관광사업의 경영적 측면에서 전적으로 중심부 국가 내지는 지역에 의존하게 된다.

이 이론은 우선 중심부 국가는 경제적 측면을 통해 주변부 국가에 접근하는 과정에서 지역의 우세한 하위문화의 변형을 시도하고, 그 매개체로 엘리트들을 선택하고 그 엘리트들이 나머지 지역민들에게 중심부의 문화를 확산케 하는 역할을 맡게 함을 뜻한다. 로웬탈에 따르면, 관광지 주민들의 생활패턴은 관광객에 의해 강화된 중심부의 기업가나 경영자 계층들의 사업정신에 의해 정해진다. 예를 든다면, 지역민들의 가정생활이나 근로시간까지도 변화시킬 수 있는 것이다.

그리고 해당 관광지 내의 엘리트들은 개인적 보상은 물론 경제성장을 통해 그들의 세력 확장을 위해서 문화에이전트 역할을 계속 수행하게 된다. 지역민들 가운데서도 신분상승을 위한 상향 이동성이 강하다면 지역 엘리트들이 추구하는 그대로를 본받게 될 것이다.

이 이론에서의 핵심내용은 지역 엘리트들과 관계된 하위문화인데, 이 때 하위문화의 성격은 의존적인 동시에 지배적일 수 있다. 왜냐하면 하위문화 내용이 외부의 영향에 의해 결정된다는 점에서 의존적이며, 낮은 계층의 주민들을 리드한다는 의미 면에서는 지배적이다. 게다가 이러한 리더들의 영향 때문에 관광은 문화의존성을 확산시키는 매개물 또는 사회와의 에이전트로써 간주된다는 점이다. 이를 도식화하면 [그림 6-4]와 같이 나타낼 수 있다.

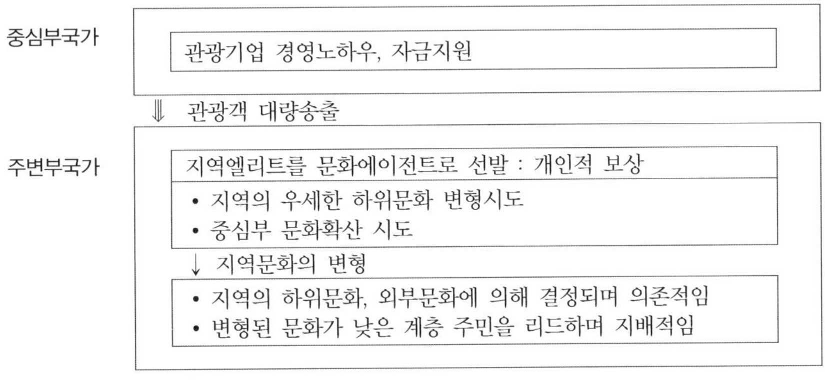

[그림 6-4] 트리클다운이론에 따른 지역문화 변형과정

이 트리클다운이론의 주요 결함은 너무 기계적이라는 것이다. 주변부 지역 내의 엘리트들이 속해 있는 상위계층 내에서는 분열이 없는 것으로 가정하고 있다. 그러나 실제로는 상위계층 내에서도 여러 집단들이 존재할 것이며 그들 중 일부는 중심부 지역 관광객 내지는 관광기업가들의 행동에 저항하여 문화적 민족주의를 고수할 수 있는 것이다.

2) 상품화이론

상품화이론은 주변부(관광지)의 관광사업이 중심부 지역(국가)의 경제에 의해 통제받고 있는 것에서 출발하고 있다. 자본주의사회에 있어서 기업가들은 비용을 최소화하면서도 가능한 한 많은 고객들에게 매력적인 상품을 제공하고 그 결과 최대이익을 얻는 것이 주요 관심사이다. 관광의 경우 관광상품으로써 제공되는 품목들은 휴가를 위한 놀이공간 내에 있는 모든 것들이 될 수 있다.

중심부 지역의 관광 관련기업들이 주변부 관광지 주민들의 사회적 상호작용에 영향을 미치고, 그들의 역사와 문화적 전통에 대한 관점을 왜곡시키고, 관광지 고유의 정체성의 확립이나 유지를 어렵게 하여, 마침내는 문화적으로 지배하게 된다는 것이다.

관광지 주민의 생활 중에서 관광상품화의 사례로 짐을 옮기거나 정보를 제공해 주는 것은 관광객과 관광지 주민들 사이의 하나의 예의로서 일상적 교환에 불과하던 것이 급기야는 반대급부를 받는 금전적 거래로까지 변모되고 있는 게 사실이다. 코헨(Cohen)과 같은 학자는 이러한 자본주의적 이데올로기가 관광자원의 변형으로 마침내는 역사와 예술적 노력이 조작되거나 생산과정에서 대중관광객들의 취향에 맞도록 만들어지기 때문에 상품화를 비판하고 있다.

결과적으로, 관광지의 고유문화는 원류에서 벗어나 질적 수준을 가늠할 수 없게 만든다. 심지어 상품화의 정도가 심한 경우에는 축제나 종교적 의식까지도 관광객의 소비를 유인하는 차원에서 관광상품의 패키지화가 시도될 정도이다. 변형과 표준화의 신드롬이 관광산업에까지 침투하여 관광지 고유문화들이 개성을 상실하게 할 뿐만 아니라 지역 소규모 관광기업의 성장을 저지하는 결과를 초래하고 있다.

3) 대중유혹이론

대중유혹이론은 트리클다운이론과 유사하지만, 지역 엘리트가 중개자가 될 필요가 없다는 점에서 다르다. 그 대신 관광산업의 운영은 관광지 주민과 관광객 사이의 직접적인 접촉에 기초를 두므로 관광객으로 인한 영향이 관광지 주민에게 직접적인 영향을 미치게 된다. 매튜에 따르면, 특히 카리브해와 같은 따뜻한 휴양지에 있어 관광의 성장은 관광객이나 지역주민 모두에게 정신적인 휴양지로 발전하고 있다. 국제적으로 이러한 나라들은 이국적인 여가 이를테면, 잘 알려지지 않고 멀리 떨어진 장소를 찾는 부유한 대도시나 중심부 국가 관광객들의 휴양지로 인식된다. 그 결과 이런 지역들은 관광으로 인한 가시성이 높기 때문에 휴양 관광객들의 행동과 가치관은 관광지 주민들에게 민감하게 받아들여지게 된다.

이런 휴양지 문화는 고급 관광객들을 표적으로 하여 지역주민들은 이들과 유사한 라이프스타일과 위생적인 면, 가장 이상적인 모습으로 왜곡시켜 보여주게 된다. 시간이 지남에 따라 지역주민들은 이국적인 의생활, 음식 그리고 가치관, 특히 눈에 드러나는 소비윤리를 받아들이기 시작하여 그러한 것들이 그들 자신의 사회적 행동지침이 된다. 이 과정에서 그들은 문화적 종속의 틀에 짜여 있어 타락하고, 민족의 주체성과 문화적 존엄성을 잃게 된다.

대중유혹에 기인한 종속은 그것이 망상에 기초하고 있기 때문에 가장 유해한 것일 수 있다. 관광객들이 주장하는 패키지 관광은 환상 속에 있는 것이다. 패키지 관광은 압박, 책임, 그리고 관광객들 스스로가 인위적인 세상과 같은 관념적 · 이상적인 것에 빠짐으로써 일상생활의 단조로움에서 일시적으로 탈출하려는 사람들의 변명을 대변하고 있다고 해도 과언이 아니다.

터너와 애시는 관광을 정형화된 것에서 벗어났지만, 공식적으로 인정된 활동이고, 일상적으로 행하는 노동을 중지하여 관광을 통한 쾌락과 표현의 추구는 통제된 인위적 환경에서 그리고 일상 거주지로부터의 엄격한 분리에서 발생하는 활동으로 정의한다. 그리고 두 학자들은 유혹자들의 경우, 그들의 문화적 종속은 소외감과 고독감으로 이어지고, 그들은 그들 국가의 사회경제적 문제해결에 큰 공헌을 못하게 되고, 결국은 관광지를 떠나게 되며, 게다가 일상생활로 되돌아가는 관광객과는 달리 그들에게 유일한 생활환경을 계속 추구하면서 문화적 망각 속에 존재하게 하고 그 과정에서 독립적인 자기개발은 거의 생각하지 않고 사회적인 열광에 빠져들게 된다는 주장이다. 이를 그림으로 나타내면 [그림 6-5]와 같다.

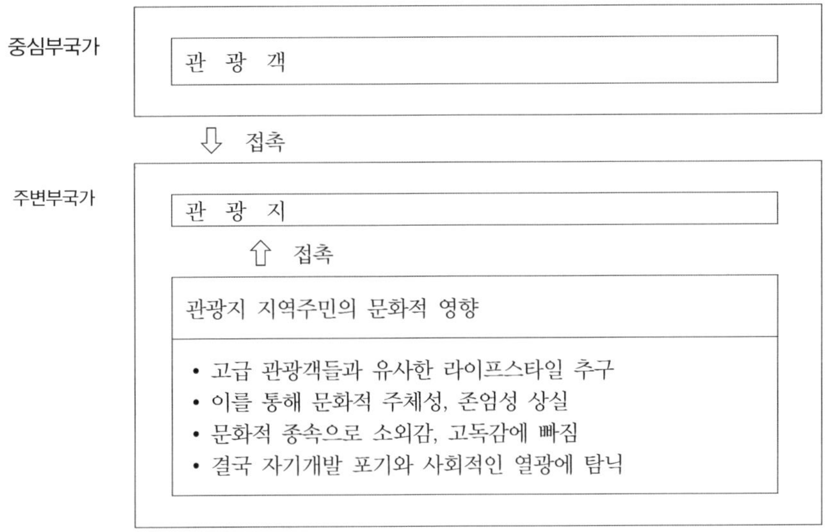

[그림 6-5] 대중유혹이론에 따른 지역주민 문화변화과정

4) 노예근성이론

노예근성이론은 카리브해 관광사업에 있어서 이민족 간에 발생하는 관계의 부산물로서 문화의 의존성을 이해하는 중요한 영역이다. 노예근성의 근간이 되는 두 가지 관점 첫째, 관광은 관광객에게 아첨하는 태도일지라도 친절함을 베풀어야 하는 서비스 산업이라는 점과 둘째, 실지로 웨이트, 웨이트리스, 메이드, 하우스키퍼 그리고 주방 근무자들은 대부분 흑인으로서 백인들의 관광욕구를 충족시켜 주고 있다는 점이다.

미국사회가 항상 인종차별적이며 우세한 앵글로색슨의 지역사회는 기본적으로 정신적 · 신체적 관점에서 백인이 아닌 이들에게 적절한 역할을 규정지어야 한다고 생각하고 있으며, 이런 기저에는 권력, 부, 신분의 특권, 문화적 · 지적 우월성이 존재하고 있다. 미국인 관광객들은 사실 흑인들의 서비스에 일정 대가를 지불하기 때문에 그렇게 할 권리를 가지고 있다고 생각한다. 평일보다는 휴일에 흑인을 오만하게 취급하는 경향이 있을 정도이다. 문제는 서인도제도의 흑인들이 열등한 지위에 있는 백인 아닌 사람들까지도 백인들의 인종차별 시나리오에 대해 의식적 · 무의식적으로 수용하거나 묵인한다는 주장이다.

노예근성이론에서 대중관광은 차츰 인종관계에 대한 중심부 지역 관광객들의 규범과 가치관을 유입시키는 것을 허용하고 있다는 것이다. 그러므로 관광지 주민들은 문화적으로 종속되며 그런 사회에 적응하게 된다. 일부 학자들은 이러한 인종적 요소가 구식민지시대는 물론 신식민지시대 형태로 전개될 가능성이 제일 높다고 한다. 특히 단일문화, 흑백, 상하관계, 중심부 사람들의 욕구충족을 위한 사회조직과 같은 식민지문화의 본질적 특성을 관광문화에서 찾는 경우도 있다. 다시 말해, 관광은 과거 종교적 식민지에 존재했던 헤게모니(hegemony)의 다른 형태일 뿐만 아니라 노예근성을 바탕으로 한 현대판 인종차별주의자로 유도할 위험성이 있음을 의미한다.

이상에서 제시한 트리클다운이론, 상품화이론, 대중유혹이론, 그리고 노예근성이론은 관광의 문화적 종속을 이해하는 데 필요한 이론적 배경이라 할 수 있다. 그러나 앞으로 이에 대한 실증연구가 이루어져 하나의 이론으로 정착 내지는 결과에 따라 수정되어야 할 것이다.

관광과 문화적 종속 관련 읽을거리

프랑스 유로 디즈니(France Euro Disney)

프랑스 유로 디즈니는 1992년 세계에서 4번째로 문을 열었다. 공식 명칭은 '유로 디즈니 리조트 파리'이다. 파리시에서 동쪽으로 32km 떨어진 마르메 라 바레에 있다. 총 넓이는 파리 시가지 넓이의 5분의 1에 해당하는 1,778만 5,123m^{2}이며, 이 중 56만 7,000m^{2}가 테마파크로 되어 있다. 또한 부지 안에는 디즈니랜드 호텔 등 각종 숙박시설이 들어서 있으며, 총 객실 수는 5,200실에 이른다.

프랑스 정부의 적극적인 지원을 받아 경쟁국 에스파냐를 물리치고 1988년 8월 토지 조성공사를 시작하여 1992년 4월 12일 문을 열었다. 프랑스 정부가 디즈니랜드 유치에 적극적이었던 이유는 테마파크의 경제적 파급효과가 크기 때문이었다. 시설은 미국 플로리다주의 디즈니랜드와 마찬가지로 미국의 메인 스트리트, 개척의 나라, 모험의 나라, 환상의 나라, 발견의 나라 등 5개 테마파크로 구성되어 있으며, 골프 코스와 테마호텔 6동 등의 부대시설을 갖추고 있다. 최근 테마파크와 숙박시설 중간지점에 야간 종합 공연장인 '디즈니 빌리지'가 문을 열었다.

일반의 기대와는 달리 개장 초기에는 비싼 입장료와 미국문화에 대한 프랑스인들의 반감, 와인(포도주) 판매금지 등에 대한 반발 등 여러 가지 이유로 입장객 수도 적고 언론의 반응도 냉담했다. 그러나 개장한 지 10년이 지나면서 다른 디즈니랜드와 달리 주류인 와인 판매를 허용하는 등 사업부의 노력에 힘입어 2000년에는 한 해 1,540만 명의 입장객 수를 기록하였다.

우리들 중 그 누구도 디즈니를 모르는 사람은 없을 것이다. 설혹 디즈니를 모른다 하더라도, 미키마우스와 도날드 덕 등은 한 번쯤은 보았을 캐릭터들이다. 세계의 많은 어린이들이 오늘도 디즈니에서 만들어내는 캐릭터들에 빠져들며 그들의 꿈을 키우고 있고, 또한 많은 어른들 역시 디즈니를 보며 동심을 떠올리곤 한다.

그렇다면 디즈니는 과연 이렇게 캐릭터들만 생산하며 동화만을 만들고 있는 것일까? 물론 답은 '그렇지 않다'이다. 디즈니는 종합 엔터테인먼트 그룹이며, 캐릭터 사업 이외에도 미디어 및 테마파크 부분 등 여러 부분에 투자하고 있으며 2000년 1분기 동안에만 수익 3억 6천9백만 달러, 1주당 수익률 18센트(1999년 13센트), 매출액 62억 달러를 기록한 글로벌 기업이다.

디즈니의 여러 사업분야 중, 테마파크는 우리나라에는 들어와 있지 않으나, 바로 옆 나라인 일본에는 들어와 있고, 미국 본토의 LA디즈니랜드, 매직킹덤, MGM 외에도 유럽에 유로 디즈니(파리)가 있다.

디즈니는 단지 놀이공원 서비스만을 제공해 주는 것은 아니다. 그냥 단순하게 '재미있기만 하면 좋다'라고 하는 생각과 즉흥적인 생각, 안이한 대응으로는 재방문력이 높은 공원을 만들 수가 없다. 따라서 디즈니는 인종이나 국경을 불문하고 받아들이는 사람과 꿈의 요소를 무엇보다 중요시하고 있다. 그리고 그것에 반대가 되는 발상을 배제하여 콘셉트의 통일을 유지함으로써 재방문율을 높이고 사업을 영원히 이어가려고 하는 것이다.

실제로 2000년 1월 위락업계 유명 전문지인 'Amusement Business' 최근호는 1999년 총 입장객을 조사한 결과에서 디즈니 계열회사가 1위부터 6위를 거의 차지하였으며 그 순서는 1위 1천745만 명의 도쿄 디즈니부터, 디즈니 매직킹덤(1천520만 명), 디즈니랜드 LA(1천345만 명), 디즈니랜드 파리(1천250만 명), 그리고 마지막 7위인 디즈니MGM(870만 명) 순이다.

그러나 이러한 거대한 글로벌 기업의 기획과 엄청난 규모에도 불구하고, 개장 초기에는 유럽인들과 매스컴의 냉담한 반응으로 진통을 겪으며 계속 적자를 기록했다. 도대체 무엇이 잘못된 것일까? 유로 디즈니의 진출배경을 알아보기에 앞서 디즈니사의 해외진출에 관해 알아보는 것이 중요하다.

일반적으로 기업은 건물 원자재, 노동력 절감으로 인한 수입의 증가, 조세 혜택으로 인한 수입의 증가, 시장 개척의 이유 등으로 해외에 진출한다. 디즈니사의 경우 앞에서 언급한 요인 중 시장 개척을 위해 해외로 진출했다고 할 수 있다. 미국 내 디즈니랜드의 입장객에 의한 수익은 어느 정도 한계에 이름에 따라 새로운 시장 개척의 필요성을 느끼게 된 것이다. 또 테마파크의 건설로 디즈니 캐릭터를 통한 디즈니사의 선전, 이미지 제고를 통한 디즈니의 주요 사업인 영화의 관객 동원 증가와 거기에 따른 부수사업(비디오 판매, 캐릭터 상품 판매 등) 확장도 노릴 수 있다고 판단했을 것이다.

해외시장 진출을 결정한 뒤 디즈니사가 가장 먼저 해야 할 일은 진출 지역을 선정하는 것이었다. 디즈니사는 일본을 그 첫 번째 지역으로 선택한다. 일본은 많은 인구와 높은 국민소득을 가진 나라였고, 무엇보다도 일본의 젊은 세대들은 미국식 문화를 동경하여, 그것을 향유하고자 하는 욕구가 강했다. 미국의 문화를 대표하는 것 중의 하나인 디즈니랜드를 경험하고 싶어 하는 일본인들의 강한 욕구에 맞춰, 도쿄 디즈니랜드는 미국에 있는 두 디즈니랜드와 거의 똑같이 만들어졌고 커다란 성공을 거둔다. 이러한 결과로 디즈니사는 네 번째 디즈니랜드의 건설지를 물색하게 되었다. 유럽대륙에는 많은 인구가 살고 있고, 서유럽은 전반적으로 생활수준이 높았다. 또 유럽은 디즈니 영화가 미국에서보다 더 흥행할 정도로 디즈니 캐릭터에 호의적인 시장이었고 그러한 만큼 서부유럽인들은 디즈니 영화와 상품에 친숙해져 있었기 때문에 유럽은 네 번째 디즈니랜드를 위한 최고의 적격지로 떠올랐다.

유럽의 여러 나라 중 프랑스와 스페인이 최종 후보지로 선정되었다. 40,000개에 달하는 일자리 창출, 관광산업에 기여하는 막대한 효과 등을 고려해 두 나라는 모두 디즈니랜드를 유치하려 불꽃 튀는 접전을 벌였다. 먼저 놀이공원 건설에 적합한 온난한 기후를 가진 스페인은 정부가 25%의 건설비를 부담할 것을 제시하였고 매년 4천만에 달하는 관광객이 예상되었다.

그러나 프랑스 정부와 파리시 당국은 더욱더 파격적인 유치조건을 내세웠다. 공원건설비에 대한 세금감면조치는 기본이고 토지매입가격도 16년 전 농지가격으로 환산해 줬다. 공사에 들어가는 비용도 최우대조건인 마이너스 1.4% 금리를 적용, 1백68억 달러(14조 9천억 원)나 융자해 주었고 상품판매 세율도 다른 세율의 반 정도인 9%, 감가상각기간은 10년으로 단축했다. 여기다가 프랑스 정부는 유로 디즈니를 파리 근교 마르메 라 바레로 결정, 파리 고속 지하철을 연장 건설했으며 이와는 별도로 TGV 디즈니역도 신설했다. 육로로 이동하는 관광객들을 위해 고속도로에는 인터체인지를 건설했고 주변지역 개발에 1백20억 달러를 추가 배정했다. 이로 인해 1천7백만에 달하는 유럽인이 차로 두 시간 안에, 3억 1천만에 달하는 사람들이 비행기를 이용해 이 유로 디즈니 후보 지역에 쉽게 올 수 있게 되었다. 파리의 차가운 겨울 날씨가 문제가 되었으나, 같은 위도상에 있는 일본에 건설한 도쿄 디즈니랜드가 추운 겨울 날씨에도 불구하고 어마어마한 성공을 이룬 것을 경험한 디즈니사는 이 문제를 극복할 수 있다고 판단, 파리를 네 번째 테마파크, 유로 디즈니의 건설지로 낙찰하게 되었다.

유로 디즈니의 경영전략의 주요 계약 내용을 살펴보자. 디즈니사는 도쿄 디즈니의 개장 원년에 1,400만 달러의 손실을 예상했었다. 그러한 까닭에 디즈니사는 손실의 위험을 피하기 위해 현지 법인인 Oriental Land Company와 계약을 맺고 도쿄 디즈니랜드와 그 주변의 부대시설 운영에 일체의 재정지원을 하지 않기로 하고 지분을 전혀 소유하지 않기로 하였다. 대신 도쿄 디즈니랜드 건설기간 동안에 마스터플랜과 디자인, 제작 및 종업원 훈련을 제공하고, 시설완성 후의 경영상담을 제공하기로 하고, 그에 따른 비용과 입장료, 기념품과 음식 판매에 따른 로열티만을 받기로 했다. 예상과 달리 3억 5천 5백만 달러의 수익을 거두게 되고, 이런 도쿄 디즈니랜드의 어마어마한 성공으로 디즈니사는 지분을 하나도 소유하지 않은 것을 큰 실수로 여기게 되었다. 그래서 디즈니사는 프랑스 정부와의 협상 테이블에서 지분참여를 가능한 많이 하려고 하였다. 유로 디즈니와 거기에 따른 휴양시설(호텔, 쇼핑센터, 캠프장 등)의 지분 계약에서 디즈니사는 프랑스 정부가 제시한 16.7~49.9%의 한도에서 49%를 선택하고, 총수익의 3~6%를 관리비로, 입장수익의 10%, 음식판매의 5%를 로열티로 받기로 한다.

유로 디즈니의 경영방식은 도쿄 디즈니랜드와는 좀 달랐다. 디즈니사는 도쿄 디즈니랜드를 미국에 있는 두 디즈니랜드와 거의 똑같이 지었다. 공원 내 모든 표지판은 영어로 되어 있고, 미국 스타일의 음식을 주로 판매했다. 일본인들은 미국문화에 대한 거부감이 별로 없었고, 미국에 있는 디즈니랜드에 가보고 싶어 하는 욕구가 몹시 강해 이렇게 해도 아무런 문제가 없었다.

그러나 프랑스에서는 사정이 달랐다. 디즈니사가 파리 근교에 디즈니랜드를 짓겠다고 하자 이를 미국의 문화침략이라 보고 비판하는 목소리가 있었다. 따라서 디즈니사는 유로 디즈니랜드를 미국 디즈니랜드와 비슷하게 지었지만 유럽인 특히, 프랑스인의 기호에 맞추기 위한 여러 가지 변화를 시도했다. 고상한 것을 좋아하는 프랑스인들의 입맛에 맞추기 위해 Main Street를 빅토리아풍으로 화려하게 꾸미고, 건축의 세세한 부분에까지 신경을 썼다. 프랑스의 공상과학소설가 Jules Verne의 소설과 Leonardo da Vinci의 과학이론에 바탕을 둔 Discovery Land라든가, 유럽의 역사와 프랑스의 문화를 알리는 영화를 상영하는 극장을 짓고, 피노키오가 이탈리아인, 신데렐라가 프랑스인, 피터팬이 영국인이라는 점을 강조하여 유럽인들의 거부감을 없애는 데 애쓰기도 하였다. 또 프랑스의 추운 겨울날씨를 감안, 실내오락시설을 늘리고, 불을 쬘 수 있는 장소도 많이 만들었다.

유로 디즈니는 직원들을 뽑는데도 서로 다른 언어를 쓰는 유럽의 특징을 고려하였다. 유로 디즈니의 직원들은 프랑스어 외에 반드시 유럽언어 중 한 가지 이상을 더 할 줄 알아야 하며, 해당 언어 국가의 핀을 꽂고 다녀야 했다. 또 모든 고용인들은 EU Passport를 소지하거나 프랑스 정부로부터 노동허가를 받은 사람이어야 했다.

이렇게 디즈니사는 유로 디즈니를 유럽 사람들의 입맛에 맞추기 위해 노력했으나 많은 부분이 미국식 방법을 고수했고, 이는 유로 디즈니랜드의 초기 실패의 주요한 원인으로 드러난다.

초기 유로 디즈니랜드의 실패 원인을 살펴보면 다음과 같다. 성공적인 개장을 위한 디즈니사의 막대한 노력과 공격적인 마케팅에도 불구하고 유로 디즈니의 개장 첫해 입장객 수는 예상보다 20%가 적었다. 입장객 중 프랑스인이 차지하는 비율은 겨우 29%로 예상치인 50%를 크게 밑돌았다. 이로 인해 호텔, 레스토랑을 비롯한 주변 휴양시설의 수입도 줄어들게 되었고, 유로 디즈니의 주가도 큰 폭으로 하락해 디즈니사는 큰 손실을 보게 되었다. 유로 디즈니의 초기 실패 원인은 크게 문화적 차이에 대한 불충분한 이해, 부실한 재정을 비롯한 경영상의 실수, 외부시장의 변화 이렇게 세 가지를 들 수 있다.

첫 번째 문화적 차이에 대한 이해부족에 대해 살펴보자

•• 유럽인들의 여가성향

유럽 성인들은 놀이공원을 그렇게까지 좋아하지 않는다. 이들은 특히 겨울에는 다른 형태의 여가활동을 선호했다. 또 유럽의 부모들은 미국의 부모들과는 달리 놀러 가기 위해서 자녀들을 학교에 결석하게 놔두지 않는다. 미국에 있는 디즈니랜드, 도쿄 디즈니랜드가 사람들이 새로운 여가활동을 물색할 때 만들어진 것에 반해, 유럽에서는 이미 그들만의 여가문화가 오랜 역사를 가지고 형성되어 있었다. 또한, 디즈니사는 유럽 관광객들이 유로 디즈니에 여러 날 머물며 시설을 이용하리라 생각했으나 유럽의 휴가 활용 스타일은 여러 곳을 둘러보는 것이라서 보통 손님들은 하루 정도 머물고 다른 곳으로 떠났다. 따라서 호텔, 레스토랑 등 수입은 예상보다 훨씬 낮았고, 투숙관리를 위한 전산 설비 비용만 증가하게 되었다. 디즈니사는 미국식으로 공원의 크기와 화려함을 강조함으로써 유럽인들이 중시하는 감성적 측면을 소홀히 하였다. 이러한 미국적 접근은 미국의 제국주의 성향을 느끼게 함으로써 유럽을 모욕하는 듯한 인상을 받게 하였다.

•• 식사습관

유로 디즈니는 레스토랑에서 술을 취급하지 않았으나 와인·맥주와 함께 식사하는 프랑스인에게는 경악할 일이고 이것은 프랑스문화에 대한 큰 반향을 일으켰다. 게다가 프랑스를 방문하는 다른 유럽인들은 프랑스 와인을 마시는 것도 관광의 일부라 생각했다. 유로 디즈니는 유럽인들이 아침을 식당에서 해결하지 않는다고 예상하고 식당의 규모를 줄였으나 실제로는 개업 후 많은 사람들이 붐비게 되었다. 또 미국인들은 놀이공원을 돌아다니며 핫도그나 샌드위치 하나 먹는 것으로 점심식사를 대신하지만 유럽인들은 편안한 자리에서 제대로 된 점심식사를 하고 싶어 한다. 유로 디즈니는 이를 미리 대비하지 못해 충분한 시설을 갖추지 않았고, 이로 인해 대기시간이 길어져 손님들은 큰 불편을 겪게 되었다. 또 유럽인 종업원들은 바쁠 때 더 많이 일해야 한다는 것을 이해하지 못해, 계속되는 러시아워에 제대로 적응하지 못하고 불만을 토로하게 되었다.

•• 유럽인들의 개인주의

유로 디즈니는 유럽인들의 개인적 성향을 잘 인식하지 못했다. 경영진들은 종업원들에게 미국에서 하던 것처럼 '디즈니 스마일'을 강요했고, 외모에 대한 엄격한 규칙을 적용했다(귀걸이 크기, 머리 색깔, 매니큐어 색깔, 옷 청결 등에 관해 매우 까다로운 규정을 정함). 유럽인들에게는 이런 자유롭지 못한 복장규정이 맞지 않았고, 직원들은 이것이 프랑스 노동법을 어겼다고 제소하기까지 했다.

•• 미국과 프랑스 간의 농산물거래협상 분쟁

1992년 미국과 프랑스 간의 농산물 무역협상 내용에 분개한 프랑스 농민들은 유로 디즈니를 미국의 상징이라 여겨 유로 디즈니 입구에서 농성에 들어갔다. 이것은 입구를 혼잡하게 만들었고, 관람객들은 불편을 느꼈다.

•• 유럽인들의 유로 디즈니에 대한 선입견

유럽인들은 디즈니사의 유럽 진출에 관해서 문화적 제국주의의 성향이 있다고 믿고 있었으며 미국인 회사의 스타일은 뻔뻔하고 거만하다고 느끼고 있다. 디즈니의 한 실무자는 "우리가 하라는 대로 하라. 우리가 최고니까." 이렇게 말했는데 이것이 상황을 더욱 악화시켰다.

두 번째 경영정책상의 실수에 대해 살펴보자

•• 경영진의 지나치게 낙관적인 자세

월트 디즈니는 도쿄 디즈니랜드의 성공으로 유로 디즈니의 성공을 지나치게 낙관했고, 이로 인해 재정적·전략적 실수를 많이 하게 되었다. 한 예로, 1980년대 부동산 붐이 계속되리라는 낙관적인 생각에 자산을 부동산으로 대체하고, 부채를 즉시 갚아버렸는데, 부동산시장의 불황으로 재정악화가 초래되었다.

•• 부실한 재정 : 지나친 부채비율과 예산 낭비, 높은 이자율

디즈니사는 총 건설액 40억 달러 중 29억 달러를 11%의 높은 이자율에 빌렸다. 여기다가 테마파크를 완벽에 가까운 예술품 수준으로 만들려는 디즈니사의 CEO 마이클 아니즈너의 욕심으로 공사가 중첩, 수정되는 바람에 예산이 턱없이 낭비되고 부채는 늘어만 갔다.

•• 1인당 비용 지출

디즈니사는 음식과 기념품에 대한 1인당 지출 비용을 33달러로 계산하였으나 입장료를 높게 책정한 결과 관람객들은 놀이기구를 타는 데 많은 시간을 소비하였고, 그만큼 쇼핑에 시간을 덜 투자하여 예상보다 12%를 적게 소비하였다.

•• 의사소통

디즈니사의 경영진들은 투자자들과 의사소통을 제대로 하지 않아 자사의 신뢰를 떨어뜨렸다. 또, 언론사의 질문에 응답을 잘 하지 않아 언론매체를 통해 디즈니사의 명성을 살리는 데 실패했다.

세 번째 외부시장은 변화하고 있었다는 것이다

•• 유럽의 경기침체

유로 디즈니 경영자들은 테마파크 개장에만 너무 신경을 쓴 나머지 유럽의 경기침체 조짐을 깨닫지 못했다. 경기침체로 유럽인들의 가처분 소득이 줄어서, 유럽인들은 휴가비로 많은 돈을 쓰는 것을 꺼리게 되었다.

•• 부동산시장의 붕괴

월트 디즈니사는 유로 디즈니에서 올랜도에 있는 디즈니 월드와 도쿄 디즈니랜드에서 했던 실수를 되풀이하지 않기로 했다. 그중 하나는 테마파크 주변 호텔들을 다른 회사가 건설하는 것을 허락하지 않는 것이고, 나머지 하나는 동경 디즈니랜드처럼 소유권을 넘기고 단지 로열티만 받지 않아야 한다는 것이다. 디즈니사는 많은 부동산을 매입, 개발하여 비싸게 팔아 수익을 남기려 했으나, 부동산시장의 붕괴로 팔 수 없게 되어 재정적 부담을 초래하게 되었다.

•• 높은 비용과 환율문제

유로 디즈니의 높은 사용료는 유럽 관광객들이 유로 디즈니 대신 미국 디즈니랜드를 선택하게 했다. 또 유로 디즈니가 개장할 당시 프랑스의 프랑이 시장에서 강세였기 때문에 항공비, 숙박비를 포함한 패키지 상품에 있어 미국 디즈니랜드 상품이 가까이에 있는 유로 디즈니 상품보다 오히려 쌌다. 또, 유럽 몇몇 나라들의 불안한 사정으로 인해 유럽에서는 예상치 못한 환율 변동이 있어 이에 부담을 느낀 유럽인들은 미국 디즈니랜드를 선호했다.

실패극복전략

유로 디즈니의 위기대처방안은 먼저, 문화적 차이를 고려한 운영개선이다

유로 디즈니의 최고책임자를 프랑스인으로 교체하여, 문화적 차이를 고려하지 않은 고용자관리로 인해 야기된 노동분쟁을 해결하기 위해 미국식 근무방법에서 탈피, 좀 더 프랑스적인 방법을 추구하여 고용인들로부터 큰 호응을 얻었다는 점이다.

엄격한 복장규정의 완화와 티켓 판매 및 기념품점 근무를 번갈아가며 할 수 있는 복합 근무제도를 도입하였고, 직원 훈련 프로그램에 캐릭터를 이용하였으며, 유럽식 식사 습관에 맞추기 위해 아침식사 배달 서비스를 마련하고, 레스토랑 시설을 확충하고, 공원 내의 레스토랑에서도 주류판매를 허가하였다.

광고, 홍보 전략에도 변화를 가져왔다. 프랑스의 수도에 근접해 있다는 것을 강조하고 더 많은 프랑스인들을 끌어들이려는 목적으로 유로 디즈니를 '디즈니랜드 파리'로 비공식적으로 개칭하고, 디즈니사의 어려운 재정에 치우친 사람들의 관심을 위락, 휴양지인 디즈니랜드 본래의 모습과 디즈니 캐릭터에 돌리려 노력하였으며, 유로 디즈니를 가족 단위로 며칠 동안의 휴가기간을 즐기기 위해 가는 곳으로 마케팅하던 것을 수정하여, 유럽인의 관광 스타일에 맞추어, 이스라엘이나 아프리카, 아시아의 장기 유럽 여행객들을 위해 유럽여행 시 꼭 들려야 하는 명소마케팅 전략을 실시하였다.

끝으로 재무구조도 조정하였다. 먼저 신주를 발행하여 기존의 주주들에게 시장가격보다 싼 가격으로 팔아 자금을 마련하여 디즈니사가 유로 디즈니의 자산을 매입하여 싼 가격으로 임대해 줌으로써 비용을 줄이려는 노력을 하였다. 5년 동안의 로열티와 관리비를 포기하고, 그 후 5년의 로열티는 반만 받기로 하고, 은행에서 18개월 동안 이자지급을 면제해 주고 대출상환을 3년 연기해 주었고, 사우디아라비아 왕자 등에게 주식을 팔아 주식 보유비율을 49%에서 40%로 낮추고, 비용을 낮추고 수익을 높이기 위해 직원의 8.65%(약 2,000명)를 줄이고, 입장료와 호텔숙박비를 낮추기 위해 디즈니사에서 터부시되어 왔던 비수기의 요금할인, 저녁시간의 입장료할인 등의 제도를 실시하였으며, 30,000여 개의 기념품점을 절반 수준으로 줄이고, 호텔 레스토랑의 5,400여 개 메뉴를 2,000여 개로 줄이는 등 뼈를 깎는 노력을 해왔다.

유로 디즈니의 경영사례를 접하면서 그야말로 문화적 환경 차이에 따른 경영전략이 얼마나 중요한가를 깨닫는 계기가 되었다. 특히나 테마파크라는 상품 자체가 그 지역 시장의 문화에 아주 가깝게 접근해야만 성공할 수 있는 사업이기 때문이다.

물론 유로 디즈니의 초기 실패원인이 단지 문화의 차이에 대한 이해 부족에만 기인한다고 할 수는 없다. 하지만 프랑스 정부가 유로 디즈니 유치를 위해 재정적으로 엄청난

지원을 해주었음에도 불구하고 유럽인들의 관심을 크게 끌지 못하고, 초기 방문객 수가 예상치를 훨씬 밑돌았던 것은 문화적 차이를 간과했던 점이 더 크게 작용했다고 볼 수 있다.

그렇다면 해외시장 진출 시 문화적 차이를 극복할 수 있는 방법에 대해 이론적으로 한 번 짚어보자. 여기서 James Lee에 의해 개발된 자가준거측정(SRC : self-reference criterion) 4단계를 디즈니사의 사례에 맞춰 적용시켜 보겠다.

•• Step 1

디즈니사는 코카콜라, 할리우드영화, 미국 Rock 음악의 사례를 보며 미국의 경영 스타일이 전 세계에도 통할 것임을 의심치 않았다(공원 내 주류 판매 금지 등).

•• Step 2

유럽인들 특히, 프랑스인들은 미국의 그러한 문화제국주의에 민감하다. 점심식사 때 와인을 마시는 것은 그들의 오래된 전통이며, 그들은 그들만의 실제 성(城)을 가지고 있으며 디즈니 캐릭터의 상당수는 유럽의 것이다.

•• Step 3

미국과 일본의 디즈니랜드 손님들의 욕구와 프랑스 디즈니랜드 손님 간의 욕구 사이엔 명백한 차이가 있으므로 유로 디즈니의 성공을 위해서는 그 부분이 수정되어야 한다.

•• Step 4

프랑스·유럽문화와 보다 더 많은 접촉을 시도하여 현지인들이 자신들의 문화 정체성을 실현시킬 수 있게끔 해줘야 한다.

위에서 보는 바와 같이 SRC가 지적하는 것은 바로 국제 마케터의 편견 없는 문화인식, 즉 하나의 문화를 있는 그대로 보는 것이다. 그러면 다른 문화에 대한 이해능력을 증진시키는 방법들을 간단히 살펴보자.

인간은 다른 사람은 물론, 자기 자신조차 완전히 이해할 수 없다는 전제를 받아들여야 하며, 우리의 인식체계는 극히 제한되어 있다는 전제를 받아들인다. 우리의 지각체계는 새로 입력되는 내용이 지금까지의 예상과 다른 경우에만 실제적으로 작용함을 이해해야 하며, 우리는 우리 에너지의 대부분을 실상 새롭게 인식되는 정보를 정리하는 데 급급해 거의 다 낭비하고 있다는 것이고, 우리가 다른 사회문화의 가치체계와 믿음을 이해하지 못할 때 우리가 느끼는 감정은 "거, 묘하네."라는 느낌일 뿐인 것이다. 그리고 다른 문화권에서 효과적으로 일할 수 있으려면 그 문화의 믿음, 가치체계, 동기 등을 이해하려고 노력해야 한다. 그러기 위해서는 우리 자신의 문화에 근거하는 인식의 한계점들을 초월할 수 있도록 열린 마음자세를 가져야 한다.

유로 디즈니는 이와 같은 방법으로 문화적 차이에 대한 극복방안을 마련함으로써, 또 그와 함께 여러 가지 운영비용을 줄이는 방법으로 재기에 성공하여 지금과 같이 성공할 수 있었다.

이제 디즈니는 다시 한번 도약의 발판을 마련하고 있다. 바로 아시아 시장을 커버하는 디즈니랜드 홍콩이 그것이다. 이번 홍콩 시장으로의 진출에서는 아시아 문화에 대해 깊은 이해를 바탕으로 경영전략을 추진하여 유럽에서와 같은 뼈아픈 시행착오를 줄이려 노력하고 있다.

출처 : Warren J. Keegan과 Mark C. Green(1997)의 Principles of Global Marketing, pp. 106-107; Euro Disney S.C.A and Subsidiaries Gerant Report 1999; www.disneylandparis.com의 내용을 중심으로 구성.

핑퐁 다음은 미키마우스 외교?

상하이 디즈니랜드 건설계획이 오바마 미국 대통령의 첫 중국 방문을 앞두고 중국 정부의 공식 승인을 얻었다. 지난 2003년부터 디즈니랜드 유치를 적극 추진해 온 상하이시는 6년 만에 소원을 이뤘고, 미국도 중국 위락시장 개척의 발판을 마련했다. 중국 국내외 언론들은 1970년대 미중 간 '핑퐁외교'에 이은 '미키마우스 외교'라는 표현을 동원해 보도하고 있다.

상하이시 당국은 4일 "상하이 디즈니랜드 프로젝트가 이미 중앙정부의 승인을 받았다"며 "현재 합작의 구체적이고 세부적인 내용에 대한 협상이 진행되고 있다"고 발표했다. 월트디즈니사(社)의 로버트 아이거 최고경영자(CEO)는 "중국은 지구상에서 가장 활력이 넘치는 중요한 국가 중 하나"라며 "이번 승인은 디즈니의 중국 진출에 있어 중요한 이정표가 될 것"이라고 말했다.

중국 반(半)관영통신인 중국신문사 등은 "이번 승인이 지난 10월 말 내려졌으며, 오는 15~18일에 있을 오바마 대통령의 방중기간에 합작 계약 체결식이 있을 것"이라고 보도했다. 오바마 대통령은 17일 상하이를 방문할 예정이다. 상하이는 지난 2003년 중국의 첫 디즈니랜드 건설 후보지로 유력하게 떠올랐다가 홍콩과의 경쟁에서 패한 바 있다.

중국 언론에 따르면 상하이 디즈니랜드가 건설될 지역은 상하이 도심에서 남동쪽으로 20㎞가량 떨어진 푸둥(浦東) 지역의 황러우(黃樓) 일대이다. 주변에 고속도로 2개가 지나가고 푸둥국제공항과의 거리도 12㎞밖에 안 되는 교통의 요지다. 상하이시 정부와 월트디즈니는 이곳의 1,000만㎡ 부지에 36억 달러를 투자해 2014년까지 대규모 위락시설과 호텔 등을 갖춘 테마파크를 건설할 계획이다.

상하이시와 월트디즈니는 홍콩 디즈니랜드가 개장한 2005년부터 디즈니랜드 설립 프로젝트를 논의해 왔으나 부지 선정과 인프라 건설, 합작 지분 등의 문제를 둘러싼 이견을 좁히지 못했다. 미국 문화의 침투를 우려하는 중국 중앙정부의 반대도 있었던 것으로 알려졌다.

이번 승인으로 상하이는 서비스업 부문에서 새로운 성장동력을 확보하게 됐다. 상하이는 디즈니랜드 건설이 1조 위안(약 180조 원)의 경제적 파급효과가 있을 것으로 기대한다. 월트디즈니도 4억 명 가까운 인구를 가진 중국 동부 연안의 상하이에 디즈니랜드의 첫 교두보를 확보했다. 현재 미국 외에 디즈니랜드가 있는 곳은 일본 도쿄, 프랑스 파리, 홍콩 등 3곳뿐이다.

상하이 디즈니랜드가 등장하면 홍콩 디즈니랜드는 적지 않은 타격이 예상된다. 중국 신문사는 홍콩 디즈니랜드도 3개 테마공원에 30개의 위락시설을 추가로 건설하는 확장 공사 방안을 입법회에 제출해 승인을 얻었으며 올해 안으로 착공할 것이라고 보도했다. 참고로 미국을 포함한 각국 디즈니랜드 입장객을 비교해 보면, 미국의 디즈니랜드는 1955년에 개장하였고, 2014년 입장객 수는 1,670만 명이었고, 일본의 도쿄디즈니랜드는 1983년에 개장하였고, 2014년의 입장객 수는 1,730만 명이었고, 프랑스 파리 디즈니는 1992년에 개장하였고, 2014년 입장객 수는 994만 명이었고, 중국의 홍콩디즈니는 2005년에 개장하여 2014년 750만 명이 입장한 것으로 나타났다. 그리고 2016년 6월 16일 상하이 디즈니랜드가 개장되었다.

출처 : 최유식 특파원, '핑퐁' 다음은 '미키마우스' 외교? 2009년 11월 5일자 조선일보의 기사내용과 세계엔터테인먼트협회 자료를 바탕으로 저자가 재구성.

관광과 문화충격

CHAPTER 7

01 | 관광문화충격의 개념 및 유형

1) 관광문화충격 발생과정의 이해

현대는 관광객의 문화적 욕구가 강해지고, 라이프스타일이나 가치관의 변화가 관광객의 문화적 욕구에 많은 영향을 미침에 따라 관광형태나 휴가성향에도 큰 변화를 가져오고 있다. 어느 지역, 어느 국가를 막론하고 보다 많은 관광객을 유치하기 위해서는 관광객들의 관광동기와 관광행동을 보다 면밀히 분석해야 할 필요가 있다. 이것이 바로 관광선진국의 진입을 위한 지름길이 될 수 있다.

관광문화는 그 나라를 찾아오는 모든 관광객에게 관심의 대상이 되거나 직간접적인 이문화(cross-culture) 체험을 통해 그 나라의 정치 · 사회 · 문화 · 예술 등의 사회 전반에 관한 폭넓은 식견을 갖게 하며, 관광의 가장 큰 사회적 가치인 범문화적 교류를 통해 지역주민과 관광객 양자에게 국제적 이해와 시야를 넓혀주는 수단이 될 수 있다.

관광량은 빠른 속도로 확장되고 있다. 문화는 이제 관광객이 주지하는 대상으로서, 관광활동에 참여하게 하는 우호적인 조건으로서 관광과는 불가분의 관계에 있는 실정이다.

관광량의 증대는 그 자체가 문화충격(culture shock)의 원인이 됨을 인식하고 관광시설 제공자들은 다양한 상하부 구조시설을 건설할 필요가 있다. 관광객의 경우는 관광지 내에서의 행위가 공적이든 사적이든 종종 그들이 충격을 받는 문화와 공동체로부터 아웃사이더가 되는 데 따른 것이다. 문화는 관광산업의 한 부분으로서 관광의 근원이 될 뿐만 아니라 관광객들을 동기부여시키는 주요 자원이 된다.

문화충격은 관광객과 현지주민의 접촉이 있는 곳에서는 피할 수 없는 것으로 어떤 상황에서든 나타난다. 대립의 정도는 관광지 주민의 태도에 영향을 미친다. 따라서 문화가 관광의 모든 과정에서의 궁극적 출발점이라는 사실을 숙지해야 한다. 문화는 공백의 상태에서 만들어지는 것이 아닌 일반적으로 혼합에 의해 만들어지는 것으로 이해되어야 한다.

어떤 집단이나 조직에도 소속되지 않는 한계인(限界人 : marginal man)이 된 경험을 우리는 다 가지고 있을 것이다. 이런 한계인에 관해서는 심리학자들에 의해서 여행, 해외체류, 이민과 같은 것이 개인의 심리상태에 어떠한 변화를 가져오는지에 관심을 가져왔다. 이 분야의 연구는 어떤 특정지역이나 국가로 제한되지 않았으며, 또한 임상, 의학, 이문화 심리와 같은 한 가지 분야에서만 나타나는 것도 아니다.

이민에 따른 심리적 적응과제에 관한 연구는 미국과 오스트레일리아, 이스라엘과 인도, 영국과 방글라데시처럼 서로 멀리 떨어진 국가에 이민간 사람들을 대상으로 이루어졌고, 그 결과 멀리서 이민 온 사람들이 느끼는 문화충격의 정도가 심해 현지문화 적응에 어려움을 느낀다고 한다. 또 이러한 연구는 의학과 경영상담, 심리학과 정치학, 정신치료학과 사회학처럼 서로 다른 분야의 대학교수와 전문가에 의해서도 진행되어 왔다.[1)]

21세기 접어들면서부터 학자들 간에는 문화에 대한 관심이 고조되고 있다. 시대를 거듭할수록 '문화의 시대'가 될 것이라는 예상은 충분히 할 수 있다. 이런 새로운 문화의 시대를 맞아 문화충격의 극복방안은 무엇인지를 살펴보고자 한다.

2) 문화충격의 개념

이질적인 문화에 장기간 상호 접촉하다 보면 교환과정에서 보다 강한 문화가 약한 문화를 지배하는 현상이 나타나므로 형평과 균형을 이루지 못하는 경우가 발생한다. 이처럼 어떤 문화권이 외부로부터 강력한 문화가 유입하게 되어 원문화를 희석시킬 경우 거기엔 반드시 문화충돌 또는 문화중층화현상(文化重層化現像)이 나타난다. 이를테면, 한정한 장소가 갑자기 관광지가 되면 그 지역에 문화적 충격이나 항복의 형태가 되는 문화동화현상이 일어나는 경우가 바로 그것이다.[2)]

또한 문화충격이란 어릴 때부터 배워 온 모든 문화적 틀과 지침들이 더 이상 적용되지 못할 때 경험하는 방향감각 상실을 의미한다. 문화충격은 새로운 문화권에 들어가는 모든 사람들이 경험한다. 충격의 심각성은 문화 간의 차이정도, 개인의 성격, 새로운 상황에 적응하는 방법 등에 따라 달라진다. 또 문화충격은 그 나라 사람들의 생활방식에 따라 새로이 적응해야 하는 데서 오는 스트레스이기도 하다.[3)]

인류학자 오베르그(Kalvero Oberg)는 문화충격의 용어에 담긴 아이디어는 앞선 연구자들에게서 그 기원을 찾을 수 있지만, 문화충격이란 용어를 대중화시킨 창시자로서 인정받고 있다. 문화충격(culture shock)이란 사람들이 전혀 다른 문화환경에서 활동하고 생활하다가 갑자기 그러한 사실을 깨달았을 때 경험하는 심리적 부담감 내지는 새로운 문화로 진입하는 사람들이 기존의 익숙한 문화적 지주가 산산이 부서졌을 때 느끼는 불안감으로 그는 정의하고 있다. 새로운 사회상황에서 잘못 인도되는 것이 아니라면 사람들이 가지고 있는 지식의 많은 부분은 쓸모없는 것이다. 오랜 지식으로 간직해 오던 단어들, 몸짓, 얼굴 표정, 관습 그리고 개념들이 더 이상 존재하지 않거나 그들의 의미가 변한다. 상호작용 속의 문화가 크게 다를 때 또는 두 사회적 공간 사이의 경계를 가로지르는 개인이 받아들일 능력이 제한되었을 때, 심각한 문제의 발생은 어쩌면 당연한 귀결이라 할 수 있다. 결국, 배우는 모든 것들은 주관적인 삶, 역사와 가치, 무엇이 옳고 그른가에 대한 정의나 사회에서 일반적으로 선호한다고 명시된 믿음에 의해 특징적으로 나타나게 된다.

워드와 케네디(C. Ward & A. Kennedy)는 이전의 문화충격의 개념에서 좌절 대신에 적응이나 조절에 주의를 기울여야 한다고 하였다. 이것은 배움의 한 단계라고 말하였다. 그 단계는 시행착오를 겪으며 올바른 길을 발견하기 위해서 지속적인 혼란과 혼동이 필요한 관광객들에게는 배움의 한 절차이다. 그 혼돈은 자기들이 전에 가지고 있던 지식이 올바르지 않거나 더 이상 필요 없다는 것을 깨달음에서 나타난다.[4)]

이러한 징후와 암시는 일상의 상황에 우리 자신을 적응시키는 데에 무수한 방식을 포함한다. 예컨대, 우리가 악수를 할 때와 다른 사람을 만났을 때 무엇이라고 말하며, 언제 어떻게 팁을 주는지, 종업원에게 어떻게 주문하는지, 어떻게 물건을 사는지, 언제 초대에 응하고 거절하는지, 언제 말을 받아들이고 또는 받아들이지 않는지 등에 관한 것이다. 단어, 제스처, 얼굴 표정, 관습 또는 규범일 수도 있는 이러한 암시들은 성장과정에서 획득되며, 우리가 말하는 언어 또는 우리가 받아들이는 믿음은 우리 문화의 일부이다. 우리 모두는 이러한 수많은 암시의 유효성에 의존하는데, 이들 대부분은 의식적이기보다는 무의식적으로 행해진다. 지금 개인이 생소한 문화권을 방문할 때, 이들 암시의 전부 또는 대부분은 없어지고, 그곳 사람들의 호의성 유무에 관계없이 개인을 지켜주는 버팀목들은 위에서 지금까지 개인이 취득해 온 상징과 암시만이 남게 될 것이다.

그러나 오베르그와 일부 다른 학자들은 사람들이 해외에 있는 동안 혼돈스럽고 피곤하고 방향을 잃게 되지만, 대부분의 경우는 감정적으로 의기소침해 하지 않는다는 주장이다.[5] 그다지 심각한 충격이 아니라는 것이다. 유사한 지역사회로 이동한 결과 다른 사회에서 당연히 있을 수 있는 낯섦 정도로만 인식하고 있음을 의미한다.

3) 문화충격의 적응과정

사망, 실업, 슬픔, 이혼 등과 같은 괴로운 경험에 대한 심리적 반응을 이해하기 위한 거의 모든 연구에서 극적효과과정(stage-wide processes)을 그 배경이론으로 제시하고 있다.

여기서 극적효과과정이란 현실적으로 일어나기 어려운 일이 일어났을 때 극적이라 한다. 문화적 충격에 관한 연구도 예외는 아니다. 애들러(P. Alder)는 방문객들이 방문국 문화에 대한 인식도가 낮은 데서 높은 데로 이동할 때 경험할 수 있는 전형적인 단계를 4가지 단계로 설명하고 있다. 접촉(흥분, 행복감, 문화적 유사감), 붕괴(분열, 긴장, 혼란, 소원, 우울, 의기소침), 자율(예민함이 감소되고 수용국 국민을 다루는 기술 습득), 그리고 끝으로 독립성 형성(문화적 차이와 상대주의를 소중히 여기고, 수용국 국민과의 의미 있고 신뢰성 있는 민감한 관계)단계이다. 그러므로 애들러는 이들 단계가 본래의 행복은 우울에 의해 대체되고 그리고 다시 행복해지는 U형 곡선을 나타낸다고 한다.[6] 그러나 갈라혼과 갈라혼(J. Gullahorn & J. Gullahorn)은 W모양의 한 곡선을 그리기도 한다는 주장을 하고 있다.[7]

물론 이 U 또는 W 모양의 구조에는 이론적 · 실증적 검증문제가 남아 있다.

(1) U형 곡선

[그림 7-1]의 U형 곡선은 관광목적지에 입국해서 귀국하기 전까지의 이문화 적응단계를 설명하고 있다. 이 단계 중 심리적 스트레스인 문화충격은 이문화에 적응해 가는 과정에서 발생하는 아주 자연스러운 현상이다. U형 곡선은 문화충격을 몇 단계의 일련의 연속으로 파악하고 있다. 이는 문화습득 4단계와도 상통한다.

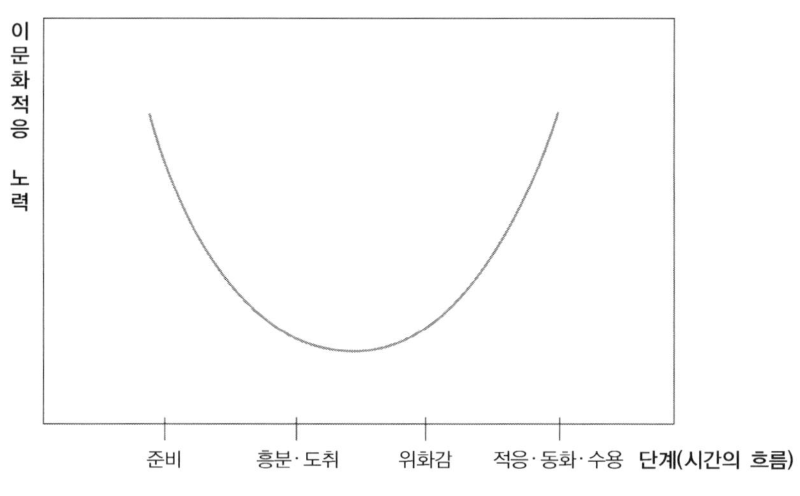

출처 : P. Adler(1975), The Transition Experience : An Alternative View of Culture Shock, Journal of Humanistic Psychology, 15, pp. 13-23.

[그림 7-1] U형 곡선

1단계는 이문화의 준비단계로, 새로운 환경에 대한 기대와 흥분을 느끼는 동시에 불안도 느끼지만 아직은 미약하다. 2단계인 새로운 환경에 들어가면 모든 것이 신선하게 느껴진다. 새로운 곳에 도착해 바라보는 모든 것이 새롭고 가벼운 흥분상태가 된다. 먹는 것도 신기하고, 뭐든지 좋아 보이는 경우가 많다. 맞아주는 사람도 친절하고, 앞으로의 생활에도 기대를 품고 있다. 이런 '밀월상태(오베르그는 이문화와 처음 접촉할 때 나타나는 흥분과 도취의 시기를 '밀월'이라 하였다)'는 상황에 따라 다르지만 몇 개월 혹은 몇 년간 계속될 수 있다. 3단계는 밀월의 시기가 끝나고 지금까지 하지 않았던 낯선 경험의 반복으로 위화감이나 놀라움을 느끼는 시기로 초조함이 급격히 심해진다. 즐거움은 영원히 지속되지 않고 이문화 체재자의 눈에는 새로운 문화의 기묘한 부분이 많이 비춰지게 될 것이다. 스트레스를 느끼고 고독해지며, 우울해 하고, 향수병에 걸리는 등 정신적으로 불안한 상태가 이어지는 것도 이 시기다. 또한 두통이나 피로 등 육체적 증상이 나타날 때도 있다.

그러나 현지 사람들과의 교류를 통해서 차츰 서로의 문화 차이를 받아들이면서 이문화에 대한 충격이나 심리적인 압박감으로부터 벗어나 새 환경에 익숙해져 장면장면마다 어떻게 행동할지 알 수 있게 된다. 4단계에서는 이문화 체제기간이 얼마 남지 않아 서서히 귀국을 의식하게 된다. 익숙해진 이문화에의 적응, 동화 및 수용이 나타난다.

(2) W형 곡선(역문화 충격)

[그림 7-2]의 W형 곡선은 U형 곡선의 시간적 경과를 입국에서 귀국 후 단계까지 연장시킨 것으로 어느 정도 이문화에 적응한 뒤 귀국하면 자국 문화에 대해서도 같은 정도의 재적응 진행이 이루어진다는 과정을 설명하고 있다. 이문화에 익숙해진 시기에는 이문화 체재기간이 얼마 남지 않아 귀국을 의식하게 되기 때문에 익숙해진 문화와 이별하는 것에 대한 외로움을 느끼는 한편, 귀국에 대한 기대도 높아진다. 앞에서 서술한 4개의

단계를 경험하고 사람들은 자신의 문화로 되돌아와 새로운 충격을 받는다. 이것을 역문화 충격 혹은 귀국 충격이라고 한다. 이는 자라온 환경과는 다른 곳에 일정기간 거주한 후 원래 있던 곳으로 되돌아 왔을 때 경험하는 충격을 말한다. 돌아온 자국에서의 역문화 충격의 상태는 영원히 계속되는 것이 아니라 서서히 자신의 문화에 적응하면서 사라지게 된다. 결국 아래의 그림과 같이 귀국 직전에 느끼는 가족이나 지인과의 대화에 대한 기대가 높게 나타나지만, 귀국 후 기대가 무너져 침울한 시기를 거쳐 다시 적응해 나가는 단계를 나타내고 있다.

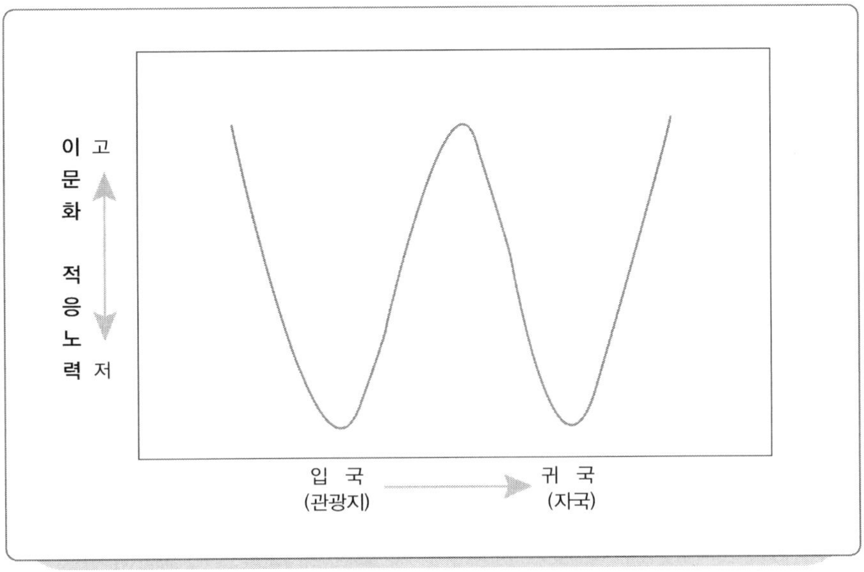

출처 : P. Adler(1975), The Transition Experience : An Alternative View of Culture Shock, Journal of Humanistic Psychology, 15, pp. 13-23.

[그림 7-2] W형 곡선

이처럼 이문화에 대한 적응을 단계적으로 파악하는 견해는 매우 이해하기 쉽지만 현재 그 결점을 지적하는 목소리도 높다.

어떤 시기를 길다고 느끼거나 짧다고 느끼는 것은 사람에 따라 다르다. 더욱이 일반적으로 즐거울 때나 바쁠 때는 눈 깜짝할 사이에 지나가는 것 같고, 그다지 즐겁지 않거나 지루할 때에는 시간이 천천히 지나가는 것같이 느껴진다. 또 불쾌한 경험을 했을 때에도 그 경험이 길게는 지속되지 않을 것을 알고 있는 경우, 즉 체재기간이 수개월 내지 1년에 끝날 것을 알고 있을 경우와 반영구적으로 그 땅에 머물지 않으면 안 되는 경우는 쇼크의 정도나 적응의 과정에 차이가 생기게 마련이다.

이와 같이 시간, 경험의 주관적 측면이나 기대치에 따른 경험의 차이 등을 양 모델에서는 일체 설명하지 않고 있다.[8)]

극적효과과정이론은 다음과 같은 보편적인 질문을 받기 쉽다. 단계의 순서는 불변인가? 어떤 단계는 건너뛸 수 있는가? 누구나 똑같은 지점에서 시작하고 그만두어야 하는가? 등 아마도 가장 중요한 질문은 이문화를 접하는 모든 문화적 집단에게도 U형 또는 W형 곡선이 적용 가능한가이다.

비록 체류자들 가운데 보편적이지는 않더라도 대부분이 우울을 경험한다. 특히 관광에 있어서 체류자가 한 단계에서 다른 단계로 옮겨가는데 시간이 얼마나 걸릴 것으로 생각되는가에 대한 질문은 중요하다. 물론 이는 주관적으로 결정되고 이것은 개개인에 따라 상당히 다양할 수 있다. 상당히 짧은 방문이라도 정신적 우울이나 분열을 가져올 수 있다.

관광객 사이의 문화충격에 관한 연구가 있다. 프로콥(H. Prokop)은 인스부르크(Innsbruck)를 방문하는 독일인 관광객을 연구하였는데, Innsbruck 지방병원 진료차트에 기록된 것을 보면 우울, 알코올중독, 그리고 다른 정신건강문제에 대한 높은 발병률을 발견하였다. 그는 여행자들 가운데 높은 음주율은 그들의 자신감 상실과 불확실성으로부터 하루하루 해방되기 위한 데서 비롯된다는 것이다.[9)]

관광객의 반응에 대한 이와 같은 모순된 결과는 왜 사람들이 휴가를 가기로 선택하는가(직장으로부터 휴가, 문제를 잊기 위해, 새로운 친구를 만나기 위해)와 같은 어떤 결정적인 개인차와 그들의 개성(외향적인 사람, 감각적인 것을 찾는 사람), 그리고 여행 전 그들의 정신적 · 육체적 건강상태도 동시에 고려해야 할 필요성을 암시하고 있다.

02 | 문화충격의 원인 및 증상

1) 문화충격의 영향요인

오베르그는 문화적 충격의 원인을 다음과 같이 제시하고 있다. 첫째, 심리적 긴장은 새로운 문화에 대한 적응(accommodation)과 순응(adaptation)의 노력 때문이다. 둘째, 친구, 사회적 · 직업적 지위에 대한 상실감과 박탈감에서 비롯된다. 셋째, 새로운 문화 구성원으로서 거부감 같은 것을 가진 수용문화에 대한 거부반응이다. 넷째, 개인의 역할, 가치, 감정, 자기정체성에 대한 혼란이다. 다섯째, 무기력은 새로운 환경에 대처할 수 없는 데서 기인한다는 것이다.[10)]

홀(E. Hall)은 문화충격의 원인을 친숙한 자극의 상실과 낯설어 보이는 다른 것에 의한 대체가 원인이라 하고,[11)] 룬트슈테트(S. Lundstedt)는 심리적 · 육체적 욕구 만족이 일어나는 환경에 있어서의 스트레스에 대한 반응으로 문화적 충격은 불확실하고 예견하기 어렵다고 기술한다.[12)]

조명환은 문화충격의 원인을 크게 정신적 장애, 의사소통의 장애, 개인적 장애, 인구통계적 특성의 차이 등의 네 가지로 나누어 설명하였다.[13)]

첫째, 정신적 장애로 인한 것이다. 체류자와 이주자들의 지역적 이동과

정신건강 사이에는 밀접한 연관이 있는 것으로 밝혀지고 있는데, 외국인 학생은 본국의 학생보다 의료센터에 더 많이 가는 것으로 밝혀졌다. 이주가 의료상담 횟수의 증가와 관련이 있다는 주장이 있고, 외국 학생들에게서 소화, 피부, 섹스와 관련된 높은 발병률을 발견하였다. 또 일련의 연구에서 다양한 영국 이주자인 아이리시, 인디언, 파키스탄인, 그리고 서인도인들의 상대적인 심리적 증상을 연구하였다. 이 연구에서 아이리시 사람들은 원주민인 영국인보다 심리적 장애에서 훨씬 높은 발병률을 보인다는 것을 발견하였다. 그러나 인디언 표본 가운데 안정적인 심리적 적응을 보인 사람들은 젊었을 때 이주했거나, 영국에서의 문화변용으로 인해 변화했거나, 사회적 통합과 관련되어 있다는 것에 주목할 필요가 있다. 그러나 일부 집단이 다른 집단(즉 파키스탄인과 비교하여 인디언들)보다 더 잘 적응하는 이유는 결코 명백하지 않다. 이러한 연구결과는 관광객의 관광심리와도 관련될 수 있다. 관광객이 관광지에서 아픈 경우가 자주 있다. 아픈 것은 아마도 음식이나 기후의 변화 또는 열악한 위생상태 때문이라고 비난하는 경향이 있다. 그러나 이러한 불평 중의 일부인 두통, 소화, 피부병, 피로는 방문객들의 다른 가치, 관습, 생활양식의 차이와 정신적·신체적으로 관련이 있는 것으로 볼 수 있다.

둘째, 의사소통의 장애이다. 이것은 관광객 또는 체류자가 수용국 문화의 중요한 영역인 언어를 거의 또는 전혀 말할(쓰거나 읽거나) 수 없기 때문에 생기는 장애이다. 그러나 완벽하지는 않더라도 관광객이나 체류자가 외국어를 말할 수 있을 때조차, 의사소통 장애는 여전히 남아 있다. 사회학적 관점에서 이문화 간, 국가 간 언어의 기능적 차이로 발생한 이러한 장애들이 논의되어 왔다.

이러한 사람들의 대부분은 보통 파티에 참석하거나, 이성과 만나거나, 식사를 주문하거나, 쇼핑을 하거나, 화장실을 사용하는 것과 같은 지금까지는 아무런 문제가 없었던 활동이 갑자기 주요 장애가 된다는 것이다. 관광객 또는 체류자와 수용국 국민들 간의 여러 가지 형태, 즉 사회적 적응력과 비언어적 의사소통에 어려움이 있다는 연구도 있다. 예를 들어, 사회적 상호작용 패턴에서 차이를 가져오는 사회적 규칙으로는 뇌물수수, 동족등용, 선물교환, 물물교환 특히, 종교적 의식에 따라 먹고 마시는 것 등을 포함한다. 그리고 가족제도와 계급에 관련된 생각은 수많은 장애의 원인이다. 장애의 다른 부분은 성취동기와 같은 동기측면뿐만 아니라 주장, 가치 차이 등과도 관련되어 있다.

셋째, 개인적 장애를 들 수 있다. 방문하는 장소에 대한 사람들의 반응은 매우 다양하다. 일부는 새로운 환경에 매혹적으로, 기쁘게 혹은 유쾌하게 느끼는 반면, 다른 일부는 황당하고, 긴장하며, 좋지 않다고 느낀다. 새로운 문화에 대한 만족과 불만족 적응 관련 변수를 구체화하는 데 학자들은 상당한 노력을 해왔다. 이들 변수는 새로운 문화에 대한 관광객의 반응을 조사할 때 동일하게 적용될 수 있다.

개인차 변수로는 인구통계적 또는 배경변수와 상황 혹은 문화차이 변수의 두 가지 유형이 있다. 심리학에서 인간의 내적 또는 외적 행동의 결정요소를 연구하는 것은 오래된 전통이다. 인구통계적 내지는 배경변수를 중심으로 한 방식은 개인의 행동이 상황 간에 지속적이며 같은 상황에서도 개인차가 일어난다는 특질이론을 바탕으로 한 것이다. 특질이론 연구자들은 개인의 개성과 인구통계적 차이는 행동의 가장 주요한 결정요소로 보고 있다. 후자인 상황 또는 문화차이의 접근방식은 개인의 행동이 주로 그들 자신이 처한 상황에 의해 결정된다는 것과 행동은 각 상황에 따라 서로 다르다는 것을 보여주는 실험적이며 사회학습이론을 바탕으로 하고 있다. 상황론자들에게 있어서의 상황은 행동의 주요한 결정요소이다. 두 가지 접근방식의 오랜 차이에도 불구하고, 행동은 내적 그리고 외적(상황적) 요소 간의 상호작용에 의해 일어난다는 것이 연구자들의 일반적인 견해이다.

마지막으로 문화적 충격과 관련된 연구에서 가장 많이 사용된 요인들은 인구통계적 변수인데 국적, 사회경제적 지위, 언어숙달도, 나이, 교육수준, 성별, 이전의 여행경험이다. 다소 우연적 · 직관적 결과가 있기는 하지만, 대체로 결과는 예측가능하다.

국적에 관한 대부분의 연구는 이문화(지리, 종교, 언어 등의 관점에서) 간의 차이의 양이 바로 그 문화의 적응비율이라고 주장하는 문화차이 가설을 지지하여 왔다.

사회경제적 지위 또한 재미있는 결과를 제시해 주고 있다. 제3세계나 경제적으로 어려운 나라로부터 온 체류자들은 더 못한 자기 이미지를 가지며 보다 어렵게 적응하는 경향이 있다.

나이, 성별, 교육수준 변수가 광범위하게 연구되지는 않았지만, 지속적으로 차이가 나타났다. 이를테면, 나이 든 사람보다는 젊은 사람, 여성보다는 남성, 그리고 교육을 적게 받은 사람들보다는 교육을 많이 받은 사람들이 이주에 보다 잘 적응하는 경향이 있다는 것이다.

체류자의 적응과 관련될 수 있는 개인차의 중요한 원인으로 이전의 여행경험을 들 수 있다. 명백한 가정은 폭넓은 여행경험이 적응을 촉진시킨다는 것이다. 그러나 이 사실은 실제로 적응을 방해하는 고정관념과 방어를 강화할 수도 있다. 명백히 여행경험의 양은 아니지만, 여행의 질(깊이, 범위, 친밀함 등)은 영향력을 가진다. 수용국의 규범, 관습, 신념보다 여행경험이 적응을 촉진하는 경우도 있다.

관광객이나 체류자에 대한 인구통계적 변수뿐만 아니라 실질적인 육체적 상태는 적응과 관련이 있다. 그리고 체류자집단에 대한 원주민의 태도, 수용국 주민의 수, 체류자들이 도시 또는 지방 환경으로 가는지의 여부도 고려할 필요가 있다.

체류자의 사회적 네트워크도 매우 중요하다. 관광객 특히 패키지 관광객들은 보통 동료집단을 수반한다. 그러나 이주자나 학생의 경우 항상 그런 것은 아니다. 관광객들은 동일한 경험을 체험하는 것에 동조하는 사람들의 이미 만들어진 집단을 가질지도 모른다.

새로운 문화에 대한 정신적·육체적 반응, 의사소통의 장애, 개인차 등의 요인으로 받는 충격의 범위는 관광객뿐만 아니라 관광객의 비일상적인 습관을 보고 문화적 충격을 경험하는 원주민까지 확대해 볼 수 있다. 물론 관광객이 지역민에게 주는 충격의 양과 유형은 원주민에 대한 관광객의 상대적 비율, 그들의 체류기간, 두 집단의 상대적인 부와 개발, 그리고 두 집단의 인종적 편견 정도도 그 영향을 미칠 수 있다.

2) 문화충격의 증상

문화충격의 증상으로는 흥미 상실, 집 생각, 불면, 식욕부진, 집중력의 결여 등인데, 피로가 가장 흔한 증상이다.[14] 처음에는 흥미 있었던 것들이 사라지고, 3~4개월 후에는 피곤한 나머지 아무것도 하기 싫다. 사회적으로 직업적인 면에서도 근심이 늘어간다. 어떻게 해야 하는지 알 수 없고 본국에서 익숙하게 하던 일도 두려워진다. 이는 자기방식으로 극복하기 위한 노력을 시도하는 데에 이르고 퇴행현상으로 이어지기도 한다. 문화충격은 때로는 죄의식을 불러일으킨다. 현실에서 기아와 빈곤 등 사회적인 문제에 직면할 때 갈등을 겪게 된다. 무기력해지거나 비상식적인 계획을 세우기도 하고, 분노로 표현되기도 하는 감정을 상하게 한다.

감정적 피로는 다음과 같은 징후를 보일 수 있다. 사람들과의 만남에 대한 관심의 결여와 동기력의 상실, 일정기간의 침체, 영적인 메마름, 일상적인 업무를 잘 수행치 못함, 잠을 잘 못 이룸, 신경과민으로 어려움을 겪음, 지나치게 피곤함, 신체적인 문제 – 가슴이 답답함, 두통, 편두통, 신체 여러 부분의 근육 긴장, 숨이 막히는 듯한 느낌, 불규칙한 심장박동, 혓바늘이 돋거나 입안이 헒, 식욕이 없음, 지나치게 예민한 감정, 억제할 수 없는 눈물 – 비뚤어진 전망 등이다.

스트레스 지수 〈표 7-1〉의 측정에 의하면, 스트레스 지수가 높게 나타난 것은 가정문제, 직장 선택과 직장 내 인간관계 때문이며 그 다음으로 개인의 취미활동 순이었다. 관광과 관련된 스트레스 지수는 비교적 낮은 것으로 나타나고 있다.

〈표 7-1〉 생활변화로 인해 생기는 스트레스 지수

사건의 종류(스트레스 지수)
1. 배우자의 죽음(100), 2. 이혼(78), 3. 별거(65), 4. 수감생활(63), 5. 가족의 죽음(63), 6. 부상이나 질병(53), 7. 결혼(50), 8. 해고(47), 9. 부부 간의 재결합(45), 10. 은퇴(45), 11. 가족건강에 생긴 변화(44), 12. 임신(40), 13. 성적인 문제(39), 14. 새 가족이 생김(39), 15. 새로운 사업에 재적응(39), 16. 재정상태의 변화(38), 17. 가까운 친구의 죽음(37), 18. 직업을 바꿈(36), 19. 배우자와 말다툼(35), 20. 담보설정(31), 21. 대출상환일이 다가옴(30), 22. 직장에서 다른 일을 맡음(29), 23. 자녀가 집을 떠남(29), 24. 시가 혹은 처가와의 문제(29), 25. 개인적인 뛰어난 성취(25), 26. 아내의 취업이나 사직(25), 27. 학교의 개학이나 종강(26), 28. 생활환경의 변화(25), 29. 개인습관의 변화(24), 30. 상사와의 갈등(23), 31. 근무시간과 환경의 변화(20), 32. 거주지의 이동(20), 33. 학교전학(20), 34. 여가생활의 변화(19), 35. 교회생활의 변화(19), 36. 사회활동의 변화(18), 37. 천만 원 이하의 대출(17), 38. 잠자는 습관의 변화(16), 39. 함께 사는 가족 수의 변화(15), 40. 식사습관의 변화(15), 41. 휴가(13), 42. 크리스마스(12), 43. 사소한 법률위반(11)

출처 : 김영남(2000), 선교사와 문화충격, 선교논문집, p. 5에서 재인용.

관광과 문화충격 증상의 또 다른 예로 스트레스 정도와 체재기간 정도 간의 관련성을 연구한 것도 있다. [그림 7-3]처럼 고통의 정도를 신체적인 것과 심리적인 것으로 나눌 수 있다.

먼저 신체적 질병이다. 스트레스로 인한 질병에는 만성두통, 위궤양, 요통, 고혈압, 심장마비, 만성피로 등이다. 특히 외국에서의 질병은 두려움을 더한다. 적절한 의료시설이 없는 지역에서 건강은 더욱 심각한 요소가 된다.

또 한 가지는 심리적 우울증이다. 스트레스의 가장 심각한 결과는 우울증과 실패감이다. 비현실적인 기대감에 짓눌린다. 불행히도 실패감이 들면 자존감을 유지하기 위해 더 많은 일을 하지만 문제는 더 악화된다.

여기서 연구의 첫 출발점이 될 수 있는 것이 체류기간이라는 것을 감안할 때, 이는 새로운 나라에서 보낸 시간과 체류가 가져오는 신체적 피로도라 볼 수 있다. 아래의 [그림 7-3]은 이들 2가지 변수들 간의 가설적인 선형관계를 보여준다.[15]

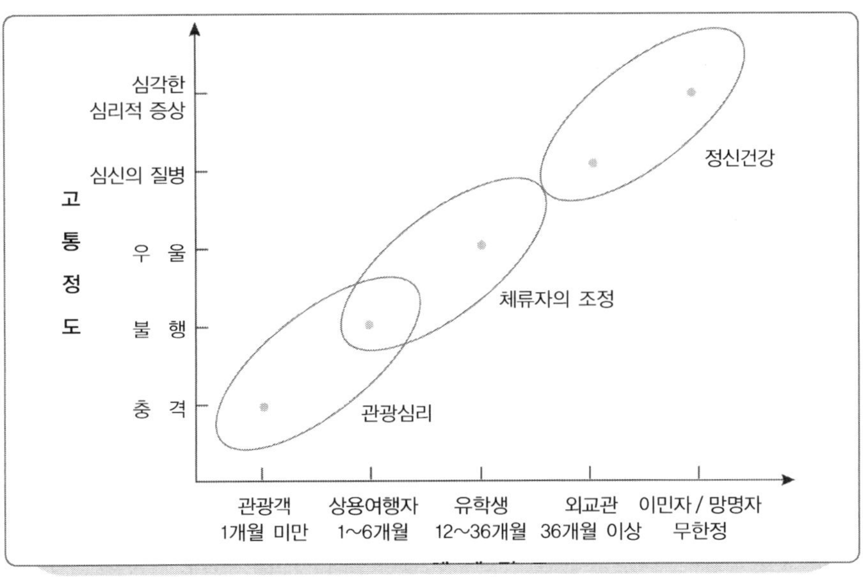

출처 : Adrian Furnham(1984), Tourism and Culture Shock, Annals of Tourism Research, Vol. 11, p. 43.

[그림 7-3] 체류기간과 스트레스 정도 간의 선형관계

물론 [그림 7-3]은 여러 가지 한계와 문제들을 전제한 단순화한 그림이다. 예를 들어, 체류시간을 월별로 객관적으로 또는 방문자의 관점에서 주관적으로 측정할 수 있는가? 특히 피로도를 구체화할 때, 일반적인 것에서 극심한 것에 이르기까지 심리적 피로도를 측정하는 것은 매우 어렵다. 그렇지만 병원입원기록카드를 이용한 이민과 난민들 개인의 정신병적 증상에 대한 많은 연구결과와 외국인 유학생의 현지 또는 학교생활 적응에 관한 상당히 많은 연구결과가 제시되고 있으며, 관광객의 심리적 변화에 대한 연구도 적지만 증가하고 있는 실정이다. 이러한 증상들은 관광객뿐만 아니라 관광지 주민들 양쪽 모두가 경험하게 된다.

다음은 『하멜표류기』를 통한 문화충격의 단계 및 과정을 설명하고자 한다.16) 하멜의 문화충격과정을 추적해 보면, 1653년 대만에서 일본 나가사키로 항해하던 중 풍랑을 만나 제주도에 표류하게 된 후 13년간 서서히 적응했지만 결국 자국문화와 조선문화를 수용한 이중문화 수용기를 꽃피우지 못하고 목숨을 건 탈출을 감행한 것으로 정리된다. 문화적응과정이 스트레스-적응-성장의 전진과 후퇴를 거듭하다 결국은 후퇴로 끝났다. 후퇴로 끝난 이유로 개인적 이유와 환경적 이유를 들 수 있겠다.

첫째, 하멜 개인이 조선문화권에 진입한 것은 자발적인 동기에서가 아니라 풍랑이라는 자연적 재해 때문이었다. 따라서 조선사회에 대한 사전지식, 애착, 그리고 적응하려는 준비태세가 없었다. 조선에서는 구걸행각이 수치가 아니기 때문에 자신도 구걸에 나서서 겨울 옷가지를 마련했고 승려들, 이웃 그리고 아주 일부 영향력 있는 관리들과도 가까이 지냈지만 근본적으로 조선사회에 적응하려는 자발적인 동기가 결여되었다.

둘째, 조선사회의 포용성의 문제인데 하멜일행에 대해 배타적인 태도를 보였다는 기록은 없지만 그렇다고 포용한 것은 아니었다. 따라서 그들은 적응과정에서 사회경제적 지위 향상이나 심리적 안정성 그리고 만족감을 얻지 못했다. 단지 하멜은 일본을 가려고 한 진취적 정신, 도전감, 개방적인 성향 때문에 문화충격을 어느 정도는 극복했다고 볼 수 있다.

03 | 문화충격 극복방안

1) 문화충격 적응과정

타 문화권 적응이란 타국의 낯선 생활터전 관련 정보, 지식, 방법을 터득하는 외형적인 적응에서 끝나지 않는다. 물론 외적인 모방에서 시작하지만, 결국은 내면세계의 변화를 벗어나 생각할 수 없다. 일반적으로 적응의 과정은 긴 여행과 같아 항상 직선적으로 이루어지는 것은 아니다. 개인이 이문화를 접했을 때 적응 내지는 순응해 나가는 과정을 Smalley는 4단계로 구체화하고 있다.

첫 번째 단계는 수용국 국민과의 사회적 상호작용을 방해하는 다양한 장벽에 부딪히는 반면, 새로운 문화에 대한 매력인지이다. 두 번째 단계는 새로운 문화의 양상을 띤 적의와 좌절 그리고 원래 문화의 우월성에 대한 중요성의 이해이다. 세 번째 단계는 유머러스한 표현과 감소된 긴장으로 개선과 적응이다. 네 번째 단계는 체류자 수용국의 문화적 규범에 대한 충분한 이해를 도와주는 이문화주의(bi-culturalism) 확립이다.

다음은 선교사들의 문화충격 적응단계를 예로 들어 살펴보고자 한다.

첫 단계는 환등기 관람단계이다. 마치 환등기로 비친 이국세계를 바라보는 것과 같다. 그 첫 번째 반응은 매력이다. 바라보는 각 나라에 대한 자기 나름대로의 생각을 재시각화하고 바라보는 것이다. 그가 바라보는 세계는 벽면에 고정된 세계이다. 때로는 확대경과 망원경으로 바라보기도 하고 동경하거나 꿈을 꾸기도 한다. 그러나 그 세계는 그에게 현실적인 존재가 아니다.

두 번째 단계는 관광객 단계이다. 움직이지 않던 것들이 살아 움직이는 단계로 모든 것이 자기에게로 향해 몰려오는 것과 같은 경험을 한다. 이전에 경험하지 못했던 큰 것, 작은 것, 아름다운 것, 추한 것, 강렬한 색, 죽은 색, 뚱뚱한 것과 얇은 것을 경험하여 자극을 받는다. 신기하지만 도무지 못살겠다고 생각한다. 사진을 찍고 수첩에 기록하기도 하고 귀중한 추억이 된다. 대체로 이 시기는 짧으면 3박 4일이고 길어야 6개월이다. 꿈에서 깨어 현실로 돌아오듯이 권태와 향수가 찾아온다. 과거의 편안한 일상적인 삶으로 돌아가길 원한다. 흔히 이 단계는 허니문단계로 불리기도 한다. '모든 것이 똑같다'라는 느낌을 받으며, '사람 사는 곳은 어디나 마찬가지이다'라는 결론에 이른다.

세 번째 단계는 영웅적 입문단계이다. 이 단계는 생활인으로 살려는 단계이다. 자기 눈으로 보는 세계를 만져보고 호기심이 현실로 변해 가는 것을 경험한다. 퇴색된 회색세계는 큰 자극 없이 권태가 찾아온다. 혼란을 느끼고, 다른 사람들과 차이를 느끼며, 제대로 의사소통을 하지 못해 분노를 느끼기도 한다. 점점 지치고 힘들어지고, 두통, 소화불량, 신경질 등의 증상이 생긴다. 고독해지고 자신이 낯선 환경에 적응하지 못하는 것으로 인식한다.

네 번째 단계는 소시민권 취득단계이다. 새로운 세계가 내가 쉽게 상대할 대상이 아니라고 느낀다. 그럼에도 불구하고 내가 살아야 할 세계라는 것을 인식한다. 그러나 아직은 두 세계 가운데 공존한다. 그리고 그 기반은 언제나 본국에 둔다. 가끔은 새로운 세계를 열어보려는 시도를 하지만 피상적이고 가슴에 와닿지 않는다.

다섯 번째 단계는 현미경 관찰단계이다. 현미경으로 살피듯이 현지 문화에 대해 보다 깊이 이해하려 한다. 그리고 그들의 문화를 그대로 인정하기를 배운다. 겸손하게 현지 문화에 대해 존경을 표하기 시작한다.

여섯 번째 단계는 모방단계이다. 현지인처럼 되기 위해 노력하는 단계이다. 옷도 음식도 사고방식도 본받아보려고 하는 자들이다. 그들은 하나로 동화되기 위해 노력한다.

2) 관광문화충격 극복방안

바로 위에서 언급한 문화충격 극복방안을 관광에 응용한 관광문화충격 극복방안으로는 다음 같은 것들이 있을 수 있다.

첫째는 수용폭의 확대이다. 그 문화를 적절한 방법으로 받아들이는 것은 스트레스를 크게 줄여준다. 문화를 받아들이는 것은 지적인 부분과 그렇지 않은 부분이 있다. 지적인 부분은 가르침을 받거나 훈련을 통해 그 문화를 이해하고 그들의 관습과 가치를 받아들이는 것이다. 이는 자신의 영역을 넓히는 과정이다. 지적이지 않은 부분은 어렸을 때부터 도덕과 가치관 훈련을 통해 형성되는 것으로 더욱 어렵다.

둘째는 의사소통 노력이다. 언어적, 비언어적 의사소통방식에 대한 지식이 필요하다. 효과적인 커뮤니케이션은 다양한 방면에서 충격을 감소시켜 준다. 대부분의 사람들이 고독과 외로움, 고립감을 갖는데 다른 사람들과 교류함으로써 이를 상당히 해소할 수 있다. 커뮤니케이션은 현지에 대한 상호이해를 증진시키며, 결과적으로 좌절과 염려, 거부감 등을 최소화한다. 또 커뮤니케이션은 가치관의 차이에서 문제를 효과적으로 다룰 수 있도록 도와준다.

셋째는 정서적 안정이다. 다른 사람들과 자신의 상황을 구분하고 동료들을 통해서 서로 격려함으로써 강화될 수 있다. 새로운 문화에 적응하는 동안에 받는 내적인 공격이 있을 때 이해와 사랑을 받아들이는 것은 매우 가치 있는 일이다.

넷째, 자기중심적 사고의 탈피이다. 새로운 문화의 충돌이 어느 정도까지는 누구에게나 불가피하다. 그렇다면 그 충돌을 줄이기 위해서 가장 중요한 것은 자기중심적 사고와 기준을 버리는 일일 것이다. 자기 문화는 옳고 외국의 문화는 그르다고 하는 생각도 버려야 한다는 것이다. 문화란 각 사회집단이 주어진 환경 아래 그들의 의식주문제를 해결하는 데 있어서 습관적, 경험적으로 축적해 온 사고와 행위인 만큼, 언뜻 보기에는 우스꽝스럽고 불합리해 보일지라도 나름대로의 이유가 있게 마련이다. 자기 문화중심적 기준으로 불합리하다고 여겨지더라도 일단 그와 같은 행위를 낳게 한 이유를 논리적으로 생각해 보면 이해할 수 있게 되고, 그렇게 하면 외국문화를 무조건 야만시하거나 외국인을 피하려는 반응도 감소시킬 수 있을 것이다.

다섯째, 관용정신의 발휘이다. 어떤 학자는 인도인의 관용정신(寬容情神)이 다시 인류에게 제4의 물결을 가져다 줄 것이라고 예견한다. 그것은 남성적이기보다는 여성적이며, 이성과 합리를 따지기보다는 직관적인 것이 될 것으로 본다. 그리고 다문화주의, 다원주의, 다양성에 대한 진정한 이해야말로 인도의 진정한 관용정신이며, 이러한 관용정신이 문화충격으로 발생하게 되는 직면한 문제에 대한 해결책인 것이다.

문화충격 관련 읽을거리

한국에 온 일본인

부산에 와서 세 번째 여름을 보냈다. "왜 한국에 오려고 마음먹었지요?"라는 말을 자주 듣는다. 그럴 때마다 "한국에서라면 일본어 교사로서 성장할 수 있을 것이라고 생각해서요"라고 대답한다. 왜냐면 '한국 사람들은 근면하고 공부에 대한 의욕과 열의가 대단히 높다'는 의식 때문이다.

부산에서의 생활은 익숙해지면 아주 쾌적함을 느낀다. '익숙해지면'이란 이유는 나에게 이곳은 외국이며 여러 가지 문화적 충격과 새로운 발견이 있는 곳이다. 우선 대부분의 일본 사람들이 놀라는 시내버스의 스피드. 그리고 정류소에서 정류소까지 액셀레이터를 푸욱 밟고 쏜살같이 달려갈 때는 아찔하다. 버스를 내리는 타이밍 또한 놀랍다. 아이도, 노인도, 하이힐을 신은 아가씨도 흔들리는 버스 속에서 쓰러질 듯하면서도 차가 정류소에 닿기 전에 문 앞에 가서 서 있다. 일본에서는 버스가 정류소에 완전히 서면 자리에서 일어나 내린다. 정차해도 내리는 승객이 없으면 "내리실 분 안 계십니까?" 하고 물은 뒤에 출발한다. 한국에서는 정차하고 내리지 않으면 바로 가버리기 때문에 그럴 수밖에 없다는 그 이유를 알기까지 늘 이상한 행동으로 생각했던 것이다.

그런데 지금은 나도 완전히 한국생활에 익숙해져 문 앞에 가서 서 있고 내가 약속시간에 늦을 때는 쌩쌩 달려가 주는 기사님들이 고맙기 짝이 없다.

시내버스 외에도 신기한 것은 더 많다. 가이드북을 통해 알고는 있던 지식(?)이지만, 밥을 먹을 때 찌개와 반찬을 한 그릇에 담아 여러 사람의 숟가락과 젓가락이 오고 가는 것을 실제로 보고 놀랐다. 일본에서는 각자 1인분씩 자신의 그릇에 담아 먹기 때문이다. 아이스크림을 큰 통에 하나 가득 사서 친한 친구끼리 스푼으로 떠서 먹는다든지, 생일케이크를 개인접시에 나누지 않고 둘러앉아 통째로 포크로 먹는다든지, 모든 게 작은 문화충격이었다. 로마에 가면 로마법을 따르라는 말도 있다. 이제 나도 한국식에 적잖이 적응하고 있다. 그런데 잘 생각해 보면, 각자 덜어서 먹지 않고 같이 먹는다는 것은 그릇을 적게 사용하는 것이 될 것이고, 그러면 씻을 필요도 없으니 물도, 세제도 적게 사용해서 결국 경제적이고 환경도 보호하는 것이 될 듯도 하다. 한 수 배운 것 같다.

끝으로, 한 가지 더 말하자면 일본과 크게 다른 점은 학생들이 교사에게 친근감을 가지고 다가오려는 것이다. 학교 복도에서 학생들과 마주치면 반드시 모두 "선생님! 안녕하십니까" 하며 일부러 멈춰 서서 인사하는 학생들이 많다. 또 강의를 마치고 연구실로 가려면 교재나 수업도구 등을 연구실까지 들어주기도 한다. 강의실에는 배우려는 의욕과 정이 넘치는 학생들로 가득 차 있어 더 잘 가르치고 싶어 더욱 열심히 준비하게 된다. 2년 6개월째 살고 있는 이 도시, 부산! 내게는 놀람과 발견으로 가득 찬 외국의 도시임과 동시에 마음 편히 기분 좋게 살 수 있는 고향과 같은 곳이다. 2학기를 개강하여 미소 띤 학생들에게 둘러싸여 행복한 10월을 보내고 있다. 이곳 부산에서 일본어교사로서 또 한 한 인간으로서 성장하고 성숙해지길 바라며 앞으로도 즐겁게 마음껏 부산을 즐길 것이다.

중국의 화장실 문화

문화에 대하여 영국의 인류학자인 타일러는 지식, 신앙, 도덕, 법률, 관습 등 인간이 사회의 구성원으로서 획득한 능력 또는 습관의 총체라고 정의하였다. 이러한 문화의 정의에 입각하여 문화충격에 대하여 생각해 본다면 그것은 한 개인이 한 사회의 구성원으로서 획득한 능력 및 습관과는 전혀 다른 또 다른 사회의 구성원의 행동양식이나 습관을 보거나 경험할 때 발생하는 충격이라고 할 수 있을 것이다.

내가 받았던 문화충격 중 기억에 남는 일은 내가 중학생 때 중국에서 겪은 일이다. 화장실 문화에 관한 것이었는데, 지금 생각해 보면 우습지만 당시에는 무척이나 당황스러운 일이었다. 그곳은 중국의 한 작은 도시였는데(워낙 시간이 많이 지나서 잘 기억이 나진 않지만 시골 같기도 했다. 북경 같은 큰 도시의 경우는 우리나라와 똑같았다. 아마도 소도시라 당시 그런 문화가 남아 있었던 것이 아닌가 하고 생각된다), 공중화장실에 가보니 우리나라에서는 절대 볼 수 없는 특이한 모습을 볼 수 있었다. 남녀 화장실이 구분되어 있기는 했으나 화장실 내부에 들어가 보니 그냥 구덩이 같은 것만 몇 개 파여져 있고 문도 칸막이도 없었다. 중국에 가기 전에 그런 이야기를 들은 적은 있었지만 설마 그런 일이 일어날 거라고는 전혀 생각지 못했던 일이었다. 그런 상황에서도 중국인들은 아무 일 아니라는 듯 태연하게 볼일을 보고 나가는 것이었다(남자들의 경우 여자들보다는 다소 덜 당황스러울 수도 있겠지만……). 우리나라의 경우에도 여자들이 어렸을 때 친구들과 화장실을 같이 가는 경우도 있지만 성인이 되어서 그것도 잘 알지도 못하는, 한번 본 적도 없는 사람들이 옆에서 지켜보고 있는 가운데 화장실에 가서 볼일을 본다는 사실은 매우 당황스러운 일일 것이다. 결국 같이 여행을 갔던 우리 일행은 서로 어색한 웃음을 지으며 황급히 그곳을 빠져나올 수밖에 없었다. 물론 어찌 보면 아무 일 없다는 듯 화장실에 드나들던 중국인들처럼 태연히 행동할 수도 있었겠지만 화장실은 뭔가 은밀한(?) 곳이고 사생활이 보호되어야 한다고 생각하는 우리나라 사람들에게는 수긍하기 힘든 상황이었던 것 같다. 여기서 한 가지 생각한 것은 비참여 관찰자로서 느끼는 생각의 범위와 참여관찰자로서 느끼고 생각할 수 있는 범위는 약간의 차이점을 지니고 있다는 사실이다.

나의 경우에 비참여 관찰자의 입장에서(물론 나의 경우 간접적으로 이야기만 들은 경우이므로 비참여 관찰자라고 확실히 언급하기에는 부족한 부분이 많은 것 같다) 그러한 중국의 화장실 문화를 들었을 땐 무척 놀랍고 재미있는 문화 같다는 생각을 했었다. 하지만 막상 내 자신이 그 상황에 부딪히고 보니 이야기를 들었던 당시에 느꼈던 놀라움과 약간의 흥미로움보다는 내가 기존에 가지고 있던 가치관과는 전혀 다른 문화에 대한 이질감과 거부감이 더 컸었다. 결국 새로운 문화를 접하고 경험하면서 발생하는 문화충격은 신선하기도 하고, 한편으로 기존의 한 개인이 가진 가치관에 대하여 다시 한 번 생각해 보게 하는 기회를 주는 것 같다는 생각이 든다.

출처 : 네이버 인터넷 뉴스에서 발췌.

관광·휴양형 이주와 섬문화

CHAPTER 8

01 | 제주도의 실상

강성길은 「제주토박이의 관점에서 본 제주이주민2: 문화혁신자와 문화브로크 사이」라는 글에서 제주는 관광적 측면에서 배타적이 아니라고 한다.[1)]

사람의 이동은 문화적 현상이다. 그래서 사람들의 물리적 이동에는 그 사람의 지배적인 가치와 삶의 방식이 따라간다. 이런 관점에서 볼 때 제주사람들이 배타적이라는 말에 내재되어 있는 것은 자문화중심주의적 사고의 무의식적 발로일 수 있다. 제주로의 이동은 대체로 한반도(또는 수도권)란 중심에서 섬(지방)이라는 주변부로의 이동이다. 중심부에서 주변부로 이동하는 사람들, 예를 들어 관광객은 이런 특성을 갖는 대표적인 경우이다. 관광객은 자신의 일상적인 삶을 살고 있는 지역의 가치를 중심으로 관광지의 문화를 비교하고 평가한다. 대체로 관광에 기반한 이동이 주로 북(선진국, 중위도국가)에서 남(개발도상국, 적도지역)으로의 이동이고, 도시(문명화된, 현대화된)에서 농어촌(전통적인)으로의 이동이기 때문이다. 관광으로 관광지의 문화는 관광객의 시선에서 재구성하는 경향성을 갖는다. 이로 인해 관광지의 전통문화는 상품화되고 관광지 문화의 특수성은 일반화되는 문화의 맥도날드화나 코카콜라화가 진행된다. 이처럼 주변부가 주변으로 인식되는 문화적 특수성이 중심부의 시각으로 재편되는 과정의 최전선에 현대관광이 있는 것이다. 그래서 문화상대주의적 시각으로 여행하는 여행자는 이상적 관광객이다.

제주가 배타적이라는 것은 제주라는 주변부의 특수성 이해에 바탕을 둔 문화상대주의적 시각이라기보다는 특수성을 배타적이라고 단정하는 자문화중심주의적 사고라고 볼 수 있다. 따라서 배타성이 제주 사람들의 본질적 특성이라기보다 주변인 제주의 특수성이라고 이해해야 할 것이다. 이런 점에서 관광과 이주(육지에서 섬인 제주로, 중국인 부동산 구입 후 영주권 부여 등 포함)는 경제적 측면뿐만 아니라 문화적 측면의 중요성에 대해 보다 세심하게 파악할 필요가 있다.

1) 관광의 양적 질적 성장의 조화문제

2002년 「제주국제자유도시특별법」이 공포된 이후, 제주도는 홍콩과 싱가포르를 롤모델(role model)로 하는 국제자유도시이자 세계적인 휴양 관광도시를 지향하는 개발정책을 펼쳐왔다. 그리고 13년 후인 2015년 제주도는 '청정과 공존'의 가치를 전면에 내세우며 제주 개발정책의 방향수정을 공론화하고 있다. 청정과 공존을 제주개발의 핵심가치로 내세운다는 것은 환경과 삶의 질을 중요시하는 시대적 변화기류를 어느 정도 의식했기 때문인 것만은 분명하다. 「제주미래비전」 보고서가 제시하는 제주개발의 기본가치는 개발이나 발전이 아니다. 지금까지 제주국제자유도시의 지향점이 홍콩과 싱가포르였다면 「제주미래비전」 보고서는 제주와 유사한 섬이자 휴양관광지인 스페인의 마요르카를 모델로 하고 있다.[2] 이런 큰 흐름의 변화가 있기까지 제주도를 찾는 외래관광객 행태변화가 제주도민들에게는 어떻게 인식되고 있으며, 최근 각종 매스컴에서 이주의 최적지로 제주도가 소개되고 있고 일부 연예인들이 문화 메신저 역할을 하고 있는 것을 자주 접할 수 있다. 이런 행태를 저자는 '휴양형 이주'로 명명하고자 한다. 그 이유는 제주도를 찾는 대부분의 국내인들은 급박한 의식주문제 해결보다는 환경의 질이 양호하여 건강을 증진시킬 목적으로 가는 경우가 많기 때문이다. 문화변동의 차원에서 먼저 외래관광객의 방문실태를 살펴보고, 그 다음으로 이주민들의 이주실태가 지역사회에 미치는 영향을 살펴본 다음, 제주인들의 고유한 정체성은 무엇이었으며 이를 진화론적 관점에서 보존해 갈 수 있는 방안에는 어떤 것이 있는지를 살펴보고자 한다. 먼저 관광의 양적 질적 성장의 조화문제를 살펴보도록 한다.

제주관광은 1960년대 교통 및 숙박 등 관광기반 시설 설립으로 태동되었고, 1970년대 제주도 관광종합 개발계획이 수립되고 관광지 조성이 시작되면서 관광객 수 50만 명을 돌파하는 등 본격적으로 시작됐다. 1980년대에는 국내 최고의 신혼여행지, 효도 관광지로 각광받기 시작했고, 1983년 관광객 수 100만 명 돌파를 시작으로 1991년에는 관광객 300만 명, 1996년에는 관광객 400만 명을 기록하면서 지속적으로 발전했다.

2002년 생물권 보전지역 지정, 2007년 유네스코 세계자연유산 등재, 2011년 세계 7대 자연경관 선정 등으로 제주관광의 브랜드 이미지가 상승되었으며, 저가항공 운항 횟수 증가로 인한 접근성 향상, 올레코스 개장 등으로 관광객 수가 지속적으로 증가했다. 이런 추세에 따라 제주 입도 관광객 수는 2005년 내국인 464만 명, 외국인 382만 명에서 2013년에는 내국인 852만 명, 외국인 233만 명을 기록했고, 2015년에는 내국인 1,104만 명, 외국인 262만 명으로 지속적으로 증가하고 있다.[3)]

그 후 〈표 8-1〉에서처럼 외국인 관광객의 경우 2016년 360만 명을 정점으로 급격히 감소하였다. 또한 코로나 팬데믹이 발발한 2020년도부터

2023년도까지 제주도를 찾은 내 · 외국인 관광객 수는 급감했는데, 특히 외국인 관광객 감소 폭이 내국인보다 훨씬 컸다. 그리고 2022년도 내국인 관광객도 1,380만 명을 기점으로 점차 줄어들고 있으며, 외국인의 경우는 다시 비약적으로 증가하고 있음을 알 수 있다. 외국인 관광객의 가파른 증가는 국제항공 노선 확충과 제주도를 기항지로 한 외국 크루즈선 입항 횟수 증가, 무사증 입국제도 확대 적용에서 그 원인을 찾을 수 있다.

〈표 8-1〉 제주도 연도별 내외국인 관광객 현황 (단위 : 명)

연도	관광객 유형		
	내국인	외국인	전체
2016	12,249,959	3,603,021	15,852,980
2017	13,522,632	1,230,604	14,753,236
2018	13,089,129	1,224,832	14,313,961
2019	13,560,004	1,726,132	15,286,136
2020	10,023,678	212,767	10,236,445
2021	11,960,159	48,278	12,008,437
2022	13,813,058	86,444	13,889,502
2023	12,661,179	709,350	13,770,529
2024	11,861,654	1,905,696	13,767,350

출처 : 제주관광 빅데이터 서비스 플렛폼, 제주도 연도별 입도관광객 현황(2016~2024)을 바탕으로 저자가 작성함.

〈표 8-2〉는 제주관광 관련 주요 정책 및 이슈를 1960년대부터 2010년까지 정리한 것이다. 그동안 관광량의 양적 증가에 따른 관광의 질적성장에 문제가 제기되고 있으며, 그 증거로 연구자들은 갈등과 주민협력, 기후변화의 연구주제를 다루기 시작했다. 무엇보다 내 · 외국인 관광객들이 얻은 수많은 관광정보가 제주도에서 다른 동남아국가로 발길을 돌리게 하는 계기가 되었다. 단체여행에서 개별여행으로의 패턴 변화도 간과할 수 없는 요인이 되고 있다. 또한 제주도를 찾는 내 · 외국인 관광객 행동 패턴도 인기 관광지가 아닌 지역주민 생활공간이라는 낯설음을 선호하는 과정에서 관광객 ↔ 지역주민이라는 이질감이 고조되는 실정이다.

〈표 8-2〉 제주관광 관련 주요 정책 및 이슈

시기	주요 내용	주요 연구주제
1960년대	• 교통 및 숙박시설 등 관광기반 시설 설립 시작 • 제주관광협회 설립, 공인 관광안내원제도 실시	-
1970년대	• 한라산 국립공원 지정 • 제주도관광종합개발계획 수립 • 제주관광여행사 발족 • 관광객 수 50만 명 돌파 • 용연, 정방폭포, 안덕계곡, 만장굴 등 관광지 조성계획 수립	-
1980년대	• 국내 최고의 신혼여행지, 효도관광지 • 무사증 입국 허용 • 1983년 관광객 수 100만명 돌파 • 1985년 제주도 종합개발계획 수립 • 표선 제주민속촌, 제주조각공원 등 관광매력물 등장	관광개발, 환경영향, 관광경제 등
1990년대	• 제주도개발특별법 제정 • 1994년 제주도종합개발계획 추진 • 관광객 300만 명 돌파(1991년), 1996년 관광객 400만 명 돌파 • 제주도 관광특구 지정 • 1998년 중국인관광객 제주도 무사증 입국허용 • 1990년대 초반 신혼여행객 감소, 후반기 IMF로 관광객 급감	관광산업, 지역경제 효과, 패키지 관광 상품 개발 등
2000년대	• 2000년 관광진흥기본계획 수립 • 제주국제자유도시 지정, 제주특별자치도 출범 • 2002년 생물권보전지역 지정 • 2002년 제주국제자유도시종합계획 수립 • 2004년 제주국제자유도시특별법 공포 • 2007년 한국 최초 유네스코 세계자연유산 지정 • 2009년 제주웰컴센터 준공 및 제주관광포털시스템 구축	관광개발정책, 관광객 행동 및 심리, 관광정보, MICE, 호텔·외식, 관광쇼핑, 크루즈, 세계자연유산, 축제, 골프관광 등
2010년대	• 2010년 입도 관광객 700만 명 돌파 • 2010년 세계지질공원 등재 • 2011년 세계 7대 자연경관 선정 등 브랜드 이미지 상승 • 2011년 제주관광 비전 2020 수립 • 2012년 제2차 제주국제자유도시종합계획 수립 • 2012년 제주올레코스(21개) 완성 - 도보여행 유행 • MICE, 웨딩, 의료, 골프, 크루즈관광 등 관광패턴 및 상품의 다양화 • 2012년 입도 관광객 800만 명, 2013년 관광객 1000만 명 시대 • 2016년 제주관광 질적성장 기본계획 수립	올레관광, 한류관광, 공연관광, 다크투어리즘, 갈등과 주민협력, 기후변화 등

출처 : 오미자 · 고미영 · 오상훈(2017) 제주관광 관련 연구동향 내용분석: 국내 관광분야 KCI 등재지 학술논문을 중심으로, 관광연구논총 제29권, 제1호, pp. 73-95에서 재인용.

2) 휴양형 이주가 제주문화에 미치는 영향

(1) 중심에서 주변으로 이주: 문화의 측면

이주는 이주민의 원거주지의 경제상황 등 여러 가지 환경이 악화되어 보다 더 나은 곳으로 옮겨가는 것이 일반적이다. 즉 주변에서 중심으로 이동현상이란 경향을 갖는다. 하지만 귀촌귀농이나 제주이주의 특성은 중심에서 주변으로의 이동이라는 독특한 특성을 갖는다. 문화적으로 보면 보다 세련된 문화권에서 그렇지 않은 문화권으로의 이동인 셈이다. 여기서 세련되었다고 함이란 단순히 협의의 문화향유적 측면도 있지만 물질문명에 바탕을 둔 현대문명에 보다 적합되어 있다는 의미이다. 귀농귀촌은 세련되어 있지만 현대문명이 가지지 않은 오래된 것에 대한 향수와 관련된 농촌의 재발견, 즉 노스탤지어와 연관되어 문화적 경향인 트렌드로 나타나는 경우가 많다. 일본의 경우 이미 1980년대부터 귀농귀촌 트렌드가 있었고 우리나라는 이보다 20여 년 늦게 나타난 것이다.

최근 외국의 귀농귀촌 동향과 정책에 대한 한 보고서에 의하면 외국의 경우 귀농귀촌의 이유가 경제적이기보다 점차 비경제적인 가치가 중요해지고 있다고 보고하고 있다. 국내에서도 귀농귀촌의 초기 트렌드는 농업이라는 경제적인 이유가 강했지만 최근에는 귀농귀촌이 농업과 반드시 연계되는 것은 아니다. 특히 이러한 경향은 관광지 제주에서 더욱 부각되고 있다. 이주민의 정착지가 주로 도시문화와 많이 차이나지 않는 노형동이나 연동, 이도2동, 동홍동 등의 제주에서도 아파트문화가 발달한 곳으로의 이주가 통계적으로 많고, 제주도심의 지역이라 할지라도 제주다움을 잘 보여주는 핵심 관광지가 있는 성산읍이나 남원읍, 표선면 등으로의 이주가 많다는 점에서 그러하다. 이주민들이 종사하는 업종도 제주의 신3다(新3多)라고 하는 카페, 게스트하우스, 음식점이란 점은 제주로의 귀농귀촌과 제주이주현상에 대한 이해의 폭을 넓게 하는 데 있어 문화적 측면에서 이해해야 할 당위성을 말해준다. 한편 문화적 측면은 각기 다른 이해관계를 갖는 정책당국자와 지역사회, 이주민들로 인해 지금보다 전개양상이 복합성을 띨 것이며 그로 인한 영향의 관리는 더욱 어려워질 수 있다는 것을 의미한다.

(2) 문화혁신자로서의 제주이주민

제주이주민은 크게 국내의 귀농귀촌 트렌드에 부응한 이주민들을 포함한 대안가치형 이주민과 경제적 가치에 주안을 둔 생계형 이주민으로 대별해 볼 수 있을 것이다. 시기적으로는 통계적으로 제주 전입인구가 전출인구를 본격적으로 넘어서기 시작한 때인 2011년을 기점으로 살펴보고자 한다. 2011년 이전 이주민은 주로 제주도심보다는 외곽지역을 선호한 반면 2011년 이후 이주민은 정착지가 도심인 경우가 많았다고 추측되기 때문이다. 통계적으로 2013년 전입인구의 주거주지역은 제주시의 경우 연동과 노형동 등이며, 서귀포시의 경우 성산포 등 제주지역 내에서도 관광지로 알려진 곳 위주로 나타난다. 이러한 통계는 초기 이주민을 기록한 몇몇 제주이주민과 관련한 기록들에 언급한 특성과는 다른 측면을 보임을 알 수 있다.

예를 들면, 기락(2012)은 제주 초기이민자 15명을 인터뷰를 통해 '먹고 산다'는 인간 세상의 중력에서 조금만 비켜서면 사람은 전에 보지 않았던 것을 보고 생각하지 않았던 일을 꿈꿀 수 있고, 적은 돈으로 하루를 살더라도 시도해 보고 싶었던 일을 시작할 수 있다는 점에서 이들을 문화적 맥락에서 보고자 했다. 게스트하우스를 하고 농촌의 변화를 도모하는가 하면 시골 한구석에 작은 소규모 도서관을 연다. 모두 큰 돈을 벌기는 어려운 사업이고 규모이다. 하지만 이렇게 제주와 어울리면서 이해하고 지역민은 몰랐던 제주의 새로운 모습을 발견하고 자신들의 가치를 실현하는 노력을 기울인다. 한 달 살기가 제주에서 유행하는 것은 이런 이유 때문일 것이다. 그래서 이들 초기 제주로의 이주자는 여행자의 모습 같다. 제주를 준비 없이 오고, 제주는 고스란히 받아준다. 시기적으로는 대체로 2011년 이전 제주가 주변으로 인식될 때부터 제주로 이주한 사람들이다.

이러한 점에서 제주로의 초기 이주민은 문화혁신자(culture innovator)의 특성을 갖고 있었다. 문화가 가치에 기반한다는 점에서 그들은 제주사람들이 갖고 있지 못한 제주의 아름다움에 대해 그들의 시각을 반영하여 재해석하고 새로운 가치를 입히려고 최소한 노력했다는 점에서 그렇다. 일례로 최근에는 상업화된 특성을 많이 보이기는 하지만 제주에 유행하는 프리마켓(flea market)이라는 문화는 제주의 외곽에서 이주민들에 의해 먼저 이식되었고 제주 중심으로 확산되었다. 이 과정에서 이윤추구는 최종목표라기보다는 부과적인 결과인 경우가 많다. 그래서 이들은 여행자의 마음으로 제주에 정착한 사람들이며, 이상적인 관광객이다.

(3) 문화브로커로서의 제주이주민

관광에서 문화브로커(culture broker)는 대체로 관광을 통해 생계를 유지하고 이윤을 추구하는 관광산업에 종사하는 이들에게서 보이는 특성이다. 문화브로커로서의 특성과 이해를 돕기 위해 태국 북부 소수민족 가이드의 예를 들어본다.

태국 북부 소수민족이 살고 있는 곳은 미얀마, 라오스와 국경을 마주하고 있는 마약재배로 유명한 마(痲)의 트라이앵글이라 불리는 지역이었지만 태국정부의 강력한 마약퇴치 노력에 의해 이곳이 와해됨으로써 소수민족의 생계는 관광과 밀접한 관계를 맺게 되었다. 이러한 흐름 속에서 고유한 언어를 쓰고 문화를 지켜온 소수민족은 관광에 대해 정보가 많고 자본력과 외국인에 대한 언어능력이 높았던 태국인 여행사나 가이드에게 의존적일 수밖에 없었다. 문제는 이들 태국인이 소수민족의 문화와 관련하여 진짜를 여행자에게 이야기하기보다는 왜곡이나 과장을 통해 소수민족의 문화를 관광객에게 이야기한다는 데 있었다. 예를 들어, 소수민족 젊은 남녀의 전통적인 만남의 의례는 소수민족 여성의 성관념이 개방적이라는 방향으로 왜곡된다. 관광객이 진짜 이야기보다 이런 이야기에 더 흥미롭게 반응했기 때문이다. 이렇게 소수민족의 이야기는 상업적인 태국사람들에 의해 각색되고 왜곡되는 과정에서 관련 태국사람들은 문화브로커적 역할을 담당하게 되는 것이다. 즉 자문화중심주의적 사고이다.

태국의 소수민족 사례를 제주에서 발견하기는 어렵지 않다. 제주의 문화와 제주사람들에 대해 그 배경에 대한 깊이 있는 관심과 고찰 없이 제주문화와 제주의 환경은 이들에 의해 왜곡과 과장, 일반화의 오류를 통해 대상화된다. 제주는 가치를 실현하기 위한 땅이라기보다는 상업화를 위한 대상의 땅일 뿐이다. 본래의 목적이 달성될 것 같지 않은 일말의 가능성이 보이면 언제라도 벗어나고 돌아가면 받아주는 중심부는 언제나 이들에게 기댈 곳이다.

그래서 시기적으로 유입인구가 유출인구보다 많아진 2011년은 유의미한 해라 볼 수 있다. 왜냐하면 대체로 이때를 기준으로 제주관광객 수는 10% 이상의 증가세를 보였고 각종 개발이슈가 본격화되기 시작했으며, 제주에 카페와 게스트하우스 등이 본격적으로 보급되기 시작했기 때문이다. 이러한 점을 고려하면 이 시기 이후 제주로의 이주는 동기적 측면에서 대안가치형이기보다 생계 또는 경제적인 측면이 강하지 않았을까 추측하는 것은 어느 정도 타당성이 있다고 할 것이다. 물론 복합적인 현상을 단순화하는 과정에서 이 시기를 기준으로 획일적으로 구분할 수 없는 실정이다.

(4) 지역과의 갈등양상

문화는 본질적으로 고정된 것이라기보다는 변화를 그 속성으로 한다. 왜냐하면 문화는 역사적 상황 속에서 구성되는 사회적 소산이기 때문이다. 그중 이문화의 접촉이라는 문화접변은 문화연구에서도 중요한 주제이다. 서로 다른 문화의 접촉과 관련해 요즘에는 이주와 여행의 역할이 중요해지고 있다. 서로 다른 문화는 이런 과정을 통해 접촉하고 자유로운 차용과 수정 그리고 통합과정을 거쳐 변화한다. 중요한 것은 이런 과정에서 발생할 수밖에 없는 갈등을 어떻게 관리하느냐에 따라 문화접변의 결과가 지역사회에 이로울 수도 있고 그 반대일 수도 있다는 점이다. 이러한 점에서 현재 제주이주 및 여행열풍과 관련하여 나타나고 있는 갈등양상에 대한 파악은 대단히 재미있는 시사점을 도출해 낼 수 있을 것이다.

현재 제주에서 이주민과 지역사회와의 갈등을 문화적 측면에서 대별하면 제주문화산업에서의 주도권 갈등과 제주농촌지역에서의 삶의 공간과 관련한 갈등 정도일 것이다. 전자는 주로 제주이주민이 문화이주민이라는 특성과 관련된다. 이들은 중심에서 형성한 인적네트워크와 시대적 트렌드를 경험했다는 점에서 중심에서는 모르지만 주변인 지역에서 다양한 가능성을 발견할 수 있다. 그리고 그 가능성이 최근 지역현안과 관련하여 문화를 통한 지역발전을 꾀하는 행정과 만날 때 파급력은 크게 된다. 최근 막대한 재정이 투입되고 있는 분야인 지역재생과 관련된 이슈에서 문화의 관계를 생각해 보면 이해가 쉬울 것이다. 이 과정에서 기존 지역문화 주도권 세력과의 일정한 갈등은 필요불가결하게 발생할 수밖에 없다. 이러한 관계에서 문화이주민인 기획가들에게 진입장벽은 견고하지만 일단 진입만 한다면 일정한 지분을 획득하기란 어렵지 않다. 왜냐하면 문화이주민은 제주가 관광지란 특성으로 인해 관광객의 욕구에 보다 민감하게 잘 파악하고 있는 것은 관광객과 같은 문화를 누렸고 같은 지역에서 살아왔기 때문이다. 특이한 것은 최근에는 문화혁신자로서 먼저 정착한 문화관련 이주민과 문화브로커로서의 제주이주민들 사이에 문화패권과 관련한 갈등도 목격된다는 점이다.

후자인 제주농촌지역주민과의 삶의 공간에서의 갈등요인은 의외로 사소한 것이다. 이런 유형의 갈등은 대체로 마을행사와 자치기구 참여활동을 통해 사전에 어느 정도 예방가능하다. 다만 예를 들면, 주차나 쓰레기 문제 등이다. 시골마을이 농업 위주의 노년층이 주로 사는 곳이지만 지역의 특성상 자동차는 필수적이다. 하지만 기존에는 좁은 마을안길이지만 마을주민 서로 간에 주차문제로 얼굴을 붉히는 일은 없었다. 서로의 사정에 대해 잘 알기 때문이기도 하고, 마을주민들만이 공유하는 일종의 관습법인 향약(鄕約)이 존재했기 때문이다. 이는 관계와 소통이 이익을 중심으로 이루어지고 익명사회이며 개인주의적인 도시인이 이해하고 대화하기는 생각보다 어려운 것이다. 마을 안쪽에 카페나 게스트하우스를 오픈 한 경우라도 마을길은 일종의 마을주민의 농로로서의 기능도 한다. 낮 시간은 대부분 밭일을 나가시는 원주민 어르신들로 인해 비어 있지만, 농업의 특성상 일찍 나가고 갑작스런 비가 오는 날이면 일찍 들어오는 일은 다반사이다. 이렇게 대부분 같은 라이프스타일을 공유하는 특성상 마을안길 주차와 관련하여 제기되는 문제는 별로 없다. 하지만 마을 안에 카페와 게스트하우스가 생기고 관광객의 차량이 주차하게 되면서 지역주민과 차량문제로 갈등이 발생하는 경우가 있다. 쓰레기 문제도 마찬가지이다. 도시가 아닌 시골마을에는 나름의 체제에 따라 쓰레기도 줍고 환경미화도 하는 등 마을주민이라면 공동으로 감당해야 할 일들과 이에 참여해야 할 의무가 있다. 하지만 최근 마을어르신이나 자생단체 임원들에게 마을의 카페나 게스트하우스를 운영하는 상대적으로 젊은 이주민들은 관광객이 테이크아웃 컵이나 쓰레기를 마을 이곳저곳에 버리는 행위에 대해 방관하고, 관광객에게 어떤 주의사항을 말하거나, 마을환경정화와 같은 마을 행사에 참여하거나 아니면 참여하는 마을주민들에게 미안해 하는 기색을 보이지도 않는다는 것이 불편하다는 말을 듣는 경우가 있다. 이러한 갈등 중에서 가끔은 이주민의 요청에 의해 경찰까지 출동하는 경우도 있다는 말도 있다. 사소하지만 이런 문제를 통해 서로에 대한 고정관념은 강화되어 장기적으로 이해와 소통보다는 편견이 강화되고 서로 배타적이 될 수밖에 없다.

제주이주민의 이주동기나 이주와 관련한 중심부의 맥락은 제주이주민의 정체성을 단순하게 바라볼 수 없는 복합성을 담고 있다. 제주이주민이 중심부에서 경험한 역사적 경험과 문화적 맥락은 이들의 정체성과 가치관을 구성하였다. 이러한 복합적 정체성이 제주라는 특수성에 기반하여 어떤 내용으로 어떻게 표출되고 새롭게 구성될지를 예측하는 것은 간단치 않을 것이다. 또한 이로 인해 앞으로 제주문화가 어떤 모습으로 나아갈지에 대해서도 불투명하다.

02 | 제주도의 문화적 특성

1) 제주인의 정체성

섬이라는 지리적 환경은 제주인의 정체성 확립에 커다란 영향을 미쳤다고 볼 수 있다. 제주도로 건너와서 살 만큼 살아본 이들은 이곳 사람들이 인정이 많으면서도 배타적인 상반된 요소를 지녔다고 곧잘 말한다. 이러한 이중기질은 고립과 개방의 연속이었던 이 섬이 겪어온 내력과 무관하지 않음을 보여준다.

석주명에 따르면 1968년 당시의 조사에서 나타난 제주도 도민들의 특성으로는 ① 역사적 전설을 중시한다 ② 누구나 친척관계에 있다 ③ 배타적이다 ④ 과거부터 육지인은 걸인쯤으로 생각해 상대를 잘 하지 않았다 ⑤ 자존심은 자기네의 수준이 한국의 어느 곳보다 떨어지지 않는다고 생각한다 ⑥ 중간층이라는 것은 거의 전무하다 ⑦ 전통적 용맹성이 있다 ⑧ 정의나 공동이익을 위해서는 언제나 공동보조를 취한다 ⑨ 생활력이 강하다 등을 제시하고 있다.[4] 섬이라는 지정학적 위치 때문에 이곳에서 살아남기 위해서는 안으로는 섬 주민들 간의 강한 단결력과 생활력을, 바깥으로는 강한 배타성과 자긍심을 가질 수밖에 없었던 것이다.

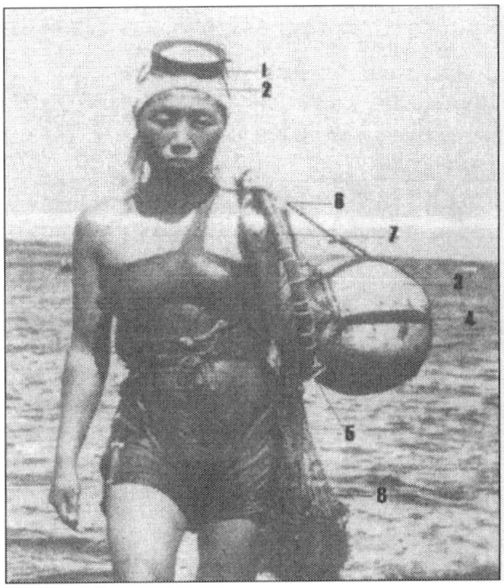

1. 눈 : 수중안경
2. 물수건 : 해녀들이 물속에서 일할 때 쓰는 수건
3. 테왁 : 부표인 박
4. 갑줄 : 테왁에 얽어 묶은 줄로 보통 머리털을 꼬아 만들었다.
5. 관대줄 : 테왁을 어움에 동여맨 줄
6. 목줄 : 테왁을 어움에 느슨하게 묶은 줄
7. 어움 : 그물 주머니의 테두리
8. 망사리 : 그물 주머니

제주 해녀 모습과 물질에 이용되는 도구들의 명칭

2) 탐라정신

섬의 특성을 강경선은 환해성(環海性), 격절성(隔絶性), 협소성(狹小性)으로 규정지었다. 환해성은 주위가 바다로 둘러싸여 그 자체의 특성에 따라 폐쇄성과 개방성을 동시에 갖고 있으며, 격절성은 본토로부터 멀리 떨어져 있다는 것이며, 협소성은 거주와 토지이용의 제한을 의미하는 것이다.

제주인 특유의 정신을 탐라정신이라고 한다. 한 연구에서는 탐라정신을 시공적 · 집단적 · 사회적 성격으로 규명하고, 한마디로 표현하자면 자강(自彊), 불패(不敗)의 정신이라고 하였다.

제주도민의 대표적 문화 속성이라 하면 삼무정신(三無精神 : 대문, 도적, 걸인)을 들고 있다. 도둑이 없다 함은 그만큼 정직하고 순박했었기 때문에 향토의 안녕질서가 보장되었고, 인력으로는 어쩔 수 없는 천적(天敵)인 삼재(風 · 水 · 旱)에 대응하는 활력도 되었던 것이다. 또 거지가 없다 함은 누구에게 의지하거나 구원을 받지 않고도 자력으로 살았던 자립의지인 바, 근검절약을 신조로 분수에 맞게 살았다는 증거이다. 대문이 없다 함은 서로를 돌보는 인보(隣保)의 미덕으로 강인한 생활력을 갖고 이웃을 믿고 사는 신뢰 속에 굳게 뭉쳐 공존공생하였던 화합의 진면모를 잘 대변해 주고 있다.

3) 민속

흔히 3多(바람, 돌, 여자)로 표현되는 제주도의 민속문화는 돌과 바람으로 집약되는 제주의 척박한 풍토적 조건을 이겨낸 여자들의 지혜의 문화로, 강인불굴의 정신이 표출된 문화라고 할 수 있다.

현재는 거의 쇠퇴되고 있지만, 제주도 도민의 전통적 의식주 생활방식은 특이하다. 의생활에 있어서 가죽옷 종류는 이미 사라졌지만, 보통 6월이나 7월 사이에 풋감이 여물어가는 시기를 틈타서 어떠한 옷감이라도 생감의 떫은 물을 짜내어 염색한 것으로 갈옷이라는 특수한 노동복을 만들어 거의 일상복으로 입고 있다. 식생활은 보리, 조 등 잡곡을 주식으로 하고 부식의 요리방법이 발달하지 못했다. 이런 식생활은 제주도가 화산지대이기 때문에 육지처럼 토지가 비옥하지 못한 데 따른 것으로 볼 수 있다. 민가는 큼직큼직한 돌로 지어 지붕을 덮고 굵직한 밧줄로 바둑판처럼 얽어매고 있으며, 울타리는 처마와 가지런한 높이로 널찍하게 돌을 두르고 한 울타리 안에 일자형 건물이 안거리, 밖거리로 배치되어 그 세대, 즉 부모와 자식의 가족이 독립생계를 꾸려가게 되었다.

제주도의 대표적인 토산품이라 하면 돌하르방을 들 수 있다. 돌하르방은 돌로 만든 할아버지란 뜻으로 제주민의 불굴의 기상과 원대한 희망을 바라보고 지나온 역사를 간직한 나머지 내세의 여하한 곤경도 참고 나갈 듯한 진취적인 강건한 기백을 잘 표현해 주고 있다. 예부터 제주의 주술적, 수호신으로서 자리 잡아온 석상이다. 문기선은 돌하르방의 미적인 우수성에 대해서 돌하르방의 강직하기도 하고, 온유하기도 하고, 멍청하기도 한 다양한 표정을 해학적(諧謔的)으로 한 석상에 담은 조형술은 세계 어느 곳에서도 찾아볼 수 없는 탐라정신을 한몸에 지닌 수호신의 귀중한 문화유산으로 극찬하고 있다.5)

제주시 삼성혈에 있는 돌하르방의 원래 모습

4) 신앙

제주도 도민들은 제주도의 험난한 자연환경을 극복하기 위해 자연의 위력을 일찍 깨닫는 한편, 다른 한편으로는 이를 극복하려는 노력이 대단하다. 인간의 한계를 깨닫는 데서 종교가 탄생하게 된다. 제주도의 경우도 예외가 아니다. 제주도에는 옛날에 당(堂)이 5백, 사(寺)가 5백이었다고 한다. 그만큼 미신에 젖어 있었고, 전설의 섬이라 일컬었을 정도로 제주민들의 민속신앙과 종교에 대한 믿음이 강했다.

특히 당은 제주도 말로 돈짓당이라 부르며, 처음에는 갯가에 형성된 바위와 나무를 신석(神石)과 신목(神木)으로 모시고 어부와 해녀들의 안전과 풍요를 기원했다. 이후 자그마한 조형물을 세우는 변화가 생겼다.

제주민들은 많은 신들을 섬기며 살아왔다. 부락마다 한두 개쯤의 당이 있고 집안 곳곳에 신이 있다고 믿고 있었다. 제주도 신화에는 큰 용신(龍神)이 나오거나 작은 뱀신이 등장하여 이것들이 주민의 신앙의 대상이 되기도 하였다.

2006년 제주도 주요 행정총람의 행정/통계정보에서 종교 인구현황 구성비를 살펴보면, 2005년 제주도 인구 56만여 명 가운데 불교신자가 32.7%(전국 평균 22.8%)인 17만 3,600여 명에 이르고, 천주교 신자가 10.3%(전국 평균 10.9%)인 5만 4,700명, 기독교 신자가 7.2%(전국 평균 18.3%)인 3만 8,000여 명으로 불교신자의 비율이 월등히 높은 게 특징이다.

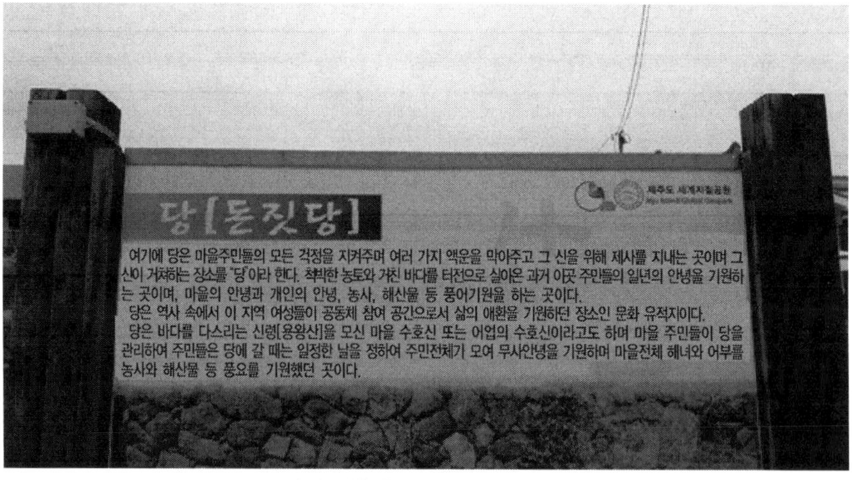

당의 기원을 설명하는 안내문

오늘날 당(돈짓당)의 모습

03 | 관광이 제주도에 미친 문화적 영향

1) 원주민의 육지부 관광객과 일본인 관광객에 대한 인식

심상도는 1986년 그의 석사학위논문에서 제주도가 고향이면서 관광사업에 직접 관련이 없는 사람들을 대상으로 설문조사를 실시하여 589명의 응답자의 응답내용을 분석하였다.[6] 그 가운데서 원주민들이 제주도를 찾는 관광객을 어떻게 인식하는가를 측정한 결과, 육지부 관광객과 일본인 관광객에 대한 긍정적 · 부정적 인식 정도에서, 육지부 관광객에 대한 긍정적 인식은 매우 긍정(16.1%), 약간 긍정(31.4%)으로 합하여 47.5%이고, 부정적 인식은 약간 부정(7.3%), 매우 부정(7.6%)을 합하여 14.9%로 나타나 전체적으로는 긍정적으로 보고 있었다. 한편, 일본인 관광객에 대한 인식은 매우 긍정(9.5%), 약간 긍정(14.9%)으로 긍정적 인식이 24.4%로 나타났고, 부정적 인식은 약간 부정(21.1%), 매우 부정(18.7%)으로 39.8%로 나타나 부정적 인식이 긍정적 인식보다 월등히 높았다. 이러한 결과는 이민족, 이문화라는 차이 때문으로도 볼 수 있지만, 관광과 직접적인 관련이 없는 사람들이 표본의 대상이 된 데서도 그 이유를 찾을 수 있다.

2) 관광으로 인한 문화적 측면에서의 긍정·부정적 효과

심상도는 같은 논문에서 면접조사도 병행 실시하였는데, 긍정적 효과로는 다음과 같은 것을 제시하고 있다. 관광으로 인한 전통문화의 재현에 큰 기여를 하고 있는 경우는 제주 향토 야시상에서 볼 수 있었다. 여기에서는 제주시립무용단이 출연하여 해녀놀이를 저녁에 1시간 동안 공연하는데 관광객뿐만 아니라 제주도민들도 많이 오는 것으로 밝혀졌다. 또한 제주도 고유의 토산품인 정동모자, 나막신, 탕건 등을 관광객에게 만들어 판매하고 있었다.

토속음식은 관광객의 증가로 다시 인기를 끌고 있음을 볼 수 있었다. 성읍민속촌, 향토 야시장, 그리고 일반 음식점에서도 향토음식이 부활되고 있었다. 또한 관광으로 인하여 한라문화제, 유채꽃 큰잔치 등의 문화행사도 계속되고 있었다.

한편, 부정적 영향으로는 제주도의 3무정신, 조냥(절약)정신 등은 점차 소멸되고 있으며, 많은 사람들이 이를 걱정하고 있는 것으로 나타났다. 외부에서 들어온 관광객과의 잦은 접촉으로 제주방언에도 큰 영향을 미치고 성읍민속촌은 제주도의 전통적 색채가 가장 강한 지역으로서 일반 주민들이 살고 있지만, 외부관광객에게 개방됨으로 해서 관광객과 원주민이 마주치지만 좋은 대화가 이루어지지 않는 것으로 밝혀졌다.

심상도는 1992년 박사학위논문 작성을 위한 실증분석에서 총 727매의 유효표본을 5점척도로 분석한 결과 관광으로 인한 문화적 측면에서의 긍정, 부정적 효과는 다음과 같았다.[7] 우선 긍정적 효과로는 현대적 문화시설 증가(평균값 3.9), 한국 제1의 관광지로서의 자부심(평균값 3.8), 문화재 역사유적보호에 도움이 됨(평균값 3.2), 그리고 성읍민속촌과 같이 고유문화의 관광상품화를 원함(평균값 3.0) 등이다.

부정적 효과로는 3무정신의 쇠퇴(평균값 2.6), 조냥정신 쇠퇴(평균값 2.2), 청소년들의 관광객 행동모방(평균값 2.3), 복장모방(평균값 2.54) 등이었다.

이상에서처럼 시기를 달리한 조사결과의 공통점으로는 관광이 제주도의 정신문화라고 할 수 있는 3무정신의 쇠퇴, 조냥정신의 쇠퇴, 제주도 사투리 보존에 부정적인 영향을 미치는 것으로 나타났고, 전통문화의 부활, 해녀놀이, 토산품, 토속음식 등 주로 원주민의 생계와 직간접적으로 연결되는 물질문화에는 관광이 긍정적으로 작용하고 있었다.

향후 관광으로 인해 정신문화와 부정적인 영향을 최소화하기 위해서는 제주도 원주민에게 소구할 수 있는 원형문화 보존을 위한 계속적인 연구와 정신문화 및 물질문화가 상승작용할 수 있는 모형문화센터 설치 등으로 지속가능관광(sustainable tourism)이 되도록 하여야 할 것이다.

04 | 제주인, 제주문화를 지키기 위한 관광전략 : 스페인 마요르카 사례의 교훈

1) 관광객 수 제한으로 주민 삶의 질적 제고

마요르카섬은 스페인의 지중해 연안에 위치한 10여 개의 섬으로 이루어진 발레아레스제도에 속한 섬 중 가장 큰 섬이다. 인구는 2011년 약 88만 명이며 중심도시인 팔마는 발레아레스제도 자치지역의 주도이다. 면적은 1,833㎢인 제주도의 약 2배로 3,630㎢이며 지중해 서부에 위치한 관계로 연중 온화한 기후를 가져 1960년대부터 유럽에서 관광의 대중화를 상징하는 대명사로 통하고 있는 곳이다. 이로 인해 마요르카는 취업자의 약 1/3, 경제의 약 1/2이 관광산업에 의존하고 있다. 현재 마요르카의 지역경제는 스페인에 몰아친 약 5년간의 경제위기를 극복하고 이전의 수준으로 회복하고 있다.

외신에 따르면, 지난 2011년 4월 팔마의 역사문화지구 벽면에 'tourist go home'이라는 낙서(graffiti)가 도배되었다고 한다. 이러한 안티-투어리즘적 행동(anti-tourism behavior)은 관광에 대한 의존도가 높은 지역이란 측면에서 예의주시해 볼 필요가 있다. 비록 소수지만 마요르카 주민과 관광객 사이의 긴장이 높아지고 있다는 신호이기 때문이다.

사실 최근 스페인은 마요르카뿐만 아니라 바르셀로나 등 스페인을 대표하는 유명관광지에서 급증한 관광객으로 인해 지역주민은 심각한 스트레스를 받고 삶의 질 악화를 경험하고 있다. 테러 등 국제환경의 영향으로 인해 이집트나 모로코 등 유명관광지를 대신해 유럽인들(특히 영국과 독일인)이 비교적 안전한 관광지인 스페인, 이탈리아 등 전통적인 유럽관광지로 단시간 관광객이 몰렸기 때문이다. 이로 인해 좌파계열 시장이 집

권한 바르셀로나 관광당국은 급기야 관광객을 대상으로 최근 몇 가지 제한조치를 취하는 데까지 이르렀다.

예를 들면, 바르셀로나의 가장 인기 있는 관광지 중 하나인 라보케리아 시장(La Boqueria Markets)은 피크타임에 15명 이상의 단체 관광객의 방문을 제한했다. 2년 전 관광객의 아파트 밀집지역에 인접한 주민들은 관광객들의 취태(醉態)와 무질서를 조롱하는 등 관광객에 대한 분노지수가 높아지고 있는 형편이다. 스페인과 같은 고민을 안고 있는 이탈리아에서도 Cinque Terre의 방문객 수를 연간 150만 명으로 제한하여 관광지에 주는 부담을 제한하고 보호하는 정책을 펼칠 것을 공식화하고 있는 등 관광과 지역 간의 긴장사례는 확대되고 있다.

한편, 마요르카의 팔마에서는 크루즈가 들어오면 지역민들의 도심 나들이를 주저해야 한다는 것은 상식이다. 왜냐하면 많게는 하루 약 22,000여 명의 크루즈 관광객이 일정시간 도심을 점령하기 때문이다. 또한 주차문제도 심각하다. 팔마의 유명 관광지 주변도로는 관광객의 차량으로 인해 정작 지역주민이 주차하려면 몇 바퀴를 돌아야 간신히 주차할 수 있으며, 교통 혼잡은 주민의 삶의 질을 낮추는 요인으로 지적되고 있다. 최근 마요르카 당국은 관광산업에 의도치 않은 영향을 미칠 수 있어 – 관광산업체의 반대에도 불구하고 – 관광객들에게 1박당 약 2유로의 관광세를 매기는 방안도 검토하고 있다고 한다. 한편 이러한 경향은 발레아레스제도의 4개의 주요 섬 중 하나인 Formentera에서도 2017년부터 섬에 들어오는 자동차에 대해 입도세를 부과하는 것을 검토하는 등 관광객 수를 통제하고 지역의 자연환경을 보호하려는 적극적인 정책개입 추세는 확대되고 있다.

2) 안티-투어리즘정서 사전 점검 · 해소

관광객을 테러리스트라고 묘사한 마요르카 팔마 골목에 쓰여진 그래피티

그래피티에서 안티-투어리즘적 행동과 관련한 논란이 의미하는 것은 적어도 이곳 마요르카에서 관광의 양적 성장에 기반한 성장이 지역에는 바람직하지 않다는 것이다. 그리고 이에 대한 지역민의 공감대가 형성되고 있는 지표라고 할 수 있다. 섬이라는 지역의 한정된 자원규모를 고려하면 적당한 규모의 사람이 방문해야 한다는 논리는 합리적이다. 외부의존성이 높은 관광산업 특성상 관광에 기반한 지역 성장은 지속가능하지 않다. 따라서 지역 관광당국은 관광을 제한하지는 않더라도 적어도 통제할 필요가 있다.

국내에서도 이와 비슷한 사례가 있다. 벽화로 유명한 서울 이화벽화마을의 주민들이 관광객으로 인한 사생활 침해, 소음 등의 관광공해를 참다못해 벽화를 지워버렸다. 가장 극명한 폐해는 슬럼화된 주택가를 고급주

택가로 바꾸는 젠트리피케이션(gentrification)으로 아예 주민들을 삶의 공간에서 추방하기도 한다. 최근 제주방문 중국관광객과 자본에 대해 안티투어리즘적 정서도 감지된다. 아직 많은 제주지역민들의 정서라고 대변할 수는 없지만 양적 성장에 기반한 관광이 무한한 확장만을 거듭하고 관리되거나 통제되지 않는다면 언제든지 지역의 저항에 부딪칠 수 있다는 점을 깨달아야 한다.

제주도가 내세우는 청정과 공존의 비전은 급증하는 제주방문객 수와 이로 인해 나타나는 여러 부정적 영향을 고려하면 비록 조금은 늦은 감이 있지만 시의적절한 정책방향의 변화라 할 수 있다. 하지만 이런 행동이 선언적 이상의 의미를 갖기 위해서는 행정적 조치가 실천적으로 뒷받침되어야 한다. 입도세나 무료인 한라산 방문객에 대한 입장료, 세계문화유산에 대한 입장료 인상 등의 정책적 검토가 뒤따라야 할 것이다.

그러나 제주도는 여전히 개발 위주 정책의 미망에서 벗어나지 못하고 있는 듯하다. 양적 성장을 위해 제2공항을 밀어붙이고 제주의 허파 곶자왈을 밀고 카지노 위주의 복합리조트를 건설하며, 일부 호텔업자에게는 경관의 사유화를 유발하는 개발을 허용하는 등 선언과 실행이 일치하지 않는 모습을 보이고 있다. 이와 더불어 지역주민들의 관광과 관련한 인내심도 점차 옅어지는 추세이다. 관광으로 삶의 질이 악화되고 있다는 얘기를 예전보다 많이 듣고 있는 실정이기 때문이다. 이러한 때 제주미래비전의 롤모델 마요르카에서 발생하고 있는 'tourist go home'이라고 담벼락에 외치는 이야기는 제주에 많은 시사점을 제공하고 있다.

관광·휴양형 이주와 섬문화 관련 읽을거리

제주도 정신

한림화는 제주도가 지켜야 할 것들로 수눌음정신, 모둠정신, 상부상조정신이 이어져 가야 한다고 주장한다. 한림화의 이 세 가지 내용들을 소개하면 다음과 같다.

먼저 수눌음정신에 대해 알아보자. 우리나라는 전통적으로 더불어 사는 공동체의식이 강하게 밴 생활의 역사를 가지고 있다. 일손을 나누는 데도 예외가 아니어서 두레니 품앗이니 형태도 다양했다. 특히 제주도는 육지부처럼 집성촌이 있는 것도 아니고 마을을 좌지우지하는 세도가도 없었지만, 마을 전체를 하나의 공동체로 아우르는 삶이 정말로 발달했다.

수눌음은 제주 공동체사회를 유지하는 원동력이나 진배없었다. 수눌음이란 본디 일이 있는 곳에 윤번제로 품을 파는 일종의 노동조합과 같은 시스템이다.

밭에 농사를 부치는 일에서부터 대소사까지, 아무리 버거운 일도 이 수눌음 시스템이 가동하면 거뜬히 치러지곤 했다. 또한 수눌음은 품삯을 계산하는 두레나 품앗이와는 운영형태가 좀 달랐다. 순전히 한두 사람의 일손이 모여들어 큰 인력을 조성하고는 필요한 곳에 투입하되, 일의 양과 완급을 조절하여 가장 절박한 순서대로 차곡차곡 일을 해나가는 형태였다. 예를 들면, 밭일을 한창 할 농번기에 누가 아프다면 그 집 일이 최우선이 됐던 것이다.

그렇다면 일손은 없는데 일이 있는 소년소녀 가장, 노인, 장애인과 같은 소외계층은 수눌음 시스템에서 내쳐버렸을까이다. 이웃을 삼촌과 조카로 호칭하며 마을 전체가 한 가족처럼 살았기에 수눌음 시스템은 소외된 그 삼촌과 조카부터 가장 먼저 챙겼던 것이다. 그러므로 일 때를 놓쳐 농사를 그르치거나 대소사를 미루는 일은 거의 없었다. 따라서 일손이 없는 가운데서도 일손이 있는 가정처럼 생활을 할 수 있었던 것이다.

헐벗은 이는 한 눈에 알아봐도 배고픈 이는 모른다면서, 이웃이 먹는지 입는지를 살펴 나누고 함께 사는 삶에 선한 의지를 가지고 행동하였다. 제주사회는 비교적 공평한 수평적인 삶, 평화로운 삶을 살 수 있었다. 이 위대한 더불어 살기 정신은 언제부턴가 '끼리끼리만 모이는 패거리 문화'에 밀려 본색이 퇴색되고 있는 실정이다. 한시 바삐 수눌음 정신을 되살려 놓는 일이야말로 분열된 제주사회를 하나로 복원하는 지름길이 아닐까 생각한다.

다음은 모둠정신에 대해 알아보자. 제주도가 망망대해 바다 가운데 외롭게 자리 잡았는데도 섬 주민들이 나름대로 독특한 문화를 창출하고 향유하며 잘 살아온 이면에는 함께 살아가려는 공동체사회의 기반이 되는 시스템이 갖추어진 덕분이라고 볼 수 있다.

예전 제주의 마을에는 모둠이란 경제공동체 살림살이가 있어 누구나 그에 따른 의무를 다하고 그리고 그 덕을 봤다. 모둠이란 말 그대로 경제적인 기반이 될 무엇을 십시일반으로 한데 모으는 것을 말한다. 이 모둠 시스템이 가동하면 경제적으로 안 되는 일이 없을 정도이다. 아이들 주전부리가 흔하지 않던 시절, 이들 각자가 고구마 몇 개씩을 가져오면 큰 가마솥 하나가 되고, 그걸 쪄 마을 아이들 모두 주전부리를 할 수 있었다. 여름에는 한약재로 쓰이는 야생초 산마의 뿌리를 한두 줌씩 캐어 한데 모아 팔아서 다 함께 놀 축구공도 사곤 했다. 또한 마을 청소년들은 자신들이 할 수 있는 온갖 모둠을 하여 기금을 만들어 중학을 열기도 하고 마을문고를 설치하기도 하였다. 제주해녀들이 이른 봄 채취한 미역을 모둠으로 모아 마을의 공적 기금을 마련하기도 했다. 그렇게 모아진 모둠은 마을 안길을 닦는 재원으로도 쓰이고, 마을 일을 도맡아 하는 이장의 거사비가 되기도 했고, 학교도 짓고 마을회관도 짓는, 소위 지역 인프라를 구축하는 종잣돈이 되기도 했다. 하루 세 끼 밥을 지을 때마다 부뚜막에 앉힌 조냥대바지에 한 숟가락씩 덜어 모은 쌀 모둠은 마을의 방앗간이며 공동목장을 마련하는 등 큰 재원으로 환원한 결과, 티끌 모아 태산이라고, 마을재산으로 비축되어 지금도 후손들이 덕을 입게 된 것이다. 접이 일종의 사적 용도의 저축제도이며 비상대책기구라면 모둠은 공적 용도의 재원을 확보하는 수단이었다. 그렇다고 모둠이 재원확보의 수단만은 아니었다. 그 내면에는 공동체가 한 운명이라는 일체감이 있었다. 뿐만 아니라 다 함께 보다 나은 생활을 영위하자는 대의명분이 합의(合意)되어 서로를 보살피고 서로를 격려하는 깊은 뜻이 숨겨져 있었던 것이다.

이제는 마을공동체의 미덕이 잘 갖추어진 이런 상생의 원리가 작용하는 시스템이 완전히 사라지고 말았다. 따라서 한 마을, 한 세대를 하나로 묶고 아우르던 공동체 정신도

차츰 희미해지고 있다. 이 시대는 진정 모둠과 같은 제주 섬생활 공동체의 미덕을 오늘도 잃고 있는 실정이다.

끝으로 상부상조의 정신에 대해 알아보자. 예전, 제주사회는 매우 맑아 투명한 사회였다. 마치 거울 같았다고나 할까? 사회 전반에 걸쳐 숨겨진 부분이 거의 없었다. 따라서 부정하게 그 무엇을 가질 수도 없었고, 부당하게 남의 권리를 침해할 수도 없었으며, 불편하게 그 누구의 삶을 훼방놓지 못했다. 그러므로 사람 사는 사회가 보편적이고 평등하고 조화로웠다. 이렇게 툭 터놓고 서로가 서로를 있는 그대로 바라보며 더불어 살아갈 수 있었던 밑바탕에는 상부상조의 정신이 짙게 깔려 있었다. 제주사회에 다양한 형태로, 널리 보급되어 애용되는 접, 혹은 계가 그 좋은 예이다.

갑자기 집안에 상을 당하여도 접(接)과 계(契)만 모이면 장례에 필요한 온갖 물품이 일시에 조달 가능하였다. 그뿐이 아니다. 계와 접' 구성원들이 다 모여들어 자신의 특기와 능력에 따라 경황없는 상주를 대신하여 장례를 차근차근 주관해 모든 일을 일사천리로 처리해 나갔던 것이다.

지금처럼 한국사회에 교육열이 과다하기 이전에는 제주도가 가장 교육열이 높은 지역으로 정평이 나 있었다. 역시 접과 계가 뒷심이 되어준 덕분이었다. 부녀자들이 쌀 한 숟가락을 덜어내어 비축하는 조냥대바지는 쌀접으로 모이고 필요한 때에 쌀가마니로 되돌아와 자녀들 학자금이 되어주었다. 한 알씩 모인 것이 수많은 닭으로 되돌아와 자녀의 학용품과 학비가 되어주었다. 그러니 정말로 학비가 없어서 학업을 중간에 중단하는 이가 드물었다. 무엇이든, 어떤 일이든, 누구에게 닥쳤든, 서로가 서로의 형편을 살펴 사람살이를 돕는 든든한 각종 계와 접이 제 역할을 톡톡히 해냈던 것이다. 이렇듯 전통적인 제주사회는 매우 합리적이고도 서로를 배려하는, 숨김이 없는 공동체 유지 장치가 제대로 가동하고 있었다. 이는 '평화의 섬 제주' 사회를 구축하여 대문 없고, 도둑 없고, 거지 없는 삼무정신의 주춧돌로 놓였다.

그런데 요즈음 제주사회는 너무 흐려 본질이 들여다보이지 않는다. 썩은 물에는 고기가 놀지 않는다고 혼탁한 이 사회를 합리화한다. 특히 지방정부의 솔직하지 못한 행정으로 인해 제주사회는 심히 분열되고 말았다. 패거리는 있으되 공동체를 행복하게 아우르는 상부상조정신은 잃어버렸다.

출처 : 한림화, 제주도가 지켜야 할 것들(수놀음정신, 모둠정신, 상부상조정신), 제주 CBS 칼럼, 2009년 6월 10일, 7월 14일, 7월 16일 관련 내용 발췌.

관광과 순례

CHAPTER 9

01 | 일본인들의 순례

관광이 비일상공간에서 관광대상을 통한 견문확대가 이루어지는 것이라면, 순례(pilgrimage)는 성인(聖人)의 성지를 방문하여 초자연적인 도움을 얻기 위해 감사를 표하거나 고행을 하기 위해 헌신하는 것을 의미한다. 이 장에서는 일본인들의 불교성지 순례과정을 살펴보고, 관광과 순례의 의미는 무엇이며, 관광과 순례의 공통적 속성에는 무엇이 있으며, 순례도 관광처럼 문화에 영향을 미치는지를 살펴보고자 한다.

1) 일본인들의 통과의례로서의 순례

낯익은 일상공간으로부터 일정기간 떠날 때 사람은 그 이동을 통해 어떤 의미를 발견하려 한다. 일로부터 떠나 야외로 나갈 때에는 일상적인 것으로부터의 해방이라고 하는 의미를 부여하며, 성지순례 시에는 역시 생명의 소생이라는 의미를 부여한다. 생명의 소생이라는 종교의례는 인류학 분야에서 오래전부터 관심을 가져왔다.

일본과 같은 곳에서도 생명의 소생을 상징하는 순례는 활발히 진행되고 있다. 순례가 제도화되고 대중화된 시기는 대체로 에도시대(江戸時代)에 접어들면서부터이다.

현재는 교통수단의 발달로 신성한 곳은 한층 가까워져 대중화의 속도가 빨라지고 있다. 때문에 순례목적의 순례자와 관광목적의 관광객이 같은 성지(聖地) 또는 영지(靈地)에서 만나는 경우도 잦다. 순례자는 버스를 대절하여 흰색의 순례복장을 갖추고 안내자를 따라 여러 성지를 진언을 외면서 참배한다. 그러나 관광객의 경우는 자가용차나 버스를 대절하여 하이킹 스타일이나 화려한 외출복 차림으로 영지에 내려 신앙의 대상을 관광한다.

우리나라에서도 윤년, 윤달에 3사 순례(三寺巡禮), 기독교 성지순례 등을 많이 행하고 있는데 그 과정에서 청정한 샘물의 이름을 거의 약수로 부르고 있다. 순례자는 이 샘물을 보는 순간 신성한 것으로 여겨 약수를 가지고 오는 경우도 있다. 이때 물을 성스러움의 상징으로 설정하고 많은 사람들은 가지고 돌아온다. 물 역시 산에 있는 큰 신(神)의 영적인 힘의 환유(換喩 : 어떤 것을 표현할 때 그것과 연관성이 있는 다른 것으로 나타냄을 뜻한다. 예로써 월계관은 명예를 표현하는 것 등이다)로 되고, 영험을 보증하고 있다. 관광의 경우 토산품이 성스러운 물건이 되는 데는 한계가 있을 수 있다. 왜냐하면 약수는 몸속에 들어가 작용을 하게 되고, 토산품은 단지 기념의 표식에 지나지 않기 때문이다.

관광은 종종 순례와 같은 경로를 따라 성지를 찾는 경우가 있지만, 순례와 관광의 관계를 역사적 연속성 측면에서 본다면 순례를 관광 기원의 하나로 생각할 수 있다. 흰옷차림으로 인연 있는 신앙의 대상을 찾아가면서 경전을 외는 순례와 일로부터 벗어나 성지나 신앙의 대상을 울타리 너머로 한번 쳐다보고 지나가는 관광은 서로 다르고, 관광은 순례의 은유일 수도 있지만 두 주제의 문화적 배경은 다르다. 그러나 현대에 접어들면서 이 두 주제의 경계가 불분명해지는 경향을 보이고 있어 굳이 경계를 설정할 의미가 없을 것으로 판단된다. 여기서는 1979년 말 기소(木曾)의 온타케산(御嶽山)의 화산분화를 계기로 분화가 신앙에 미치는 영향을 조사한 오사카대학 인간과학부 학생들과 동 대학원 연구과의 문화인류학 전공 학생들의 야외조사를 소개하고 이를 통해 일본인들의 순례가 어떻게 이루어지고 있고 순례와 의례과정인 분리, 이행(경계), 재통합의 과정을 연결지어 보고자 한다. 신자들은 일상에는 오사카 교구에 속한 자기의 교회에서 매월 예배를 보지만, 매년 7월 말이 되면 영지인 온타케산의 순례를 위해 교구 내의 중심 교회에 집합한다. 1979년도 말의 화산분화에도 불구하고 1980년 7월에도 순례제(巡禮祭)는 실시되었다. 그러나 분화의 영향으로 산 정상까지 올라갈 수 없어서 산의 7~8부 능선에서 정상을 향해 기도하고 되돌아오는 과정을 통해 의례로써의 순례를 살펴보고 있다.[1)]

(1) 순례의 동기

성지순례에 참가하는 동기에는 여러 가지가 있다. 첫째, 신앙자로서의 위계상승 둘째, 일상생활을 새로운 기분으로 다시 시작 셋째, 개인적인 목표를 설정하여 참가하는 경우 넷째, 죽은 사람과의 재회를 기대하는 경우 다섯째, 병과 신체적인 장애를 극복할 기회로 영지를 순례하는 경우가 있을 수 있다. 이와 같이 순례참가자들의 성지참배는 새로운 자기를 찾기 위한 통과의례로서의 의미를 가진다.

(2) 통과의례로서의 순례

순례 후 참가자의 신분 및 역할에 변화가 일어나고 또 변화를 전제로 한 순례가 행해졌다면 그것은 통과의례로 볼 수 있다. 일본 순례참가자 대부분은 교회의 교사와 대화를 통해 불안을 극복하려는 사람들이다. 교회는 그런 의미에서 사람들의 정신적 · 육체적 병을 고치는 장소이기도 하다.

순례는 교회의 중심적 위치의 사람들과 그 가족, 그리고 기원하기 위해 참가하는 사람들로 구성된다. 순례의 형태는 순례에 참가하여 무사히 귀환하는 것만을 목적으로 하는 사람, 산 정상까지 등정을 목적으로 하는 사람, 그 외에 참가하지 못한 신자를 위해 신비한 물을 담아가는 교사, 다리가 불편한 소년을 산 정상까지 데리고 올라가 자신감을 심어주는 노교사(老教師) 등으로 다양하다.

매년 기도산행을 하고 마을로 돌아간다고 표현하는 사람들은 흔히 거처하는 곳을 성스러운 산으로 설정하여 일상의 도시생활은 임시적 모습으로 생각한다. 순례란 일상생활에서 쇠약해진 생명을 성지의 영험한 기운을 흠뻑 호흡함으로써 소생시키는 의례이다.

(3) 의례의 과정

❶ 분리의례

여름 기도산행에 참가신청을 하면서 이미 준비(분리)는 시작되었다. 참가자들은 흰옷을 입고, 머리띠를 매는 등 일상과는 다른 의복을 입고 특별함을 연출하고 있다. 미조키 하라이(禊祓い), 오하라이(大祓い : 죄나 부정을 씻어버리는 신사의 행사로 매년 6월과 12월에 행하는 큰 액막이) 때는 기도산행의 안전을 기원하는 진언을 외면서 버스에 승차한다.

❷ 이행 · 경계 의례

아침 일찍 후쿠시마역 근처 산을 관리하는 대본청을 참배하고 아침을 먹는다. 순례에서는 의례가 몇 번이고 행해지면서 서서히 성지에 도착한

폭포수를 맞는 기도산행자들

다. 이행과정에서 폭포를 맞거나 신성한 샘물로 눈을 씻거나 하여 신자들의 몸과 마음을 맑게 한다. 산 정상에 오르기 전 숙박지에서 휴식을 취하면서 일행 간의 얘기 내용은 주로 신앙에 관한 것뿐이다.

❸ 재통합

재통합과정에서 특징적인 의례는 없다. 기도 순례의 궁극적 목적은 매년 같은 사람들로 같은 장소에 가는 것이다. 곧 찾아올 죽음을 정면으로 관조해 보고 1년 1년을 무사하길 마음에 새기는 순례의 최후 기도를 한다.

2) 기도산행의 통과의례로서의 의미

(1) 자기확인·자기각성의 의례

온타케산의 기도 순례는 행동양식은 집합적이지만, 그 내용은 참가자의 임의성이 대단히 높다. 현대의 순례는 개인의 자기확인·자기각성 의례의 성격이 강하다. 자기를 둘러싸고 있는 어려운 문제를 직시하고 그것을 해결하기 위해 개인이 선택한 하나의 표현행위로써 순례가 이루어진다.

순례라는 의례장치에는 공간과 시간의 전환과 여러 가지 상징적 형식이 필요하다. 참가자는 하나의 자기각성의 드라마를 연출하고 있는 셈이다. 터너(Victor W. Turner)의 의례과정에서 사회관계에는 기본적으로 2가지 양식이 있는데, 하나는 정치적, 법적, 경제적으로 구조화된 계급적, 체계적인 사회양식이고, 다른 하나는 경계적인 시기에 일어나는 것으로서 평등한 개인으로 구성되는 미조직 혹은 조직이 미분화된 사회양식이다. 순례는 동등공동체인 코뮤니타스(communitas) 차원에서 논의되고 있지만 그 코뮤니타스도 따지고 보면 개인의 자기각성의 프로세스인 것이다. 버스 속, 산행, 경계상태에 있어서 서로 간에 자기 문제를 얘기하면서 문제를 명확히 하지만, 그것도 신자들 간의 상호 교류라기보다는 자기제시이고 자기각성인 것이다.

순례는 그 달성과정에서 고난이 수반되고 있기 때문에 관광과는 다르다. 순례는 신체운동의 중요성이 강조되고 있다. 자기확인, 자기각성, 고뇌해소, 정화, 구제라는 개인의 종교목적 달성은 걷고, 오른다고 하는 신체운동을 통해서만 가능하다. 신체를 움직인다고 하는 고행이야말로 자기를 확인하는 한 방법이다. 성지, 영지의 초월적인 것으로의 접근, 만남에 의해서 개인의 일상세계에서는 곤란한 문제가 해소된다. 초월적인 것의 구체적 출현을 겨냥하여 걷고, 산행하는 것은 하나의 질서회복이고 거기서부터 죽음과 재생이라는 정화작용이 일어난다.

(2) 영적 경험의 집합적인 승인의 장

순례를 통과의례로 생각하는 경우에는 2가지 차원이 있다. 처음 참가자와 매년 참가자는 통과의례로서의 의미가 다르다. 처음으로 신성한 산을 찾는 자는 더러운 몸을 씻고, 폭포를 맞아 청정하게 하여 영지를 참배하면서 자기 스스로가 성화(聖化)되는 과정과 신성한 놀라움을 동시에 체험한다. 온타케산에는 건강과 부, 그 밖에 이 세상 모든 괴로움을 구제해 줄 신들이 모여 있다고 순례자들은 믿고 있다. 그러나 이러한 신들에 대한 구체적인 이미지와 신성한 순례참가자들은 산행의 경험을 통해서 자신들의 세계가 신들에 의해 상징되고 있음을 다시금 체험한다. 그런 의미에서 순례는 세계계시(世界啓示)의 과정이라고 말할 수 있다.[2)]

매년 참가자는 순례를 통하여 새로운 생명력과 신들의 계시 및 신들과의 만남의 장을 기대한다. 영적인 경험은 항상 개인적인 것이지만, 그 체험은 공유 내지는 승인의 장이 되는 것이 순례이다. 그 장(場)을 같이하는 사람들과 코뮤니타스의 경험과 서로 간의 신뢰관계는 중요하다.

지금까지 일본인들의 기도순례의 과정에 관한 내용을 토대로 이슬람의 성지순례를 살펴보면, 이슬람력 12월 첫주에 시작되는 성지순례는 이슬람의 다섯 가지 기본 계율인 신을 알라 하나만 섬겨라, 라마단이라는 금식을 한 달에 한 번 꼭 지켜라, 메카 성지 순례에 평생 한번은 꼭 가라, 불쌍한 이를 위하여 기부하라, 하루에 5번 기도하라 가운데 하나로 매우 중요한 종교적 의무이다. 물론 건강상태와 재정여건이 허락하는 경우라는 전제조건이 붙긴 하지만, 모든 무슬림(Muslim)들은 이 의무를 실천하기 위해 평생을 기다리며 준비를 한다.

우상을 모시던 메카(Mecca)의 카바(Kab'ah)신전을 파괴하고 유일신 사상을 확립한 것을 상징하기 위하여 그 신전을 바이툴라(Baitullah), 즉 하나님의 집으로 명명했기 때문에 매일처럼 카바 신전을 향해 다섯 번의 예배를 드린다.

성지순례는 하나님이 계신 곳을 직접 찾아간다는 종교적 의미가 있다. 그리고는 하나님 앞에서 모든 죄과를 회개하고 새로운 삶의 각오를 다지며 돌아오는 것이다.

그리고 순례의 마지막 날 양 · 소 · 낙타 등 초식동물들을 잡아 희생제를 치름으로써 순례의식은 마무리된다. 그 옛날 하나님이 아브라함의 믿음을 시험하기 위해 자신의 아들을 번제(燔祭)로 바치라는 명령을 받자, 아브라함은 주저 없이 장자 이스마엘을 바쳤고, 아브라함의 신앙을 확인한 하나님이 이스마엘 대신 양을 죽여 희생에 대신했다는 코란의 기록을 따르는 의식이다(이 대목에서 이슬람은 구약에 나오는 이삭을 번제로 바치는 기독교적 해석과는 본질적으로 다른 입장을 취한다). 특히 희생제는 직접 순례에 참여하지 않은 모든 무슬림들이 함께 치르는 축제라는 점에서 특이하다.

이들 아드하 축제날, 무슬림들은 목욕재계한 후 새 옷으로 갈아입고, 이른 아침 모스크로 가서 축제예배를 드린다. 그리고는 각자가 형편에 따라 동물을 잡아 그 고기를 3등분하여 어렵고 가난한 사람들, 이웃, 가족들 순으로 나누어주고 그 고기로 맛있는 요리를 준비하여 축제 첫날을 맞이한다.

도시로 나가 떨어져 있던 자식들은 귀성하여 이야기와 선물 보따리를 풀어놓고 가족과 친지들을 서로 방문하며 덕담을 나누고 선물 교환을 한다. 모처럼 부모와 직계 가족들의 묘지를 찾아 성묘도 한다. 차린 음식도, 마실 술 한 잔도 없지만, 빨간 카네이션 한 송이를 바치고 모두 무덤가에 서서 두 손을 위로 펴서 코란을 낭송한다. 이승의 자식들과 저승의 부모와 친지들이 조우하는 의식이다.

메카의 성지순례 순서는 다음과 같다. 카바에 도착하자마자 7번 시계 반대방향으로 돈다→흑석과 문 사이에서 축복기도(두아)를 행한다→마캄 이브라힘(아브라함의 발자국)이 있는 곳에서 두 번 라크아(상반신 굽히기)를 한다→우물물을 마신다→사파 언덕과 마르와 언덕 사이를 7번

걷는 의식(싸이)을 하는데, 마르와에서 순례의식이 끝나면 머리카락을 자른다→7개의 돌을 사탄에게 던진다→카바 신전에서 14km 떨어진 아라파트에서 하룻밤 자는데, 이곳은 아담과 하와가 하늘에서 내려와 재결합한 후 경배했다고 주장하는 곳이다.[3)]

위와 같은 과정들은 이슬람의 메카 성지순례 역시 일본의 온타케산 산행과 마찬가지로 자기확인, 자기각성의 장으로서의 의례적 성격을 띤다고 볼 수 있다.

이슬람 메카 성지에 모여든 순례자

02 | 관광과 순례의 관계

1) 관광과 순례의 의미 면에서 유사화 경향

순례는 종교적 목적으로 시작한 여행으로서 초자연적 존재가 출현했다고 간주하는 장소, 신의 도움을 받기가 더 쉬운 장소를 방문하는 것으로 절정에 이른다. 순례와 관광의 뚜렷한 구별을 없애려는 의도로 진정성과 자기 갱신을 추구하는 관광여행도 순례의 하나로 이해해야 한다는 주장도 있다.[4] 요즘에는 순례의 개념을 확대하려는 목적으로 엘비스 프레슬리의 고향인 그레이스랜드 같은 곳을 방문하는 것도 순례에 포함시켜야 한다는 주장까지 제기되었다. 순례의 역사를 살펴보면 순례의 뜻이 계속 축소되어 관광의 개념으로 흡수되고 있음에도 불구하고 여전히 하나의 관심사로 남아 있는 이유를 알 수 있을 것이다.

순례는 7세기 서방 기독교 세계에 기원을 둔 신앙적 순회여행이다. 순회여행은 12~13세기에 절정에 달했다. 당시만 해도 순례길은 영원한 삶을 위한 큰 투자로 간주하였다. 순례길을 하나의 투자로 묘사하는 것, 즉 경제적인 용어를 사용하는 것은 종교와 정치와 경제가 오늘처럼 따로 분리되지 않았던 시대에는 얼마든지 타당하다. 모든 것이 이 여행에 걸려 있었다. 순례는 순례자 자신의 생활환경뿐 아니라 그들 공동체의 종교, 정치, 경제 상황에도 영향을 주었기 때문에 종교와 정치와 경제 등 모든 영역과 밀접한 관련이 있었다는 뜻이다.

여행자 개개인의 차원에서 보면 순례는 상당히 위험한 여행이다. 많은 것을 포기해야 했고, 길을 가다가 잃는 것도 많았으며, 집에 돌아오지 못할 확률도 높았다. 모든 일이 여행자의 계획대로 진행되었다 해도 그에 따른 정치적, 사회적 결과는 피할 수 없었다. 즉 순례에 나선 순례자는 자신이 속한 공동체나 사회구조 바깥에 놓이기 때문에 법적인 사망과 비슷하게 간주하였다. 중세법에 따르면, 순례자가 일 년 동안 아무 소식이 없으면 육체적으로 죽은 것으로 선언되었다.

중세만 해도 육체의 죽음이 늘 순례자를 위협하긴 했지만, 순례자들의 큰 관심사는 오히려 영적인 죽음이었다. 오늘날에는 이것이 한 세계(물리적 세계)를 다른 세계(천상의 세계)와 바꾸는 것으로 들릴지 모르지만, 순례자들이 육체적 죽음을 불사하고 정치, 경제적 현 체제를 따름으로써 얻을 수 있는 안전을 의도적으로 포기했다는 사실에 주목해야 한다. 이런 행위는 물리적 세계를 상관치 않았다는 뜻으로, 물리적 세계의 현 체제에 영향을 끼칠 수밖에 없다. 순례자는 인생을 현 체제가 제공하고 약속할 수 있는 것 이상의 것으로 이해했음이 분명하다. 다시 말해 순례자들은 현재의 물리적 세계를 포기함으로써 천상의 세계뿐 아니라 또 다른 물리적 세계까지 바라보는 비전을 얻을 수 있었을 것이다.

중세 말에 이르러 순례는 중요한 변화를 겪는다. 개인의 자유를 중시하고 막 싹트기 시작한 자본주의의 경제발전이 그 자유를 뒷받침해 줌에 따라 순례는 개인의 자유와 독립성의 증거로도 간주된 것이다. 17~18세기에 이르면 순례는 교육받은 엘리트층이 관심 있는 미술품을 비롯한 문화예술을 감상할 목적으로 떠나는 여행의 형태를 띤다. 19~20세기에 들어서는 관광산업의 발전이 순례의 개념을 더 바꿔놓아, 관광과 순례가 좀 더 결합하여 폭넓은 사람들에게 제공되기에 이르렀다. 그나마 조금 있던 즐기기 위한 여행과 신앙적 여행 사이의 차이점도 거의 사라지고 말았다. 오늘날 순례여행은 대규모 관광산업으로 이뤄지는데, 어떤 사람들은 이런 순례의 목적도 옛날의 순례 목적과 별반 다르지 않다고 주장하기도 한다. 한마디로 신성한 것을 추구한다는 점에서 같은 여행이란 주장이다.

세월이 흐르면서 순례의 형태만 변한 게 아니라 신성한 것에 대한 정의와 사람들이 그것을 이해하는 방식도 변했다. 과거에 순례자가 신성한 것을 추구한다는 것은 하나의 도전을 의미했고 죄의 회개나 역경과 위험에 의도적으로 뛰어드는 일을 나타냈지만, 지금은 순례자의 개인적인 성장이나 자기실현을 내세우는 경향이 있다. 과거에 신성한 것을 추구하는 것은 신성한 존재에 가장 잘 순종하는 길을 찾는 여정이었지만, 지금은 현 상황을 변화시키기보다는 긍정(혹은 개선)하기 위한 순응적인 관점으로 추진되고 있다. 무엇보다 여행의 역경이나 위험이 현대식 여행수단의 발달로 인해 많이 줄어들어 대다수 순례자들은 뭔가를 포기할 필요가 없어졌다.

관광과 순례의 사회적 · 문화적 역할 면에서도 유사성이 많다. 순례의 역사를 더듬어보면, 반드시 당시의 상업로와 밀접한 관련이 있다는 것을 알 수 있다. 메카는 이슬람의 성지가 되기 전부터 사막의 오아시스인 상업도시였고, 중국의 구법승들이 인도로 가던 길은 이른바 비단길이며, 말 그대로 상업로였다.

순례가 가능하기 위해서는 도로정비는 물론 숙박시설의 완비, 연도(沿道)의 치안 · 안전 등 사회경제의 여러 조건이 갖추어져야 한다. 또 순례자는 문화와 정보의 전달자이기도 했다. 이렇게 순례는 단순히 종교의례일 뿐만 아니라 사회경제적 · 문화적 영향력을 갖고 있었다. 그런 면에서 관광과 순례의 발생과정, 영향력 면에서 유사성을 많이 가지고 있으므로 관광문화를 논의하는 과정에서 순례를 언급하는 것은 자연스러운 과정이라 할 수 있다.

2) 관광과 순례의 행태적 차이점

관광의 눈길은 대개 위에서 아래로, 재빠르게, 거죽만 훑는 것이다. 관광은 상대방을 사물화(私物化)하고 내려다보는 눈길인 경우가 많기에 무례하기 쉽다. 특히 오늘날 관광은 대개 버스의 차창이나 카메라의 렌즈를 통과한다. 차창이나 렌즈를 통한 눈길은 더욱 무례하다. 그러고 보면 옛 사람들이 안경을 낀 채 어른 뵙는 것을 무례한 짓으로 여겼던 까닭을 이해할 법하다.

관광의 반대는 순례다. 관광이 눈으로 보는 것이라면 순례는 발로 걷는 것이다. 무엇보다 관광과 순례의 차이는 눈길에 있을 듯하다. 관광이 급히 피상을 스쳐 지나간다면, 순례는 천천히 주변과 눈을 맞춘다. 관광이 창을 통해 대상을 객체화한다면, 순례는 객체를 도리어 나의 속으로 안으려 든다. 그러므로 순례는 종교적 행사로 이른바 평화의, 치유의 걷기로 승화됨을 의미한다. 천천히 걷는 걸음 속에서 끌어들여 소통하고 또 이로써 심신의 평화를 얻고 이 과정에서 내 속에 든 갈등을 치유하게 된다. 관광의 시선에서는 사물화(私物化), 소외화(疏外化)가 빚어진다면, 순례의 걸음에서는 함께, 더불어가 일어난다.[5)]

03 | 관광과 순례의 구성적 공통요소

1) 의례적 요소

(1) 통과의례의 의미

현대인의 의식세계를 크게 구분해 보면 세속적 세계와 신성한 세계, 즉 성(聖)과 속(俗)으로 나눌 수 있다. 성과 속의 개념은 1898년 프랑스 사회학자 앙리 위베르와 마르셀 모스(Henri Hubert & Marcel Mauss)에 의해 최초로 제기되었고 1909년 프랑스의 민속학자인 아놀드 반 겐넵(Arnold Van Gennep)에 의해 더욱 개념적으로 발전된 통과의례론은 성과 속이라는 2분법에서 출발하고 있다.[6] 위베르와 모스는 희생제물을 드리는 사람과 그것을 받는 존재(신)의 관계에 주목했다. 그들은 희생제의가 성스러운 영역과 속된 영역을 연계시킨다고 보았다.

사회생활에 있어서 개인의식의 변화는 성과 속이라는 세계의 작용과 반작용으로 이루어진다. 그런데 성스러움이란 절대적인 가치가 아니라 상황에 따라 주체자의 의식에 따라 변하는 상대적 가치이다. 이것의 지위나 상태에 그대로 머물러 있는 것은 속의 영역이고, 반대로 다른 지위나 상태에 들어가는 것은 신성의 영역에 속한다. 이 성과 속은 수시로 변하는 개인이나 집단의 의식 전이(轉移)를 이해하기 위한 핵심개념이다. 속에서 성으로, 혹은 성에서 속으로 전이되기 위해서는 어떤 형태이든 간에 일종의 의례(rites)라는 과정을 거치게 되는데, 바로 이 의례과정이 소위 통과의례(the rites of passage)라는 것이다.

통과의례 중에서 속의 영역에서 벗어나 성의 영역으로 들어가는 것을 문지방을 넘는(liminal : 閾置) 행위로 규정하면서, 반 겐넵은 통과의례의 전과정을 분리의례, 전이의례, 통합의례의 세 가지로 나눌 수 있다고 주장한다. 그에 의하면, 통과의례는 우리들의 일상생활과 관련된 모든 활동, 이를테면 임신과 출산, 출생과 아동기, 사춘기 성인식, 약혼과 결혼, 장례 그리고 나아가 할례, 성행위, 계절변화 의례, 종교순례 여행 등에서 나타난다. 위베르-모스와 반겐넵이 제시하고 발전시킨 학설이라 할 수 있는 통과의례론을 관광현상에 적용하여 관찰한 것은 빅터 터너(Victor Turner)와 그의 부인 에디트 터너(Edith Turner)이다. 이들은 아프리카인들의 각종 의례와 기독교인들의 성지순례에서 역치되는 과정을 관찰하면서 이 개념을 관광 특히, 순례관광과 관련시켰다.[7]

반 겐넵의 통과의례는 일상과 분리되는 분리의례로부터 출발하여, 역치된 새로운 사회인 리미널리티(liminality)에 이르고 다시 자신의 일상생활로 되돌아오는 통합의례로 회귀하는 과정이다. 그런데 터너 부부는 이러한 의례과정이 관광현상에도 그대로 적용될 수 있다고 주장한다. 왜냐하면 관광여행도 일상적이고 세속적인 생활영역에서 벗어나 새로운 세계인 신성하고 코뮤니타스한 영역으로 들어갔다가 다시 세속으로 환속하는 일련의 과정 즉 일상(세속) ⇒ 관광(성스러움) ⇒ 일상(세속)의 관계로 볼 수 있기 때문이다. [그림 9-1]은 이런 과정을 나타낸 것이다.

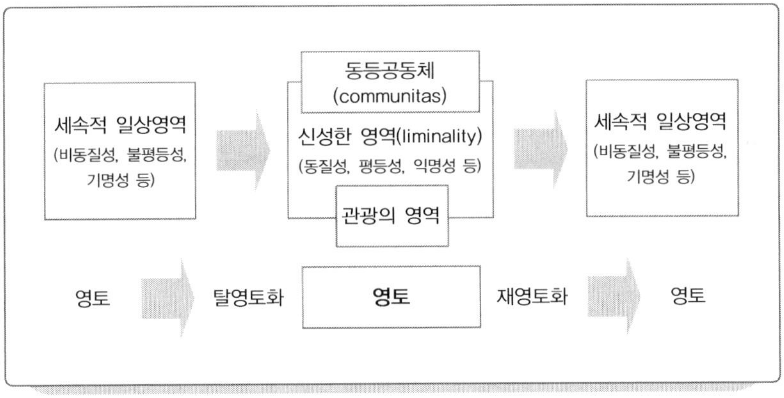

출처 : 김사헌(2007), 『국제관광론 : 국제관광현상의 사회문화론적 해석』, 서울: 백산출판사, p. 106.

[그림 9-1] 관광의 통과의례

터너는 여기서 리미널리티라는 용어 대신에 자기 자신이 개발한 리미노이드(liminoid)란 용어를 도입한다. 이 리미노이드 즉 역치성은 일상생활의 제도화된 영역인 신분, 역할, 규범가치 등이 기존 관례에 배치되는 새로운 성격의 세계를 뜻한다. 관광객은 일상인 성, 사회, 규범으로부터 벗어나 새로운 세계에서 해방감을 만끽하게 되며 이 리미노이드한 활동을 통해 자신의 거주지에서의 일상생활과 뒤바뀐 전혀 색다른 전도감을 체험하게 된다.

2) 리미널리티(역치성) · 코뮤니타스(동등공동체) · 리미노이드적 요소

터너는 신성하고 종교적인 순간을 역치성(liminality)으로 부르고 이러한 단계에 머물러 있는 사람들이나 그들이 모여 있는 상황이나 공간을 코뮤니타스(communitas)라 했다. 코뮤니타스는 코뮤니티(community)와 동일한 어원에서 나오는 말이나 코뮤니티가 지역적 · 공간적 의미만을 규정하는 한계를 지닌 것으로 주로 인식되고 있기 때문에 터너는 시간적 · 공간적 의미를 모두 포괄하는 코뮤니타스라는 용어를 사용했다. 리미널리티란 문지방을 의미하는 리멘(limen)이라는 말에서 파생한 것으로, 문지방에 서 있는 것과 같이 평소에는 금기로 여겨지는 공간과 행위의 존재를 상징한다는 것이다.

그러나 이러한 리미널리티 단계는 영원히 또는 장기간 지속되는 것이 아니라 일시적으로 끝나는 단계이다. 따라서 대단히 압축적이고 비일상적인 상황이 표출되기 때문에 신성한 단계로 간주된다. 이때는 극도의 흥분이나 위험성, 일탈성 등이 용인된다.[8)]

터너는 이러한 코뮤니타스적인 상황에서 일어날 수 있는 현상으로 자유(freedom), 평등(equality), 동료애(friendship), 동질성(homogeneity) 등을 그 예로 들고 있다. 즉 다양한 형태의 사회적 구속에서 벗어나 평상시에는 입어볼 수 없는 옷을 입거나, 아니면 모든 옷을 다 벗어버릴 수도 있고, 요란한 치장과 화장, 분장을 할 수 있는 자유를 만끽한다. 누구나 사회 · 경제적 지위의 종적 관계에서 벗어나 동등한 입장에서 횡적으로 평등한 관계를 맺을 수 있다. 이 속에서는 자신과 어떤 친밀한 관계를 갖지 않았던 사람과도 단번에 진한 동료애를 느끼며 이를 통해 모든 이들이 동질성 속에서 합일되는 것이다.

터너는 리미널한 단계에 집중해 설명하고 있다. 이 단계는 의례를 통해 변화가 일어나는 직전 과정에서 모호한 행동을 특징으로 하는 잠정적 단계, 즉 이전의 상태는 더 이상 작동하지 않는데 새로운 단계는 아직 오지 않아 재분류가 일어나는 단계이다.

그들은 리미널 상태에 있으므로 사회적인 지위나 서열을 나타낼 만한 어떤 지위도 재산도, 어떤 표시(insignia)나 옷도 입지 않고, 괴물로 변장할 수도 있다.

한마디로 말하면, 같이 있는 다른 신참자(neophytes)들과 전혀 구분이 되지 않는다. 그들의 행동은 보통 수동적이고 겸손하다. 그들은 자신들에게 행해지는 가르침을 은연중에 순종하고, 그들에게 내려지는 처벌을 불평 없이 받아들인다. 그들은 자신들이 다음에 경험하게 될 새로운 사회적 상황에 대응하기 위해서 새로운 힘을 부여받는 것이다. 이들 신참자들은 자기들끼리 강한 동료의식과 평등주의를 발전시킨다. 위세와 지위, 서열과 같은 세속적인 구분은 사라지고 모두 동등해지는 것이다.

세속적 의례와 여가활동에서 볼 수 있는 그와 유사한 현상도 리미노이드(liminoid)로 부른다. 리미노이드 기간(예를 들어서 놀이가 진행되는 동안, 관광객이 집을 떠나 있는 시간, 일터에서 벗어나 여가를 즐기는 시간) 동안 집단의 사회적 구조와 도덕적 구조는 변화한다. 터너가 반구조적이라 규정한 이 시기의 사회적 유형들은 정상적인 유형들과는 다르며 때로는 역할 전도를 포함하기도 한다.

리미노이드 상태는, 흥분상태에서 어떤 중요한 활동에 완전히 몰입해 있는 사람에게서 특징적으로 나타나는 비반사적 상태다. 이 상태에 있을 때는 행동과 의식이 뒤섞이며, 자아의식이 없어지는 대신 참여자가 열심히 숙달하고자 하는 한정된 분야에 관심이 집중된다. 이 감정상태는 어떤 외적인 목적에 대한 수단이 아니라 그 자체로써 하나의 보상이다. 이와 같은 감정상태는 종교행위(성찬식)에 몰두해 있는 사람에게서 특징적으로 나타나는 것이지만, 한편으로는 취미, 성행위, 레크리에이션, 놀이 등과 같은 여가활동 등에서도 공통적으로 나타난다.

역치상황에서 발생하는 리미널리티와 리미노이드의 의미차이와 적용상황을 살펴보면 아래와 같다.

첫째, 리미널리티는 전통적 부족사회와 초기 농경사회에서의 유력한 사상(事象)으로 태양력, 생물학적 주기, 사회구조의 순환과 관련하여 집합적인 특징을 가지고 있다.

한편, 리미노이드는 사회적인 유대가 지위에서 계약으로 바뀌면서 보다 복잡한 구조를 띠고 있는 현대사회에서 볼 수 있는 사상으로 사람들은 자발적인 관계를 형성해 가는 것이 큰 특징이다. 물론, 리미노이드 현상이 대중적 · 집합적 효력을 가지고 있다 하더라도 그 내면에는 개별성과 개인성을 추구하고 있다. 그리고 리미노이드는 여가영역에 속하는 시간과 공간 속에서 발생한다.

둘째, 리미노이드는 리미널리티보다 실험적인 성격을 가지고 있다. 그렇기 때문에 각본을 쓰는 사람의 개인적인 것이기 때문에 리미널리티에 비해 보다 기분이 들뜬 상태로 보잘것없고 엉뚱하고, 기묘한 성격을 가진다.

셋째, 리미노이드 현상은 리미널리티 현상과는 달리 일상의 권위적인 구조와 상징을 역전시키기보다는 파괴하는 성격을 가지고 있다. 예를 들면, 경제적 사회의 틀, 집단적인 반성작용, 대중의 흐름을 중요시하는 것이 리미널리티라 하면, 특이한 틀, 개인적인 반성작용, 주관적인 흐름을 중시하고 항상 사회에 대한 의문을 가지고 있는 것이 리미노이드라 할 수 있다.

그러므로 리미널리티가 전통사회에서 집단적 이행·경계상태에서 발생한 사상이라면, 리미노이드는 현대사회의 특징처럼 집단의 형태를 취하더라도 결국 자기중심적 성향이 강한 것으로 이해할 수 있다.

04 | 관광 : 성스러운 여행

한편 그라번(Nelson H.H. Graburn)은 스미스(Valene L. Smith)의 *Host and Guest* 내용을 바탕으로 순례와 관광을 성스러운 여행으로 인식했다. 그라번은 관광을 성스러운 영역으로 위치시켜 일종의 의례로 보고 있다. 의례는 연속해서 흐르는 시간에 구획을 그어 지나간 인생에 대한 각인을 남기는 문화적인 장치이다. 그때의 생은 의미가 많았던 것으로 전환시켜 다양한 상징으로 표현하는 사람들을 보게 된다. 가령, 어떤 연도를 말할 때 단순히 1999년이라기보다는 로마를 방문했던 해라고 표현하는 것이 한층 즐겁고 보다 좋은 추억을 더듬어볼 수 있다고 그라번은 얘기한다.[9)]

그라번에 의하면, 관광의례에 의해서 어떤 시기를 각인할 때 과학적으로 단순히 달력의 숫자만 얘기하기보다는 아득히 먼 비일상적·축제적·의례적이었던 그 당시를 인식하는 메커니즘이 더 적합하다는 것이다. 통과의례의 유명한 도식인 세속적인 기간과의 대립적인 성격을 부여한 이행기간은 경계성과 비일상성을 띤 별도의 생을 제공받는다. 요즈음은 집을 떠나 성스러운 날(holy sacred days)을 즐기는 것이 생을 살아가는 하나의 기준이 되기도 한다.

성스럽고 비일상적인 여행과 속된 일상의 일 때문에 집에 머문다고 하는 대립된 2가지 삶이 개인에게 있어 습관적·반복적으로 일어나고 있다.

개인의 삶의 시작과 끝은 통상 의례로 상징지어진다. [그림 9-2]를 통해서 보면 일상(A)을 떠나는 분리의례(B)는 하나의 삶이 끝남과 동시에 별개의 삶이 시작되기도 한다. 사람들은 무사하게 매일을 종료할 수 있는 것에 대해 신에게 감사해 하고 곧 다가올 주말을 기대한다. 그때의 감정은 양면적인데, 새로운 미래에 대한 기대와 동시에 미지의 일에 대한 불안 및 긴장이 발생한다. 비행기 사고, 열차 사고, 자동차 사고, 여행 중 노인의 사망 등이 발생하고 있어, 여행을 가면 사람들은 무사히 돌아올 수 있을까 하는 의문이 생기기도 한다. 그 때문에 헤어짐은 곧 죽는 것으로 생각하여 여행 출발 시 잘 다녀오라고 말하기도 하고 눈물을 흘리는 것은 죽음으로 가는 모습을 상징하고 있기 때문으로 그라번은 설명한다. 성스런 관광의 기간(C)이 종료되고 일상으로의 재통합 의례(D)에 있어서도 또한 양면적인 감정을 발견할 수 있다. 즐거웠던 휴가기간을 유감으로 생각하는 기분이 있는가 하면, 여행지에서의 긴장으로부터 해방되어 집으로 돌아간다는데 상기되어 다소 멍청해지는 기분도 있다. 그러나 이전의 역할로 되돌아 올 때(E), 사람들은 일종의 문화적인 충격(culture shock)을 경험한다. 이전의 자신과는 다른 자신을 발견하고는 놀란다. 재창조(re-creation)를 거쳐 새로운 자신이 된 것이다. 결국 관광은 관광객으로 하여금 자기

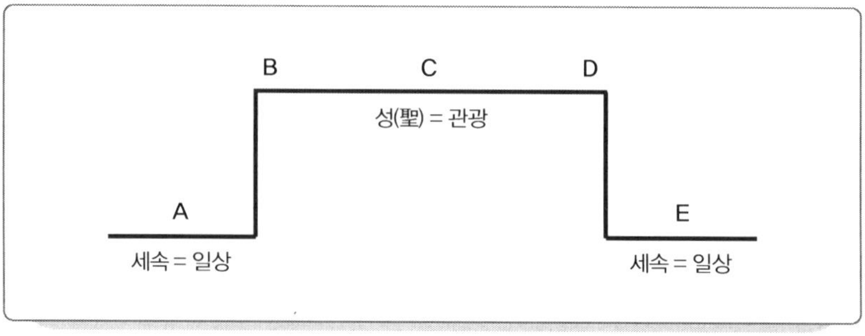

출처 : Nelson H. H. Graburn(1977), Tourism : The Scared Journey in Host and Guests, the Anthropology of Tourism, ed. by Valene L. Smith, Univ. of Pennsylvania Press, p. 30.

[그림 9-2] 의례의 과정으로서 관광

갱신의 감을 갖도록 하는 것이 중요하다.

관광을 축으로 한 사람들의 생활을 다음과 같이 가정해 볼 수 있다. 사람들은 관광·휴가를 가기 위해 돈을 저축하고, 관광이 끝나면 돈도 거의 바닥을 보인다.

그때 일 속에 파묻혔던 심신의 피로 및 권태감을 완전히 해소하고 새로운 전망 및 행복감을 맛볼 수 있다면 가장 이상적인 관광·휴가인 것이다. 일상의 염려로부터 해방된 관광의 시간을 추억으로 돌이켜봄으로써 고된 노동 및 불안이 한층 부드러워진다. 이렇게 해서 다음의 관광·휴가를 기대하고 계획을 세우게 된다.

관광에 있어서 불가결한 요소인 여행과 이동에는 단순한 지리적 이동과 상징적으로 일상을 벗어난 상태 이상의 것이 포함되어 있다. 개인주의, 일 지상주의에 가치를 둔 서양 사람들에게 있어서 관광은 최상의 삶이다. 이동을 포함한 관광은 마음을 들뜨게 하는 자극을 주고, 자기를 새롭게 하고, 본래의 자기능력을 충분히 발휘할 수 있다는 의미에서 성스러운 것이다.

아메리카 인디언 사회의 젊은 사람들은 혼자서 여행을 떠나는 고통을 경험하고, 인생을 살아가는 데 있어 여행을 통해서만이 보다 높은 사회적 지위에 오를 수 있다는 믿음을 가지고 있다. 인도, 중세 유럽, 이슬람 세계에 있어서도 사람들은 고난을 수반하는 순례를 통해 정신적인 깨달음에 이르려고 노력했다. 이와는 달리 라스베이거스를 찾는 사람들은 쾌락을 위한 희생으로 빈 지갑을 가지고 집에 돌아가지만 그들은 또 다른 일종의 깨달음에 이른다.

관광이 자발적이고 이기적인 여행이라 하더라도 성스러운 것이 되기 위해서는 관광객의 여행이 자기가 사는 사회의 무리들 속에서 인정받을 필요가 있다. 그 여행은 실존적으로 비일상적인 영역임을 가정하고 있다.

관광객은 또 다른 삶의 상태를 경험하기 위해 많은 비용을 소비한다. 그 비용은 새 차를 구입하거나 아니면 집을 수리하는 비용에 상당하는 금액일 수도 있다. 그러나 관광객은 관광을 통해 정신적인 뭔가를 얻을 것을 기대하고 그것에 드는 비용을 아까워하지 않는다. 그라번은 이상과 같은 이유를 들어 관광이 성스러운 것이라고 했다.

그라번은 순례의 연장선상에 관광을 위치시켰다. 관광은 대상을 심미적으로 파악할 수 있는 기회를 부여한다. 순례의 대가는 여행을 출발할 때 기원했던 신의 은총이다. 순례로부터의 귀환자는 정신적·도덕적인 지도자로서 자기의 집단에서 맞아들인다. 그렇다면 관광으로부터의 귀환자는 그 대가로서 무엇을 얻는가, 종교적인 은총 대신에 신체와 정신건강, 사회적인 지위, 이국적인 경험을 획득한다고 할 수 있다.

르네상스 이후 유럽에서는 진리가 마음과 정신 바깥에 존재한다고 하는 사고가 보편적이었기 때문에 사람들은 자신의 바깥을 향해서 진리탐구의 여행에 참가했다.

이러한 사고가 신대륙의 발견 및 과학적 조사로 이어진다. 또한 18세기 영국의 교양관광(grand tour), 산업혁명 후 토마스 쿡(Thomas Cook)이 발전시킨 패키지 투어(package tour) 시대를 맞게 했다.

오늘날의 세계에서는 그 성스러운 것의 개별화·개인화가 진전되고 어떤 사람에게는 흥분을 불러일으키는 것이라도 다른 사람에게는 일상적인 것으로 싫증나는 경우도 있다. 전통적 사회는 집합적 이해를 바탕으로 성스러운 것이 결정되었다. 순례처럼 개별성을 전제로 한 현대의 관광도 성스러운 것이다. 그러나 뒤르켐(Emile Durkheim)은 종교적인 것, 성스러운 것이 사회적인 것이라면 관광지의 관광대상을 일시적으로 즐기거나, 모조품을 대상으로 한 관광이 어떻게 신성함을 띨 수 있을까 하는 의문을 제기하고 있는 실정이다.

그러나 그라번은 젊은이들의 알뜰여행 · 방랑관광(放浪觀光)에서 부딪히는 위험성을 성스러움의 본질로 보고 있다. TV프로그램에서는 알뜰여행을 다큐멘터리화해서 방영하고 참가자를 영웅으로 치켜세우고 있다. 가까운 주위의 예를 보더라도 대학을 휴학하고 아르바이트하면서 해외를 알뜰여행하는 학생이 동료들로부터 영웅이 되고 그 여행이 생애의 얘깃거리가 된다. 그러나 알뜰여행과 오늘날의 관광을 동등하게 취급하는 것은 문제가 있다. 관광객은 관광비용을 자국에서 확보한 자이고, 관광지에서 관광비용을 조달하는 자까지도 관광객의 범주에 포함시키는 것은 체계를 애매하게 할 뿐이다.

위험성이 신성성의 하나의 항목은 되겠지만, 관광을 통해 익숙해진 위험이 그대로 신성성으로 인정될 수는 없다. 관광이 순례의 은유인 것처럼 관광에 있어서의 위험성 또한 순례에 있어서 신성성의 은유에 해당되는 것으로 볼 수 있다.[10] [그림 9-3]은 성과 속을 바탕으로 한 연속체선상에서의 순례와 관광을 나타낸 것이다.

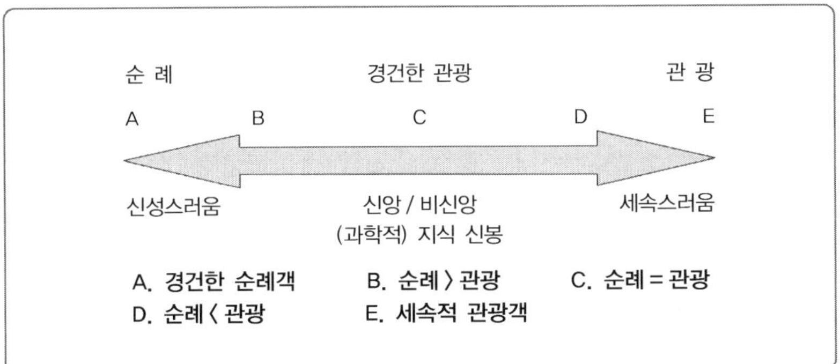

출처 : Valene L. Smith(1992), Introduction : The Quest in Guest, Annals of Tourism Research, 19(1), p. 4.

[그림 9-3] 연속체선상에서의 순례와 관광

관광과 민족문화 연출

CHAPTER 10

01 | 관광관의 변천과 접대의 전통

1) 피지의 관광개발 전개와 관광관의 변천

(1) 피지의 관광개발 전개

제임스 쿡(James Cook) 선장이 피지제도 동부를 발견한 것은 1774년이다. 그 후 19세기에 접어들어 서양의 무역상이 중국과의 삼각무역을 시작하고, 1835년에는 선교사가 타히티(Tahiti)로부터 통가(Tonga)를 거쳐 피지 동부제도에 상륙했다. 20세기 초 피지는 오스트레일리아와 북미를 연결하는 기항지가 되고, 선박을 이용한 승객 및 승무원을 위해 호텔을 건설하였다. 수바관광국(Suba Tourist Bureau)도 설립하였다.

당시는 1년에 4천 명 정도의 관광객이 방문하여 6천 파운드를 소비하였다. 1941년 이후 교통의 요충지가 된 나디(Nadi)공항을 미국군이 개항

했다. 1950년대에 제트기가 취항하고, 1958년에는 1만 2천 명의 관광객이 내방하여 240만 달러를 소비하였다. 여기서 관광개발의 기본적인 특징을 발견할 수 있다. 우선 선교사와 전함(戰艦)이 동시에 방문하여 개종(改宗)과 식민지화를 진행시키고, 또 세계대전 중의 보급로 확보를 위한 교통망을 정비하여 전쟁 후에는 관광객을 위한 수송시설로 활용한다. 그러나 피지는 1970년 독립과 동시에 공항을 국영화하고, 또한 자국 항공사인 에어 퍼시픽(Air Pacific)을 설립한다. 1982년에는 관광산업을 통한 총매출액이 설탕 매출액을 능가하였고, 1990년에는 관광객이 25만 명에 이르게 된다.[1)]

❶ 피지경제의 변화과정과 관광산업의 대두배경

1800년대 초기에 앵글로-호주인과 미국인 회사가 미국, 오세아니아 그리고 중국의 삼각 무역노선을 위해 피지에 투자하기 시작했다. 이로 인해 피지는 자본주의적 생산관계 중심지 국가로부터 상업자본이 투입되었다. 또한 해외시장의 요구에 따라 야자수농장, 면화사업 등의 산업이 호주, 유럽, 미국 등에서 온 백인농장주와 기업가들의 광범위한 유입과 함께 발전하게 되었다.

사탕수수산업으로 인해서 다른 영역의 산업과 기술이 개발·축적되지 않자 피지의 제조업 발전은 수입대체 활동에 우선순위를 두었고, 극히 일부 상품만 수출하는 데 그쳤다. 그 결과 피지는 사탕수수산업에 의존하게 되었으며 해외시장에 대한 의존도가 높았다. 이러한 과정을 통해 중심지 경제의 통합 속으로 피지가 들어가게 되었으며, 이후에 지속적으로 경제적인 악화가 발생하는 구조적인 문제를 태생적으로 내포하게 되었다. 게다가 1960년대 후반에 들어서 세계 전반적으로 사탕수수 가격이 하락하기 시작했다.

피지에서 사탕수수산업의 위기는 민족적 긴장과 긴밀하게 연결되어 있었다. 토지의 공급은 주로 피지인과 유럽인에 의해 통제되고, 반면 인도인들로부터 땅에 대한 지속적인 반발과 요구가 있었다. 또한 사탕수수산업의 수익성이 하락하면서 피지는 고용위기에도 직면하게 되었다.

이러한 상황에서 관광산업은 고용위기를 해결하고, 사탕수수 경제문제점으로 인한 민족적 긴장과 정치적 긴장을 경감시키고, 사탕수수산업에 대한 과도한 의존성을 경감시키는 산업으로 간주되었다.

이를 정리하면 다음과 같다.

첫째, 관광산업은 상대적으로 노동집약적인 활동이라고 여겨졌기 때문에 관광산업을 통해 사탕수수산업 영역에서 잉여 노동력을 비농업 고용인구로 전환시킴으로써 고용문제를 해결할 수 있었다. 또한 피지인들의 경제활동에의 참여를 확대시킴으로써 피지의 평민들에게 현금경제에 접근할 수 있는 기회를 제공할 수 있고, 이로 인해 피지 사회에서 제기되고 있는 여러 주장과 반목을 약화시킬 수 있었다.

둘째, 관광산업은 토지자원에 대한 인도인들의 접근성을 제한하는 대신에 대안적인 고용을 제공할 수 있었다. 또한 인도인 상인과 기업가들에게는 상업적 확장의 새로운 방법을 강구할 수 있게 하였다. 그전에는 인도인이 소유한 소규모 자본으로는 대규모 자본을 가진 유럽인과 외국 회사에 경쟁할 수 없었는데, 관광과 관련된 다양한 규모와 다양한 영역이 존재함으로써 이러한 영역에 진출할 수 있게 되었다.

셋째, 그 당시 피지는 제한된 산업자원과 불균형적인 산업구조, 재정증대를 위한 내부적 능력의 빈약성과 외국자본에 대한 극심한 의존도의 문제가 남아 있었다. 피지에서는 특정 산업에 대한 외국인의 집중적인 투자만 있었고, 다른 영역에서 외국 자본을 유치할 능력이 없었는데, 그 주된 이유는 피지경제의 심각한 불균형 때문이었다. 그러나 관광은 피지의 한

정된 산업자원과 불균형적인 산업구조와는 상관없이 경제 진흥을 꾀할 수 있을 것으로 인식되었다.2)

❷ 피지 관광산업의 발전과정

피지의 관광산업은 20세기 초에 태평양을 횡단하는 선박무역에서 시작되었다. 호주와 미국의 선박항로는 승객들이 상륙하거나 호주 혹은 남미 노선을 향해 배를 갈아타는 중요한 이송항구로써 피지를 이용하였다. 그래서 승객들을 위한 호텔과 다른 서비스시설들이 수바(Suva : 피지의 수도)에 구비되었다. 그러한 사업의 일환으로서 1914년에 Union Steamship Company(유럽인의 소유)에 의해 Grand Pacific Hotel이 건설되었다.

피지의 유럽인 거주자들은 피지 관광산업의 가능성에 눈뜨게 하기 위해 정부에 관광의 촉진을 지속적으로 제안, 촉구하였다. 이러한 노력과 맞물리면서 잠재적인 방문객을 위해 피지사회의 정보를 제공할 목적으로 1923년에 Suva Tourist Bureau가 설립되었다.

1941년 나디(Nadi)에 공항이 건설되었고, 1950년대 후반에 보잉707과 더글라스DC8 제트기가 피지에 도입되면서 관광객이 더욱 증가하기 시작했다. 그로 인해 관광객을 위한 숙박시설이 발전되기 시작했는데, 1960년과 1961년에 Skylodge와 Mocambo 호텔이 지어졌다. 두 호텔은 나디공항 근처에 지어졌으며 지역의 유럽인과 미국인 기업가들에 의해 경영되었다.

피지에서 관광산업이 획기적으로 발전하게 된 계기는 정부가 1962년에 면세 무역지대를 설정하면서부터이다. 사치품, 카메라, 망원경, 녹음기 등의 면세품을 판매하면서 호주와 뉴질랜드의 방문객이 급증하였다. 이로 인해 정부는 새로운 호텔의 건축을 장려하기 위해 1964년에 호텔지원법령(Hotel Aids Ordinance)을 통과시켰다.

정부가 면세무역지대를 설정하면서 1960년대 지역 유럽인과 호주회사는 전자, 보석 등을 수입해서 도매, 유통시켰다. 면세 쇼핑업의 성장, 관광객들의 급증, 정부의 호텔지원법령(Hotel Aids Ordinance)의 통과로 인해서 피지의 숙박부문은 1960년과 1975년 사이에 급진적인 변화를 겪었다.

1960년대에 Regent, Sheraton, Hyatt(지금은 Warwick), The Fijian and the Mocambo(샹그리라 그룹 : Shangri-La), Travelodge와 Best Western 등의 국제적 수준의 호텔을 포함해서 숙박부문의 급속한 성장이 있었다.

이러한 관광 관련 직간접시설 및 상품 확충과정은 결국 외국자본의 유치 확대라는 결과를 초래하게 된다. 이러한 추세는 1970년대에도 이어졌는데, 특히 1970년과 1975년 사이에 건축되어 경영되는 모든 숙박시설의 65%가 외국인의 소유였으며, 리조트의 67%, 호텔의 58%가 외국인 회사에 의해 공급되었다.

그 당시, 숙박부문에 인도인과 피지인의 투자도 이루어졌지만, 해외 회사와 지역 회사는 관광객을 유인하는 데 있어서 제공되는 숙박의 유형에 따라 그 기능이 달랐다. 해외의 큰 회사인 경우는 그들의 재정적 지원, 높은 수준의 경영기술을 통해 관광객들이 기대하는 호화스러운 환경을 제공했던 반면, 인도인과 피지인의 회사는 적은 자본력, 경험부족, 낮은 수준의 경영기술 때문에 숙박규모와 질에 있어서 낮았으며 관광객 유인에도 그다지 성공적이지 못했다.

결국 피지에서 관광의 촉진과 개발은 소수의 해외 기업가들에 의해 주도되어 관광산업의 소유에 있어서 위계적 구조는 확대, 강화되어 갔다.

또 한편으로 고용구조에 있어서 외국인들은 최고수준의 경영자들로서, 관리자로서의 지위를 차지하고 있었다. 1976년 당시 외국인 소유 호텔의 56.7%가 최고 수준의 경영진과 관리직 지위를 외국인들이 차지하고 있었다. 그 외 지역에 유럽인들이 34.3%, 피지인들과 인도인들이 겨우 9.0%를 차지하고 있을 정도였다. 따라서 피지인들의 높은 고용률의 혜택은 이미 상실했다고 볼 수 있다. 피지 관광산업의 소유와 경영의 위계적 구조는 현재에 이르기까지 지속되고 있다.

(2) 피지 관광관의 4단계 변천

제1기 낙관적 환상기(1960년대)에는 관광객이 그리 많지 않고, 피지인의 우호적인 환대를 관광객도 즐겁게 받아들였던 시기이다. 제2기는 피지인의 관광객에 대한 부정적인 시각, 즉 비판기(1970년대)로서, 피지인들의 경우 호텔 등에서 일할 기회가 급증했지만, 단순하고 세련되지 못한 그들의 습성 때문에 경영자에게 당혹감을 주는 경우가 많았던 시기이다. 생계문제는 해결되었지만 종업원으로서 인간적인 대우를 받지 못하였고 그 원인을 관광객 때문으로 생각한 것이다. 제3기는 상대화의 시기(1980년대 전반)로서, 관광객이 관광지 주민의 집을 방문할 때, 신발을 벗지 않고 그냥 들어가자 관광객은 자각(自覺)해서 예의를 갖춘 행동을 해야 한다고 하는 지역주민의 관광객에 대한 비판이 일었던 시기이다. 제4기는 특이성 강조 시기(1980년대 후반)로서, 세계 관광시장 속에서 피지를 어떻게 판매할 것인가 하는 관광사업의 전략 수립과 더불어 관광을 통한 문화환경 파괴의 문제에 관심이 고조된 시기이다.[3)]

2) 피지인의 환대전통

다른 마을의 수장(首長)이 마을에 공식적으로 방문할 때에는 성대한 환영 및 송별의례가 펼쳐지고, 체재 중에는 전통적인 춤 메케(Meke)를 비롯한 대중가요 및 쇼를 철야로 공연한다.

외국인의 출입이 잦은 결과 외국인을 대하는 현지인들의 태도는 매우 호의적이다. 호텔, 식당, 상점 등 관광객이 드나드는 어느 곳에서든 늘 반

갑게 맞이하는 현지인들의 미소를 만날 수 있는 것이 특징이다.

피지에서는 현지 주민의 전통마을을 방문할 기회가 많은 편이다. 피지의 전통마을을 방문할 때에는 마을의 추장에게 감사표시로 작은 선물을 준비해 가는 것이 예의이다. 대신 피지인들은 손님들에게 카바(Kab'ah) 또는 양고나(Yagona)라고 불리는 피지 전통의 음료수를 제공한다. 환대의 의미를 지닌 카바는 일종의 고추나무 뿌리를 갈아 만든 것으로 피지사람들이 즐겨 마시는 음료수이다.[4)]

수공예로 만든 타노아라는 그릇에 담은 카바는 그 빛깔이 마치 우리의 막걸리 비슷하고 별 맛이 없으며 처음에는 혀가 얼얼하다. 많이 마시면 취함과 동시에 약간의 마비현상을 일으킬 수도 있다. 이는 카바가 마취제의 원료로 사용될 정도로 독성이 있기 때문이다. 하지만 오래전부터 피지인들은 무덥고 힘든 일과를 마치고 난 후, 동료들과 카바를 마시며 기분전환을 했다. 그래서 카바를 제공하는 것은 전통적으로 손님을 친구로 받아들인다는 환영의 의미이고, 또한 적대자들 사이에서 화해를 상징하기도 한다.

(1) 메케

메케(Meke)는 피지어로 춤이라는 뜻이다. 피지인들이 손님을 환영할 때나 탄생을 축하하고 죽음을 애도할 때, 결혼 축하, 종교행사 등 중요한 행사 때 했던 의식이다.

남성의 춤은 전쟁에 나가기 전, 용기를 복돋우기 위해 추었던 춤으로 힘이 넘치고 격렬하다. 여성의 춤은 주로 손목을 사용하며 우아하고 여성스러우며 주로 부채를 사용한다. 전쟁터로 나갈 때 남자들의 사기를 북돋우고, 여자들의 경우 손님이 왔을 때 환영의식으로 춤과 노래를 하는 메

메케춤 공연

메케춤 공연을 구경하는 관람객들

케의식은 남자들에겐 전쟁의 승리를 기원하는 의미를 담아 힘차고 박력이 있는 반면, 여자들은 손님들에게 가장 사랑스럽고 부드러운 손동작을 하며 귀여운 표정을 짓는다.

무용수들은 타파(tapa)라는 나무껍질로 만든 전통의상을 입고 손목에는 화려한 꽃장식을 두르고 춤을 추며 노래를 부른다. 배 모양의 나무 북인 랄리(Lali : 나무껍질로 만든 드럼)와 대나무통을 땅에 놓고 치는 응데루아라는 악기로 반주를 한다.

(2) 피지, 귀한 손님에 대한 배려 카바의식

카바의식은 천연 마취제 성분이 들어 있는 카바 열매즙을 짜서 서로 원샷을 하고 불라(bula)를 외치면 서로 신뢰할 수 있는 관계가 된다는 의식이다.

카바의식의 순서는 우선 의식을 주도하는 사람, 카바를 만드는 사람,

카바

카바를 그릇에 담아 대접하는 사람이 손님과 함께 자리한다. 주도자가 시작기도를 하면, 카바를 만드는 사람이 타노아(tanoa)라는 그릇에 양고나 가루를 넣고 즙을 짜서 코코넛 껍질로 만든 빌로(billo)라는 컵에 담아준다. 이를 받아 주도자가 손님에게 카바를 대접하면, 손님은 박수를 두 번 치고 불라(bula : 안녕하세요)라고 외친 다음 한번에 마셔야 한다. 그리고 다시 박수를 세 번 친 다음, 비나카(vinaka : 감사합니다)라고 말하고 그릇을 건네준다.

피지의 카바의식은 전통적으로 귀한 손님이나 친구를 맞이할 때 행해지는 전통행사다. 피지를 여행하다 보면 자연스럽게 현지 주민의 마을을 방문하게 될 기회가 있는데, 그때 마을 주민들은 한자리에 모여 카바의식을 행한다.

카바를 마시는 관광객

(3) 불 건너기 의식

불 건너기 의식은 피지인의 선조 중에 튜이라는 사람이 자신이 잡았던 뱀장어를 놓아주면서 뱀장어로부터 불 위를 걷는 능력을 얻었다고 하여 전해지고 있다. 이 의식은 직경 4미터 정도의 공간에서 뜨겁게 달군 돌 위를 걸어가는 것으로, 피지인은 예로부터 신발을 신지 않아 발바닥의 단단한 굳은 살 때문에 웬만큼 뜨거운 곳은 걸어 다닐 수 있다고 한다. 의식은 남자들만 참여하며 의식 2주 전부터는 여자를 멀리하고 코코넛을 삼간다. 오래전부터 피지에 정착한 인도인에게도 이와 유사한 의식이 전해져 내려오고 있다. 힌두교에서 불 건너기 의식은 원래 기우제(祈雨祭)의 일환으로 행했지만, 피지에 정착한 인도인들은 자신들의 신에 대한 존경의 표시로 행하고 있다. 피지인들의 경우, 관광객에게 보여주기 위해 의식을 하는 경우도 있지만 인도인들은 종교행위로써 일 년에 한 번만 행한다. 의식에 참여하는 사람들은 의식을 위해 열흘 전부터 혼자서 지내면서 채소만 먹으며 정신적 · 육체적 준비를 한다.

불 건너기 의식을 준비하는 피지인

불 건너기 의식

02 | 민족문화를 기반으로 한 관광문화 창출의 필요성

1) 호텔공연에서의 실제사례

피지의 휴양지 호텔에서는 민족문화가 관광자원으로써 공연되고 있다. 그러나 문화적 풍토를 달리하는 관광객 앞에서의 공연은 관광객은 물론 공연자도 충분히 만족스러워하지 않는 모습을 볼 수 있다. 비티레부(Viti Levu)섬의 리조트호텔에서 관광객은 공연자들이 불 위를 건너가는 공연을 볼 수 있다. 공연자는 전설의 영웅의 피를 받아 뜨거운 돌 위를 걸어갈 수 있는 자손으로 인식하고 있다. 베카(Beqa)섬의 사와우(Sawau)족은 주 3회 3곳의 호텔에서 공연을 한다. 이때 호텔 근처 마을 사람들이 먼저 메케를 공연한다. 공연자는 그리스도교 이전의 신을 섬기는 사제 씨족의 부 또는 모 어느 쪽인가의 피를 받았다고 하는 40여 가구 160여 명의 마을 사람 전원이 자격이 있다. 마을에서는 남성을 20명씩 3개조로 나누어 교대로 본섬(비티레부)에 가서 공연토록 한다.[5)]

호텔에서는 넓이 4~5m, 직경 1m 30cm의 구덩이를 파서 통나무를 우물 정(井)자 모양으로 맞추고, 그 위에 큰 돌을 놓고 4명씩 4개조가 교대로 2번씩 돌 위를 건너고 퇴장한다. 걸어가는 시간은 왕복 15~20분 정도 걸리고, 메케를 합쳐서 30분 정도면 끝난다. 이들은 호텔에서 같은 공연을 되풀이하는데, 2개 호텔에서는 관광객으로부터 그렇게 큰 호응를 얻지 못했다. 관객이 돌 위를 걷는 공연자에게 박수를 보냈지만 공연자는 관광객을 보지 않고 건너편을 향하여 건너가 반응이 없다. 관객은 박수를 침으로써 공연에 대한 평가를 표명하고 공연자와의 교류를 시도해 보지만, 이를 달성시키지 못하고 자리에서 일어나는 것이 관광객에게는 불만이었다. 또 공연자에게도 마을 공연에서처럼 즐거운 모습이 보이지 않는다.

여기서는 무대효과를 증대시키기 위한 몇 가지 요소가 결여되었다. 관광객은 피지문화에 대해 아무것도 모른다. 불 위를 걷는 기원을 사회자가 3분 정도 설명하지만, 그 밖의 도구에 대해서도 설명하지 않았기 때문에 모든 과정이 절정 없이 담담하게 흐른다. 제3자인 관광객들에게는 위험성을 강조함으로써 볼 만한 가치를 더욱 솟구치게 하고, 또 관객으로서 피지인을 포함시키면 축제적인 기분을 한층 고조시켜 훌륭한 볼거리가 될 것이다.

그러나 피지인의 공연자가 그 필요성을 인식하고 있는지는 별개의 문제이다. 그들의 공연으로 벌어들이는 수입금은 거의가 마을 전체 수입원으로 계상된다. 이 수입금을 마을에서는 교통수단인 선박 및 트럭 대금으로 지불하거나, 아니면 저축하여 마을의 발전시설과 연료, 콘크리트 집 건축자금으로 충당한다. 문제는 이 수입이 없어졌을 때도 그들은 그들의 생활에 곤란한 것이 없다고 생각하는 데 있다. 그러므로 공연자로서는 공연에 대한 개량의 필요성을 느끼지 않는다. 또 현재 피지에는 이외에 뛰어난 볼거리가 없는 상황이므로 1회 한정의 관광객의 평가가 나쁘더라도 전통문화적 볼거리를 필요로 하는 호텔 측의 공연제의가 계속될 것으로 생각하고 있다.

마을과 호텔 공연의 차이는 우선 그 대상이 문화적 풍토를 공유하는 자인지의 여부에 달려 있다. 마을에서는 메케의 공연과 그것에 대한 선물인 손님-주인 간의 교감이 발생하고 그를 통한 사회적 통합이 이루어진다. 호텔에서의 공연은 문화적 풍토가 다른 관객인 관광객은 지불한 요금에 맞춰서 볼거리를 기대하게 된다. 관광객은 그들 나름대로의 기준이 있어서 관광현장에서는 손님-주인 간의 평가가 일치되기 어려운 경우가 많다.

2) 호텔공연에서 성공사례

같은 공연자에 의한 불 위를 걷는 공연이라도 한 호텔에서만은 예외적인 성공을 거두고 있다. 여기서 무엇보다도 중요한 것은 외국인 관광객의 기대 내지 욕구(need)와 공연자의 마음을 읽고 있는 피지인 매니저가 연출가로서 큰 역할을 했다는 점이다.

이 호텔에서는 관객용의 훌륭한 반원형의 스탠드, 땅을 높여 단상으로 만든 무대, 그리고 푸른 돌로 둘러싸인 중앙의 불을 건너가기 위한 5개의 돌이 준비되어 있다. 저녁 7시에 불 위로 건너기가 시작된다. 사회자가 인사를 시작하면 공연장에 이르는 구석구석에서 북소리와 노랫소리가 조금씩 들려온다. 27명의 메케대가 150명의 관광객이 모인 무대에 등장하여 메케춤 4종과 노래 2곡을 30분간 공연한다. 그 후 5분 정도 불 건너기에 대한 설명이 있고, 그 사이에 메케대의 노래가 계속 흐른다. 메케대의 대장과 불을 건너가는 사제가 악수를 한다. 큰북이 울리면 불을 건너가는 대원이 등장하여 돌을 평평하게 한다. 다음 큰북이 울리고 사제가 밟으라는 소리와 동시에 노래도 북 치는 것도 일제히 멈춘다. 사제가 우선 건넌 후 1개조가 등장하여 왼손을 흔들면서 천천히 돌 위를 걷는다.

4번째 조의 한 사람은 5초 정도 돌 위에서 멈춘다. 그리고 최후 2개조씩 건너갈 때에는 박수소리가 점차 커진다. 공연 후 사회자가 마지막 인사를 하는 사이에 연소(年少)의 공연자가 발바닥을 관객에게 보여준다. 그리고 최후에 메케대와 같이 불 건너기 단원들이 피지와 이별하는 노래를 관광객을 위해 부르면서 관객을 만족시켜서 보낸다. 이 공연은 1시간 정도 걸린다. 이 예를 통해서 양질의 관광문화 출현 가능성을 엿볼 수 있다. 외국인 관광객의 기대를 이해하는 연출가는 메케와 불 건너기 공연 사이에도 관객의 시선을 끌기 위해 연출을 한다. 최초의 메케대가 등장할 때에는 우선 악기와 노래를 멀리서부터 들려주고 다음은 대열을 지어 춤추는 사람들을 위해 노래를 부르도록 하였다. 메케 공연이 끝나면 장내 전체를 어둡게 하여 그 가운데서 큰북을 울리면서 불을 건너가는 대원들을 등장시킨다. 불을 건너가기 위한 준비 중에도 그 상황의 긴장감을 고조시키기 위해 메케대에게 노래를 부르게 했다.

3) 관광문화 창출의 필요성

관광객을 만족시키는 공연은 전통적 차원에서는 고유성(固有性)이 없다고 비난하는 사람도 있다. 그러나 문화적 풍토가 서로 달라 커뮤니케이션을 필요로 하는 장(場)에서는 필연적으로 새로운 분위기를 창출할 필요가 있다. 특히 공연분야에서는 종래의 전통을 넘어서서 손님과 주인 양쪽을 고려한 문화적 기준을 만족시킬 수 있는 새로운 고유성을 획득할 수 있는 관광문화의 창출이 절대적으로 필요하다. 지역민을 위한 아니면 관광객을 위한 공연이 관광문화 창출이 이루어지지 않아 실패한 경우를 살펴보도록 하자.

브라질 북동부 포르탈레자(Fortaleza)의 미래의 해변에 모인 지역의 관객은 그리스 · 로마신화에 나오는 상반신은 여자, 하반신은 뱀 형태의 괴물 라미아(lamia)와 마리아를 혼합시킨 여신의 신들린 딸로 간주했다. 요금을 지불하고 그것을 관람하러 온 서구인 관광객은 미신에 사로잡혔다고 생각하고 변형된 거짓이라고 판단한다. 그러나 브라질의 해변에 몰려든 지역의 관객들에게는 이 신들린 딸의 공연은 그가 살아온 세계의 우발적 사건으로 진위문제에는 별 관심이 없다. 이 사례는 공연자가 서구로부터 온 관광객을 위해서 일부러 개량을 가할 필요성을 느끼지 않은 것이 실패의 결과를 초래하였다.

관광현장에서는 관광객의 기대에 부응하는 경향을 비판하는 경우가 많다. 예를 들면, 타히티 춤을 추는 소녀들은 가능하면 살갗을 드러내어 서양인이 생각하는 자유로운 연애 이미지를 표상하려 한 경우와, 통가에서 소녀가 혼자 춤을 추고 있는 절정무렵에 그 주위를 두 사람의 젊은 사람이 빙빙 돌지만, 서양인 관광객은 그 두 사람이 악마로 보였다. 거기서 관광객이 두 사람을 밖으로 내보내라는 충고를 하면서 팁을 주어 팁이 두 배 이상 늘었다고 한다.

서양인 관광객들의 이러한 행태를 두고 문화적 제국주의자로 비난하기도 한다. 그러나 호텔이라고 하는 이문화와의 필연적인 만남의 장에서는 단순히 옛 문화를 지켜야 한다고 주장하는 것은 안이한 논리로 볼 수밖에 없다. 오히려 그 변화의 현장에서부터 관광문화라고 할 수 있는 볼 만한 가치 있는 새로운 공연을 창출한다고 하는 적극적인 평가가 이루어져야 할 것이다. 공연의 성공여부를 결정짓는 요소로 다음의 3가지를 들 수 있다. 첫째, 기대이다. 공연장에 모인 공연자와 관객이 기대하는 것이 동일한가이다. 둘째, 교감이다. 공연 때 연기자와 관객 간에 어느 정도의 커뮤니케이션이 이루어지고 있는가이다. 셋째, 공연프로그램이 양적·질적으로 관객을 압도할 수 있는가 하는 점이다. 마을에서는 문화적 풍토를 공유하고 있는 공연자와 관객이 같다는 것을 기대하고 공연 중 교감이 활발하게 이루어져서, 그것이 공연내용 이상의 중요성을 가진다. 그러나 연출가 부재의 호텔공연은 만족시킬 내용이 준비되지 않은 상태이므로 문화적 풍토가 다른 관객을 압도할 수는 없는 것이다. 관광문화의 이상적인 형태는 지역주민이 즐기고 있는 공연장에 그대로 관광객을 참가시켜 즐길 수 있는 것이 최상의 것이다.[6] 관객을 즐겁게 할 연구가 지역차원에서 이루어져야 하고 그것에 흥미를 가진 관광객이 가세되어야만 적어도 관광에 의한 문화파괴의 문제는 막을 수 있을 것이다.

결론적으로 지역에서부터 생성된 관광문화의 육성이 급선무이다. 선진국의 관광객이 추구하고 있는 것, 예를 들면 자연, 미소, 태양이라고 하는 정형화된 피지의 이미지 그대로를 관광객들에게 제공할 경우에는 문화파괴라고 하는 상황을 피지인 스스로가 노출시키는 결과가 된다. 그러나 현재 피지인들이 향수(享受)하고 있는 공연을 관광객도 즐기고, 그것을 하나의 관광상품화함으로써 문화파괴를 막을 수 있게 된다. 그뿐만 아니고 현지인 스스로가 즐기는 것을 관광객에게 자랑스럽게 제시함으로써 피지국민이 자부심을 획득하는 계기가 될 수 있을 것이다.

관광과 민족문화 연출 관련 읽을거리

인도네시아 숨바의 민족문화 연출

•• 옛 사랑의 전설 파솔라 축제

파솔라는 이웃 부족과의 전쟁을 준비하는 과정을 제의화(祭儀化)한 전투의례이다.

파솔라 축제에서는 월릭제와 모의전투 파솔라제가 진행된다. 월릭제는 파솔라 축제가 시작됨을 신께 알리고 사고가 생기지 않도록 기원하는 사전제의(事前祭儀)로 파솔라는 한 달 전에 치른다. 모의전투 파솔라는 부족 간의 창 던지기 시합을 가리키는데, 파솔라라는 말 자체가 서로 창을 던진다는 의미이다. 파솔라 축제는 모내기가 시작될 때 풍농을 비는 의례인데, 이때 해안가 마을과 산악지대 마을의 젊은이들이 말을 타고 창을 던지는 모의전투를 벌인다. 우리나라에서 정월 대보름에 행해졌던 마을 간의 투석놀이를 연상해 보면 쉽게 이해할 수 있을 것이다.

예전부터 숨바의 내륙 산악지대와 해안지대에 사는 부족 간에는 전투가 끊이질 않았다고 한다. 이런 역사와 더불어 파솔라를 이해하는 데 도움이 될 재미난 전설이 있어 소개해 본다.

옛날 산악지대에 아름다운 여인과 결혼한 젊은이가 있었다. 부부는 행복하게 사랑을 나누며 살았다. 어느 날 여인의 남편은 동생 셋을 데리고 옆 섬으로 잠시 가게 되었다. 그런데 그는 돌아오기로 약속한 날이 되어도 돌아오지 않았다. 친척들이 그들을 애타게 찾아다녔지만 행방을 알 수 없었고, 오랜 세월이 흘러 모두들 그가 죽었다고 믿었다. 하지만 아름다운 아내만은 그의 죽음을 믿지 않고 바닷가에서 매일 기도하며 남편을 기다렸다.

그때, 해안 부족의 한 청년이 그 아름다운 여인을 지켜보며 마음속으로 또 다른 사랑을 키워갔다. 어느 날 그녀는 자기를 바라보는 그 청년을 멀리서 보고 자기 남편으로 착각해 그에게로 다가가게 된다. 남편은 아니었지만 이미 기다림에 지친 그녀도 그 청년을 사랑하게 되었고, 두 사람은 새로운 사랑을 시작하게 된다. 그녀는 결국 그를 따라 해안 마을로 가게 되었다.

그녀가 해안 마을로 떠났을 때, 그토록 기다렸던 그녀의 남편이 돌아왔다. 남편은 아내를 되찾기 위해 자기 부족의 남자들을 이끌고 해안으로 갔다. 거기서 큰 나무 그늘 아래서 사랑을 나누는 아내와 아내의 연인을 발견했다. 당시 관습대로라면 연인의 목을 자르고 아내를 데려와야 했지만, 그 절대절명의 시간에 해안 부족대표들이 와서 타협을 청했다. “전쟁을 할 것인가? 타협을 할 것인가?” 남편은 아내를 그 연인에게 양보하고 목숨을 살려주는 대신 해안에서 나는 어류의 채취권을 획득하게 된다.

지금 같으면, ‘개인적인 사랑 문제에 왜 부족이 나서서 타협을 해?’라고 생각할지 모르지만, 그때만 해도 모든 개인의 문제는 개인의 문제라기보다는 씨족의 문제였다. 게다가 아름다운 여인의 남편과 새로운 연인 모두 그 씨족에서 상당한 위치에 있던 사람들이었던 것 같다.

대개의 전설이 그렇듯이, 아름다운 여인이 있고 사랑과 배신이 있으며 부족을 위해 개인의 감정을 억누를 줄 아는 현명한 지도자가 있다. 그 현자(賢者)의 결단으로 전쟁은 피하게 되지만, 풀리지 않는 앙금과 가슴에 남은 갈등을 삭이는 하나의 방법으로 파숄라를 하게 된 것이다. 그리하여 촉을 뺀 창 던지기로 살상하지 않는 수준에서 싸움을 하게 되었고, 이것이 오늘날 파숄라 축제의 기원이 된 것이다.

•• 1초를 위한 기나긴 기다림

파숄라 축제기간 동안 사고가 생기지 않게 해달라고 신에게 기원하는 의례인 월릭제가 사흘 동안 치러졌다. 첫날 나는 몇밤 머나리(춤판) 근처에 앉아 이제나 저제나 하며 기다리고 있었다. 오후 3시쯤 의례가 시작된다고 했는데 해가 지도록 마을은 평상시와 같이 조용하다.

듣기로는 여인들이 칼을 들고 안둥(전투마당 한가운데 세워진 막대) 아래에서 춤을 추며 파숄라 전투에 나가는 남자들의 사기를 북돋워주고 조상들에게 승리를 기원하는 제를 올린다고 했다. 그런데 목을 쭉 빼고 기다려도 여인들의 모습은 보이지 않는다. 다리가 저려 오고, 그동안 피운 담배꽁초가 수북하게 쌓여간다. 넥과 조이는 아까부터 여기저기를 서성거리고 있다. 그들의 정보에 대한 불신과 지루해 하는 표정이 스친다.

나 역시 별다른 기미가 보이지 않자 조금씩 조바심이 나기 시작한다. 통역을 불러 언제 시작하느냐고 물으면 그는 계속 "Now"라고 대답한다. 하긴 마을 사람들도 언제 제의를 시작하는지 정확한 시간을 모른다. 시간에 구애받지 않는 이들이라 그런지 시간에 대한 개념 자체가 의미 없어 보였다.

사진은 기다림의 연속이다. 얼마나 많은 사진가들이 이런 기다림의 순간 속에서 자신을 소진하며 자신의 사진을 일구어왔는가. 사진작가란 1초를 위해 기다리는 사람들일 수밖에 없다. 어떤 상황에서든 최고의 순간은 단 한번밖에 없다. 그 상황이 짧든 길든 말이다. 지금 찍을 것인가? 아니면 한 시간 후인가? 이미 한 시간 전에 지나갔는가? 우선 판이 벌어지기를 기다려야 하고, 최고의 순간이 언제인가를 판단하여 포착해야 한다.

1초를 놓치면 그때까지의 모든 기다림은 아무런 의미가 없어져버린다. 사진을 찍기 시작하던 초기, 그때만 해도 젊디젊었기에 그만큼 호흡이 짧아 몇 달을 벼르고 기다렸던 상황에서 최고의 순간을 놓쳐버린 일들이 있었다. 언제가 가장 적절한 시간인가? 그 상황 속에서 최고의 순간은 언제인가? 지금 나는 호흡을 길게 하고 그 순간을 놓치지 않도록 대기상태로 몇 시간이고 앉아 월릭제를 기다린다.

저녁 7시, 어슴푸레한 저녁 공기가 아직 비어 있는 춤판을 에워싼다. 갑자기 "으러러러– 으러러러–" 하는 여인들의 기괴한 고음이 사방에서 들려온다. 공기를 가르며 하늘을 뚫을 듯한 소리와 더불어 노랫소리, 징소리가 함께 들려온다. 한 무리가 어둠 속에서부터 자박자박 진군해 들어오는 것이 보인다. 라토(길, 흉, 화, 복을 점치는 무당들)들이 어둠을 뚫고 느릿느릿 걸어오고 그 뒤를 마을사람들이 따라오고 있다. 신비스럽다. 이제 무언가 시작되는가 보다. 카메라의 상태를 다시 한 번 확인하고 그들의 모습을 지켜본다.

라토들이 안둥이 세워진 돌 제단 위에 올라가 기도를 한다. 이제 파솔라 준비를 시작하겠노라고 고하는 기도가 30분쯤 이어지고 라토들은 집으로 돌아간다.

우리도 그들을 따라간다. 본격적인 월릭제가 시작되기 전까지 나와 조이, 넥은 라토에게 한 사람당 1천 루피를 주고 닭점을 쳤다. 라토가 한 손으로 푸드득거리는 닭 날개를 잡더니 닭의 멱을 단숨에 딴다. 그리고는 능숙하게 깃털을 뽑고 배를 갈라 닭의 간을 꺼낸다. 간이 깨끗한지 아니면 병을 앓은 흔적이 있는지를 살펴 길흉을 점치려는 것이다. 건강한 간이면 길한 것이고, 흠이 있는 간이면 흉하다고 한다.

동남아 등지나 중국에서도 이런 식의 점이 남아 있다. 중국의 경우, 닭이 눈을 뜨고 죽으면 흉하고 눈을 감고 죽으면 길하다고 한다.

조이와 넥은 대단한 것을 기대하고 있었던지 시시하다는 눈빛이다. 나 또한 그랬다.

그렇게 닭점은 우리들의 눈에는 대단한 일이나 볼거리가 아니었지만, 그들에게는 관습 이상의 중요한 의미와 진지함이 담겨 있다. 때때로 사람들은 일방적인 잣대로 문화를 판단하는 오류를 범한다. 서구문화에 대한 이유 없는 경탄과 산업화되지 않은 가난한 나라의 문화에 대한 까닭 없는 비하가 그것이다. 나는 '문명화된 사회'라는 말을 좋아하지 않는다. 이런 식의 표현에는 문명사회와 미개사회라는 식의 이분법적인 도식이 전제되어 있기 때문이다. 한 사회를 산업화의 관점에서 단순히 물질적인 측면으로 평가하는 것은 무리이다. 문화란 하루아침에 이루어지는 것이 아니기에 물질로써 문화를 판단할 수도 없고 판단해서도 안 된다. 물질세계와 정신세계가 나란히 보조를 맞추어가는 것은 아니지 않은가. 문화는 늘 조심스럽게 대해야만 한다. 문화란 우열이 아닌 차이의 관점에서 보아야 하기 때문에, 어느 나라의 어떤 문화가 다른 나라의 다른 문화에 비해 상대적으로 우월하다고 말하는 것은 어리석은 짓이다.

그래서 라토가 닭점을 통해 내게 앞길이 길하다고 축복해 주는 말을 기쁘게 받아들인다. 밤 10시쯤, 마을 여인들이 춤판으로 모여들기 시작한다. 나이 많은 부인에서 어린 소녀들까지 모두 깨끗이 단장을 하고, 어깨를 드러낸 전통 의상 예에로를 입었다. 고인돌 무덤 위에서 석유 랜턴 하나가 빛을 발한다. 어두운 불빛 속에 드러난 여인들의 어깨가 고혹적(蠱惑的)이다. 마을 사람들이 춤판에 빙 둘러서서 구경을 한다. 소년들은 고인돌 위에 걸터앉아 있고, 여인들은 젊은이들이 치는 징과 북소리에 맞추어 손에 검을 세워 들고 춤을 추기 시작한다. 안둥 아래, 적의 머리를 묻었던 바위를 중심으로 빙글빙글 원을 그리며 도는 단순한 동작을 몇 번이고 반복한다. 그런 후에야 남자들의 춤이 시작된다. 긴 창과 방패를 든 전사의 춤이다. 이들은 새벽까지 춤을 추며 조상들로부터 용기와 힘을 받아들이고, 파솔라 축제에서 사고가 나지 않게 해달라고 기원한다. 사방이 막막한 어둠 속에서 현악기의 날카로운 소리가 울려 대고, 예전 적들의 머리가 걸리던 그 나무 아래에서의 춤은 어딘지 기괴하면서 섬뜩한 느낌을 불러일으킨다. 깊은 어둠 속에서 월릭제의 첫날이 지나간다.

이틀째는 창을 닦고 본격적인 전투를 준비하는 의식이 진행되었다. 월릭제에는 무당이 창을 닦는 과정이 있는데, 그것은 일종의 상징이다. 라토가 집에 모셔놓은 4미터 정도의 긴 창을 꺼내 그 촉에 기름칠을 한다.

라토들의 집에는 신을 모시는 방이 있다. 평소에는 그 위의 긴 시렁에 신성한 창이 몇 개씩 모셔져 있다. 그리고 그 방에는 인간은 드나들 수 없는, 오직 신과 신의 대리인인 무당만이 드나들 수 있는 문이 있다. 라토가 그 문과 통하는 길에 서서 자기 발 앞에 창을 꽂은 후 손으로 잡고 흔들며 신들에게 승리를 기원하는 주문을 외운다. 마지막 사흘째에는 옛 조상이 살았다고 하는 신성한 정글로 들어가 핀낭(각성효과가 있는 나무열매의 일종)과 물소를 신에게 바쳤다.

"마라푸들이여, 올해의 풍작과 파솔라에서의 승리와 우리의 안전을 돌보아주소서!"

이렇게 월릭제는 끝이 났다. 이 마을에서는 한 달을 더 기다려야 파솔라를 볼 수 있는데, 다행히도 월릭제를 이미 지낸 이웃 마을이 파솔라 기간이 되어 그곳의 파솔라를 보러 갔다.

•• 모의전투 파솔라

드디어 파솔라 전날 밤, 라토들은 바닷가에서 밤새 기도를 한다. 다음날 아침 7시경, 날이 밝자 말을 탄 해변 사람들과 내륙 사람들이 모여들었다. 파솔라에 참가하는 이들은 모두 말을 탄다. 숨바섬은 목초지가 많이 형성되어 있고 말을 많이 기르고 있다. 이들은 기마인의 후예답게 도시에서도 말을 많이 타고 다닌다. 처음 와이카부바크에 도착했을 때는 좀 이상하게 느껴졌지만 파솔라를 알게 되면서 이해할 수 있었다. 파솔라가 말을 타고 하는 시합이니만큼 평소에 기마술을 연습하는 것이구나 하고 말이다.

파솔라 모의전투 장면

먼저, 라토가 말을 타고 해변을 일곱 번 왔다 갔다 한다. 그리고 나서 넓은 초원으로 이동해서 두 부족은 서로 창을 던지며 전투를 벌인다. 이들은 분지처럼 된 곳에 둥글게 목책을 해놓고 그 안에서 모의전투를 벌이고 있는데, 내가 있는 곳에서 까마득히 멀어 불만스럽다. 다이내믹한 사진을 찍을 수 없어서이다. 목책 안에 들어가고 싶지만 경찰들이 목책 안으로 들어가는 것은 고사하고 목책 가까이 접근하는 것조차 막는다. 웬 경찰들이 아침부터 저렇게 많이 왔을까 궁금했는데, 가이드의 설명을 듣고 나서야 이해가 되었다. 아무리 촉을 뺐다고 해도 긴 창을 정수리나 급소에 정확히 맞으면 위험하단다. 실제로 몇 년 전에 한 사람이 파솔라 중 사고로 죽자 서로 감정이 격해져 진짜 전투로 발전했다고 한다. 그래서 그런 불상사가 일어날까봐 미리 경찰들이 대비하고 있다는 것이다.

어쨌든 넓은 초원에 수백 명의 말 탄 이들이 나무로 만든 창을 들고 두 편으로 나뉘어 서로 창을 던지면서 싸우는 모습은 오래전 서부영화에서 보았던 인디언들의 전투를 연상시킨다.

출처 : 김수남(2006), 『변하지 않는 것은 보석이 된다』, 서울: 석필, pp. 23-32 부분 발췌.

신들의 섬 발리, 발리섬과 관광

많은 관광 가이드북은 발리섬이 마치 지상 최후의 낙원인 것처럼 인도네시아와 독립해서 취급하고 있다. 그러나 우리가 사는 지구상에 과연 낙원은 존재할까? 에이드 리어 뷔카즈의 저서 『Bali: A Paradise Created』를 나카타니 후미(中谷文美)는 『연출된 낙원-발리섬의 빛과 그림자』라고 번역하고 있다. 아마도 나카타니 후미가 명명한 '연출된 낙원'이 발리를 가장 정확하게 표현한 말일 것이다.

그래도 발리는 세계에서 가장 매력적인 섬 중의 하나이다. 에이드 리어 뷔카즈는 19세기 네덜란드인 항해자의 기록을 인용하여 "발리인은 난폭하고 야만적이어서 신용할 수 없는 동시에 호전적인 사람들이다. 어떤 일도 싫어하고 농사일까지 싫어한다. 게다가 발리인은 지극히 가난하다"라고 소개하고 있다. 이렇게 발리 주민을 '야만스럽기 짝이 없는 민족'이라고 보는 일부 유럽인의 편견에도 찬성할 수 없다. 유럽인의 척도로써 발리 주민을 평가해서는 안 되고 문화상대주의 입장에서 우리는 있는 그대로의 발리 주민을 공정하고 객관적으로 바라볼 필요가 있다.

발리섬이 서구인 사이에 낙원이라는 이미지로 정착되기 시작한 것도 1920년대부터 1930년대에 걸쳐서이다. 1924년에 식민지 종주국인 네덜란드의 선박회사가 발리에 정기선을 운항함으로써 발리 관광의 역사는 시작된다. 당시 유럽에서는 식민지로의 여행이 상당히 일반화되어 있어 1891년에 고갱(Paul Gauguin)이 타히티섬행을 결심한 계기는 길거리에서 본 여행 팸플릿이었다고 한다.

20세기 초기의 유럽제국은 각각 지배하고 있었던 식민지 관광에 열심이었다. 당시 구미인은 열대의 섬나라에 이상할 만큼 동경을 가지고 있어 일부 부유층 젊은이들 사이에서는 실제로 그곳까지 가보고 싶어 하는 사람들이 늘어났다. 거기에 네덜란드 정부는 당시 식민지였던 발리를 관광지로 선전하고 정부의 관광국을 바타비아(현재의 자카르타)에 설립했다. 네덜란드 왕립 우편선박회사가 운영하는 발리섬 패키지 여행이 실행되어 발리의 매력이 점차 서구 사람들의 주목을 받게 된다. 기독교화가 진행되어 토착문화를 잃은 타히티섬을 대신해서 발리섬이 새롭게 지상 최후의 낙원으로 서구세계에 등장한 것이다. 1924년에 관광을 위한 정기항로가 개통되면서 구미의 상류계층 사이에 일종의 발리 관광 붐이 일기 시작했다.

특히 발리섬이 구미에서 관광지로 주목받은 것은 네덜란드 식민지시대인 1930년대이다. 당시 외국인 관광객의 통계를 보면 1920년대는 1,200~3,000명이었던 것이

1930년대 중반에는 연간 30,000명에 달하고 있다. 이 시기에 발리섬이 관광지로서 각광받게 된 것은 두 가지 큰 요인이 있다. 그 하나는 아름다운 자연과 함께 주민들이 가지고 있는 화려하고 세련된 발리의 힌두문화이다. 또 하나의 요인은 외국의 예술가와 문화인과의 교류에 의해 발리가 가진 전통문화가 관광상품화에 성공한 것이다. 여기에는 발리섬을 관광지로 선전한 네덜란드의 식민지 정책이 큰 역할을 했지만 발리 주민이 외국인 관광객에게 재빠르게 대응한 것도 빠뜨릴 수 없는 커다란 요인이다. 특히 기안야르지방을 지배하고 있었던 우붓의 영주 수카와티(Sukawati) 부자(父子)의 역할이 컸다.

발리섬의 이름이 서구세계에 널리 알려지게 된 것은 1931년 파리식민지박람회였다. 당시 네덜란드관은 발리섬을 테마로 건설되었다. 이 파리식민지박람회에 발리의 무용단이 파견되어 그 공연이 유럽 예술가들에게 깊은 감명을 주었다. 이것을 계기로 유럽에서 발리섬은 점차로 '예술의 섬', '낙원의 섬'으로 널리 알려졌다.

1969년에 책정된 인도네시아 최초의 경제개발 5개년 계획에서 발리의 관광 개발이 중시되었다. 개발 독재자라고 불리는 수하르토 대통령시대인 1969년에 응우라라이 국제공항이 개항되어 대형 제트기에 의한 매스 투어리즘시대가 시작된다. 이때부터 발리의 현관은 북부 싱아라자항에서 쿠타의 응우라라이 국제공항으로 이동하였다.

이러한 외국인 관광객의 증가는 1980~90년대에 대규모 리조트 개발이 진행되어 발리는 세계 유수의 관광지로 성장한다. 새로운 리조트 누사 두아나 짐바란의 개발, 쿠타 러기안의 관광시설 확대, 우붓의 숙박시설 증가, 외국인 관광객의 증가 등 관광산업은 사회나 경제에도 큰 영향을 끼쳤다. 예를 들면 관광산업의 영향에 의한 시장경제 지향으로의 전환, 선물가게의 난립, 토지의 관광시설 전용, 종교적 의례의 관광상품화 등은 발리 주민 스스로 발리사회가 거대한 바캉스 마을이 되는 것을 걱정할 정도로 크게 변했다.

이와 더불어 발리가 관광에 의해 경제적으로 풍부해지면서 자바나 롬복을 비롯한 근린 섬으로부터 많은 사람들이 이주해 왔다. 이들 대부분은 이슬람교도들이다. 그들은 반자르(Banjar, 전통마을)나 데사(Desa, 마을보다 큰 면)와 같은 전통사회의 구성원이 될 수 없다. 즉 발리 주민은 힌두교를 핵으로 하는 신도집단이므로 이교도인 이슬람교의 이주자는 발리의 모든 집단(힌두 사원을 사유한다)의 구성원이 될 수 없기 때문에 그들 자신만의 이슬람 커뮤니티를 형성할 수밖에 없다. 관광에 의한 경제의 활성화가 일종의 도시화 현상과 함께 이슬람교화가 진행되어 덴파사르에 새로운 이슬람교도의 거주지가 형성되었다. 이주자의 일부는 생활을 위해서 노점상인이 된다. 이러한 노점상들은 20년 전에는 거의 볼 수 없었는데 최근에는 유명한 관광지의 도처에서 무리한 상행위를 하고 있다. 이주자의 증가가 이슬람교와 힌두교의 종교적인 긴장감을 증폭시킬 뿐만 아니라 발리 커뮤니티의 결속을 저해시켜 발리의 매력을 반감시키는 원인이 되고 있다.

발리의 국제적 관광지화와 현대화가 진행되는 과정에서 낙원의 이미지—비록 그것이 연출된 낙원이라 해도—를 파괴하지 않도록 하기 위해서는 무엇이 제일 좋은 것인지 고민한 끝에 얻은 결론이 전통적인 환경의 유지였다. 발리에는 독자적인 우주관에 의거하여 사원, 공동체 건물, 개인 주거의 순서대로 건물 높이나 규모에 관한 전통적인 규범이 있었다. 그러나 근대화의 영향과 땅값 폭등에 의해 지금까지 없었던 어울리지 않는 건물들이 증가한다. 이러한 상황에서 종래의 전통적인 환경이나 공간을 유지할 필요성이 제기되었다.

덴파사르 중심의 가자마다(인도네시아 재상의 이름) 대로(大路)는 건물에 발리적인 장식을 하고, 그 높이도 야자나무보다 낮게 하는 것이 관습법으로 정해져 있었다. 이 관습법은 새로 개발하는 관광지에도 적용되어 1989년의 발리주에서 제정된 법에 의해 모든 건축 높이는 야자나무를 기준으로 15m까지 제한하였다. 1991년 발리주 조례에 관광시설로써 세워지는 모든 건물은 발리의 전통적인 형태나 장식을 설비하는 것으로 정해졌다.

과도한 관광화는 땅값의 앙등을 불러일으켜 1층을 상업용 관광시설로 사용하고 2층에 반자르의 집회소를 만든 마을도 생겼고, 옥상에 상가(Sanggah, 가족사원)를 만든 3층 건물도 출현했다. 발리 동부의 텅아난 마을은 오래된 발리의 모습을 볼 수 있는 마을이었지만 최근 많은 민가가 선물가게로 변했다. 우붓 마을은 마을 전체가 거대한 바캉스 마을로 변했다.

발리 주정부는 관광을 "힌두교의 정신에 의거하여 인도네시아 국민문화의 일부를 구성하는 것으로 가장 큰 가능성을 가진 발리주의 지방문화를 관광과 문화가 적절하게 조화를 유지해서 향상한다"고 정의하고 있다. 이것으로 인도네시아정부가 관광정책을 어떻게 시행하고 있는지 알 수 있다. 발리의 관광은 힌두문화에 의거하고 있는 것을 명확히 인식하고 있지만 그것은 어디까지나 다른 민족, 다른 종교가 아닌 인도네시아의 지방문화로서 문화와 관광의 조화가 강조되어 있다.

관광업은 발리섬에 경제적으로 윤택함을 제공하고 있지만 그 반면 아름다운 섬의 환경에 나쁜 영향을 끼치고 있다. 2000년대에 들어와서 인도네시아의 정치 · 경제적 위기 이후로 관광객 수는 그리 늘지 않았지만 그래도 매년 약 100만 명이 넘는 사람들이 발리에 온다. 환경에서 가장 눈에 띄는 악영향은 농업용 일등지 땅이 호텔이나 골프 코스 등의 관광시설로 전용된 것이다. 앞으로 가장 심각한 문제는 식수 사용량의 증가이다. 고급 호텔은 방 하나에 신선한 물이 하루 570리터 이상 필요하다. 이러한 물의 대부분은 중부 산악지대에서 남부 리조트지로 수도관을 통해 보내지는데 가까운 장래에 수자원이 고갈될 우려가 있다. 누사 두아에서는 대형 호텔이 우물을 깊이 파서 주변 마을의 지하수가 고갈된 곳도 있다. 또 하나의 문제는 발리 교통량의 대폭적인 증가이다. 관광업에서 얻은 수입으로 구입한 방대한 수의 오토바이와 자가용이 늘어나 현재 쿠타, 사누르, 덴파사르, 우붓은 심각한 교통체증문제를 안고 있다.

출처 : 가종수, 『신들의 섬 발리: 지상 최후의 낙원을 찾아서』, 북코리아, 2010.10.25에서 부분 발췌.

선진국을 위한 인조놀이터 문화로서의 개도국 관광

CHAPTER 11

01 | 인조놀이터 문화의 이론적 배경

1) 인조놀이터 문화의 이론적 배경

(1) 대량관광

제2차 세계대전 이후의 폐허에서 부흥한 이른바 선진국에서는 1960년대부터 대량관광(mass tourism)의 시대를 맞이하게 된다. 대량관광이란 관광이 대중화되어 대량의 관광객이 발생하는 현상을 말하는데, 미국과 일본, 그리고 서유럽의 국가들을 중심으로 대량관광이 시작되었다. 이러한 국가들은 대부분이 근대화의 선두그룹에 속해 있었으며, 전후 경제발전으로 더욱더 고도의 현대화를 달성해 가고 있었는데, 선진제국의 경제발전은 대중소비사회(mass consumption society)를 잉태하는 결과를 가져오게 된다. 대중소비사회란 공업생산력이 비약적으로 증대하여 대량생산, 대량소비의 경제활동에 의해 인류사상 미증유의 경제적 풍요로움을 실현한 사회를 말한다. 대중소비사회는 1950년대에 미국에서 출현하기 시작하여 60년대에는 일본과 서유럽 제국에서도 형성되고 있었다. 특히 대중소비사회의 특징인 경제적 풍요로움은 사회 전반에 걸쳐 폭넓게 침투하여 대중레저사회를 형성하게 되었다. 원래 부유한 유한계급층의 소유물로 인식되어 있던 레저가 일반 대중에게도 향유되기 시작하고, 그중에서 가장 인기 있는 레저가 바로 관광이었으며 대중소비사회에 대량관광이 발생하게 된 계기를 마련하게 되었던 것이다. 초기 대량관광은 패키지 투어에 의한 단체여행으로 실현되었고 국제적 차원의 대량관광 역시 단체여행의 형태를 띠고 있었는데, 지구 북반구에 위치하고 있는 경제선진국의 관광객이 지구의 남반구에 위치하고 있는 제3세계의 국가나 개발도상국 관광지를 집중적으로 방문하는 관광형태를 보이고 있었다.

앞서 말했듯이, 1960년대를 기점으로 미국과 유럽에서는 많은 사람들이 국제관광을 누리게 되었는데, 제트 여객기가 출현함으로써 이를 이용한 관광객이 관광지에 대거 몰려든 대량관광의 개막을 알리는 시기이기도 하였다. 북반구에 위치한 선진국 관광객들은 4S, 즉 바다(sea), 모래사장(sand), 태양(sun), 성(sex)을 즐기기 위해 남반구의 관광지를 찾았으며, 1950년대에는 225만 명으로 전체 국제관광객들의 약 80%를 차지하고 있었다. 이러한 국제 대량관광의 활성화는 남반구 국가들의 경제발전에 대한 국제적 논의에서 비롯되었다. 남반구 국가에 있어서의 관광객 지출액이 1950년의 5억 달러에서 1967년에는 30억 달러까지 급증하게 되자, 1960년대 후반부터 관광을 무형의 수출로 간주하게 되었고, 관광개발이 외화획득과 경제발전의 유망한 수단으로써 주목받게 되었던 것이다.[1)]

1960년 후반 국제관광의 현저한 확대에 의해 관광이 지니는 의의를 다시금 인식하고 국제관광을 촉진하기 위한 국제기관의 활동도 활발하게 되었다. 이러한 시대적 배경하에 국제연합(UN)은 1967년을 '국제관광의 해'로 제정하고 '관광은 평화로 가는 패스포트'라는 슬로건 아래 국제관광의 보급과 관광사업의 진흥을 도모하였다. 또한 유럽에서는 대중관광의 확대에 따른 복지관광(social tourism)의 실현이 가능하게 되었다. 복지관광이란 경제적 이유 등으로 관광의 혜택을 받을 수 없는 사람들에게 관광의 혜택을 누릴 수 있도록 제반시책을 강구하는 것을 말하는데, 20세기 중반을 기점으로 스위스와 프랑스를 중심으로 시행된 이후 유럽 전체에 보급되어 대량관광 발전에도 기여하게 되었다.

1970년대에 들어오면서 국제관광의 경향이 더욱더 확대되는데, 1969년에는 점보제트 여객기가 정기항공노선에 취항하면서 국제관광의 대량화가 급속히 진행되었으며, 이 시기를 기점으로 북미와 유럽에 이어 국제관광객 송출국으로서 일본이 뛰어들게 된다.

1970년대부터 10년간은 국제연합이나 세계은행 등 국제기관에 의한 국제관광개발에 대한 지원이 강화되어 국제대량관광에 대응하는 관광지가 세계 각지에 정비되는 시기였다. 사실 1980년대에 들어오면서 대량관광에 의한 문제점들이 조금씩 제기되기 시작하였지만, 국제관광의 확대경향은 순조롭게 계속 진행되었으며 NIES(신흥공업국 / 중진국)에 이은 ASEAN(동남아시아 국가연합) 여러 국가를 시작으로 하는 아시아지역의 경제발전으로부터 1980년대에는 ASEAN 회원국들이 새롭게 국제관광객 송출국이 되었으며, 1990년대에는 해당국가에서 자국민을 위한 국제관광촉진정책이 추진되었다. 1997년에 시작된 아시아 통화위기로 경제성장이 조금 주춤했지만, 이미 경제적 풍요로움을 획득한 아시아 여러 국가들에서의 국제관광에 대한 관심은 계속 고조되고 있다.

이렇게 대량관광은 확대되고 있지만, 그에 따르는 폐해와 비판 또한 상당한데, 관광지의 문화변화, 범죄 및 매춘 발생, 환경오염 및 파괴 등이 대표적인 문제점이다. 더욱이 호스트(host)인 수용국 주민들에 대한 게스트(guest)인 관광객의 경제적, 사회적 우월성과 선진국 기업에 의한 경제적 지배 등에 귀착하는 신식민주의 혹은 신제국주의의 문제도 제기되었다.

이러한 맥락에서 터너와 애시(Louis Turner & John Ash)는 오늘날의 대량 관광객을 여가시대의 야만인이라 부르며, 관광을 통한 공업문화의 대대적 확장은 비공업국가의 안전과 위생에 심각한 위협을 야기한다고 주장한다.[2] 그러나 오직 투자에 대한 이윤추구만을 주목적으로 삼는 관광업체들에게 그러한 우려는 관심 밖의 일이며, 대량 관광객들의 요구와 그 요구의 반대급부로 현지민들에게 제공된 편익은 놀이문화에 도덕적, 사회적, 경제적 혼란을 초래하고 있는 것이다. 좀 더 경제적인 시각에서 관광을 비판하는 사람들도 있다. 관광을 식민주의와 제국주의시대가 다시 도래한 것으로 보는 것이다. 사업 및 투자의 제국주의적 정책을 통해 선진국들은 아직도 이 세계 대부분의 부를 장악하며 개발도상국 주민들의 삶에 대해 터무니없는 권력을 계속 행사하고 있고, 관광수용국에서 생기는 이윤은 현지에 재투자되지 않고 그 회사와 선진국 정부로 회수되는 것이다.

이러한 문제는 근대화가 안고 있는 '세계시스템 구조'의 불균형이라는 근본적인 문제에 기인하는 것이 크다고 볼 수 있다. 세계시스템 구조란 [그림 11-1]에서 보는 것처럼 현재의 세계 전체를 하나의 사회공간으로 간주하는 모델로 터너와 애시는 세계 전체를 하나의 큰 원으로 보고 근대화가 세계 전체에 침투, 형성되면서 근대화를 달성한 핵심부분, 근대화를 달성 중인 중간부분, 그리고 근대화를 달성하지 못한 외곽부분 등 3개의 구조로 성립되어 있다고 보았다. 이 세계시스템 구조론은 국제사회의 불균형적, 종속적인 관계를 나타내며 결국 핵심부분에 위치한 부유층이 주변에 빈곤층을 만들어낸다는 것이다.

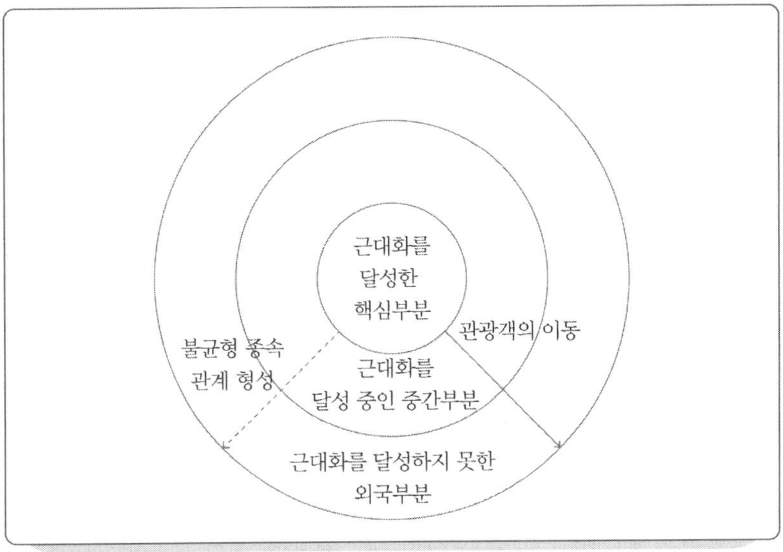

주 : 실선은 관광객이동을 의미하고, 점선은 관광객이동으로 인한 영향을 의미함

[그림 11-1] 세계시스템 구조의 불균형관계

(2) 종속관계

제2차 세계대전 이후 미국과 유럽은 고도의 경제발전을 이룩한 반면, 라틴아메리카는 경기침체가 지속되고 저발전상태에서 벗어나지 못하게 되자, 일단(一團)의 정치경제학자들 사이에 저발전의 원인에 대한 논쟁이 있었다. 소위 발전론자들은 라틴아메리카 자체 내의 사회적 근대화의 실패, 특히 경제발전에 중요한 기업가 정신의 부재가 경제발전을 저해하고 있다고 주장했다. 이에 대한 반론으로 당시 라틴아메리카경제위원회와 유엔무역개발회의 등에서 활약하던 경제민족주의자들은 저발전의 원인이 바로 선진산업국가들에 의한 저개발국의 경제적 수탈을 가능케 하는 여러 가지 불평등한 관계 때문이라고 본 것이다.

이들은 왜 라틴아메리카를 비롯한 기타 제3세계 국가들은 예상했던 전후의 경제발전을 이룩하지 못했는가? 왜 유럽과 미국에서 이룩된 경제발전이 제3세계 국가들에게는 불가능한가? 그리고 무엇이 잘못되었고 무엇이 경제적 침체, 국제수지 적자, 그리고 교역조건의 악화를 초래했는가라는 문제의식을 갖고 제3세계의 저발전의 원인을 규명하고, 이에 대한 해결방안을 모색코자 이를 연구하기 시작한 것이다. 이들을 총칭해서 종속이론가라고 한다.

이들은 종속(dependencia)이란 산토스(Dos Santos)의 정의처럼 "국가의 경제가 타 국가의 발전과 확장에 의해서 조건지어지며 다른 지배국가들에 의해 수탈되는 상태"라고 주장하고, 경제의 자주성 상실을 종속현상의 핵심적 문제로 보았다. 어떻게 하면 경제적 자주성을 회복하고 저발전 상태와 종속에서 탈피할 수 있는가의 문제는 이론으로서뿐만 아니라 실제에 있어서 라틴아메리카의 최대 과제였던 것이다.

종속의 개념을 자유주의자들은 상호의존의 연속선상에서 이해하고 있지만, 이들도 종속관계에서의 지배와 피지배 관계는 힘의 월등한 차이에서 발생하는 만큼 단순히 상호의존의 하나의 변형으로만 볼 수는 없다는 점을 시인하고 있다. 종속관계는 처음에는 미국과 라틴아메리카의 정치경제적 관계를 축으로 연구되었지만 곧 선진공업국과 제3세계의 저발전국가 간의 전체적인 문제로 확대되었다.

위에서 살펴본 바와 같이 대량관광과 종속관계 속에서 거론된 제3세계 저개발국가들의 영향을 보고 매튜(Harry G. Matthews)는 종속이론적 시각에서 국제관광에 대한 회의론을 카리브제국들을 그 예로 들어 정리하고 있다.[3)]

첫째, 관광산업은 새로운 형태의 식민주의와 제국주의에 해당된다. 둘째, 관광은 새로운 식민농장경제(plantation economy)의 일부이다. 셋째, 국제대량관광은 제3세계를 산업선진국 국민용으로 놀이터화하고 있으며, 따라서 '인조놀이터 문화(a synthetic playground culture)'를 만들어내고 있다. 넷째, 국제관광의 상당수는 백인세계의 제도와 가치관이 비백인세계를 침략하는 것이라 볼 수 있다. 다섯째, 국제관광으로 빚어지는 환락성을 우려하고 있다.

여기서 말하는 인조놀이터 문화는 제3세계 국가들이 대량관광의 효과를 경제적 관점보다는 문화적 관점에서 바라보는 것으로 저개발국들의 관광지는 선진국 관광객을 위해 놀이터(playground)화되고 있음을 의미하는 것이다. 이를 도식화하면 [그림 11-2]와 같이 나타낼 수 있다.

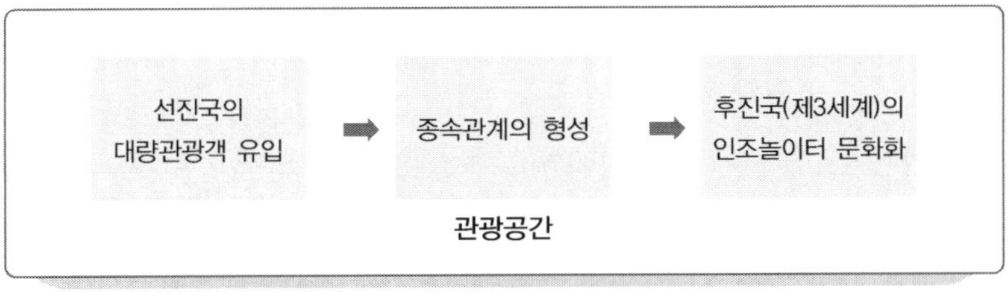

[그림 11-2] 인조놀이터 문화 형성과정

2) 개도국 입장에서 본 인조놀이터 문화에 대한 인식의 문제점

(1) 4S를 즐기는 장소로써의 인식

인조놀이터 문화의 생성에 영향을 준 문화제국주의는 경제적으로 우위에 있는 선진국(미국, 서유럽 국가 등)이 다른 후진국(주로 제3세계 국가)에 문화, 정치, 경제 통제를 강화하는 것을 의미하기도 하나, 선진국의 문화가 후진국의 생활양식, 가치관 등에 영향을 미치는 것을 의미한다. 하지만 문화제국주의가 비단 정치, 경제에서만 나타나는 것이 아니라, 관광에서도 나타난다. 대표적인 것이 바로 여기서 말하고자 하는 4S이다. 4S란 sex(성), sea(바다), sun(태양), sand(모래사장)를 의미하며, 특히 sea, sun, sand는 고요한 또는 선진국의 관광객으로 북적대는 저개발 국가의 바닷가의 한 장면을 떠올리면 쉽게 이해할 수 있다. 이 네 개의 S로 시작하는 단어들은 관광객들이 관광할 때 그 나라의 문화를 접하고 배우고 역사, 지리 등을 익히고 심신의 휴식을 갖기보다 4S를 즐기기 위한 관광만을 선호함을 의미하는 것이다. 이를 보다 쉽게 설명하면 선진국의 관광객들은 후진국을 스스로의 문화나 정체성을 보전하려는 주권국가로 보지 않고 그저 4S가 풍부하며 자신들의 욕구를 해소할 수 있는 무인도쯤으로 간주한다는 뜻이기도 하다.[4)]

또한 4S는 휴가관광의 핵심이라고도 볼 수 있는데, 요트관광은 이러한 휴가 중에서도 특히 자유로운 휴가라고 볼 수 있다. 그 예로 관광객은 버진제도의 비프 아일랜드 공항에 도착한 뒤 택시를 타고 대다수 요트 임대업체가 있는 로드타운(Road Town)으로 가서 1주일분의 식량과 연료를 구입한 후, 영국령 버진제도 주위를 순항하면서 1주일을 보내기 위해 로드타운 항구 밖으로 요트를 몰고 나간다.

전세 요트 관광객들은 영국령 버진제도 곳곳에 퍼져 있는 몇 군데의 정박장 중 그 어느 곳에라도 마음대로 정박할 수 있으며, 마음먹기에 따라서는 격리되고 황폐한 만(灣)의 후미(後尾)에 닻을 내린 채 1주일 내내 시간을 보낼 수도 있다. 이들은 거의 완전한 행동의 자유를 누리는데, 그 자유는 오로지 날씨의 변화에 의해서만 제약된다.

영국령 버진제도의 호화 관광호텔 가운데 하나인 피터섬 호텔과 요트 항구는 겨울철 몇 달 동안 '뉴요커(The New Yorker)'지에 자주 광고를 게재하는데 그중 하나가 30대 중반의 매력적인 부부가 피터섬의 해변에서 나른하고 관능적으로 포옹하는 모습을 담고 있다. 섹스는 영국령 버진제도 관광과 전체 카리브해 관광의 암묵적인 약속 가운데 하나이다.

특히 관광객들의 이러한 행동은 '우리가 지금 하고 있는 행동은 보통 때의 행동과는 다르다'는 뜻이 담겨 있다. 전세 요트 관광객들은 일상생활과 휴가생활의 차이를 인정하고 관광지에서 자유롭게 즐기는 것이다.

정박장 선물가게에서 파는 – 관광객 사이에서 인기가 높은 – 관광기념 티셔츠에는 두 그루의 야자나무 사이에 달아맨 그물침대에 한 관광객이 누워 있고, 비키니 수영복을 입은 두 명의 아가씨가 그 옆에서 열대 알코올음료를 내밀며 시중 드는 그림이 들어 있다. 그 관광객들은 어리벙벙한 미소를 짓고 있는데, 그가 입은 티셔츠에는 '천국에서 보내는 딱 한번의 정말로 멋진 하루'라는 말이 새겨져 있다.

사실상 전세 요트 관광객들은 영국령 버진제도의 더할 나위 없이 아름다운 자연풍경과 자유분방한 향락을 위한 자신들의 활동에서 유머의 소재를 많이 발견하며, 대부분의 관광객들은 자기 행동의 유희적 측면을 스스로 잘 의식하고 있다. 전세 요트 항해기간 내내 수영복 외에 아무것도 걸치지 않은 채로 시간을 보내기 쉬울 뿐만 아니라, 그런 습관이 가져다주는 사악한 즐거움과 나태에 관해 상당히 많은 얘기를 나누곤 한다.

많은 미국 사람들은 카리브해 지역을 무한정한 햇빛과 성적 욕구를 해소할 수 있는 장소로 생각한다. 카리브해 지역에 대한 그 같은 이미지는 여행사와 기행작가에 의해서 일반화, 영구화된다.

이와 같이 영국령 버진제도에서의 전세 요트관광의 예를 통해서 보아도 선진국의 자유로운 쾌락을 위해 사용되는 4S의 장소를 알 수 있다.

다음은 매튜가 예로 든 카리브해 외에 4S의 대표적인 사례 지역들이다.

출처 : Pixabay, tpsdave.

버진 아일랜드 세인트 토마스 항구에 계류 중인 요트

(2) 브라질 리우데자네이루의 매력적인 4S

리우데자네이루의 매력은 3S, 즉 Sand, Sun, Sea이다. 세계적으로 유명한 해변을 보면 리우데자네이루의 3가지 매력을 충분히 느낄 수 있을 것이다. 혹자는 3S에 Sex를 추가시켜 리우데자네이루의 매력 4S로 부르기도 한다. 세계적인 휴양지로 이미 널리 알려진 코파카바나 해변보다 미녀가 더 많다는 사실을 안다면 리우 방문의 또 다른 즐거움을 느낄 수 있을 것이다. 또한 시내에는 포르투갈 식민지시대의 건축물들이 많이 남아 있어 유럽 국가를 방문한 듯한 느낌을 주기도 한다.

세계 연인들의 해변이라 불리는 리우데자네이루의 코파카바나 해안은 5km에 달하는 흰 백사장이 활처럼 굽어 있고 1년 내내 세계 각지에서 몰려든 관광객과 대담한 수영복 차림의 아름다운 아가씨들로 북적대며 애정 표현 또한 서슴없이 연출된다.

(3) 사라져 가는 환상의 섬, 몰디브의 Sun, Sea, Sand

영국 최고의 여행잡지로 알려진 콘드 나스트 트래블러(Conde Nast Traveler)에 의하면 최고의 섬 휴양지로 1위 몰디브, 2위 모리셔스, 3위는 발리가 각각 차지했다. 뿐만 아니라 여행전문가라고 할 수 있는 여행사의 해외 허니문상품 담당자들 가운데 20~30대 직원들을 대상으로 '허니문으로 가고 싶은 여행지'를 묻는 질문에서 1위로 뽑힌 곳도 몰디브이다. 이처럼 몰디브는 허니문이나 휴양여행에서 가장 인기 있는 곳이다.

몰디브는 다른 동남아 지역에 비해 상품가격이 훨씬 비싼 편이다. 실제로 같은 일정이라고 했을 때 적게는 50만 원, 많게는 100만 원 가까이 비싸다. 그럼에도 불구하고 몰디브를 선택한 데는 분명한 이유가 있을 것이다. 하얀 백사장이 펼쳐지는 조용한 해변, 바닥이 훤히 들여다보이는 바다, 그리고 가슴 깊이 스며드는 맑은 공기 등 몰디브의 순수한 대자연을 체험할 수 있기 때문이다. 또한 해수면 상승으로 인해 앞으로 50년 후면 사라진다는 사실까지 알려져 더욱 신비로움을 자아내고 있다. 몰디브를 구성하는 대부분의 섬이 낮고 평평한 지형을 가지고 있으며 평균 해발고도가 2m밖에 되지 않는다. 지금처럼 해수면이 상승한다면 한 50년 정도면 많은 섬이 사라지게 된다는 뜻이다.

또한 몰디브는 모든 것을 할 수 있는 자유와 아무것도 하지 않아도 되는 자유의 휴양지라고도 할 수 있다. 그래서인지 사람들은 몰디브에서 마음껏 기쁨을 누린다.

인도양 바다에서 흩뿌려진 많은 섬들처럼 몰디브에는 많은 리조트들이 존재한다. 리조트들은 저마다 개성을 지니고 있어 어느 곳을 선택하든 만족할 만하다. 또한 대부분의 섬이 크지 않기 때문에 리조트의 객실들이 바다를 볼 수 있게 지어져 있다. 객실에서도 충분히 바다를 감상할 수 있다는 얘기다. 수상 방갈로는 특히 허니문 관광객들에게 인기 있다.

테라스에는 일광욕을 할 수 있는 선 베드(sun bed)가 준비돼 있고, 목조 계단은 곧장 바다로 이어진다. 객실문을 열고 나와 바로 바다에 뛰어들 수 있는 셈이다. 그만큼 몰디브는 바다, 태양, 모래를 만끽할 수 있는 환상의 섬으로 관광객들에게 자리매김하였다. 앞서 말한 것과 같이 몰디브는 관광이 주 수입원인 국가인 만큼 리조트 산업이 상당히 발달되어 있다. 하지만 이러한 리조트 산업도 관광지의 주민들을 위한 장소가 아닌 선진국의 관광객을 맞이하는 관광상품일 뿐이다.

(4) 자유분방한 4S의 나라 태국의 푸껫과 파타야

푸껫은 태국의 남쪽 인도차이나반도와 연결된 천혜의 자연을 가진 섬이며 아름다운 인도양의 진주라고 불릴 정도로 축복받은 관광지이다.

특히 대부분의 관광지가 4S와 연결되어 있기는 하지만, 태국의 경우는 4S 중에서도 섹스 부분에 있어 상당히 개방되어 있으며 게이(gay)의 나라라고도 불릴 정도로 다채로운 쇼를 관람할 수 있는 나라이다. 외국인 관광객이 태국의 푸껫, 파타야를 찾는 주된 이유는 아래와 같다.

먼저, 태양 빛이 아름다운 나라로 백사장에는 서양 사람들이 많이 찾아오는데 그 이유가 태국의 태양에 매료되어서라고 한다. 따라서 휴가기간인 한 달 여 동안 한 호텔에서 일광욕만 즐길 정도이다.

둘째, 해변가의 모래들이 너무 희고 곱다. 푸껫의 해변이 아름다운 이유는 모래가 희다 보니 바다가 맑아 보이기 때문일 정도로 모래가 매력요소이다.

셋째, 바다는 마치 에메랄드 보석이 빛나는 것처럼 바다 속은 우리나라와는 달리 해초가 없어 멀리서 보면 투명하게 보이고, 바다에 들어갔다 와도 끈적거림이 없다.

푸껫 빠통비치 게이바 모습

사미먼쇼

넷째, 성(性) 부분에 있어서는 동양에서 가장 성이 개방되어 있는 나라로, 14세 전후의 미혼모가 많으며, 에이즈 보균자가 상대적으로 많다. 너무나 잘 알려진 푸껫 밤문화의 1번지인 빠통비치는 낮에는 서양 선탠족들이 비치를 장악하고 있다가 해가 지면 동네를 장악하며 이곳저곳 비윤리적인 일들이 행해진다.

푸껫과는 달리 1960년대 베트남전 당시 미군이 주둔하면서 파타야의 유흥문화가 본격적으로 자리 잡아갔다. 이곳은 유흥문화를 매개로 경제적으로 빈곤한 태국의 시골아가씨가 외국인 남성을 교재 대상으로 삼아 이에 대한 금전적 대가로 가계에 도움을 받는 경우이다. 따라서 내국인보다는 외국인을 대상으로 한 시장이 폭넓게 형성되어 현지 여성의 80%가 유흥업에 종사하는 것으로 알려져 있다. 아가씨들 역시 자신을 하나의 관광자원으로 여긴다. 태국인이 파타야에 거주하는 비중은 극히 낮다. 다인종 관광객과 유흥업 종사자들의 비중이 높기 때문이다. 이곳 아가씨들의 경우, 태국 내에서도 낙후된 지역인 동북부 이산(Isaan) 지방 출신이 많다. 이들은 대개 빈곤한 경제사정에다 많은 수의 가족을 부양해야 하는 탓에 열다섯 살만 되면 유흥업에 뛰어드는 경우가 대부분이다. 나이 어린 이산의 아가씨들은 집을 떠나 일하는 동안 향수에 젖어 우울증에 시달리기도 한다. 이들은 외국 남성을 돈벌이수단으로만 여긴다. 때문에 외로움을 달래고자 가난한 태국 남성과의 연애를 즐긴다. 부유한 외국 남성의 현지처가 되지만 태국 남성을 선호한다. 대부분의 태국 남성은 지역특성상 웨이터, 오토바이 기사 등 수입이 낮은 직업을 갖는다. 그들은 자신의 애인을 가라오케나 아고고(Agogo) 같은 업소에서 일을 시키려고 한다. 일부는 업소에서 일하는 아가씨를 꼬드겨 그녀에게 빌붙어 사는 것이 목표라고 말한다. 아고고는 여종업원들의 노래와 춤, 그리고 간단한 주류를 판매하는 곳으로 터치와 노출이 심한 유흥업소다. 파타야 아가씨들이 유흥업에 몸담는 과정은 단순하다. 처음에는 가벼운 분위기의 가라오케 등지에서 생활을 시작한다. 차츰 유흥업계에 대한 지식이 생기면 좀 더 일하기 편한 나이트클럽을 찾는다. 그곳에서 경력이 조금씩 쌓이면 아고고 혹은 바 비어(Bar Beer) 같은 다소 수입이 좋은 업소로 진출한다. 아가씨들 대부분이 업소를 떠나지 못하는 이유 중 하나가 바로 아기다. 동거와 일을 반복하니 자연스럽게 아기가 태어나고, 그 아기는 다시 고향의 부모님에게 맡겨진다. 아이 양육을 위해 더 많은 돈이 필요한 그들은 업소를 떠날 수 없다. 이들의 생활력은 억척스럽다. 버는 돈의 대부분을 아기와 부모에게 쓴다. 많은 돈이 생기면 술과 춤으로 시간을 보내는 태국 아가씨들과는 대조적이다. 태국 남성은 이렇게 여성들의 유흥업 종사에 대해 별다른 관심을 보이지 않거나 오히려 적극 권하는 경우가 많다. 덥고 습한 날씨 탓에 일하기를 싫어하지만 바람기는 많은 것이 특징이다. 물론 직접 오토바이로 아내를 외국관광객에게 안내해 주고, 다음 날 돈 받으러 오는 그들의 모습도 심심찮게 볼 수 있다.[5)]

(5) 관광지 주민들 스스로가 자신을 부속품 정도로 여기는 생각

개발도상국의 관광자원은 대부분 그 나라의 문화, 인문자원보다 자연자원에 의존하고 있다. 오염되지 않은 그 자원의 모습에 많은 관광객들이 찾지만 그 나라의 진정한 문화를 체험하기는 어려우며, 아예 선진국 관광객들은 자연만 느끼고자 하는 것이 대부분이다. 그 지역 특유의 문화를 무시하고 환락의 관광으로만 인식함으로 인해 많은 사회, 문화적 문제가 야기된다. 특히 위에서 설명한 4S를 즐기는 장소로 인식하는 이유는 관광객들의 경우 자국이 아니므로 익명성, 모험적 성향이 강해지기 때문으로 볼 수 있다. 매튜에 의하면, 바베이도스 경제는 관광부문 주도하에 관광부문과 밀접한 관련을 갖는 건설, 서비스 부문, 사회간접자본에 의존하고 있으며 섬 전체가 관광만으로 이루어졌다고 할 정도이다. 또한 풍부한 자연관광자원을 가지고 있으며, 4S를 위한 장소, 휴일을 자연과 함께 즐기고자 하는 관광객들이 대부분이지만, 바베이도스에서 국가 고유의 사회, 경제, 문화를 체험하는 것은 어렵고, 선진국 관광객들은 알려고 하지도 않는다고 한다. 그리고 관광객들은 자국보다 더한 성(性)이나 양성애, 약물 사용이나 매춘과 같은 사회적 이슈들에 대해 더 너그러운 태도를 취하는 도덕적 기준이 퍼져 있음을 발견하고, 자신의 전통적 도덕규범과 행동에 대한 도전을 경험하고 있다고 한다.[6)]

수용국은 4S와 관광의 관계를 무시할 수 없으며, 한편으로 더욱 부추기는 분위기마저 조성하고 있을 정도이다. 특히 태국은 섹스관광으로 평판이 자자하지만, 관광객으로 성황을 이루기 전부터 매춘은 도시 하위문화의 요소로 자리 잡고 있었으며, 관광지 주민들 역시 관광의 환락성을 이용하고 있다는 것이다.

관광객들을 즐겁게, 소비적인 행동을 유도하고 있으며, 관광객들이 자국에서 갖는 일탈감과 자신감을 증가시켜 도덕적 방종을 증대시키고 있다.

또한 아프리카계 사람들이 관광객을 환대할 때 그들은 종종 관광객의 노예라고 생각하고 제반사항을 연출하는데 이것은 오랜 식민생활에서 나온 일종의 고정관념이라고도 볼 수 있다. 이와 같이 관광객에 대해서 성인들이 연출하는 노예 이미지가 어린이들 간에는 부정적 자화상으로 내면화되는 경우가 있는데, 이로 인해 노예해방 후 수천 년이 지난 오늘날까지도 관광현상을 통해 또다시 백인 관광객에게로의 예속성이 움트고 있다.

이는 만연된 놀이터 의식구조 때문에 현지민들 스스로가 휴가문화의 한 부속품쯤으로 생각하고 자신들의 가치관이나 전통을 포기해 버리기 시작한다는 것에 문제가 있으며, 더 나아가 관광지 주민들이 관광객을 더 이상은 순수하게 자신들의 나라를 방문해 준 손님으로 보는 것이 아니라 돈벌이 수단으로 보는 것이 문제화되고 있다.

02 | 개도국 입장에서 본 인조놀이터 문화 극복방안

선진국 위주의 관광세계화는 선, 후진국 간의 빈부격차를 심화시키고, 전 분야에 걸친 개방과 무한경쟁으로 인해 경쟁력이 약한 산업이 붕괴되는 신자유주의적 세계화를 가져왔다. 그리고 선진국 중심의 국제기준을 적용함으로써 후진국의 민주적 의사 결정과정을 제약하여 실질적 민주주의의 의미를 약화시켰으며 세계문화가 선진국 중심으로 획일화되면서 문화의 고유성과 다양성의 파괴를 초래했다. 따라서 이에 따른 문제점의 해결방안으로 몇 가지를 제시하고자 한다.

1) 관광객과 지역민의 교육을 통해 보다 높은 관광수준 유지

부정적인 면은 최소화하여 국제관광으로 인한 인조놀이터 문화의 폐해를 줄이도록 한다. 교육을 통해 관광객은 지역민들도 자신이 일상생활에 있을 때와 같은 상황에 처한 인격체라는 것을 알고 자신보다 낮은 수준의 나라여서 그들을 마음대로 해도 된다는 식민지적 발상태도를 버려야 한다.

2) 다른 산업의 발전에 대한 중요성 인식

관광 수용국에서도 관광산업에 지나치게 치중하지 않고 다른 1, 2, 3차 산업도 육성시켜야 한다. 특히, 세계의 흐름이 3차 산업에 치중되어 있고, 그 중요성이 부각되고 있는 만큼 관광객과 함께 어울려 서비스를 제공할 수 있는 방법을 마련하여야 한다. 이를테면, 최근 부상되고 있는 공정관광(fair tourism)에 관한 연구와 교육도 필요할 것이다.

3) 대안관광 개발

미주나 유럽, 동남아시아 등에 국한된 관광 목적국을 다변화시키고 귀중한 문화재 등이 파괴되지 않도록 지속가능한 관광을 개발해야 한다. 현재에도 국제관광의 부작용을 줄이기 위해 지속가능한 관광개발, 생태관광, 모형문화센터 등의 건립이 추진되고 있는데, 이러한 노력이 지속되어야 할 것이다.

특히, 선진국의 인조놀이터가 되고 있는 대부분의 국가들을 살펴보면 자연경관이 아름답다는 특징이 있다. 이러한 점에 착안하여 생태관광을 통해 관광을 육성하는 것도 좋은 방법이다. 하지만 생태관광마저 선진국의 관광정책에 따라 외지자본으로 개발이 이루어진다면 그 이전의 관광과 크게 다를 바가 없다. 그러므로 지역사회 중심적 생태관광계획을 추구해야 한다.

우선 기존자원을 이용하여 지역주민들과 관광 관계당국 간의 협조를 통해 지역주민의 기술, 노동력, 원재료를 활용하여야 한다. 관광 지도자와 계획가는 지역주민 중에서 직원이나 안내자를 고용하고 지역주민들로부터 원재료를 구입하도록 장려해야 한다. 그리고 적정규모의 계획과 개발이 되어야 한다. 이는 지역의 생활관습, 사회구조, 문화적 세계관, 지역사회조직 등에 적합한 규모에서 이루어져야 한다.

기부기관과 금융기관은 지역사회개발과 보전을 돕기 위해 재정과 운영에 관련하여 장기적 위탁 필요성을 인식해야 한다. 마을 중심적 프로젝트라고 한다면 마을 주민들이 관광시설을 운영하게 되는데, 그럴 경우 재정지원이 우선 확보되어야 한다. 무엇보다 관광객의 욕구는 지역민의 욕구와 자연지역 및 그 자원의 보존에 이은 부차적인 사항으로 다루어져야 한다. 관광 프로젝트는 자연보호주의자로서의 역할을 인식하고 자원보호를 위한 경제적 동기를 제공할 의지가 있는 생태여행가들을 유치할 수 있도록 설계되어야 한다. 관광객과 관광단체는 자연자원을 요구하게 되지만, 지역민의 요구와 희망에 따라 적절히 통제되어야 한다.

관광 관계당국에서는 관광객을 교육시킬 의무가 있다. 그리고 전문가들의 도움이 있어야 한다. 생물학자, 인류학자, 기타 현장 연구자들은 지역민들이 책임감을 갖게 하고 보전에 따른 이익분배에 관여할 수 있도록 하는 등의 현장작업을 그들의 연구영역에 포함시켜야 한다. 중앙정부는 중요한 개발전략으로서의 야생지역을 보존하고, 생태관광이 선진국들의 이익을 대변하는 또 다른 관광이 되는 것을 막고, 국가와 지역에 이바지할 수 있는 관광정책이 될 수 있도록 제도적으로 뒷받침해 주어야 한다.

4) 선진국과 후진국이 함께 만들어가는 '인간 중심의 세계화' 추구

민족적인 것을 가장 잘 살리면서 서로 공존하며 화합할 수 있는 세계를 위한 노력이 어느 때보다 필요한 시기이다. 지금까지 설명한 개도국의 관광문화 발전을 위한 내용을 [그림 11-3]과 같이 나타낼 수 있다. 이 그림에서 알 수 있듯이 선·후진국을 막론하고 인간 중심의 세계화 교류가 전제되고, 관광을 통한 인간의 품격유지 및 제고를 고려하는 게 중요하다.

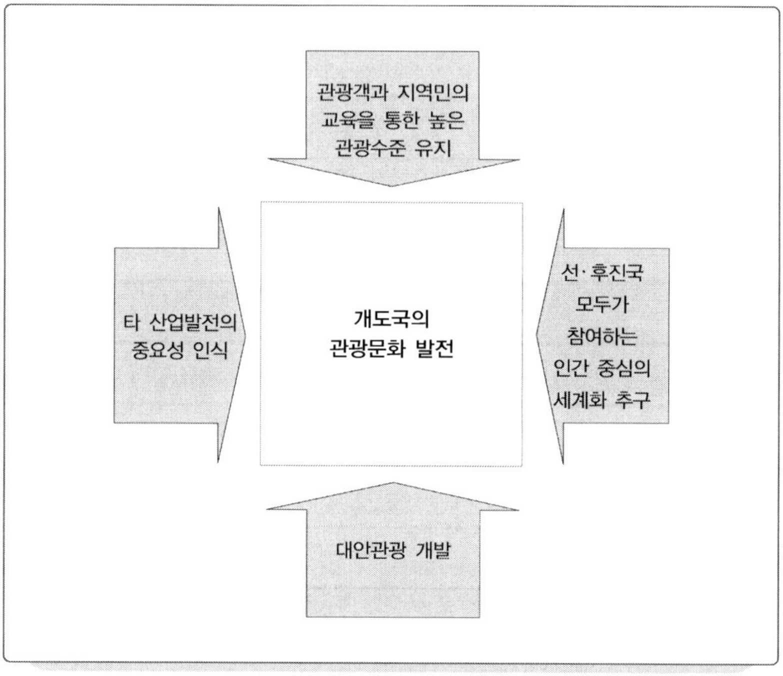

[그림 11-3] 인조놀이터 문화의 극복방안

인조놀이터 문화 관련 읽을거리

태국 치앙라이의 인조놀이터 문화

•• 999버스를 타고 가는 미녀들의 도시 치앙라이

우리에게는 태국이라는 이름으로 더 익숙한 나라 타일랜드, 인도차이나반도 서부지역에 있는 타이는 지형적으로 북부 산악지대와 북동 고원지대, 중부 평원지대, 남부 밀림지대로 나뉜다.

이번 여행의 베이스캠프가 될 치앙라이는 타이 북부의 도시로 북서쪽으로 미얀마, 북동쪽으로는 라오스와 접해 있다. 이곳에서 버스로 한두 시간이면 골든트라이앵글에 갈 수 있고, 미얀마와 걸어서 넘나드는 국경도시인 메싸이에도 갈 수 있다.

또한 주변에는 많은 산악 소수민족들이 살고 있어 이들의 축제를 취재하기 위한 이번 여행의 캠프로 안성맞춤인 셈이다.

이곳 산악지대의 소수민족들은 고유의 언어와 관습, 전통을 지니고 있어서 독특한 문화를 접할 수 있을 뿐 아니라 그들과의 생활을 통해 다양한 삶을 체험할 수도 있다. 물론, 전기나 수돗물을 사용하는 것과 같은 기본적인 문명의 편리함을 포기할 수 있다면 말이다.

그러고 보면 아시아 각국을 찾아다니면서 타이의 수도인 방콕에 가장 많이 왔던 것 같다. 방콕을 좋아하거나 특별한 문화유산이 있어서가 아니라 다른 나라로 들어가는 중간기지였기 때문이다. 미얀마나 인도, 베트남 등에 들어갈 때 싼 비행기표를 사기 위해 방콕을 이용한다. 방콕은 세계적인 관광도시이자 홍콩처럼 아시아 교통의 요충지이기 때문에 할인티켓을 구하기 쉽다. 하지만 정작 타이에 취재를 올 때는 방콕에서 하루 이상 머물지 않는다. 무덥고 습할뿐더러 무엇보다 별다른 취재거리가 없기 때문이다.

아열대 몬순기후에 속하는 타이에는 여름, 우기, 가을 등 세 계절이 있다. 3월에서 5월까지가 여름, 6월에서 10월까지가 우기, 우리의 겨울에 해당하는 11월에서 2월까지가 가을이다. 평균기온이 25~30도인 타이를 여행하기에는 비교적 선선한 가을이 가장 적당한 시기다.

수도인 방콕에서 치앙라이까지 어떤 교통편을 이용할까? 선택의 여지가 많아 행복하다. 비행기보다는 버스, 버스 중에서도 '999버스'를 선택한다. 이 버스는 차체에 '999'라고 크게 적혀 있는데, 이곳에서 가장 좋은 버스다. 9가 하나만 표시된 차는 일반 버스이고, 99 두 자가 표시된 버스는 에어컨이 달린 버스, 999는 에어컨이 달린 건 물론이고 좌석이 우리나라 우등 고속버스처럼 넓은 독일제 벤츠로 안락하고 쾌적하다.

방콕에서 치앙라이까지 보통 10시간에서 11시간 정도 걸린다는 말을 듣고 아침에 출발하는 버스를 탄다. 밤차를 타면 다음날 새벽에 도착하므로 여유 있게 숙소를 고를 수 있고 하루 숙박비도 절약되겠지만, 그곳까지 가는 동안 만날 수 있는 창밖의 풍경을 놓치게 된다.

도심을 벗어나고부터는 초록의 물결이 밀려든다. 바람을 타고 흐르는 벼 이삭들이 잔잔한 파도를 연상시키고, 끝없는 논들이 지평선까지 이어진다. 마치 김제, 만경 평양의 여름 풍경을 보는 느낌이다. 타이가 세계에서 손꼽히는 쌀 수출국이라는 사실을 실감하게 된다.

12시가 조금 넘자 길가의 커다란 식당 앞에 차가 멈춘다. 승객들은 버스 티켓에 붙어 있는 식권으로 식사를 한다. 여기에서 나오는 음식은 일종의 생선죽인데, 전혀 비린내가 나지 않고 맛이 좋다. 양이 적은 것이 흠이지만.

치앙라이는 고도 1,200미터가 넘는 산들로 이어진 산악지대라 서늘하다. 그래서 무더운 방콕보다 이곳을 좋아하는 여행자들이 많다. 이곳 여인들의 아름다움도 여행자를 모으는 데 한몫하는 것 같다. 남남북녀는 여기서도 통하는가 보다. 확실히 방콕이나 남부 사람들과는 생김새가 다르다. 남부 사람들은 인도네시아, 말레이시아 계통으로 얼굴이 동글납작하고 검은 피부에 약간 들창코다. 하지만 북방계는 갸름한 얼굴에 상대적으로 하얀 피부, 그리고 콧날이 오똑하다. 옛적부터 묘사하는 전형적인 미인의 조건에 딱 맞다. 매해 열리는 타이의 미인대회에서도 이곳 여인들이 단연 두각을 나타낸다고 한다. 그래서인지 거리를 걷다 보면 눈에 띄는 미인들을 많이 만나게 된다.

•• 4만 원 내고 결혼하세요

라후족 취재를 위해 산중에 있는 라후족 마을에 숙소를 정했다. 여러 집을 둘러본 후 그중 한 집에서 묵기로 했다. 민박을 한 것이다. 집주인은 아직 중년의 나이인데도 움직임이 마치 노인처럼 굽뜬 데다 하루 종일 일하는 것을 볼 수가 없다.

그는 아침, 점심, 저녁으로 하루 세 번씩 아편을 피운다. 말이 하루에 세 번이지 한 번 피울 때 한 시간씩 피우니까 하루 종일 아편 담뱃대를 물고 있는 것이나 마찬가지이다. 한 시간 피우고 나면 한 시간을 꿈꾸는 듯한 모습이다. 이 정도면 아편 중독이 골수에 이른 것이다.

그는 나를 볼 때마다 아편을 피워보라고 유혹한다.

"스모킹 오피엄(opium), 스모킹 오피엄(opium)."

나에게 아편을 비싼 값으로 팔아서 자기 아편 값을 만들려는 생각이다. 나는 그럴 때마다 그의 어투를 흉내 내어 타이의 위스키인 메콩을 권한다.

•• 드링킹 위스키, 드링킹 위스키

아편을 피우는 사람은 독한 술을 마시지 않는다는 것을 알고 있기 때문이다. 그는 사람 죽이려 하느냐며 화를 낸다. 나를 상대로 아편장사를 시도했다가 실패하자, 이번엔 결혼하라고 조르기 시작한다. 이미 결혼한 몸이라고 해도 막무가내다. 그것은 네 나라에서의 일이고 이곳에는 부인이 없으니까 여자를 만나라고 한다. 현지처를 만들라는 이야기다.

어느 날 저녁, 취재를 끝내고 원두막 같은 숙소로 돌아왔더니 초등학교 5, 6학년쯤 되어 보이는 마을의 어린 여자애들 몇이 모여 있었다.

무슨 일인가 하고 서 있는데, 집주인이 나타나서 애들 중에서 한 명을 고르란다.

이곳의 결혼 적령기가 12세에서 15세 사이니까 결혼할 수 있는 마을의 소녀들을 모아 온 것이다. 나는 우선 애들을 집으로 돌려보내고 나서 그에게 화를 냈다. 하지만 그는 내 영어를 알아듣지도 못한다. 상대를 하지 않는 게 좋겠다고 생각하고 참고 있었지만 계속 손짓 발짓까지 하면서 나를 괴롭힌다. 여자 한 명에 50달러이고, 집 한 채에 50달러면 되는데 100달러를 아끼느냐며 치근댄다. 그리고 밭을 사주면 농사를 지으며 혼자 살면서 언제까지나 나를 기다린다는 것이다. 현금이 귀한 곳이라고는 하지만 한 인간의 값이 단돈 4만 원이라니……. 나중에 알게 됐지만 50달러도 아니고 30달러 정도란다. 20달러는 그가 중간에서 남길 생각이었던 모양이다.

이곳 산악지대의 사람들을 만나보면, 정부의 규제에도 불구하고 그들이 양귀비 재배를 포기하기 힘든 현실적인 이유를 알 수 있다. 그 하나는 환금작물로써의 가치 때문이다. 화전을 일구어 생활하는 이들에게는 도시에서 생필품을 사들일 현금이 필요하지만,

농사를 짓는다고 해도 식량을 자급자족할 정도에 불과하다. 예전에는 이리저리 이동하면서 화전을 일굴 수 있었지만, 지금은 1, 2년씩 휴경시키면서 농사 지을 땅도 없다. 타이 정부에서 새로 정글을 불태우는 것을 엄격히 통제하고 있어서 밭은 점점 황폐해지고 있다. 우기에 심은 쌀과 옥수수 등이 생산물의 거의 전부를 차지하기 때문에 아편은 가장 중요한 환금작물인 것이다. 또 하나의 이유는 자신이 피울 아편을 만들기 위해서이다. 양귀비 재배를 오래 하다 보니 이들 중에는 아편 중독자가 많다. 마을이나 민족에 따라 다르지만 5%에서 25% 정도가 아편을 피운다는 통계가 있다.

심한 중독자들은 어린 딸까지 팔아서 아편을 피운다. 사실 방콕 등 대도시에서 몸을 파는 소녀들 중에는 산악지대의 소수민족이나 농촌의 소녀들, 그리고 라오스, 캄보디아, 미얀마 등지에서 팔려온 애들이 많다. 이렇게 어린 소녀들만을 골라서 인신매매하는 조직이 있어서 타이 국내뿐만 아니라 국제적으로 커다란 사회문제가 되고 있다.

불행은 여기서 그치지 않는다. 산중의 마을을 돌아다니다 에이즈 예방 포스터를 보고는 이런 곳에서 무슨 에이즈 같은 소리를 하고 있나 궁금했다. 사연인즉 팔려갔던 소녀들이 만신창이가 되어 고향에 돌아와 에이즈가 산악지대의 가정으로 확산되고 있기 때문이라고 한다. 실제로 타이는 에이즈 환자가 많기로 유명한 곳이다.

출처 : 김수남(2006), 『변하지 않는 것은 보석이 된다』, 서울: 석필, pp. 204-216 부분 발췌.

관광개발의 실상과 허상

CHAPTER 12

01 | 환상의 섬 '하와이'

1) 제임스 쿡 선장의 하와이 발견

제임스 쿡(James Cook) 선장은 1778년 1월 18일 태평양을 항해하던 중 당시 해도(海圖)에 나타나지 않았던 하와이제도를 발견하게 되었다. 1778년 1월 20일 두 탐험선 레졸루션호와 디스커버리호는 카우아이섬의 서해안 와이메아에 상륙하였다. 그때 원주민들은 처음 보는 새로운 인종인 쿡 선장에게 땅에 엎드려 인사했다. 또한 오아후에서도 머물게 되었는데, 소금과 신선한 물을 얻고 그 대가로 영국종의 돼지, 멜론의 종자, 호박과 양파의 종자를 주었다. 이렇게 2주간 쿡 선장은 카우아이와 오아후 섬에 머무는 동안 동식물의 이식과 함께, 호기심 많고 완전히 개방적인 원주민 여성과 오랫동안 배에서 머무르는 동안 쾌락에 굶주린 선원과의 박자가 맞았다. 그리하여 하와이에는 당시 매독, 임질과 같은 성병이 만연하였다. 이에 따라 당시의 인구 30만 명이 80년 후에 4~5만 명으로 격감되었다. 결국 쿡 선장의 하와이 착륙은 어쩌면 원주민에게 씻을 수 없는 상처를 준 셈이 된 것이다.

또한 쿡 선장은 다음해인 1779년 1월 17일 하와이섬의 케알라케쿠아만에 닻을 내리게 된다. 당시 그곳은 원주민들이 농작의 신 로노가 옛날 하와이섬을 떠나면서 다시 돌아오리라고 약속한 신성한 장소였다. 로노 신에게 제사를 드리는 장소에 쿡 선장이 나타나게 되자, 원주민들은 로노 신의 귀향임을 의심치 않게 되고 이에 따라 쿡 선장을 신과 같이 모시게 되었다. 그러나 이와 같은 대우는 오래가지 못했다. 선원들이 매일같이 식량과 여자를 구하니 원주민들은 이들이 신이 아니라고 의심하기 시작하였다. 당시 축제가 진행되고 있던 터라 이를 알게 된 쿡 선장은 축제가 끝날 무렵 케알라케쿠아를 떠났다. 출항 이틀 만에 심한 풍랑으로 배가 파손되어 다시 케알라케쿠아만으로 돌아왔지만, 이때는 사정이 완전히 달라졌다. 해안은 축제가 끝났고, 출입금지의 지역으로 변했다. 더욱이 그날 저녁에 보트 1척이 없어지자 쿡 선장은 당시의 왕을 인질로 9명의 무장한 선원을 대동하여 섬을 완전히 장악하기 위해 케알라케쿠아만을 봉쇄하기로 결심했다. 그러나 이를 알게 된 원주민들이 사태의 심각성을 깨닫고 창, 곤봉 등을 들고 해변에 집결하게 되고 결국 이들과 충돌하게 된다. 결국 쿡 선장은 원주민의 단도에 찔려 그 자리에서 숨을 거두게 된다.[1)]

2) 하와이 관광의 변화

하와이의 와이키키는 다이아몬드헤드 언덕에서 알라와이운하까지 4.23km에 이르는 지역이다. 섬 남쪽 해안에 있으며, 호놀룰루시의 일부를 이룬다. 북쪽에 산지를 끼고 남쪽에 바다를 바라보는 해안에 위치한 데다, 혜택받은 사바나 기후와 바닷물이 맑고 깨끗하여 언제나 푸른 하늘과 깨끗한 해안이 있어 세계적인 관광지가 되고 있다. 하지만 이것 이외에는 모든 것이 인공적으로 조성된 것이다.

동쪽에는 다이아몬드헤드가 있고 수많은 호텔과 별장이 늘어서 있으며, 많은 기념품 가게들이 줄지어 있다. 해수욕 · 일광욕 · 수상스키 · 서핑 등을 즐기기 위해 미국 본토와 외국에서 온 관광객들이 일 년 내내 끊이지 않고 모이며 밤 11시가 넘어도 거리에는 관광객들로 항상 붐비곤 한다. 해변에서 특히 붐비는 곳은 호놀룰루 동물원 앞에서 모아나 호텔 사이로, 스노클링, 서프보드를 빌려주는 곳과 해변용품 상점이 늘어서 있다. 와이키키의 중심가는 칼라카우아 거리이며, 명소로는 데루시 성채, 카피오라니 공원가의 수족관 등이 있다.

지난 2006년 하와이 주정부 산하의 주경제개발관광국(DBEDT)이 발표한 잠정 통계에 따르면, 2005년 하와이를 찾은 관광객은 7백만 명을 넘어섰다. 평균 체류일수도 9.9일로 전년 대비 6.9% 증가했으며, 1인당 평균 지출액도 1백72달러로 1.3% 늘어났다고 한다. 하와이의 총수입 360억 달러 중 관광산업으로 인한 수입이 직간접적으로 22%를 차지하고 있으며, 관광객 총 지출액은 110억 달러 이상이라고 한다. 물론 이 수치는 점점 하향곡선을 그리면서 올해는 더욱 심각할 정도로 관광객 감소추세를 보이고 있기는 하지만 하와이 관광의 대략적인 추이는 엿볼 수 있다.

이 정도 규모의 리조트 콤플렉스는 지역 자본뿐만 아니라, 미국 본토의 자본 및 일본으로부터의 대규모 자본투자에 의해 구축된 것이다. 그리고 한 가지 특이한 현상은 자본 투자를 할수록 많은 관광객이 내방한다는 사실을 알 수 있다.

현재 하와이의 방문객 현황을 살펴보면, 미국 본토 관광객의 점유율이 50% 이상이고, 일본, 캐나다, 오스트레일리아 순으로 내방하고 있다. 최근에는 미국 본토 관광객의 숫자는 줄었으나, 일본 관광객이 급증하여 그 부족분을 메우고 있다. 새로운 시장개방과 다양한 관광상품 개발, 관광객의 만족도를 높이는 데 주력하고 있으며, 토지 사용, 해변개발계획, 쓰레기 처리, 기반시설 개발, 교통과 의료시설 확충을 통해 관광객을 유치하기 위한 노력을 하고 있다.

그리고 한국과 하와이 관광교류의 현황에 대해 살펴보면, 하와이를 방문한 한국 관광객은 해외여행자유화가 시작된 지난 1989년 이후 꾸준히 늘어 1990년대 초반부터 지난 1997년까지는 연 10만여 명을 웃돌아 일본과 캐나다에 이어 3위를 차지하였고, 그후 2016년 말 하와이 관광청 통계에 따르면 일본인 방문객 1백8십여 만명, 캐나다 1백 4십여 만명, 호주 3십3만여 명, 기타 아시아 국가에 분류된 중국, 홍콩, 싱가포르, 대만 5개국 가운데 한국인 방문객은 2십4만여 명으로 제일 높게 나타났고, 전체로는 4위를 점하였다.

02 | 하와이 관광의 역사적 변천

1) 왕국에서 식민지로의 전락

(1) 최초의 하와이인

동남아시아의 여러 민족들이 점차 남쪽과 동쪽으로 이주하기 시작했다. 항해술이 발달하면서 이들은 솔로몬과 피지, 그리고 마침내는 뉴질랜드를 기점으로, 동쪽으로는 이스터섬, 북쪽으로는 하와이제도를 연결하는 거대한 삼각형의 폴리네시아문화권을 형성하였다. 이 문화권 안에는 사모아, 통가, 타히티, 마르케사스 등의 제도들이 포함되며, 이들 섬들은 오래전부터 서로 교류가 있었던 것으로 보아 거슬러 올라가면 조상이 같다는 결론에 이르게 된다.

하와이의 원주민은 마르키즈제도에서 유입된 폴리네시아인으로 400년 무렵 이미 하와이제도에 건너온 것으로 추정되며, 9~10세기에는 타히티섬과 소시에테제도의 다른 부족들이 하와이로 이주해 와 인구가 늘어났다. 이들은 이미 살고 있던 부족들과 우호적인 관계를 유지하면서 고대 하와이 사회를 형성하였다.

(2) 하와이제도의 발견과 하와이 왕조

1778년 제임스 쿡(James Cook) 선장 등 서유럽인이 들어왔을 무렵 하와이제도는 폴리네시아계 인구가 가장 많았고, 추장계급, 그 부하와 사제(司祭) 및 장인(匠人)계급, 평민계급의 3계급으로 이루어진 사회를 형성하고 있었다. 여타 다른 식민지와 마찬가지로 하와이 또한 서양과의 접촉이 시작된 이래 커다란 변화를 맞이하였다.

1810년 백인으로부터 화기(火器) 등의 조력을 얻은 카메하메하 1세가 섬 전체를 통일한 후 1893년까지 왕조가 지속되었으며, 1800년 뉴잉글랜드에서 최초의 선교사가 들어온 이후 태평양상의 통상·포경(捕鯨) 기항지가 되면서 서구문화의 영향으로 변화되기 시작하였다. 그리고 선원들은 섬의 원주민들과 무역을 시작하여 멜론, 호박, 양파와 같은 채소들이 섬에 소개되었다. 그러나 불행하게도 이 과정에서 임질과 매독 같은 무서운 전염병도 함께 전해져 하와이인들을 파괴시켜 갔다.[2)] 역사학자들의 말에 따르면, 쿡 선장이 발견할 당시 1778년 약 300만 명으로 추산되던 인구는 1853년 7만 명으로 감소하는 등 하와이 사회는 붕괴되기 시작했다.

(3) 새로운 하와이, 미국의 50번째 주

1836년 하와이에 사탕수수농장이 만들어지게 되는데, 이때부터 활발해진 사탕수수산업의 성공이 하와이 경제를 좌우하게 되었다. 이로 인해 토지의 매매와 사유를 인정하게 되었는데 이는 왕국의 붕괴를 재촉하게 되었다. 이리하여 원주민들은 유럽인에게 토지를 빼앗기고 말았다. 외국인들이 하와이의 산업을 리드하기 시작한 것이다.

또한 원주민들은 아시아인 노동자에게 일터를 빼앗겼다. 사탕수수농장이 번창하면서 노동력이 부족해지자 이를 해소하기 위해 중국과 일본으로부터 대량의 이민을 받아들였는데, 이후 하와이라는 땅을 무대로 외국인이 세계경제 속에서 활약한다고 하는 이른바 식민지구조가 지배하기 시작하였다. 그 뒤로도 여러 나라에서 이민은 계속되었다.[3)]

이 시기에는 사탕수수업자의 대부분이 미국인이었으므로 왕국은 미국의 영향을 받는 쪽으로 기울어졌고, 업자들도 미국과의 합병을 추진해 나갔다. 결국 1893년 미국인 설탕산업 관계자들의 선동으로 쿠데타가 일어나 하와이왕국이 무너졌다. 그리고 1894년 하와이공화국이 탄생되었다. 1898년 하와이 공화국과 미국은 합병에 동의, 1900년 미국의 준주(準州), 1919년 50번째 주로 편입되었다. 1920년대에는 관광객을 하와이에 유치하려는 노력이 시작되었는데, 군사적 이유 때문에 1929년 미국 본토로부터 직항 비행편이 취항하고 나서야 관광의 길이 트이게 되었다. 19세기 중엽 미국이 건설한 진주만의 해군기지가 1941년 일본의 기습공격을 받자, 이에 미국은 제2차 세계대전에 참전하여 많은 병사가 본토로부터 파견되었다. 이로써 많은 인구가 유입되어 경제의 기반이 마련되었다.

1945년 하와이는 미국연방에 편입되었고, 1959년 드디어 당시 미국 대통령이었던 아이젠하워의 포고로 50번째 주가 되었다. 그리고 하와이 경제의 주역이던 파인애플과 사탕수수의 재배는 인건비의 상승으로 점차 사양길로 접어들었는데, 이때 대체산업으로 관광이 주목받게 되었다. 1960년대에 이르러 관광산업이 번창하게 되자, 하와이의 산업을 독점하고 있던 외국기업들은 그 방침을 바꾸어, 필리핀에서 파인애플을 재배하기 시작했고 중남미까지 투자선을 확대하여 다국적 기업으로 성장하였다. 이들 외국 대기업은 서로 간에 주식을 보유하는 등 유연성을 발휘하고 토지를 장악하여 장래 개발에 대비했다.

2) 와이키키의 조성 및 개발

하와이 여행의 시작은 바로 와이키키 해변(Waikiki Beach)이다. 호놀룰루 국제공항의 비행기에서 내리면 십중팔구는 와이키키 해변으로 향한다. 왜냐하면 대부분의 호텔이 이곳에 밀집해 있기 때문이다. 하와이에는 많은 해변이 있지만 와이키키 해변이 가장 잘 알려져 있다. 전 세계에서 온 젊은이들로 가득한 4km에 이르는 백사장, 1년 내내 수영이 가능한 날씨, 고급 음식점과 쇼핑가가 있다.

하지만 하나 알아두어야 하는 사실은 와이키키가 인공비치라는 사실이다. 1894년 하와이공화국 탄생과 더불어 와이키키는 관광지로서의 재개발을 맞게 된다. 옛날에는 와이키키가 습지대였고, 이 때문에 관광개발을 생각해 둔 사람들은 논과 양어장에서 발생하는 대량의 모기를 문제시하였다. 그리고 와이키키 지구의 무계획적인 리조트 개발의 결과 오수 및 하수가 수질을 오염시키고 위생문제도 발생하는 등 환경파괴현상이 일어났다. 하지만 1896년 제정된 법률에 의해 비위생적이라고 인정되는 토지의 소유주에게는 개선의 의무를 부여하고, 1920년 와이키키 개발사업단이 설립되고, 개량에 드는 비용은 토지 사용권을 판매하여 회수키로 하면

서 와이키키 매립이 가능해지면서 발전하게 되었다.[4)]

리조트 개발에 반대한 원주민들은 관광에 의해 상실되는 민족의 정체성을 찾기 위해 관광수입에 의존하지 않는 지역조성을 목표로 하였는데, 여기서부터 하와이의 원주민과 관광의 문제가 관련성을 가지게 되었다. 하지만 백인정부의 출범과 동시에 와이키키에 땅을 가진 지주들은 원주민들이 관광개발에 방해가 된다고 판단하여 합법적으로 추방해 버렸다. 와이키키 중앙에 운하를 건설하고 여기서 만들어지는 흙으로 논과 양어장을 매립하였다. 이 결과 원주민들은 토지와 물 사용권을 박탈당하고, 백인들로부터 나태하다는 전형적인 이미지가 붙여지게 되었다.

와이키키 해변 전경

03 | 관광개발의 실상과 허상

1) 하와이 인구 구성의 변화

하와이는 오늘날 거의 모든 면에서 미국화가 진행되었다. 하와이 인구 구성은 1890년에 하와이언계가 전체인구의 45%, 백인 21%, 중국인 18.6%, 일본인 14%이었던 것이, 1960년이 되면서 하와이언계가 16.1%로, 백인 32%, 중국인 6%, 일본인 32.2%, 필리핀인 10.9%로 변화되었다. 그리고 2003년 하와이의 총인구는 약 140만 명으로 백인계 24%, 하와이언계 9%, 일본계 18%, 필리핀계 14.1%, 중국계 5%, 한국계 2.1%, 기타 6.7%의 비율을 가지고 있다.[5)]

중요한 것은 이미 원주민의 이익을 위해 사는 하와이인은 존재하지 않는다는 점이다. 앞에서 설명했듯이, 식민지시대 이전부터 지배자는 자신들의 이익을 위해 하와이를 팔아넘겨버렸다. 그리고 왕과 수장들은 백인 지배자들의 앞잡이 역할을 하여, 하와이를 새롭게 지배한 백인들의 대기업들이 해외자본의 하와이 유치를 통하여 외국에 하와이를 파는 안내역할을 했다. 그 결과 하와이인들은 관광객을 유치하는 사회의 구성원이면서도 관광정책 수립, 관광객 방문 제한 등의 관광객에 대한 어떤 영향력도 갖지 못한 채 오늘날에 이르렀다.

최근 하와이 관광의 경제적 측면의 문제점은 관광송출국가의 기업들이 교통수단, 숙박시설, 쇼핑센터, 현지관광까지 독점해 버리고, 관광객이 지불하는 외화를 모두 관광 송출국에 귀속시킨다는 것이다. 그리하여 현지인의 역할은 토지와 저렴한 노동력 제공, 정책적 원조를 관광개발 기업에 제공하는 정도에 그치고 있는데, 이 현상은 비단 하와이뿐만 아니라 세계 곳곳의 저개발국에서 나타나고 있다.

2) 하와이의 신식민주의

미국 등지에서 와이키키에 막대한 자본을 투자하게 된 배경은 호텔객실의 높은 점유율이었다. 1945년부터 1960년까지 80%에 육박하는 높은 객실 점유율을 보이자 쉐라톤, 힐튼, 인터컨티넨탈, 홀리데이 인 등이 호텔을 건설하였다. 1975년에는 대형 호텔의 75%를 다국적 호텔체인이 소유하고 객실 수의 60%를 점유하였다. 이후 항공회사도 호텔을 건설하게 되어 수송부터 숙박까지 연계된 서비스를 제공하는 등, 1989년에는 상위 10개 호텔 가운데 6개가 해외투자자본을 기초로 하여 선설되었다. 그리하여 호텔만으로는 더 이상 이익을 창출할 수 없게 되었다. 그래서 리조트 콤플렉스(resort complex)라는 전후방 통합경영이 이루어지게 되었는데, 이런 능력이 없는 기업은 적어도 항공회사와의 제휴를 통하여 헤쳐 나가야 했다.

이렇게 해외 자본이 하와이에 투자하게 된 요인 중 하나로는 미국과 비교하더라도 낮은 임금 덕분이었다. 그리고 1982년 호텔에서 근무하는 인원들의 시급이 4.93달러, 회계담당자는 5.2달러임에 반해 사탕창고에서 일하는 육체노동자의 임금은 7.72달러에 달했다. 하와이의 평균 생활비는 미국 평균보다 27% 높고, 임금은 오히려 8.4% 낮은데 이런 하와이에서 저임금으로 지탱하는 사람은 대부분 이민 노동자이다.[6)]

그리고 하와이의 청년인구들은 현재 주축산업인 관광에 종사하지 않고 미국 본토에서 일하기 위해 하와이를 떠나는 경향을 보이고 있다. 신식민지로서의 리조트 지역 호텔의 경영조직구조를 보면, 백인은 지배자, 하와이인은 안내자의 형태로 백인 호텔 매니저, 하와이인은 환대종사자와 운

전기사, 필리핀인은 메이드의 형태로 구성되어 있다. 하와이라는 지역이 토지를 제공하고 해외 자본을 기반으로 하여 건물을 건설하고, 저렴한 노동력을 제공하지만 관광객이 사용하는 외화 등의 관광수입은 관광 송출 국가의 투자자가 가져가는 식민지시대의 구조와 하나도 다를 바가 없다. 여기서 식민지주의와 신식민지주의에 대해 좀 더 구체적으로 살펴보고자 한다.

일반적으로 식민지주의라고 일컫는 구식민주의(old colonialism)는 제국주의가 비교적 정치적 자각이 낮은 타 민족을 지배하는 방법이다. 이는 제2차 세계대전 이전에 널리 쓰이던 것이며, 오늘날에도 잔존한 식민지의 일부에서 볼 수 있다. 그 특징은 제국주의 자신이 식민지주의를 시행하려는 지역의 주권을 장악하고 식민지청(植民地廳)을 두어 그 지역을 직접 지배한다는 점이다. 지배방법에는 종속주의 · 동화주의 · 협동주의 · 자립주의 등 몇 가지 단계가 있으나 그 지배는 대체로 지배의 대상이 된 지역 원주민의 정치적 의식이 낮은 것을 이용하여 자원의 수탈이나 착취를 노골적으로 행하는 형태이다.

이에 비해서 제2차 세계대전 이후에 널리 이루어진 신식민지주의(neo-colonialism)는 구식민지주의가 더 이상 지탱하기 어려운 조건이 되었을 때 이루어진 새로운 제국주의의 지배방법이다. 제2차 세계대전 후에는 식민지나 종속국의 민족해방운동이 격화되어 그것이 식민지나 종속국 내부에서 커다란 세력이 되었다. 뿐만 아니라 민족해방운동이 전 세계의 다른 민족해방운동과 횡적인 관계를 가지게 되었으며, 붕괴 전의 소련을 비롯한 사회주의 세력이 민족해방운동에 원조를 제공한 결과 종래의 식민국가의 독립을 고무시켰고, 독립된 국가들이 국제연합에 가입하여 식민지주의를 격렬하게 공격하였다. 사회주의 진영이 변모하고 동서냉전이 퇴색한 오늘날에도 노골적인 식민지주의로 지배를 계속하기가 어렵게 되었으므로, 새로운 지배방법인 신식민지주의가 등장하였다.

신식민지주의의 특징은 구식민지주의와는 달리 노골적이거나 무력적이 아닌 간접적 지배방식을 취하고 있는 점이다. 신식민지주의는 스스로 식민지에 '형식적 독립'을 부여한다. 그러나 그 독립은 형식적인 독립일 뿐 진정한 독립이 아니고 실질적으로는 제국주의적 지배를 유지하려는 것이다. 다만, 식민지의 정권을 장악한 자가 하기에 따라서는 실질적인 독립으로 변모할 수 있으므로, 제국주의 측에서는 자기들이 원격조종을 하기 쉬운 정권담당자를 선택하려 한다. 그 대상자는 주로 식민지의 지주나 귀족 · 부르주아 · 종교지도자 · 군인 등이다. 신식민지주의는 기존의 식민지를 독립시켜 지배하는 것뿐만 아니라 이미 독립된 나라를 지배하는 데도 쓰인다. 그 지배방법은 지배의 대상에 따라 달라진다.

04 | 관광개발 본보기로서 하와이의 잠재력

1) 매력적인 기후와 관광 관련 상·하부구조 시설의 조화

하와이는 제2차 세계대전 이후 세계 비행기산업이 발달하면서 관광객의 방문도 가능해져서 관광산업이 발전하게 되었다. 관광산업이 발달하는 과정에서 원주민의 토지와 물 사용권을 박탈하는 등의 마찰이 있었으나, 백인 자본가들은 그들을 무시하고 호텔, 리조트, 상점가 등의 관광에 필요한 요소들을 개발하였다. 현재 하와이는 새로운 시장개방과 다양한 관광상품 개발, 관광객의 만족도를 높이는 데 주력하고 있다.

관광자원 중에서도 관광객 관광행동결정의 주요 인자라 할 수 있는 기후도 하와이의 경우 대단한 유인 요인(pull factor)이 되고 있다. 이와 더불어 하와이의 지정학적 위치도 관광객 유치에 한몫을 하고 있다.

2) 하와이의 다양한 관광문화

(1) 훌라춤

훌라(Hula)는 멜레(Mele)라고 불리는 고대 하와이 음악에 따라 발생한 하와이의 독특한 무용으로 '훌라'란 춤을 춘다는 뜻이다. 노래의 가사를 몸동작으로 표현함으로써 노래의 의미를 더욱 잘 표현하고자 하는 목적에서 발전되었다.

옛날에는 종교적인 의식 때 주로 남자들이 풍요를 기원하려 신을 찬양하면서 추었던 춤이나, 구미인(歐美人)이 하와이로 이주한 후부터는 춤의 성격이 바뀌어 일반적인 오락무용이 되었다. 팔다리와 엉덩이, 허리를 유연하게 움직이는 것이 특징이다.

훌라춤 공연

(2) 알로하 페스티벌

매년 9월이면 하와이의 대표적 축제인 '알로하 페스티벌(Aloha Festival)'이 하와이 전역에서 화려하게 펼쳐진다. 알로하 페스티벌은 1946년부터 시작된 하와이 최초의 통일국가를 건설한 폴리네시아인인 하와이 왕가의 재현을 목표로 한 하와이 최대의 행사로 9월부터 10월 초까지 하와이 각 섬에서는 전통춤과 음악 그리고 역사와 관련된 각종 문화행사가 펼쳐진다. 현재 하와이 축제 중 최대 규모와 최장 기간의 축제라고 할 수 있다.

오아후섬에서는 9월 14일 이올라니 궁전에서 열리는 개회식을 시작으로 본격적인 축제가 열린다. 다음날 와이키키 거리에서 펼쳐지는 꽃마차 퍼레이드는 알로하 페스티벌의 상징으로 전통 음악 및 훌라가 어우러져 하와이 전통의상을 입은 왕과 왕비를 비롯해 왕과 가족들이 한데 모여 선보이는 화려한 행렬이다. 이외에도 각 섬별로 갖가지 테마를 가진 알로하 페스티벌을 개최하는데, 마우이섬에서는 10월 13일 라하이나 반얀트리 호올라울레아가 열린다.

이때 라하이나 중심부에 위치한 반얀트리 광장에서는 흥겨운 엔터테인먼트와 각종 음식 및 예술품과 조각품 전시, 판매가 이뤄진다. 또한 10월 14일에는 하와이 전통 악기인 우쿨렐레를 소재로 한 스타벅스 우쿨레레 페스티벌이 마우이 아트 컬처센터에서 개최된다. 또한 빅아일랜드섬에서는 9월 15일 미스 알로하 경연대회가 열리며, 카우아이섬에서는 9월 6일 그랜드 하얏트 카우아이 리조트에서 개회식과 더불어 하와이 전통의식을 재현하는 루아우 디너쇼가 펼쳐진다. 대부분의 행사 참가비는 무료다. 알로하 페스티벌은 페스티벌 리본판매 수익금, 기업체 후원금, 하와이 관광청 인증 및 각 섬별 후원을 통해 운영된다고 한다.

(3) 마우이 양파축제

매년 다양한 음식과 이벤트로 즐거움을 선사하는 마우이 양파축제에서는 성인과 어린이 모두 참여할 수 있는 '양파 먹기 콘테스트' 및 유명 요리사들의 '양파요리 경연대회'가 펼쳐질 뿐만 아니라, 마우이 양파를 저렴한 가격에 구입할 수 있는 '오픈 마켓', 마우이 지역 양파재배연합회를 위한 '마우이 양파링 기금모금행사' 등이 열린다.

마우이 양파는 마우이 할레아칼라산 중턱에 있는 쿨라 지역에서 재배되는 양파를 일컫는 말로, 하와이의 화산토와 서늘한 기후 덕분에 당분과 수분이 많기로 유명하다. '마우이 어니언'으로 상표가 등록된 것은 보통 양파에 비해 가격이 3~4배가량 비싸다. 고급 레스토랑에서는 음식에 마우이 양파가 사용되면 반드시 메뉴에 'with Maui Onion'이라고 표기할 정도로 그 가치를 높게 평가받고 있다. 마우이 양파축제는 매년 마우이 지역 주민을 비롯해 수천 명의 방문객이 방문할 정도로 인기가 높다.

3) 이민, 다민족 문화

총 17개 종족으로 이루어진 하와이는 다민족사회이다. 미연방 센서스국이 발표한 2000년 하와이의 총 인구는 121만 1,537명(2016년 말 현재 140여만 명)이며, 이 중 약 73%가 호놀룰루시가 위치한 '오아후'섬에 거주하고 있다. 특이한 점은 황인종이 다수이므로 인종차별이 거의 없다는 것이다. 백인계와 일본계가 양대산맥을 이루는 가운데 전체 인구의 50% 정도를 차지하나, 안타깝게도 순수 하와이인은 1%밖에 되지 않는다. 다시 말하면, 당시는 대략 30만 명 정도의 하와이언이 하와이제도 곳곳에 흩어져 살고 있었던 것으로 추정되고 있으나, 현재 하와이의 전통적인 혈통을 가진 것으로 보이는 하와이언은 대략 15만에서 20만 명 정도로 아주 미미한 실정이다.

이렇듯 하와이는 다민족이 모여서 다민족이 창출한 문화 속에서 서로 조화를 이루며 살아가고 있다. 그러한 역사적 배경 때문에 언어와 풍습이 달라도 서로 배타적이기보다는 이해하려는 분위기가 조성되어 있다. 우스갯소리로 이곳 사람들은 하와이 문화를 잡수이문화라 부르기도 하는데, '잡수이'는 한국 음식의 잡채와 비슷한 중국 음식을 일컫는다.

05 | 모형문화의 고유성 추구

1) '무대화된' 원주민 속으로!

원주민 속으로! Go Native! 폴리네시아 원주민문화를 가장 잘 보존하고 있다는 폴리네시안문화센터(PCC : Polynesian Culture Center)의 팸플릿 선전 문구다. PCC는 모르몬교로 알려진 말일성도교의 사유재산이며, 라이에 소재한 모르몬계 브리검영대학의 재정지원을 위해 1963년에 개장하였다.

와이키키에서 자동차로 약 1시간 거리에 있는 노스쇼어, 윈드워드 해변에 위치한 이 센터는 진주만의 애리조나기념관에 이어 두 번째로 관광객이 많이 찾는 하와이의 관광명소다. 입장료가 있음에도 불구하고 매년 100만 명 이상이 이곳을 다녀간다.

문화센터는 42에이커(약 17만㎡)로 인공적으로 조성된 연못 주위에 피지, 하와이, 사모아, 타히티, 통가, 뉴질랜드, 마르케사스 등 폴리네시아에 속하는 7개의 섬마을을 한자리에 재현해 놓았다. 카누, 훌라춤, 나무 기어

오르기로부터 전통옷 입기에 이르기까지 기본적인 강조점은 물질문화(가옥, 카누, 공예품)와 공연예술(노래와 춤)에 주어진다. 쉽게 접하기 힘든 폴리네시아의 생활도구나 놀이문화를 한곳에서 접할 수 있으나, 폴리네시아인들의 무형적인 이데올로기나 사회조직, 세계관이 결여되어 있다는 한계 또한 상존한다. 모형창출을 통한 가짜문화(fake culture)로써의 당연한 귀결인지도 모른다. 실제가 아니라 모형이기 때문에 사람들에게 보여줄 문화요소를 선정하는 과정에서 하나의 가짜문화, 즉 오늘날 폴리네시아의 섬에서는 결코 발견할 수 없는 문화를 만들어냈다.

문화센터의 대다수 전시물에 스며 있는 중심 명제는 그 전시물들이 폴리네시아의 여러 섬에서 전형적으로 존재하는 것이 아니라는 점이다. 이 모형들은 민족관광(ethnnic tourism)의 욕구를 충족시키며, 여러 폴리네시아 사회의 토착민들조차 거의 보지 못했던 것을 오후 반나절에 걸쳐 관광객들에게 보여 준다. 모형문화에 대한 경험을 통해 방문객들은 폴리네시아 전역을 샅샅이 여행하지 않고서도 선별적으로 제시된 폴리네시아 문화를 개략적으로 살펴볼 수 있게 된 셈이다.

폴리네시안문화센터를 적극 옹호하는 입장에서 있는 사람들도 다음과 같이 고백한다.

"관광객들은 휴가를 보내고 있으므로 관례와 일상성에서 벗어난 색다른 것을 찾으며, '별난 것'을 경험하고 싶어 한다. 그러나 일반적으로 폴리네시아 문화의 복잡하고 난해한 측면들을 이해하기 위해 시간을 들여 깊이 경험하지는 못하고 있다. 관광객들은 사모아의 촌락에서 그저 잠깐 동안 간단한 춤판에 참여할 뿐이며, 통가 지역에서는 어깨너머로 타파(Tapa; 나무껍질 천) 만드는 모습을 지켜볼 뿐이다. 그러고는 폴리네시아풍의 배경 앞에서 폴리네시아인과 같은 모습으로 사진을 찍으라고 권유를 받는다. 하루 일정의 방문으로는 정치 · 경제 · 친족적 요소들에서 아주 복잡한 변이를 갖는 폴리네시아 확대가족(同屬, ramage)의 본질에 관해 논의해 볼 만한 시간이 없다. 여기서 확대가족이란 3세대 이상 조부모, 부모, 자녀로 이루어진 가족이다. 대가족이라고도 하지만, 대가족은 자녀의 수가 많아 가족구성원이 많은 핵가족도 포함된다. 쉽게 말하면 조부모 밑에 아버지 형제가 출가하여 핵가족을 이루면서도 한집에 사는 경우이다. 또 자본의 한 형태로써 육체적 노동력 징발의 경제적 측면들을 설명할 시간도 없다. 또 폴리네시아 문화의 심오하고 복잡한 여러 측면들을 탐구할 만한 시간도 없다.[7)]

2) 모형문화로서 폴리네시아 문화센터의 명암

테마파크들은 공통적으로 야외전시관 형식의 모형문화, 무대화된 가짜 민속문화, 관광무대, 전시지역의 개념을 도입하고 있다. 대개 20세기에 촉발된 이런 형식의 테마파크는 역사와 문화를 재현하고 지나간 시간을 붙잡아 오늘의 현실로 가져다 주는 데 탁월한 기능을 발휘한다. 그러나 원주민들의 역동적인 삶의 역사, 삶의 변화는 붙잡을 수 없다. 그래서 결국 선전문구는 늘 이런 식의 상투적 귀결을 맺을 수밖에 없는 것이다. "새로운 카누쇼, 아이맥스영화, 하와이 고유 민속축제, 저녁의 마지막 공연을 비롯한 여러 행사를 같이 즐겨보십시오. 하와이의 미와 분위기로 가슴을 적셔보십시오!"

와이키키 호텔의 700개 관람석이 꽉 차는 폴리네시아 마술쇼를 보면 사태는 보다 정직해진다. 원주민의 토착적 삶은 이제 마술의 경지에 이르렀으며, 쇼 오락프로그램으로써 관객을 맞는다. 타락한 훌라춤꾼을 연상시키는 반라(半裸)의 여성이 조개껍질 목걸이를 치렁치렁 늘어뜨리고 "가장 오리지널(Most Original!)한 폴리네시아"라는 팸플릿의 슬로건대로 몸을 흔들어 댈 뿐이다.

그럼에도 불구하고 외부인들에게 사진 찍히기를 거부하고 관광객의 접근을 봉쇄했던 에스키모 원주민촌의 기억을 떠올릴 때, 무대화된 폴리네시아 원주민 문화의 체험장이라 할지라도 하와이 폴리네시안문화센터가 갖는 긍정의 힘은 결코 무시할 수 없다. 폴리네시안문화센터는 폴리네시아에서 이미 사라진 문화를 일부나마 보존하고 일반인에게 소개하는 데 기여하고 있으며, 폴리네시아를 여행하지 않아도 이국적인 문화를 한곳에서 체험할 수 있는 여건을 마련했다. 특히 원주민들의 일상생활에 방해가 되지 않도록 하고 있다는 점에서 그 가치를 인정할 만하다.

관광입국 쿠바의 딜레마

CHAPTER 13

01 | 20세기의 대중관광과 카리브해 지역 관광

1) 관광적 측면에서 대변혁기를 맞는 쿠바

1961년 쿠바는 미국과 국교를 단절한 이후 경제적으로 많은 어려움을 겪게 된다. 1990년대에 이르러서는 거리 곳곳에서 사회주의인가 죽음인가 하는 플래카드들이 거리에 걸릴 정도였다. 사회주의 체제를 근간으로 인간의 존엄성을 지켜나갈 것인가 아니면 혁명 전처럼 미국에 종속되어 노예로 살아갈 것인가의 갈림길에 놓여 있음을 의미한다.

쿠바를 둘러싼 대내외적 환경변화가 일어났다. 그 예로 동구의 사회주의 제국 및 소련의 붕괴, 쿠바의 주요 농산물인 설탕의 국제시장가격 하락, 그리고 사탕수수 재배시기의 잘못 선택 등으로 심각한 경제적 위기에 직면했지만 오히려 경제적 위기가 관광의 중요성을 부각시킨 결과가 되었다.[1)]

관광화는 외화수입을 급증시켜 주었지만 다른 한편으로는 여러 가지 부정적인 현상을 초래하였다. 이처럼 혁명 후 쿠바 당국은 관광을 부정적으로 취급하였지만 관광개발을 추진하지 않으면 경제적으로 빈사상태에 이르러 사회주의 체제 유지마저도 곤란하게 되었다. 결과적으로 이 시기 동안 체제 유지에 최대의 공헌을 한 산업이 바로 관광산업이라 해도 과언이 아니다. 국제정치의 변화로 2014년 12월 17일 53년 만에 미국과 국교를 다시 맺게 되었다. 이때 라울 카스트로(Raul Castro) 국가 평의회 의장은 쿠바가 바티스타(Batista) 시절 미국의 설탕식민지 신세로 돌아가는 일은 없게 할 것임을 강조했다. 이어서 2016년 3월 20일 미국 오바마(Barack Obama) 대통령이 쿠바를 방문하게 되는데 미국의 현직 대통령으로는 1928년 1월 캘빈 쿨리지(John Calvin Coolidge) 대통령 이후 88년 만이다. 국교 재개 이후 교류 활성화의 주된 산업으로 관광산업이 선정되었다. 그 예로 민간교류 목적의 개별 관광허용을 들 수 있다. 더욱 놀라운 것은 미국과 쿠바 국교 회복에 맞춰 에어비앤비(Airbnb)가 2015년 4월 1,000가구로 쿠바에서 서비스를 시작했는데 현재 5,500가구가 신청 · 등록할 정도이다.[2] 이처럼 미국은 선진국으로 관광객 송출시장이고 지리적으로 너무도 인접해 있는 관광목적지로서의 쿠바 관광시장은 물론 쿠바국민들은 과거처럼 종속관계로 회귀할 것인지 아니면 쿠바인의 정체성을 지켜나가면서 관광문화를 성숙시켜 나갈 것인지를 본 장에서 살펴보고자 한다.

2) 관광의 역사적 배경

코발트 블루(cobalt blue)의 바다, 푸른 하늘, 야자수나무가 늘어선 흰 모래사장, 섬사람들의 노래와 춤으로 이미지화될 수 있는 오늘의 카리브해 지역의 작은 나라들은 관광에 전적으로 의존해 가고 있다 해도 과언이 아니다. 이 지역은 1492년 콜럼버스 일행의 상륙 이후 서양 열강들에 의해 식민지화된 곳으로 일모작 농장(monoculture plantation) 경영은 주로 미국 노예를 활용한 이입노동력(移入勞動力)이었다. 제2차 세계대전 후 이 지역 대부분의 국가가 독립을 했지만, 쿠바만은 오늘날까지 일모작에 의한 구미 의존적인 체질을 변화시키지 않고, 경제적 정체를 타개할 하나의 대안으로 관광입국화를 진전시키고 있다. 다양한 동식물 및 산호초로 이루어진 열대·아열대 기후의 자연환경, 해안에 설치해 놓은 요새, 제당공업, 노예가옥과 같은 풍부한 역사적 유물, 미국에서 온 노예자손 및 19세기 노예해방 후 유입된 중국인, 인도인, 인도네시아(자바)인, 시리아(레바논)인, 포르투갈인 등이 전승한 다양한 문화요소가 관광자원으로 존재하고 있다.

또 이 지역명의 유래가 된 카리브족(Caribbean)은 혼혈화가 진행되고 있으며 이들은 소앤틸리스제도(Antilles)의 도미니카섬에 수천 명이 살고 있어 그들 또한 관광의 대상이 되고 있다. 주변 아프리카계 주민문화에 동화된 카리브족은 관광을 통해 자신들의 상실된 문화를 부흥시키려는 움직임도 보이고 있다. 또 네덜란드령의 섬들과 세인트 빈센트(St. Vincent)의 카지노도 관광객을 유치하는 한 요인이 되고 있다. 그리고 무엇보다도 러시아, 동구 사회주의 블록의 붕괴 후 쿠바의 사회주의가 가지고 있는 희귀성 자체도 큰 관광자원이 되고 있는 셈이다.

3) 식민지주의와 관광이 현지인들에게 미치는 정신적 영향

아프리카계 사람들이 관광객을 환대할 때 자기들은 관광객의 노예라는 연출을 종종 한다. 이와 같이 관광객에 대해서 성인들이 연출하는 노예 이미지가 어린이들 간에는 부정적 자기 상으로 내면화 하는 경우가 있다. 따라서 노예해방 후 수백 년이 지난 오늘날까지도 관광현상을 통해 또다시

백인 관광객에로의 예속성이 움트고 있다.[3)]

02 | 쿠바의 사회주의 정권과 관광

1) 쿠바와 트라우마의 역사성

쿠바는 1492년 콜럼버스의 제1차 항해 시에 발견한 대앤틸리스제도의 최대의 섬으로, 국토면적은 11만 525㎢이고 인구는 약 1,100만 명 정도이다. 16세기 초 스페인의 정복으로 남아메리카 인디오 일족인 아라와크족(Arawak)의 원주민이 급감했다. 16세기 중반경 식민지로서 정체기를 맞았지만, 18세기에는 토착화한 스페인 사람들에 의한 노예제를 바탕으로 사탕수수 재배농장이 번창하여 세계 최대의 설탕 생산국이 되었다.

이윽고 스페인 본국에 대한 독립의 기운이 높아져 1898년 미국 · 스페인 전쟁에서 미국의 승리로 1902년 쿠바는 마침내 독립을 하였다. 그러나 미국자본에 의한 경제적 착취와 미국 괴뢰정부의 독재정치는 계속되었다. 1953년 본격적으로 시작한 카스트로(Castro)의 지도하에 독재정권 타파를 시도하여 1959년 결실을 본 이후 오늘날까지 쿠바는 사회주의 체제를 유지해 오고 있다.

이 과정에서 쿠바 사회의 트라우마는 피식민의 트라우마에서 시작된 것으로 오랜 역사 속의 식민과 종속을 통해 지속되고 고착된 사회문화적 피해의식이다. 식민지로서 쿠바가 경험한 역사적 상흔은 트라우마의 상처를 직접 체험한 주체들에 의한 단순한 집단 기억이 아니라, 사회와 문화에 잠재적으로 누적된 일상적 경험이다. 따라서 트라우마는 단순한 개별 경험 주체의 시각이 아니라, 역사를 배경으로 읽힐 수밖에 없다. 집단

기억은 동일사건에 대한 공통적인 경험에 의한 기억이지만, 트라우마의 역사성에서 지적하는 역사적 사건에 대한 기억은 실제로 사건을 체험하지 않았다 하더라도 간접 경험이 트라우마로 존재하게 된다. 하나의 예로써, 노예제도에 의한 흑인들의 트라우마는 개별 개인이 경험하지 않았다 하더라도 일상적 삶에서 트라우마로 기억되어 재현됨으로써 상처가 된다. 이는 노예생활을 직접 한 집단의 기억과 구분되는 것이며, 트라우마의 역사성에서의 기억을 의미한다. 콜럼버스로 상징되는 서구의 침략과 그에 뒤이은 대농장의 노예화 과정에서의 경험을 비롯하여, 수탈의 고착된 구조에 의해 지속적인 폐해를 통한 경험, 강대국의 이익을 대변하며 쿠바인들을 이중적 타자(他者)로 만드는 독재정권에 의한 희생 등은 개별 집단의 기억을 넘어서, 쿠바 사회에 만연한 구조적 문제점과 관련된 트라우마를 형성해 온 것이다.

콜럼버스로 대표되는 서구인의 도착과 연이은 식민과정에서의 노예화에 따른 경험과 경제적 수탈, 그리고 뒤늦게 맞이한 독립과 미국에 의한 경제 종속과 사회구조의 양극화를 도외시한 바티스타 독재권력 등에 의한 폭력과 억압 등은 쿠바 사회의 트라우마가 복합체로서 세대를 넘어 형성되도록 만든 다양한 요소들이다.[4)]

이를테면 콜럼버스=서구⇔설탕=쿠바 등식과 서구=식민의 주체⇔쿠바=피식민의 주체라는 등식, 그리고 사탕수수=수탈의 대상⇔콜라=서구적 욕망의 상징이라는 등식이 오늘날 쿠바인들에게 트라우마로 남아 있을 수 있음을 의미한다.

2) 혁명 전의 사회와 관광

1959년 혁명 이전의 쿠바는 카리브해의 진주로 알려져 있었고, 미국인 중심의 관광객으로 연중 붐볐다. 관광산업은 제2의 사탕수수 수확이라 부를 정도로 중요한 위치를 점하고 있었다. 쿠바의 열대 자연환경은 북미뿐만 아니라 1901년까지 구 종주국인 스페인을 포함한 유럽으로부터도 관광객을 불러들였다. 쿠바가 장기간 스페인의 식민지였던 점과 1804년 아이디(Haiti)의 독립으로 피난해 온 프랑스인이 많이 정착했다는 점, 그리고 미국의 노예를 사탕수수 농장에 투입하면서부터 스페인과 프랑스, 그리고 미국 문화 간에 융합이 일어났다. 이것이 종교, 춤, 음악, 그 밖의 면에서 쿠바의 문화 근간을 이루어왔기 때문에 이것도 관광객을 유치하는 중요한 관광자원이 되었다. 그뿐만 아니라 미국 본토에서 금지시켰던 주류의 대량 제조가 미국 갱단에 의해 쿠바에서 이루어져 미국에 밀수되기도 했다.

쿠바는 20세기 초기부터 이미 많은 관광객을 유치하고 있다. 관광객의 수송수단도 일찍이 정비되어 미국, 멕시코, 혹은 프랑스로부터 직행 선박편도 취항하고 있었고, 1925년의 관광안내 책자를 보면 여객기가 마이애미, 아바나 간을 매일 취항하고 있었다. 1940년까지 쿠바 관광위원회는 관광객을 위한 가이드 및 통역 그리고 경찰관도 확보해 놓았다. 쿠바가 외국관광객에게 제공할 수 있는 관광자원으로는 광천, 요트, 낚시, 수렵, 아름다운 해변에서의 수영, 승마, 골프, 테니스, 4명씩 두 팀으로 나누어 말을 타고 서로 스틱으로 공을 치는 마상경기인 폴로(polo) 경기 등이 있고, 이러한 자원은 혁명 후에도 계속 활성화되었다.

제2차 세계대전 중에는 약 1만 명 정도의 관광객이, 1946년에는 10만 명을 넘었고, 1951년 21만 명, 1957년 35만 명으로 증가했다. 공공사업을 적극적으로 실시하여 고속도로, 공공건축물, 수도공급, 공항 등 관광관련 하부구조시설이 현저하게 개선되어 관광화를 추진하는 데 큰 공헌을 하였다. 호텔 및 모텔의 건설이 면세혜택을 받아 크게 늘어났고 특히, 1953

년 호텔법 제정에 따라 호텔건설 붐이 일어났다. 쿠바는 관광객을 더 많이 유치하게 되어 카리브해의 파리로 불렸다. 이들 관광객의 90% 정도는 미국인으로 이 시기에 미국화(Americanization)가 현저하게 진전되어 미국의 뒤뜰로 표현될 정도가 되었다.

3) 혁명 후의 사회와 관광

(1) 관광입국화의 움직임

혁명은 바티스타 독재정권에 대한 민주주의 혁명으로 시작되었지만, 쿠바는 혁명 직후 농지개혁법의 실시, 미국계 기업과 국내 대기업의 국유화 등 계속되는 신정책 실시에 따라, 1961년 1월 3일 미국은 쿠바와 국교를 단절하였다. 그 후 혁명정부는 급속한 사회주의 노선을 걷게 되고 이때 소련과의 관계를 강화시켜 나가게 되었다.

혁명 후 관광에도 악영향을 미쳐 관광쇄국에 가까운 정책을 채택하였다. 따라서 1960년에는 수천 명의 수준으로 관광객 수가 줄어들기도 했다. 혁명 전 주로 미국인 관광객을 위해 존재했던 매춘도 국가가 금지시켰다. 그러나 최근에는 관광에 대한 정부방침의 대전환을 가져와 관광입국화 정책을 적극적으로 전개하고 있다. 국가도 관광개발을 부정적으로 보는 사람들과 마찬가지였지만, 이는 당면한 경제적 위기극복을 위한 것으로 어쩔 수 없는 선택이었다.

1973년 카스트로 정권은 외국인 관광객의 적극적인 유치를 위하여 관광성에서 신규호텔 건설, 기존 호텔의 개보수, 관광시설의 확충 등을 착수케 했다. 또한 1977년 미국의 카터 정부는 미국 국적 미국인의 쿠바여행 금지를 해제하여 관광객은 관계당국으로부터 허가만 받으면 방문이 가능해졌다. 미국의 여행업자는 국내 관광객을 모집하기 시작했지만 이

때도 저널리스트, 학자, 의사, 기술자, 그리고 정부관계자만 겨우 방문할 정도였다. 그리고 좌익계 학생이 멕시코를 경유하여 비합법적으로 방문하기도 했는데 이때 많은 망명 쿠바인이 고국을 찾았다.

1975년 쿠바 5개년계획에는 1980년까지 30만 명의 외래관광객 유치가 목표로 설정됐다. 1980년 쿠바공산당의 제2회 평의원회에 보고된 과거 5년간 국가가 달성한 성과 가운데 관광분야의 경우 외래관광객을 34만 명 유치한 것으로 밝혀졌다. 그 후 관광객은 계속 증가하여 1988년 30만 명, 1994년 61만 명의 관광객이 쿠바를 방문한 것으로 나타났다. 이들 관광객들의 국적을 보면 캐나다, 유럽, 멕시코, 남아메리카 그리고 오스트레일리아 순이다. 이유는 미국의 국교 단절로 캐나다가 남북미대륙을 통해서 쿠바에 가장 가깝고 경제적으로도 부국이기 때문이다. 그 밖에 캐나다인들을 비롯한 관광객의 상당수는 재방문객이다. 1988년 쿠바군이 관광회사를 설립하여 호텔, 리조트 시설을 건설하여 관광사업에 참여하고 있다.

관광산업이야말로 쿠바의 경제적 위기를 극복하고 쿠바경제의 재건을 가능케 한다고 카스트로 국가평의회 의장은 1993년 11월 7일 아바나 공산당 회의에서 역설하고 2010년까지 관광객 1천만 명 유치, 외화수입 150억 달러를 목표로 설정하였다. 이 수치는 다소 과대할지 모르지만, 그 정도로 관광산업을 중요시하고 있다는 의미이다. 스페인, 멕시코, 독일, 이탈리아, 프랑스, 네덜란드, 자메이카, 바베이도스, 칠레 기업들이 최근 쿠바에 진출하여 독자적 혹은 쿠바 국영기업과 합작하여 호텔 및 레스토랑을 건설하고 있다. 이 가운데 구 종주국인 스페인으로부터의 투자가 제일 많다.

소련의 붕괴와 동구국가의 재편은 쿠바에 대한 외부로부터의 원조가 거의 중지되는 결과를 초래하였다. 또 국가의 주산물인 설탕 생산 수출은 저위에 머물렀다. 게다가 미국의 무역봉쇄정책이 강화됨에 따라 1994년 관광산업이 설탕산업을 제치고 제1의 외화획득원이 되었다.

(2) 쿠바관광의 독특성

쿠바 입국에는 비자가 기본적으로 필요 없다. 일반 관광객은 비자 대신 숙박카드를 준비하면 입국을 허가받을 수 있다. 마스터 카드(Master Card), 비자 카드(Visa Card) 등 다양한 신용카드가 쿠바 국내에서 사용 가능하다. 쿠바에는 관광자원이 참으로 많다. 사회주의 쿠바라고 하는 간판 그 자체가 관광객을 유인한다. 세계에서 몇 안 되는 사회주의국가라는 신비한 분위기 때문이다.

그리고 약 7천㎞에 이르는 해안선, 특히 흰 모래사장이 계속되는 쿠바 본섬 북서부 섬 주변에 약 50개 정도의 산호초가 있다. 현재 관광객을 위하여 67개소의 해안이 정비되어 있다. 여기서는 윈드서핑, 패러세일링, 제트스키, 서핑, 세일링, 수상스키, 스피드 보트, 카누 그리고 수영을 즐길 수 있다. 또 낚시를 위해 다양한 형태의 것을 준비해 놓고 있다. 낚시에 필요한 도구들은 수적으로 한계가 있지만 모두 이용 가능하다. 특히, 멕시코만과 카리브해 혹은 대서양에서의 대형어선 낚시는 헤밍웨이가 쿠바를 삶의 터전으로 한 이후 대단히 유명해졌다. 아바나로부터 약간 떨어진 헤밍웨이 마리나는 대형어선을 이용한 낚시의 기지이면서 3천 명 정도 수용 가능한 야외 카바레가 있다. 여기에서는 라틴아메리카에서 시작된 빠른 리듬의 춤곡인 트로피컬 차차차(tropical cha-cha-cha), 쿠바 원주민의 춤인 룸바(rumba), 맘보(mambo)에 이르기까지 다양한 음악과 춤을 선보이고 있다.

미국의 경제봉쇄정책으로 미국에서 자동차 수입이 금지되었기 때문에 1960년 이전에 수입되었던 포드 등의 오래된 자동차들이 달리는 광경도

출처 : Pixabay, patrizid08.

길거리공연 모습

관광객에게는 하나의 볼거리이다. 큰 호텔에서는 호텔체재 관광객을 위해 춤을 가르치는 프로그램도 준비해 놓고 있다. 각종 회의관광(congress tourism), 교육과학관광(education and science tourism), 그리고 질병치료 목적의 치료관광(health tourism)도 번창하고 있다. 치료관광은 따뜻한 기후, 풍부한 자연환경을 바탕으로 치료 · 요양을 받으면서 병원에 부설된 관광여행 에이전트가 세트 상품화한 주변의 유적과 관광자원을 방문할 목적으로 구성되어 있다. 중남미 제국을 비롯한 세계 곳곳에서 치료를 목적으로 한 관광객이 방문하고 있다. 뇌외과 및 심장외과를 비롯하여 마약으로부터 사회복귀치료를 하는 재활치료센터(rehabilitation center)에 이르기까지 다양한 치료 · 요양시설이 있다.

그리고 최근에는 코스타리카(Costa Rica) 및 중앙아메리카의 카리브해에 연한 독립국인 벨리즈(Belize)를 배경으로 한 생태관광(eco tourism)도 그 중요성을 더해가고 있다. 쿠바에는 많은 수의 동굴이 있고, 지질학적으로도 흥미 깊은 지형을 이루고 있어 풍부한 생태계를 가지고 있다. 이들의 풍부한 생태계를 보호하기 위한 법적 보호조치도 해놓고 있다. 공화국 헌법에서 정부와 사회는 시민의 복지를 보장하기 위해 자연을 보호하며, 물과 공기를 맑게 하고 토양 및 동식물상을 보호하는 것은 관계기관 및 시민의 책무라고 규정해 놓고 있다.

1993년 1월에는 외국인 관광객의 봉사료 제도가 처음으로 국가로부터 공인되었다. 같은 해 11월에는 외자를 유치하여 대형요트로 카리브해 지역으로의 크루즈선도 취항시켰다. 12월에는 혁명 이후 계속 금지시켜 왔던 카지노를 크루즈 선내에서는 가능하게 했지만 얼마 안 가 문을 닫게 되었다. 이 밖에 종합휴양지도 있다. 쿠바의 국부로서 쿠바 혁명당을 조직하여 조국에 상륙했다가 스페인군에게 피살당한 호세 마르티(Jose Marti)는 지금까지 생명을 일모작에 의지한 국민은 죽는다고 기술하고 있지만, 관광의 선택은 과거의 식민지, 반식민지 시대의 괴로운 경험에서 비롯된 것으로 인식할 수 있다. 혁명 전 쿠바의 무역은 수출입 모두 미국에 70% 정도 의존하고 있었다. 혁명 후 1960년 미국의 무역봉쇄정책 실시 이후는 소련과의 거래가 70% 정도 되어 농사의 일모작처럼 또 한 나라에 의존하는 경과를 낳았다. 그러던 것이 소련의 붕괴와 동시에 양상이 급격히 변했다. 관광을 유일한 산업으로 인식하지 않으면 안 될 시련을 배운 것이다.

(3) 미국-쿠바 국교정상화선언 이후 관광량, 관광산업 획기적 증대

쿠바 마누엘 마레로 관광장관은 2015년 쿠바 방문객 수가 지난해보다 12% 늘어난 350만 명으로 사상 최대의 관광객 입국을 기록했다고 밝혔다.

이는 2014년 12월 미국-쿠바 간 국교정상화 선언으로 국제적인 관심이 증폭되었기 때문이며 미국 민항기의 취항으로 관광객은 더 큰 폭으로 늘어날 전망이다.

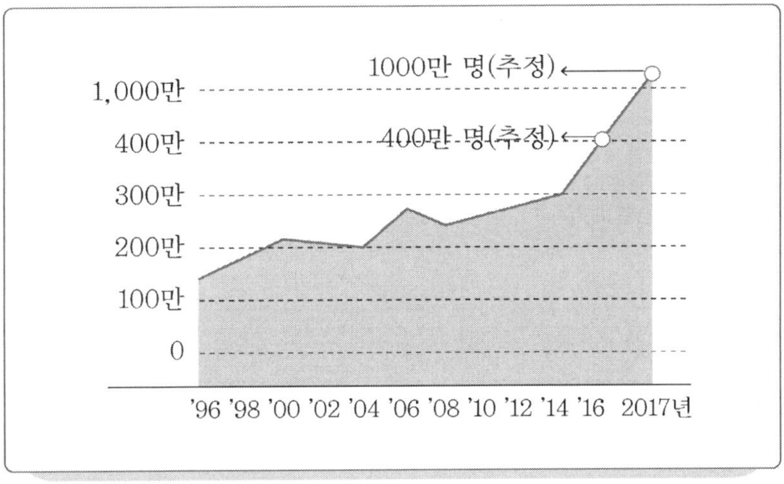

출처: 쿠바 관광부.

[그림 13-1] 쿠바 관광객 증가추이

이처럼 늘어난 관광객으로 쿠바는 부족한 관광 인프라에 큰 부담을 안게 되었으며, 호텔마다 초만원인데다 아바나의 호세마르티국제공항의 대기 줄도 갈수록 길어지고 있다.

이에 쿠바 정부는 프랑스 정부의 국영기업으로 샤를드골공항, 오를리공항을 비롯한 파리의 공항들을 운영하는 아에로포르트 드 파리사가 호세마르티공항의 운영을 맡기로 양해각서를 체결했으며, 프랑스 건설회사가 마르티공항의 확장 개축공사를 하게 될 것이라고 발표했다.

정부발표안에 공항 개축의 세부사항은 들어 있지 않았지만, 앞으로 수십만 명의 관광객을 받아들일 수 있게 하는 이 공사가 쿠바 최대의 중요인프라 건설이며 2015년 5월 프랑수아 올랑드 대통령의 쿠바 방문 이후로 이뤄진 최대의 프랑스-쿠바 간 공동사업이라는 점을 강조하고 있다.

마레로 관광장관은 2016년에는 400만 명을 초과한 관광객을 받아들일 것으로 발표했으며 2016년 상반기에 쿠바를 방문한 미국인 관광객은 지난해보다 80%가 늘어난 총 13만 8,000명으로 캐나다에 이어 두 번째로 많았다.[5)]

쿠바는 현재 에너지난으로 주로 관공서 중심으로 에너지 절약운동이 시행되고 있으며, 직원들을 일찍 퇴근시켜 에어컨 사용량을 줄이고 있다.

(4) 관광입국화와 관련된 제 문제

❶ 초기

쿠바에는 1959년 혁명 직전인 1958년의 경우 연간 35만 5,000여 명의 외래관광객이 방문했지만, 1989년도에 이르러서야 이 수준을 회복했다. 외국과의 합작사업을 추진하여 관광객이 증가하고 관광수입도 향상되었다. 관광객에 대한 매력을 느끼면서도 국가의 배급제도를 기초로 국민들은 내핍생활을 계속하였다. 목장에서 기르는 소의 대부분은 관광객들에 의해 소비되고 바닷가재(lobster)는 일본인을 비롯한 외국에 수출하든가, 아니면 관광객에게 제공되었다. 만약 쿠바인이 꼭 먹고 싶다면 암시장에서 달러를 지불하고 사먹어야만 했다. 달러가 필요한 대학교수는 관광객의 통역 및 가이드로, 사진사는 기타 대여직업으로 전환하고 있는 실정이었다. 하부구조시설의 정비는 관광객과 관련된 호텔, 식당, 그 밖의 관련 시설에 우선 실시했다. 관광은 나쁘다고 하면서도 사회주의 체제유지를 위해서는 어쩔 수 없음을 국가에서 인식하게 된 것이다.

이와 같이 관광은 현지 쿠바인에게 있어서 긍정적 · 부정적 영향을 주었다. 관광객들은 쿠바인 자신을 비춰주는 거울인 셈이었다. 관광객을 통해 외부세계를 알게 되었고 그들을 통해 자신들이 처한 입장을 이해하고 정부에 대해 비판적 입장을 취하기도 했다. 동시에 자긍심이 강한 쿠바인으로서 자신들의 정체성을 강화하려는 움직임도 있었다. 나이 든 세대는 관광객을 혁명 전의 앳된 얼굴로 춤을 추고 있는 미국인에게 겹쳐서 이해하여 사회주의에 대한 사상을 한층 더 강화시켜 나갔다. 그러나 혁명을 모르는 세대들에게 관광은 사회주의 대한 환멸감과 증오를 느끼게 하고 물질적인 빈부의 차이를 범죄라는 형태로 메우게 하고, 암시장에서 달러를 바꾸게도 하고, 사상적으로는 퇴폐화되는 부정적 영향을 끼치고 있었다.[6)]

결국 이런 쿠바의 젊은이들은 보트를 타고 쿠바를 탈출하게 된다. 1980년 아바나 근처 한 어촌에서의 대량탈출, 그리고 1994년 8월 다시 많은 탈출사건이 발생하였다. 외국인 관광객에 대한 적대감은 1994년 8월 아바나에서의 호텔 습격사건으로 표출된 예이다. 매춘부의 증가, 쿠바인의 밀항자 증가, 봉사료 배분을 둘러싼 문제, 페소화(Peso)의 가치절하와 달러의 가치절상, 외화획득을 위한 관광객 우선정책, 자국민의 내핍생활 강요 등 여러 가지 문제가 관광개발을 추진하는 동안 쿠바사회를 동요시키고 있었다. 사회주의인가 죽음인가를 슬로건으로 사회주의 유지를 위해서 채택한 관광개발정책 추진이 결국 사회주의의 멸망이라는 방향으로 치닫게 했다고 생각할 수 있다. 생명을 일모작에 맡긴 국민은 죽는다고 하는 호세 마르티의 말이 다시금 현실적으로 피부와 와닿는 상황이 된 것이다. 일모작, 즉 사탕수수 생산이 오늘날 관광산업에 자리를 물려주었기 때문이다.

관광에 전적으로 의존하는 것뿐만 아니고, 관광을 구급약인 캠퍼제(kamfer)로 이해하여 관광산업의 육성은 곧 다른 분야에 자극을 가져다

주며 전체를 부양시킨다는 것을 정부에서는 국민들에게 거듭 주지시켜 왔다. 쿠바인은 일모작(monoculture)이 아닌 소작농적인(peasant) 적응을 선호하는 것으로 볼 수 있다. 다른 나라에서는 소작농의 중간 상층에 속하는 사람들은 다품종 소량재배 및 다양한 새로운 시도를 하고 있는데도 쿠바는 미국의 경제봉쇄정책이라는 특수사정 때문에 어쩔 수 없는 상황에 놓였다.[7)]

❷ 2005년 관광산업계 종사자들의 실상

쿠바 사람들은 달러 모으기에 열심이었다. 외국인 방문자들과 접촉기회가 잦은 사람들은 어떤 수단을 써서든 제 주머니에 1달러라도 챙기려 들었다. 쿠바를 찾은 분쟁지역 취재 전문기자 김재명은 머무는 날이 더해질수록 음식점에 갈 때마다 계산서를 오래 쳐다보게 됐다. 언제나 그런 것은 아니었지만, 합산이 틀렸다. 적게는 1달러, 많게는 3달러쯤 더 나왔다고 한다.[8)] 아래에서는 김재명의 글을 통해 쿠바 관광종사자들의 실상을 알아보고자 한다. 쿠바 사람들의 산수 실력이 형편없는가? 그렇지 않다. 쿠바에선 무상교육받을 기회가 많기에 고졸 이상이 대부분이다. 그렇다면, 일부러 조금 더 많게 합산해 계산서를 갖다 준다는 얘기다. 말하자면 차액을 챙기겠다는 속셈이다. 한 달 월급이 20달러인 호텔 종업원이 하루에 5명씩만 그렇게 할 경우, 하루 5~10달러가 된다. 작은 돈이 아니다. 그렇게 속임수로 모은 돈에다 팁으로 받은 돈을 합치면 월급보다 훨씬 많아진다. 그래서 외국인을 상대하는 그런 자리는 너도나도 하겠다고 몰려들어 경쟁이 치열하다.

아바나에 머물며 자주 타고 다니던 택시는 한국에서 중고차로 멕시코를 거쳐 수출된 소나타 구형이었는데, 그 택시를 모는 50대 초반의 운전기사 헤르난데스도 쿠바에서의 생존술을 나름대로 터득하고 있었다. 그는 손님을 태우고 다닐 때, 택시미터기를 아예 끄고 다녔다. 하루(정확히는 아침 9시부터 저녁 6시까지 9시간)에 60달러를 주기로 했는데, 아마도 그는 많아야 40~50달러만 택시회사(국영)에 입금하고 나머지는 음성적 수입으로 돌렸을 것이다.

쿠바에서의 마지막 날 호세마르티공항으로 가는 길에서도 헤르난데스는 택시미터기를 켜지 않았다. 그래서 넌지시 물었다. "택시기사들이 요금을 정직하게 매기는지를 체크하는 감시인(inspector)들이 도로 곳곳에 있다고 하던데… 당신은 괜찮은가?" 조금 뜸을 들이던 헤르난데스는 다음과 같이 대꾸했다. "정규직 감시인에게 걸리면 골치가 아프지만, 보조직 감시인에게 걸리면 2달러쯤 주면 문제없다" 그렇다면 뇌물을 준다는 얘기다. "그들도 가족을 거느린 사람들이고, 따라서 돈이 필요할 테고…"

오해는 없어야겠다. 쿠바의 모든 택시기사들이 달러 챙기기에 눈이 멀어 부패했다는 얘기는 물론 아니다. 관타나모에서 미 해군기지가 내려다보이는 쿠바군 고지까지 태워다 준 또 다른 60대 초반의 택시기사는 매우 정직해 보였다. 그리고 "카스트로 정권이 하는 일이 아직은 다 만족스럽진 못하지만, 지난날 친미 바티스타 정권 시절의 가난을 떠올리면 혁명은 성공했다"고 했다.

쿠바의 일부 택시기사들은 정년퇴직한 공무원들이다. 그들 가운데는 쿠바군에서 사령관을 지냈거나 고위관료 출신들도 있다. 퇴직 뒤 사회봉사 개념도 있겠지만, 대부분은 연금으로 살아가면서 '문화적 사치'를 부리기엔 달러가 필요하기 때문에 운전대를 잡는다는 설명이다. 피델 카스트로는 그런 얘길 들으면, "그들이 현직에 있을 때 부패하지 않았다는 걸 보여주니, 좋은 일 아니냐"고 되물었다고 한다.

쿠바 사람들의 달러 챙기기는 숙박업 종사자들에게도 예외가 아니다. 쿠바에는 국영호텔 말고도 '카사 파르티쿨라레스(Casa Particulares)'란 이름의 작은 숙박업소들이 많다. 쿠바 가정집에서 재워주고 아침식사를 제공하는 말하자면, 유럽이나 미국의 B&B(bed & breakfast)와 비슷한 집들이다. 집마다 다르지만, 대체로 20달러에서 30달러쯤이다. 물론 이런 숙박업소도 국가소유다. 다만 개인이 그런 업소를 운영하도록 국가로부터 위임을 받았을 뿐이다.

카스트로 정부는 개인이 살면서 운영하고 있지만 어디까지나 국가 소유인 '카사 파르티쿨라레스' 종사자들로 하여금, 관광객들이 묵을 때마다 여권번호와 이름 등을 명확히 기록해 두길 요구한다. 국고로 들어와야 될 달러가 개인의 주머니로 누출되는 걸 막기 위해서다. 그러나 보름 동안 쿠바에 머물면서 여권을 보여달라고 요구한 곳은 아바나의 큰 호텔 말고는 별로 없었다.

택시미터기 감시인과 마찬가지로, 숙박업소들이 제대로 규정을 따르는지를 체크하는 사람들이 있다. 마찬가지로 '감시인'이라 일컬어지는 이들은 두세 명이 한 조를 이뤄 카메라를 들고 숙박업소에 불시에 들이닥친다. 그래서 업소 장부기록이 또박또박 돼 있질 못하면(머무는 손님은 있는데, 장부상엔 기록이 없다면), 그날로 '카사 파르티쿨라레스'는 문을 닫아야 하고, 심한 경우 그 카사의 운영을 다른 사람에게 넘겨주고 비워줘야 한다. 그런 위험부담에도 불구하고 달러가 한 푼이라도 아쉽다는 생각을 하는 사람들은 모험을 한다.

❸ 미국-쿠바 국교정상화 이후

갤럽(Gallup)이 2016년 2월 3일~7일까지 미국 성인(18세 이상) 1,021명을 대상으로 미국인의 쿠바에 대한 인식관련 설문조사에서 미국인 54%가 쿠바에 대해 호의적으로 생각하는 것으로 밝혀졌다. 쿠바 봉쇄 이전의 상태로 되돌아가고 있음을 암시한 것으로 볼 수 있다. 지리적으로 가장 인접한 국가로서 카리브해라는 빼어난 관광자원을 보고 싶어 하는 미국인의 관광동기가 다시 촉발된 것일 수도 있다. 그러나 이 가운데서도 인종갈등을 야기하는 사례를 에어비앤비를 통해 살펴보자.[9)]

공유 경제의 아이콘처럼 된 미국 기업 에어비앤비(Airbnb; 처음엔 집주인이 에어베드와 아침식사(Airbed and breakfast) 한 끼를 제공하는 소박한 취지로 2008년 샌프란시스코에서 시작한 숙박 공유 사이트. 지금은 전 세계 191개국에서 이용 가능한 글로벌 초거대 기업이다.)가 영국 · 중국 등 전 세계 8개국의 기자를 초청한 자리였다.

샌프란시스코가 아니라 아바나 초대가 상징하듯 흥미로운 건 쿠바의 사례였다. 미국 · 쿠바 국교 회복에 맞춰 2015년 4월 1,000가구로 서비스를 시작했는데, 현재 5,500가구가 신청 · 등록했다고 한다. 1년 만에 5배가 넘는 폭발적 성장을 한 것이다. 에어비앤비는 당연히 자랑하고 싶은 수치였겠지만, 여기에 쿠바 아이러니가 있었다. 쿠바를 찾은 어수웅 기자는 폭발적 성장의 이면을 아바나 구도심에서 스페인 식민지시절 유산인 자기 집을 빌려주는 레이사를 만났다. "내 월급이 한 달에 30CUC(약 4만 원)인데, 일주일 집을 빌려주면 200CUC를 벌어요. 고마울 따름이죠." 그녀의 직업은 형사법 전문 변호사. 1959년 피델 카스트로와 체 게바라의 쿠바혁명 성공 이후 사회주의 쿠바는 기계적 평등을 실현했다. 특급 변호사건, 밤샘하는 외과의사건, 쉬엄쉬엄 일하는 국영호텔 벨보이건 월급 자체에는 큰 차별을 두지 않은 것이다. 모두를 평등하게 만들었지만, 모두를 가난하게 만들었던 시절이었다. 폭증하는 개인의 불만과 경제위기 탈출을 위해 카스트로 정권은 국민에게 세 가지 자유를 줬다. 외국인 관광객을 위한 택시, 식당 그리고 민박 운영이었다. 맥도날드, 스타벅스도 금지했던 쿠바가 에어비앤비에 빗장을 연 이유다.

그런데 에어비앤비도 미처 몰랐던 혹은 외면한 진실이 있다. 쿠바 정부가 개인에게 허용한 소박한 식당을 현지에서는 팔라다르(Paladar)라고 부른다. 일정 마지막 날 혼자 찾았던 팔라다르의 로드리게스(가명)는 이런 얘기를 들려줬다. "관광산업을 개방한 뒤 이 나라에는 인종 갈등이 생겼어요. 외국 관광객은 백인이 대부분이고, 백인은 당연히 백인 택시기사, 백인이 하는 식당, 백인이 하는 에어비앤비를 찾죠. 이제 쿠바도 백인만 잘살아요."

그는 물라토(mulatto : 백인과 흑인 혼혈)다. 혁명 이전에 독재로 악명 높았던 대통령 바티스타도 물라토였고, 미국보다 먼저 인종차별 금지법안을 통과시킨 나라가 쿠바였다. 경제위기 돌파를 위해 연 빗장이 인종 갈등과 빈부격차를 키우는 아이러니가 되고 있는 상황이다.

결론적으로 쿠바는 미국과의 국교 단절 이전의 관계, 단교기간 동안 쿠바국민들의 삶의 피폐함, 그리고 다시 국교를 정상화시킨 큰 이유는 경제문제에 기인한 것이다. 일모작이라고 표현하는 사탕수수생산에서 또 다른 일모작이라 할 수 있는 관광산업에 대한 기대가 크다. 그러나 미국과의 밀월관계를 한번 경험했던 쿠바국민은 또 다른 밀월관계의 시작에서 인종차별, 관광산업 종사자의 미국인과 외국인 관광객을 바라보는 시선이 다를 수밖에 없을 것이다. 향후 쿠바국민은 미국과의 관계에서 경계해야 할 것이다.

관광입국 쿠바의 딜레마 관련 읽을거리

Barbados섬을 방문한 외래관광객의 괴로움

관광문화는 관광객과 지역민의 상호작용에 의한 결과로서 관광객이 관광지, 관광지 지역주민에게 긍정적 혹은 부정적 영향을 주는 것으로 밝혀졌다. 특히, 부정적 영향에 관한 연구가 많은 게 사실이다. 여기서 소개하고자 하는 내용은 관광지 지역주민들로 인해 관광객이 괴롭힘(harassment)을 당해 관광목적지, 관광목적지 지역주민들에 대한 부정적 이미지를 형성하게 되어 관광만족도는 물론 재방문의도를 감소시키는 결과를 가져올 수 있음을 인식시키는 사례라 할 수 있다. 여기서 소개되는 Barbados에 국한되는 실정은 아니라 판단된다. 우리 한국을 찾아오는 외국인 관광객을 대상으로 택시 바가지요금, 쇼핑 시 터무니없는 가격 제시와 종업원의 불친절, 언어소통상의 문제, 계약서에 명시된 내용과는 다른 저급의 숙박시설 제공 등은 어제오늘의 문제가 아니다.

관광객에 대한 관광지 지역주민의 괴롭힘에 관한 초기연구라고 볼 수 있는 Barbados를 방문한 관광객을 대상으로 1991~994년 사이에 이루어졌다. 관광객 대부분은 괴롭힘을 경험하는 것으로 나타났으며, 주된 괴롭힘의 장소로는 해변, 거리, 쇼핑하는 동안으로 나타났고, 관광객들의 인구통계적 특성분석에서 남성 관광객들은 마약 밀매인에 의해, 여성들은 상인들에 의해 더 많은 괴롭힘을 당하는 것으로 나타났다. 방문빈도에 따라서는 처음 방문하는 관광객이 재방문관광객보다 더 많은 괴롭힘을 당하는 것으로 나타났다. 괴롭힘의 형태로는 상인들임을 시각적으로 인식시켜 주는 제복을 입지 않거나, 마약 밀매인들의 마약 밀매 강요, 언어적 피해, 성적 괴롭힘, 기타 물리적 피해 등으로 나타났다. 심지어 관광 가이드까지도 관광객을 괴롭히고 있는 실정이었다.

이런 관광객 대상 괴롭힘이 근절되지 않는 이유로는 쇼핑 시 상인들의 훌륭한 판매기술이 관광객에게는 종종 괴롭힘으로 지각되고 있고, 비록 쇼핑 시 괴롭힘을 상인들에게 소구했을 때 상인들은 묵살하고 있으며, 관광객은 괴롭힘을 당해도 단기 체류객이기 때문에 범죄를 입증할 증거자료를 수집하기 어렵다. 더욱이 관광 경찰, 관광 관련 공무원이 문제의 윤곽을 파악한다 해도 문제 발생지역에서의 명확한 자료, 즉 법집행 근거뿐만 아니라 괴롭힘의 수준, 특정, 영향이 불명확하다는 데서도 그 이유를 찾을 수 있다.

괴롭힘을 받는 관광객의 비율(1991~1994)

(단위 : %, 명)

괴롭힘	괴롭힘의 형태	출신 국가				
		미국	캐나다	영국	다른 유럽국가	카리브해
	제복을 입지 않은 상인들의 괴롭힘					
예		80.8	79.1	85.9	66.7	48.7
아니오		14.8	16.4	12.8	26.7	39.5
무응답		4.4	4.5	1.9	6.6	11.8
조사된 수		842	402	925	210	76
	상인들의 상점을 벗어난 위치에서 호객행위					
해변		14.9	15.2	20.8	28.0	15.5
Kiosks/부스 안		76.6	76.7	70.6	53.5	68.7
무응답		8.5	8.1	8.6	18.5	15.8
조사된 수		2,804	1,469	2,554	600	355
	마약 판매인					
예		27.1	27.1	27.7	31.2	15.0
아니오		67.4	70.3	70.6	64.7	67.7
무응답		5.5	2.6	1.7	4.1	17.3
조사된 수		1,609	852	2,005	397	133
	언어적 피해					
예		13.1	12.4	11.2	20.9	19.2
아니오		84.0	84.5	86.8	73.2	63.3
무응답		2.9	3.1	2.0	5.9	17.5
조사된 수		1,447	783	1,775	369	120
	성적 피해					
예		6.8	10.5	7.4	11.9	7.7
아니오		90.0	86.6	90.4	81.8	75.2
무응답		3.2	2.9	2.2	6.3	17.1
조사된 수		1,447	775	1,775	369	117
	물리적 피해					
예		1.8	2.4	1.8	3.3	0.0
아니오		90.3	93.1	97.9	85.5	77.6
무응답		7.9	4.5	0.3	11.2	21.4
조사된 수		1,701	869	1,931	421	134

주 : kiosks는 역, 광장 등에 있는 신문매점, 공중화장실, 지하철 입구 따위의 간이 건축물을 의미하며, 물리적 피해는 소매치기, 도난 등을 의미함.

출처 : Klaus de Albuquerque and Jerome L. McElroy(2001), Tourist Harassment: Barbados Survey Results, Annals of Tourism Research, Vol. 28, No. 2, p. 485.

괴롭힘은 부유한 관광객들과 가난한 관광목적지 국가 주민들이 상호작용하는 곳에서는 어디든지 발생할 가능성이 크며 특히, 관광에 의존하고 있는 Barbados(서인도제도 카리브해 동쪽의 섬으로 영연방 내의 독립국)와 같은 섬은 지속적인 문제로 남게 될 것이다. 관광목적지 국가가 가난할수록 상인, 거지, 관광 가이드 등은 관광객을 괴롭힐 것이다. Barbados의 경험은 법으로 다스리는 것은 제2의 단기해결책이라고 지적한다. 사회적 · 경제적으로 지속 가능한 관광을 성장 · 발전시키기 위해서는 정책입안자, 호텔협회, 크루즈협회, 상인연합회, 그리고 택시운전자 관련협회 간에 유기적인 협조가 이루어져서 실천될 때 가능하다.

출처 : Klaus de Albuquerque와 Jerome L. McElroy의 Tourist Harassment : Barbados Survery Results 논문내용을 부분 발췌하면서 저자의 의견도 추가시켜 구성.

탄자니아 사파리관광과 마사이족 사람들의 생활문화적 고뇌

CHAPTER 14

01 | 마사이족 탄생설화 및 생활문화적 특징

자연관광의 한 유형인 사파리관광(safari tourism)은 케냐와 탄자니아가 그 주류를 이루고 있다고 해도 과언이 아니다. 우리나라에서도 머나먼 아프리카 케냐, 탄자니아에 사파리관광을 가는 사람들이 늘어나는 추세다. 이러한 현상은 현대관광의 특징이라 할 수 있는 지금까지 경험해보지 못한 생소함과 위험에 대한 도전을 통한 관광욕구충족에 기인한 것이다.

사파리관광 목적지로 변해가는 탄자니아는 영국의 지배를 받던 경험이 있다. 식민지 국가에서 독립한 이후 경제성장을 위한 각고의 노력을 해오고 있지만 사바나 기후 탓으로 건기(乾期)와 우기(雨期)가 매우 뚜렷하고, 토양은 주로 라테라이트(laterite)로 엽기와 규산 등이 빠져나와 완전한 붉은색을 띠며, 다양한 동물들이 살아가고 있어 관광지로, 아니면 다큐멘터리의 소재로 각광을 받는 나라이다. 특히 탄자니아와 케냐에 걸쳐 있는 세렝게티(Serengeti) 평원은 그 가치를 인정받아 국립공원으로 지정되었다. 건기에는 부족한 강우량으로 식물의 성장이 활발하지 못하며, 강우량이 많은 우기에 식물이 성장한다.

키가 작은 나무 관목과 길게 뻗은 풀숲으로 이루어진 초원이 만들어진다. 이 풀들은 초식동물이 씹어 먹을수록 성장이 촉진되는 기이한 진화를 보이고 있다. 기린, 사자, 표범, 하마, 물소 등 다양한 동식물이 서식하고 있다.

탄자니아 대도시는 세계 여느 도시 못지않게 경제적으로 성장하고 있다. 문제는 대도시 이외의 지역은 빈곤을 탈피하기가 어려운 실정에 놓여 있다는 것이다. 이런 자연환경의 악조건하에서도 지역민들은 소, 염소, 양 떼를 기르는 목축업에 종사하는 경우가 대부분이고, 일부 사람들은 여행사에서 만든 패키지 상품인 사파리관광과 민족관광(ethnic tourism)에 참가하여 일정 수입을 얻고 있다.

지금까지 탄자니아의 자연적인 여러 조건과 사파리관광에 관한 이해를 바탕으로 저자는 2019년 1월 2일에서 14일까지 탄자니아를 관광했다. 이 일정 중 4박 5일간 탄자니아 현지 여행사가 기획한 Breath into Wild in Tanzania 사파리관광에 참가하여 세렝게티 국립공원과 응고롱고로(Ngorongoro) 보호지역을 관광하고 소수민족인 마사이족 사람들이 거주하는 마을을 방문하여 민족관광의 일면을 이해할 수 있었다.

이러한 현지 관광 경험을 통해 몇 가지 의문점을 가지게 되었다.

첫째, 탄자니아가 과거 영국의 식민지 국가에서 독립한 이후 관계 당국자들의 식민지 시대 잠재의식이 외국인 대상의 사파리관광 인프라 구축에 작용하고 있지는 않은가에 관한 것이다.

둘째, 사파리관광을 하면 필수코스라 할 수 있는 마사이족 사람들이 사는 마을을 관광하게 되는데 이때 마을 사람들은 사파리관광객들을 위한 환대의식과 그들이 만든 기념품을 판매하는 과정에서 그들의 민족 고유의 정서를 속화하고 있지는 않은가이다. 이 두 가지 의문점을 해소하기 위해 관련 문헌 고찰과 현지 관찰을 통해 살펴보고자 했다.

1) 마사이족 탄생신화

마사이족(Masai)은 동부 아프리카 케냐 중앙고원에서부터 탄자니아 중앙평원 그리고 나일강의 원천인 빅토리아호수 근처까지 넓게 분포되어 있다. 인종적으로는 파라 나일로트(Para Nilot)계 목축민으로서 나일로 사하란(Nilo-Saharan) 어족(語族)에 속하며 마아어 방언을 구사한다. 현재 마사이족 인구수는 35만 명 정도로 추정되며 케냐 측에 25만, 탄자니아 측에 10만 명이 살고 있는 것으로 집계된다.

이들 마사이족이 역사적으로 어디서 왔느냐에 대해서는 여러 학설이 있으나, 일부 학자는 이집트 근처 나일강 하류로부터 점차 남하해 왔다고 주장한다. 그 근거로서 마사이족의 복장이 붉은색을 띠며, 그들 사회의 청년층으로 구성된 전사(戰士) 등의 옷차림과 칼, 창 등의 무기가 고대로마 병사들의 후예이거나 아니면 로마군에게 고용되었던 흑인병사의 후예일 것이라고 추측하기도 한다.[1)]

마사이족 탄생신화는 다른 민족이나 부족들의 창세신화(創世神話)와 비슷하다. 우리나라 개국과 관련된 단군신화와 같은 것을 갖고 있음을 의미한다. 탄생신화 내용은 태고시절 하늘나라에 마사이족이 살고 있었다는 것이다. 아버지는 곧 하느님이요, 그들의 말로 응가이(Ngai), 즉 신(神)이라고 불렀다. 어느 날 아이들이 하늘나라에서 지상세계가 너무 아름답다는 얘기를 듣고 가보고 싶은 충동을 느낀 나머지 아버지 응가이 신에게 지상으로 내려가도 좋다는 허락을 받는다. 응가이 신은 아이들에게 너희가 지상으로 내려가되 결코 다른 동물을 죽이거나 잡아먹어서는 안 된다. 그래서 나는 너희들과 함께 하늘나라 소와 양, 염소를 내려보낸다. 이 짐승들을 길러 그 젖을 먹고 살아야 한다. 내 명령을 어기고 다른 동물을 해치거나 잡아먹어서는 안 된다고 강하게 주지시켰다.

그러나 아이들은 지상으로 내려온 지 며칠 안 되어 응가이 신의 명령을 어기고 사슴 한 마리를 잡아 먹는다. 그로 인해 아버지 응가이 신의 노여움을 사게 되고 아이들은 용서를 구하게 된다. 응가이 신은 용서해주는 조건으로 내가 너희들과 함께 내려보낸 소, 양, 염소를 잘 길러 내가 만족할 만한 수에 이르면, 나는 너희들이 하늘나라로 되돌아올 수 있도록 밧줄을 내려 줄 것이라 했다.[2] 그 이후의 결과는 분명치 않다.

마사이족 탄생신화는 조상들로부터 오늘날까지 구전(口傳)된 것이다. 이와 같이 하늘나라에서 내려온 마사이족에게 응가이 신이 남긴 마지막 말씀에 따라 소, 양, 염소를 열심히 기르는 것은 그들의 생활이며 신앙이 된 것이다. 오늘날도 마사이족 사람들은 소와 양, 염소를 방목하여 기른다. 특히, 소에 최고의 가치를 둔다. 소를 기르기 위해 계절에 따라 물과 초원을 찾아 이동하고 있다.

2) 마사이족 사람들의 생활문화특징

(1) 출생

마사이족 사람들은 한 집안에서 아기가 태어나면 우선 1개월간은 비밀에 부쳐 이웃이나 마을에 알리지 않는다. 1개월이 지나 아이가 정상적인 기능을 하면 비로소 아이의 탄생을 외부에 알린다. 남녀 할 것 없이 3살에서 6살 사이 귓불에 구멍을 뚫고 무거운 쇠붙이를 달아맨다. 귓불이 길게 늘어날수록 미남 미녀로 인정받기 때문이다. 심한 경우 귀 전체의 길이보다 2~3배 더 길어지는데, 늘어난 귓불은 본래의 귓전에 한 바퀴 감는다. 남녀 모두 귀고리 장식을 착용하며, 보통 머리를 삭발하나 청년 전사들만은 머리를 길게 땋을 수도 있다. 몸에는 붉은 흙을 바르며 구슬로 엮은 목걸이로 장식한다. 젊은 청년의 경우 전사라는 이름의 모란(Moran)으로

부르며, 이들은 붉은 천으로 꼭 필요한 부분만을 가린 채 알몸에 단도(短刀)를 차며, 창과 방패를 들고 다닌다.

(2) 연령계층별 역할

마사이족 사람들의 연령계층은 소년그룹, 청년그룹, 중년그룹, 노년그룹과 같이 4등급으로 나뉜다. 소년그룹은 12세 미만의 연령층으로서 성장기에 있으며 일정한 사회적 의무가 부여되지 않는다. 청년그룹은 12~13세에서 27~28세 사이의 연령층이다. 이들은 할례(割禮: Circumcision)와 성인식을 거쳐 병사촌에 들어가 일정 기간 동안 합숙 훈련을 마치고 자기 부족을 지키는 모란(戰士: Moran)이 된다. 중년그룹은 27~28세부터 45~46세 사이의 연령층으로, 결혼하여 가정을 가지고 가축을 방목하여 기르며 정치활동에도 참여한다. 45~46세 이상이면 노년그룹에 속한다. 이 그룹은 주로 마을 제사나 의식을 담당한다.

그런데 여기서 화제가 될만한 것은 청년그룹의 모란이 되는 과정이다. 모란이 되는 과정은 다음과 같다. 먼저 12~13세 때 할례의식을 거친다. 할례 이전에 흰색 진흙을 쇠똥에 이겨 온몸에 바르고 두 달 동안 집단을 이루어 여러 지방을 순회한다. 이후 할례 전날 몸을 씻고 의례에 응한다. 표피절개로 나온 피는 소가죽에 담아서 머리 위에 붓는다. 할례 시술을 마친 후 잇따라 집단으로 성인식을 갖게 된다. 이 의식은 남자의 통과의례 중 하나로서 신체의 여섯 군데(양쪽 볼, 양쪽 팔, 양쪽 발)을 송곳 같은 불 칼로 찢어 흠 자국을 남긴다. 이는 성인(成人)이 된다는 축복과 한 사람의 남성이 됨으로써 기성세대와 대립관계에 접어드는 데 대한 저주의 뜻이라고 한다. 이렇게 구성된 청년그룹은 부모와 이별하고 마을에서 떨어진 공동 숙사인 마니아타(Manyata)라는 병사촌(兵士村)에 수용된다. 여기서 장기간 집단훈련을 받는다. 학습과정은 소를 방목하는 법, 마사이족의 전통문화에 관한 것이며, 훈련은 수렵 그리고 야생동물을 창과 칼로 포획하는 실습으로 맹수를 죽인 후 목을 따고 생피를 마시면서 용맹심을 기른다.

이때 이들은 다 함께 "우리는 마사이다. 우리는 용감한 마사이의 모란(전사)이다."라고 외친다. 이후 둥근 원을 그리고 함께 돌며 뜀뛰기 춤(Adumu)을 춘다. 일정 시간이 되면 모두 정신을 잃고 황홀 상태에 빠진다. 정상적인 의식 상태가 아닌 최면 상태(trance)나 광란의 상태(hysterical situation)가 된 모란 집단은 춤을 추다가 갑자기 대열에서 튀어나와 지상에서 1m 가량 공중으로 뛰어오른다. 다른 동료들이 이를 저지한다. 이어서 서로가 마주 보고 온몸을 부들부들 떨며 의식을 잃는다. 최면 상태는 무당들이 굿을 할 때 주문(呪文)을 외다가 마침내 신이 들리게 되는 단계와 같은 것으로 볼 수 있다. 반면 여자의 경우, 할례의식을 마치고 6개월이 지나야 결혼할 수 있다.

이러한 통과의식을 거쳐 한 집단을 형성하는 의식을 입문식(入門式: imitiation)이라 한다. 입문식은 미개사회에서 청춘남녀에게 부족의 성원으로서 가입할 수 있는 자격을 주기 위해 행하는 공공 행사나 훈련으로 때로는 엄격한 고행과 시련이 따르기도 한다.

모란에 속하는 청년층 집단은 부모를 떠나 격리된 합숙소에서 장기간 맹훈련을 한다. 물론 일상생활에서 가사일을 돕는 것은 면제된다. 그러나 부족과 마을을 지켜야 하기 때문에 어떤 사건이 생기면 소집된다. 모란은 소를 방목하는 기술, 즉 소 떼를 몰고 풀을 먹이는 일, 소 목에 방울을 다는 일, 한밤에 소나 사람을 노려 마을 근처에 으르렁거리는 맹수들이 습격하면 이들을 퇴치하기 위해 싸우는 일을 한다. 사자와 맞서 싸워 때려잡는데 성공한 모란은 그날 밤 합숙소에 몰려든 소녀 중 가장 아름다운 소녀를 고를 수 있는 특권이 부여된다. 이렇게 용감무쌍한 기질은 마사이

전사 이외의 다른 어떤 부족에서도 볼 수 없다. 중년층이 되면 결혼해 가정을 꾸리며 가축을 방목해서 식량을 조달한다. 그리고 노년층은 주로 마을의 제사와 의식(儀式)을 담당하는 장로(長老) 역할을 한다.

(3) 결혼생활

모란, 즉 전사그룹은 소녀나 과부 등과의 성접촉이 가능하나 전사의 임무를 다하기 위해 중년그룹으로 진입하기 전까지는 결혼할 수 없다. 그 때문에 전사들은 당연히 결혼이 늦어진다. 반면에 여자들은 할례와 성인식을 마치면 결혼할 수 있다. 이는 결혼 가능한 인구비율에 불균형을 발생시킨다. 마사이족 사회에서 결혼할 남녀의 수를 비교하면 여자가 많다는 것이다. 그 결과 중년그룹 남성이 여러 명의 부인을 거느리는 비율이 그만큼 높아지게 되며, 중혼(重婚: bigamy, double marriage)을 조장한다. 중년그룹 남성들이 중혼하게 되는 또 다른 요인으로는 혼수(婚需) 문제다. 신부를 얻으려면 신부 측에서 출산, 노동력의 대가로 신랑 측에 많은 가축이나 금품을 요구한다. 혼수품 조달에 있어서 청년들은 어려움이 뒤따르지만 중년들은 재산이 있으므로 유리한 조건에 있다. 여기서 청년, 중년그룹 간에 결혼 관련 갈등이 생긴다.

실제로 결혼할 때 혼수품으로 소를 5~10마리, 최대 20마리까지 주는 경우가 있다. 그 결과 부인의 수는 남자의 능력에 따라 결정되며, 부모의 입장에서는 딸이 곧 재산증식의 수단이 된다. 극히 드문 경우이지만, 85세의 아버지와 22명의 부인들 사이에서 태어난 아이들이 52명인 경우도 있다.[3] 부인 중에 가장 어린 나이는 15세로 남편과는 70살의 나이 차가 나 아내라기보다는 손녀에 가깝다. 이들의 결혼생활은 마을 큰 마당을 중심으로 집들이 옹기종기 둥그렇게 모여 있는데, 22명의 부인이 집을 하나씩

가지고 있다. 남편은 여러 부인의 집을 돌아가며 지낸다. 정작 남자는 집을 따로 짓지 않는다. 또 특이한 점은 그녀들이 사는 움집은 남편이 지어준 것이 아니라 시집온 부인이 손수 지어야 한다는 것이다. 한 부인이 집을 지을 땐 남편의 도움이 아닌 다른 부인들과 힘을 합쳐 짓는다.

마사이족 사람들의 결혼이 성사되는 구체적인 과정을 살펴보면 다음과 같다. 먼저 양가 부모의 합의가 있어야 첫 관문을 통과할 수 있다. 그러니 서로 좋아하더라도 양가 부모의 결혼 허락을 받지 못한다면 결혼할 수 없다. 이 전통을 극복하는 방법은 단둘이 다른 곳으로 가서 사는 것이다. 양가의 허락을 받지 못한 남녀가 1년 동안 도망가서 살다가 돌아오면 결혼은 허락되나 신랑이 소 10마리를 신부 측에 보내야 하는 것은 변함없다. 여기에서 재미있는 풍습이 있는데, 만약 신부가 첫째 아이를 낳으면 신부 집에서는 소 5마리를 되돌려주기도 한다는 것이다. 이런 풍습은 신부 측 부모들이 새로 태어난 아이가 굶지 않고 건강하게 자랄 수 있도록 도움을 주고자 하는 의미다.

결혼과 관련해서 또 다른 풍습으로는 대부분 40대 이상의 나이 많은 남자와 10세 전후의 소녀가 결혼하는 것이 있다. 이는 앞에서 설명한 것처럼 신랑의 막대한 지참금을 충족하려면 어느 정도 일해서 재산을 축적한 나이 많은 남자들이 유리하기 때문이다. 이 외에도 결혼방식을 반대하던 부모가 죽은 후 어린 소녀를 남자가 신붓감으로 맞이하는 경우가 있다. 남자가 어린 소녀와 결혼하는 이유는 크게 2가지인데, 첫째는 문화적으로 남성들이 처녀성에 대해 강하게 집착하기 때문이며, 두 번째는 신부가 어리면 신랑에게 더 많은 노동력과 자손을 안겨줄 수 있기 때문이다. 따라서 신부가 어릴수록 신랑이 지불해야 하는 지참금도 그만큼 많을 수밖에 없다.[4)]

지금까지 마사이족 사람들의 전통적 결혼풍습을 요약해보면, 결혼이 성사되기 위해서는 신랑 될 사람의 경제적 부를 매우 중요히 여기며, 일종의 지참금 형식으로 신부 집에 제공해야 하며, 신부는 시집와서는 신랑 집의 법도를 따르는 순종형으로 적응해간다고 볼 수 있다.

결혼과 관련하여, 추가로 동남아국가 중 베트남, 태국 소수민족, 그리고 중국의 소수민족과 한족의 전통 결혼풍습을 알아보고, 탄자니아 결혼풍습과 비교해보고자 한다.[5] 먼저 베트남 소수민족 중 하나인 에데족(Ede 또는 Rhade)의 경우, 베트남 남부에 거주하는 소수민족으로 2019년 인구조사 기준 약 398, 671명이다. 이들은 베트남의 다른 소수민족에 비해 경제적으로 부유한 편이며, 독특한 모계 중심사회를 이루고 있다. 이를테면 신랑 가족은 신부 가족에게 혼수를 준비해야 하는데, 이는 시부모가 신부를 낳아주고 길러준 은혜에 감사하는 마음의 표시다.

일반적으로 베트남의 결혼풍습은 결혼을 두 사람만의 일이 아닌 가족, 친족, 마을과 관련된 공적인 일로 여긴다. 일부 소수민족의 경우 결혼 전 일정 기간 동안 신랑과 신부가 만나지 못하는 풍습도 있다. 또한 신랑이 신부 가족에게 예물을 전달하는 담호이(Đám Hỏi)라는 절차가 있다. 이는 베트남어로 구혼 또는 청혼을 의미하며, 결혼식을 앞두고 신랑 측에서 신부 측에 예물을 전달하며 결혼을 허락받는 절차다. 그 다음으로 담끄이(Đám Cưới), 즉 결혼식 자체로 마무리된다.

태국의 소수민족 가운데는 혼인 예물로 신솟(Sin Sod)이라는 전통이 있는데, 이는 결혼할 때 신랑 측이 신부 측에 전달하는 지참금을 의미한다. 신솟은 신부의 가치를 상징하며 신부 가족의 경제적 안정에 기여하기 위한 것으로, 신랑 부모가 신부 부모에게 전달하는 예물로 결혼 과정에서 중요한 절차 중 하나이다.

한족(漢族)을 포함해, 56개 민족을 가지고 있는 중국의 결혼풍습은 다음과 같다. 소수민족인 묘족(苗族)의 경우 모계씨족사회의 흔적을 찾아볼 수 있다. 남녀 청년들은 달 밟기와 같은 야외놀이를 통해 정을 나누고 연애하며, 결혼 절차로는 곡가(哭歌: 신부가 우는 풍습), 신부맞이, 맞절 등이 있고, 또한 아버지의 자매 측 처녀를 어머니 형제 측 총각과 결혼시키는 혼세교차제(婚歲交差制)가 있는데, 이 제도는 뤄바족, 먀오족 등에서 찾아볼 수 있는 전통적인 방식이다. 56개 민족 중 절대다수를 차지하는 한족의 결혼과정 및 제도를 살펴보면 다음과 같다. 가문의 중요성 때문에 당사자의 의사보다는 양가 부모와 집안 의견을 더 중요시하며, 육례(六禮), 즉 납채(納采: 약혼), 문명(問名: 신부 집안의 사주단자 확인), 납길(納吉: 길일 택일), 납정(納征: 예물교환), 청기(請期: 결혼 날짜 확정), 친영(親迎: 신랑이 신부의 집으로 가서 신부를 맞이함)의 6단계를 거친다. 이 외에도 만주족과 한족 간의 결혼은 금하는 만한불통혼(滿漢不通婚)이라는 정책이 과거에 있었으나, 지금은 폐지되었다. 결혼풍습에 따라 신부의 결혼의복은 붉은색 드레스를 입는 경우가 많다. 결혼 절차의 독특한 풍습으로는 신랑, 신부가 머리카락을 한 가락씩 잘라 매듭으로 묶어 보관하는 풍습이 있으며, 동족(侗族)과 같은 소수민족의 경우 소녀들이 직접 혼례복을 만드는 풍습도 있다.

지금까지 마사이족 사람들을 포함한 동남아, 중국의 전통 결혼풍습을 살펴보았다. 이들은 전통 결혼풍습을 지켜가면서 서구화하고 있음을 알 수 있다. 앞으로 미개사회 소수민족의 결혼풍습이나 개화사회의 결혼풍습에는 큰 변혁이 일어날 것으로 예측된다. 이러한 변혁은 정보전달 매체의 비약적인 발달, 모든 국가에서 양성평등(兩性平等) 향상을 위한 각고의 노력, 그리고 미지의 세계가 없어질 만큼 세계인들의 활발한 교류가 뒷받침하고 있다.

02 | 사파리관광 상품개발과 마사이족 사람들의 생활터전 상실

1) 마사이족 사람들의 목가적인 삶에 변화를 초래하다

먼저 본 장에서는 마사이족(族)과 마사이족 사람들을 혼용해 사용하고 있다. 족의 경우 특정 집단이나 무리를 나타내는 접미사로 사용되며, 사람은 개별적인 인간 개체를 지정하는 일반적인 단어로 사회적 관계나 주체성을 강조하는 의미가 있다. 그러나 마사이족도 이젠 수적인 면에서 점차 줄어들고 있으며, 이들이 속해 있는 사회나 국가가 비약적인 발전을 거듭해 사회적 관계가 더 다양해지는 상황이기 때문에, 혼용해서 사용하고자 한다.

마사이족 사람들은 오랜 세월 동안 탄자니아 대평원에서 소를 목축해 왔다. 그들의 유목민 생활방식은 동아프리카 야생동물 보호에도 크게 기여해 왔다. 그러나 최근 들어 투어 오퍼레이터(tour operator)에 의해 마사이족 사람들의 태고(太古) 은신처가 휴가 여행자들에게 개방되어 강제로 추방당하고 있는 실정이다. 이런 현상은 탄자니아뿐만 아니라 적도(赤道)까지 확산되고 있다.

서쪽 지평선 위에 구름 성곽들이 붉은 원통형 화로처럼 바뀔 때면 마사이족 아이들은 표범들로부터 염소를 보호하기 위해 염소우리로 몰아넣는다. 나이 많은 마사이족 사람들의 모습은 격자무늬의 검붉은색의 옷감으로 어깨에서 무릎까지 감싸고 왼손에는 잎사귀 모양의 긴 창을 쥔다. 또한 등에는 접은 우산을 가죽끈으로 묶어 다니며 오른손으로는 휴대폰 사용에 여념이 없다. 마사이족 사람들이 사는 마을에는 저녁을 짓는 연기가 올라오는 것이 일상적인 저녁 풍경이다.

이런 목가적인 풍경과는 어울리지 않게 아랍 에미리트 연방에서는 휴가 여행자 유치를 위해 국가 차원에서 환영 메시지를 보내고 있다.[6] 그 내용은 "최상의 네트워크화된 보상을, 부족한 것이 있다면 에티살랏(Etisalat) 서비스를 활용하라."라는 문자이다. 여기서 에티살랏은 아랍 에미리트에 소재한 원격통신서비스 기업으로 현재 아시아, 중동, 아프리카 등 15개국에 각종 정보를 제공하고 있으며, 현지 관광을 포함한 정보 채널로는 알 아라비야(Al Arabiya)가 있다. 이런 채널은 아랍 에미리트 두바이(Dubai)를 중심으로 아랍계 시청자들에게 각종 정보를 제공한다. 그 정보 중 몇몇은 탄자니아를 비롯한 주변 국가에 휴가 여행을 온 관광객들에게 보다 편안한 체류를 돕는 것들이다.

2) 탄자니아 정부의 사대주의적 사파리관광개발과 마사이족 사람들의 시련

아랍 에미리트 연합 소재의 Ortelo Business Corporation은 1993년 탄자니아 정부의 2010년까지 1백만 명의 외국인 관광객을 유치하는 전략에 편승하여 아랍 에미리트 연합 특권층을 겨냥한 탄자니아 사파리관광개발을 시작하게 된다. 사업들의 주요 내용은 관광사업의 하부구조시설이라 할 수 있는 대저택이 딸린 사파리캠프, 대형 제트기가 이착륙할 수 있는 활주로 건설, 비포장도로를 달릴 수 있는 자동차 수입 등이 있었다. 또한 두바이 왕족들이 안전하게 사파리관광을 즐길 수 있도록, 아랍 에미리트 국방부는 마사이족 사람들의 습격을 막기 위해 현지 사무소를 개설했다. 이뿐만 아니라 아랍권의 족장(族長)과 백만장자들을 위해 영국의 햄프셔(Hampshire)보다 큰 야생지역인 롤리안도(Loliondo)를 인조 놀이터로 조성하기 시작했다. 롤리안도는 낮은 언덕의 대초원 지역으로 외화부족국가인 탄자니아 정부가 외국인 투자가들에게 사파리관광 관련 시설개발을 적극 유도하고 있는 지역이다.

여기에 그치지 않고 탄자니아 관계 당국은 국토의 1/4을 보존지구로 고시하게 된다. 이로 인해 세계 다른 나라들도 보존이라는 명분하에 정부와 결탁한 기업들, 심지어 대규모 환경보호단체들까지도 서로 결탁해 원주민들을 삶의 터전에서 추방했다. 나아가 원주민들 존재 자체를 소멸시키려는 시도를 탄자니아에서도 그대로 적용하기 시작했다. 그 결과 정부의 보존지구 고시와 동시에 지역주민들은 강제 이주라는 고통이 시작되었다.

탄자니아 사파리관광개발은 또 다른 외국 관련기업을 유치하게 되는데, 미국 보스턴에 소재한 우량 생태관광기업 톰슨사파리(Thompson Safari)가 운영하는 Tanzania Conservation Ltd(TCL)의 설립을 그 예로 들 수 있다. 이 기업은 에나시바 자연보호구역(Enashiva Nature Refuge) 12,000acre에 호텔과 캠핑촌을 개발하기 시작했다. 그들은 영국의 휴가 관련기업인 Thomson과는 아무런 관련이 없으면서도 이 기업의 자선이미지를 부각했고, 해당 지역의 마사이족 목동들에게는 전통적인 방법으로 소를 목축하는 것과 우물 파는 것을 반대하기 시작했다.[7] 톰슨사파리 회사의 각종 제재(制裁)는 여기서 그치지 않았다. 대규모 목장 소유자들에게는 비가 오지 않는 건기 동안만 우물에 접근을 허용했고, 소규모 준유목 목동들에게는 계절에 따라 목초를 먹일 수 있는 지역으로 소를 이동시킬 수 있는 권리를 박탈했다. 마사이족 목동들은 OBC로부터 토지를 차용하고, 그곳으로 소를 이동시켜 제한된 장소에서만 방목하게 되었다. 이들은 관광객용 사진의 대상물이 되고, 캠프까지 관광객들의 짐을 운반해 주기도 하며, 관광객들이 동물을 보고 싶어 하면 안내자 역할까지 하면서 그들의 생계를 이어가고 있다.

이러한 상황 속에서, 외국 관광 관련기업과 탄자니아 정부 당국의 방임으로 마사이족 사람들의 생활 터전과 생활문화가 급격히 변질되는 것을 막기 위해 마사이족 출신의 최초 하원 의원 Moringe Ole Parkipuny가 마사이부족 사람들의 고유 권리를 되찾아야 한다는 캠페인을 전개하기 시작했다.

그에 따르면, 머지않아 동물이 사람보다 훨씬 가치가 있을 것이라고 한다.[8] 이를 뒷받침할 수 있는 사례지역으로 북탄자니아 응고롱고로(Ngorongoro)를 제시하고 있다. 응고롱고로 지역은 세계 최대 분화구가 있는 명소인데, 이곳에 25마리의 코뿔소를 보호할 목적으로 마사이부족 사람들 수만 명을 관계 당국이 강제 퇴거시킨다는 것이다. 응고롱고로뿐만 아니고 올로로소콴(Ololosokwan) 지역 역시 마찬가지의 위기에 처해 있다. 이곳은 자동차로 8시간 포장길을 달려야 하는 변두리 마을이자 마사이족 사람들의 교역이 이루어지는 곳이다. 도로가 포장된 이유는 Ortelo Business Corporation이 설립한 관광 목장이 있고 아랍 에미리트 왕족과 정부 관료들이 사파리 관광을 하기 위해 자주 찾는 곳이기 때문이다. Ortelo는 관광 목장을 방문하는 귀중한 관광객들에게 심리적 불안을 불식시키기 위한 그림을 도로 연변 카페 근처의 판자에 그려놓았다. 그림 내용은 건강하게 보이는 아랍인들, 붉은 베레모를 쓰고 총을 들고 있는 탄자니아 특수경찰들이 공포감을 조성하는 것들로 구성되어 있다.

3) 탄자니아 정부 당국자들의 마사이족 사람에 대한 편향된 인식

마사이족 사람들에 대한 탄자니아 위정자들의 편향된 인식이 마사이족 사람들에게는 큰 고통이 되고 있다. 1959년부터 영국 식민정부는 탄자니아 평원에서 대규모 목장 소유주들을 추방하기 시작한다. 당시 명분은 인간이 배제된 야생동물을 보존하기 위해 세렝게티(the Serengeti)에 거대한 초지를 조성한다는 것이었다. 1961년 탄자니아 정부는 응고롱고로 분화구 지역을 국립공원으로 조성하면서 마사이족 사람들을 본거지인 목축지역으로부터 강제 퇴거시키기 시작한다. 1973년 Julius Neyere 탄자니아 초대 대통령은 사회주의자로서 모든 토지는 생산적이어야 하며, 국가 전체 소고기 생산 책임은 대규모 목축업자들에게 있지만 현대 농업적 의미에서는 생산적이지 못하다는 인식을 갖고 있었다. 이로 인해 정부 관리들은 대규모 목축업자들을 게으르고, 다루기 어렵고, 미개한 것으로 인식하기 시작했다. 나아가 이들은 마사이족의 높은 문맹률로 인한 학교에서조차 금지된 언어 사용은 물론이고, 맨몸에 자줏빛 또는 푸른빛 담요(Shukas)를 어깨에 걸치는 습관, 여성들의 경우 속옷을 입지 않고 필요한 부분만 가리는 의복 차림까지도 미개하다고 생각했다. 이에 비표준화 언어 사용과 의복 차림을 금지시키고, 여성들은 속옷을 착용하도록 하는 등 마사이족 사람들의 생활 전반에 대해 정부 관리들이 간섭하기 시작했다.

위정자들의 이런 인식은 외국인 사파리관광객에 대한 사대주의적 성향으로 나타나게 되었다. 오늘날 마사이족 사람들의 70%가 최저빈곤층으로 살고 있고, 15% 아이들이 다섯 살을 넘기지 못하고 죽어가고 있다. 탄자니아 정부가 사파리관광을 강조하면 할수록 마사이족 사람들에 대한 가치는 완전히 상실되어도 괜찮다는 인식이 더욱 고조될 것이다.

03 | 마사이족 사람들의 관광객용 의례와 생활공간의 관광상품화 과정

1) 관광객용 의례과정

모든 브로슈어와 잡지에 마사이족 사람들이 등장한다. 이런 매스미디어의 주요 내용은 관광객에게 마사이족 사람들의 마을 관광을 유도하기 위함이다.[9] 그렇지만 관광객들은 마사이족 사람들이 사는 마을을 관광하기 전에 몇 가지 알아두어야 할 것들이 있다. 첫째, 마사이족 사람들이 마을에 관광객들이 방문하는 것을 과연 원하는가다. 둘째, 마을을 방문하는 관광객들에게 그들이 갖고 있는 전통의례들을 가감 없이 그대로 다 보여줄 것인가에 관해서도 의문을 가질 필요가 있다. 셋째, 전통의례 행위 후 마사이족 사람들이 관광객들에게 궁극적으로 바라는 것은 무엇일까다. 마사이족 사람들은 이미 자체조직을 만들어 관광객들이 방문했을 때를 대비해 관광객 심리 관련 교육을 마을 아니면 관계 당국에 의해 받고 있음을 알아야 한다.

다음은 마사이족 사람들이 관광객을 위한 의례화과정을 어떻게 전개하는지 살펴보고자 한다.

(1) 인사

마을 어귀 주차장에 관광 차량이 도착하면 마사이족 사람들은 얼굴에 미소를 지으면서 노래로 관광객들을 맞이한다. 관광객 중 남성들에게는 몸을 천으로 감싸게 한다. 그 후 관광객들을 자기들 캠프 안으로 들어오게 해 단조로운 노래로 축하 의식을 펼친다.

관광객들을 맞는 마을 사람들이 노래 부르는 모습

원형으로 된 캠프는 야영 생활을 안전하게 할 수 있도록 가시 있는 나무 울타리가 쳐져 있고, 지붕엔 억새풀에 가까운 것으로 덮었으며 벽은 진흙으로 쌓아 만든 둥근 집들이 배치되어 있다. 집의 입구가 좁게 되어 있는데 그 이유는 사나운 동물로부터 보호하기 위해서다. 전통적으로 가축들은 캠프를 벗어나지 못하게 하지만 관광객들이 방문하는 동안은 소들이 캠프 주변 들판에 나가 풀을 뜯어 먹도록 한다.

마사이족 사람들이 사는 움막집 모습

개별 주거 공간인 원형의 움막집

(2) 전통 춤 공연

전통 춤은 마사이족 남성들의 통과의례 중 하나로 알려져 있다. 그들은 춤을 출 때 높이 뛰는 도약 기술을 사용하는데, 이는 더 많은 여성들의 시선을 끌기 위해서이다. 여성들은 남성들이 높이 뛰면서 단조롭게 노래하는 광경을 주시한다. 젊은 남성들이 여성들에게 제각기 감명을 주기 위해 추는 춤인 만큼 관광객들에게도 감명을 줄 것으로 생각한다. 최근에는 마사이족 남성들만이 아니고 여성들도 같이 일자형 또는 원형을 지어 전통 춤을 추기도 하며, 여성들의 경우 어린아이를 업고 춤을 추는 경우도 볼 수 있다. 춤 공연 시간은 지역에 따라 다르겠으나 대개 10~20분 정도이다. 관광객들은 마사이족 남성, 여성들과 같이 높이 뛰면서 노래하는 것을 가장 즐거워한다.[10]

마사이족 남성들이 관광객을 맞이해 원형으로 춤추는 모습

(3) 춤 공연 후 불피우기 시연(試演)

남성들은 춤 공연 후 모든 에너지와 정력을 소진하고, 불을 어떻게 피우는지를 보여주기 위한 장소로 이동한다. 마사이족 남성들은 전사로서 초원에 나가 생존하고, 사냥하고, 성공하기 위해 타 지역에서 배운 것들, 특히 불피우는 기술을 대단히 가치 있는 것으로 인식하고 관광객들 앞에

서 재현한다. 불피우기는 작은 막대기와 마른 잎들만 있으면 가능하다. 막대기의 마찰로 몇 분 안에 불을 피우고, 그들만의 독특한 기술을 습득한 것처럼 관광객들에게 보여준다. 그리고 관광객들에게도 불붙이기 체험을 유도한다.

(4) 주거 공간 관람

환대 행사가 끝나면 관광객들은 소규모 단위로 마사이족 사람들이 사는 움막집 형태의 주거 공간 안으로 들어가게 된다. 집은 지붕이 낮고 실내는 어둡다. 안에 들어가면 두 개의 의자가 놓여 있는데 낮엔 앉아 있고 밤엔 잠을 잔다. 어머니와 아버지는 한편에 자고 어린아이들은 반대편에 잔다. 어린아이들은 다섯 살 전후로 다른 움막으로 주거를 옮긴다. 움막의 나머지 절반은 부엌으로, 음식 조리 공간이다. 지붕에 구멍이 나 있어 연기가 빠져나간다.

낮에도 어두운 움막 안의 모습

움막집 크기는 대가족이 함께 지내는 텐트 정도다. 이 움막은 5년마다 해체하고 새로 짓는다. 옛날 우리나라 초가집이 1년 아니면 2년에 한 번 지붕을 새 볏짚으로 교체하는 것과 비슷하다 하겠다.

이들은 주로 우유와 육류, 그리고 그 피를 주식으로 한다. 그러나 아침으로 오트밀 죽을 먹고 채소나 옥수수를 먹기도 한다.

(5) 아이들 교육현장 관람

배움터라 해서 규모가 큰 건 아니다. 어린아이들 10여 명이 들어갈 수 있는 야외나 실내공간에 책걸상을 놓은 곳으로, 작은 칠판에 영어 알파벳과 숫자를 써 놓고 관광객들이 수업을 참관한다. 이후 선생님은 아이들에게 읽기나 쓰기를 시킨다. 교육 공간이 협소하기에 관광객 수에 따라 반복 학습이 이루어지고 있다. 아이들의 표정을 보면 판에 박은 듯하다. 글자를 읽는 시간도 어린이 1명당 2~3분 정도다. 이것을 예비 학습이라 했을 때, 본 학습이 실제로 이루어지고 있는지는 알 수 없다. 정규 교육기관은 아주 멀리 떨어져 있어 아이들이 학교까지 가려면 왕복 몇 시간씩 소요되는 실정이다. 공개 배움이 끝나면 관광객들이 아이들에게 약간의 돈을 주는데 약간은 측은한 표정을 짓는 게 대부분이다.

야외에서 어린이들이 수업받는 모습

움막 안에서 어린이들이 수업받는 모습

교육 공간인 움막 안에서 아이들과 함께 있는 저자의 모습

(6) 관광객용 수공예품판매

관광객용 춤 공연과 움막집을 관람시키고 나면, 이곳 사람들은 그들이 만든 수공예품을 팔기 위해 움막 바깥에 얼기설기 엮은 나무에 각종 액세서리류, 팔찌, 목걸이, 귀걸이를 전시하여 관광객에게 구매를 유도한다.

수공예품 전시 모습

관광객들이 수공예품 가격을 물어보면 몇 번이고 똑같은 대답을 하는데 한번 수공예품 가격을 물어보거나 만지면 은연중에 구매를 강요한다. 관광객들이 수공예품을 구입하게 되면 현지 가이드가 마을 사람들과 가격을 흥정한다. 마사이족 사람들은 관광객들이 이러한 흥정 과정을 듣는 것을 싫어한다. 이곳 사람들이 만든 수공예품들은 정교하지 못해 관광객들은 좋아하지 않지만 장신구류 수집 차원에서, 또는 관광 이후 회상(recall)을 위해 구매하는 경우가 대부분이다. 관광객들이 다른 곳으로 이동하려고 하면 그때 비로소 가게 주인이 따라와 얼마를 줄 수 있는지 묻는다. 그러면 관광객들은 얼마를 받으면 팔 수 있는지 되묻는다.

이런 광경들은 탄자니아가 아니더라도 민족관광(ethnic tourism)이 이루어지는 관광지에서 쉽게 볼 수 있다. 이를테면 중국, 캄보디아, 베트남, 태국 등의 소수민족들의 민족관광이 이루어지는 곳이다. 과거부터 지금까지 외부 관광객들이 마사이족 마을을 방문해 정해진 의례와 볼거리들을 관광하고 기념품을 구매하는 공식화된 일정을 통해, 마을 사람들은 세계 여러 국가로부터 온 관광객들을 대상으로 그들의 언어, 얼굴 표정, 행동 제스처, 심지어 이를 소비하는 외화 단위까지 학습하게 된다. 학습의 결과로 경제적 어려움을 단시간에 해결하는 방법이 자신들의 전통의례, 주거 공간 방문, 수공예품 판매와 같은 상품화로 인한 수입창출임을 깨닫게 된다. 이렇게 되면 그들의 독특한 문화에 관광객 위주의 수정을 가하게 되고 주민들의 의식까지 변화시켜 연기(performance)를 하게 된다. 고유성이 상실된 의례용 문화가 되면 더 이상 외래관광객들이 방문하지 않는다는 교훈을 빨리 터득하는 게 중요하다.

04 | 마사이족 사람들의 사파리관광 개발폐해에 대한 조직적 저항운동 전개

1) 관광과 정치 그리고 권력과의 관계

관광은 정치, 권력과는 관계성이 없는 것으로 비추어질 수 있다. 관광은 정치와 권력보다는 경제에 밀접한 관계로 인식되었고, 그렇게 되어온 것도 사실이다. 지금까지 경제적 빈곤국들은 경제개발 수단으로 자국이 보유하고 있는 부존자원을 활용하여 외국인 관광객유치를 통한 외화획득을 공식화해 왔다.

우리나라도 경제개발 5개년 계획을 1962년도부터 실시하면서 외화 보유액이 거의 없는 실정에서 외화 보유액을 확충하기 위해 관광산업진흥 → 외래관광객 유치 확대 → 외화 수지 확충이라는 과정을 되풀이해왔다. 이 단계에서는 정부주도형 관광정책만이 그 효율성을 극대화할 수 있다.

문제는 저개발국가 당국에서 관광 관련 개발 시 지나치리만큼 공권력을 행사한다는 데 있다. 이런 방식의 관광개발로 지역민들의 분노를 야기한 것은 어제오늘의 사례가 아니다. 탄자니아도 외국관광객 전용 사파리관광을 개발하면서 어느 국가에서도 보기 드물 정도로 마사이족 사람들의 터전을 무참히 짓밟는 결과를 초래했다. 결국 마사이족 사람들은 강압적인 국가 권력에 대한 조직적 · 체계적 저항운동을 전 국민에게 언론매체를 통해 알리게 된다. 상황이 이렇게 전개되자 관계 당국도 그 심각성을 인식하고 외국 사파리관광 개발기업의 횡포를 강력하게 제지하기 시작했다.

관광, 경제, 권력과 정치의 관계를 보면, 경제가 관광의 전면에, 그리고 권력과 정치가 관광의 후면에 위치하는 게 일반적인 형태다. 문제는 후면에 위치해 그 실체가 보이지 않게 되고, 설령 보이더라도 매우 은밀하게 작용한다는 점이다.

관광객들은 자신들의 기본적인 욕구 중 하나인 관광욕구를 충족시키기 위해 일상의 거주지를 떠나 그들의 자유 의지로 택한 관광목적지로 이동한다. 관광개발 당국자들은 관광객들의 이런 심리적 특징을 교묘히 간파하여, 관광개발 초기 단계에서는 권력이 상품처럼 소유되거나 양도될 수 있는 어떤 실체로 간주한다.[11)]

탄자니아 관계 당국자들도 권력의 소유는 항시 힘을 가진 자의 것으로 인식해, 이 힘을 지속적으로 유지하기 위해 군대와 행정조직까지 동원하기에 이른다. 전자 즉 군대 동원은 내 · 외부로부터의 도전에 대처하기 위함이었고, 후자인 행정조직 동원은 권력의 원천이 되는 잉여생산물이나 세금의 효율적 징수를 위한 장치였다.

사파리관광 개발과 관련하여 탄자니아 관계 당국과 아랍 에미리트 부호들, 그리고 사파리관광 개발 관련 외국기업의 관계도 이 틀에서 자유로울 수 없었다. 특히 탄자니아 관계 당국은 솔선수범하여 아첨에 가까울 정도의 태도를 보인 게 문제이다. 예를 들면, 초원과 야생동물로 대표되는 사파리관광을 광고와 대중매체를 통해 희귀한 볼거리를 제공하는 낭만적 이미지를 연상하게 했다. 이 과정에서 원시의 자연과 야생동물로 대표되는 사파리관광이 도시환경과 인간으로 대표되는 현대사회와 전적으로 대조되는 타자화(他者化)된 공간으로 인식되어 왔다. 그러나 사파리관광에 대한 이러한 낭만적인 논의 이면의 것들, 이를테면 원시의 자연과 대조적인 모습과 초원에서 사파리관광이 이뤄지기 위해 기울이는 노력 등을 숨겨온 게 문제가 될 수 있다.[12)]

다음에서는 탄자니아 관계 당국과 사파리관광개발 외국기업을 대상으로 마사이족 사람들이 삶의 터전에서 추방된 이후 되찾는 과정을 사례로 소개하고자 한다.

2) 마사이족 사람들의 조직적 저항운동 전개

2008년 7월 탄자니아 현지 무장 경찰대(The Tanzania Field Force Police)는 전통적으로 대규모 목장 소유주들이 건기에 목초지로 사용하고 있는 응고롱고로 지방 8개 마을, 25,150명의 주민을 폭력적, 불법적으로 강제 이주시킨다. 목장주의 주택을 불사르고, 여자들에게 성폭력을 가했으며, 주민들을 구타하거나 발포까지 하고, 심지어 투옥까지 시켰다. 이 과정에서 3명이 아이가 실종되는데 시간이 지나 우연히 발견되었을 때는 2명의 아이는 옷이 찢겨져 있었고, 한 아이는 별 이상이 없었다.

관계 당국이 무장경찰대를 동원한 이유는 롤리안도 사냥통제구역(The Loliondo Game Controlled Area) 내에서 사냥꾼들이 사냥할 수 있도록 이곳 주민들을 강제퇴거하기 위함이다. 이 통제구역은 세랭게티 국립공원을 경계로 하며, 야생동물이 풍부하고 가축사육지로도 유명한 곳이다. 이 지역은 아랍 에미리트 연합에서 설립한 오르텔로 주식회사(Ortelo Business Corporation)의 통제를 받기 시작했다. 그 결과 이곳 마을 사람들은 그들의 권리를 찾기 위한 대응행동을 하기 시작했다. 50여 명의 여성이 탄자니아에서 제일 큰 도시 다르에스살람(Dar es Salaam)에서 가두행진을 펼쳤으나, 자카야 키크웨터(Jakaya Kikwete) 대통령은 시위 여성들의 주장을 묵살하였다. 이후 시위 여성들이 집으로 돌아오는 과정에서 경찰에 의해 체포·구금되었다. 이들의 시위 내용은 관계 당국이 가축은 물론 주민들마저도 제거하고 있다는 것이다. 이런 처참한 현실에서 주민들의 권리를 되찾는 방법으로 투쟁밖에 없었다는 것이 가두시위를 이끈 만야라 카리아(Manyara Karia)의 이야기이다.[13)]

또 다른 예로 미국기업인 톰슨 사파리(Thomson Safari)는 다툼이 있는 곳 중 최상의 땅 4,000ha를 2006년도에 구입하였다. 이곳은 마사이족 사람들이 수십 년 동안 목초지와 물에 대한 권리를 행사해 왔으나, 톰슨 사파리는 이를 전면 부인하면서 매년 이곳 땅을 은밀하게 매입했다. 2009년에는 두 곳 이상의 수원(水源)과 물 관리권마저 박탈했다. 같은 해 톰슨 사파리의 계속된 땅 구매로 우리들의 가축을 지키기 위한 초소 앞까지 점령했다는 게 만야라의 주장이다.

그 결과 원주민들은 두 곳 이상의 식수원을 사용하지 못하고 있고, 그곳은 땔감을 채취하는 곳으로 바뀌었다. 나아가 톰슨 기업 감시원들은 마을 사람들이 그곳에 가려면 쫓아낸다. 톰슨 기업 소유의 땅 경계를 모르는 주민들은 불법침입죄로 롤리안도 경찰서에 연행되며, 연행된 주민들은 벌금을 내고 석방된다.

관계 당국은 사파리관광개발 외국 관련기업에 호응이라도 하듯 신야생생물법을 입법하며 대통령의 서명을 기다리고 있었다. 이 법은 마을주민들에게 발효되기 전까지 다른 곳으로 이전하라는 내용이었다. 또한 관계 당국은 언론관계자들의 이 지역 출입을 금지하면서, 한편으로는 롤리안도 지방 판무관을 통해 강제 퇴출이 없다는 점을 구두로 확산시켜 강제 퇴출 문제를 은밀히 처리하고자 했다. 관계 당국의 이런 일련의 조치들에 대항하기 위해 각 이해관계자 집단들은 신우익 무장 집단을 결성한 뒤, 이들을 훈련시켜 마을을 지킬 수 있는 항구적인 힘을 길러야 한다고 주장한다. 그 예로 여성목축인협의회의 대표자인 마안다 응고이티고(Maanda Ngoitiko)는 "우리는 마을주민에 대한 관계 당국의 부당한 횡포를 계속 외칠 것이고, 우리는 절대 침묵하지 않겠다."고 선언했다.

3) 외국 사파리관광기업에 대한 관계 당국의 부패척결선포

삶의 터전 회복을 위한 지킴이들의 25년간의 투쟁 끝에, 마사이족 주민들은 사냥꾼들의 거대동물 사냥터로 전락한 전통 목초지를 반환받을 수 있을 것이라는 희망을 가지게 되었다. 그 근거로는 2017년 11월 탄자니아 국가 자연자원부 장관에 임명된 해니시 키그왕갈라(Hanisi Kigwangalla)가 두바이 왕족 소유기업인 오르텔로 기업의 부패와 관련된 최고경영자를 체포하면서 사냥 허가권을 몰수한 데서 비롯된다.

1992년, 탄자니아 정부는 세렝게티 국립공원 동쪽에 위치한 전통유목 목축업자들의 땅에서 영양(羚羊), 사자, 표범 등의 야생동물을 사냥할 수 있는 권한을 오르텔로 기업에게 부여했다. 2008년에는 오르텔로 기업에게 마사이족 소유의 땅을 더 많이 소유할 수 있도록 허가해주었고, 2009년에는 마사이족 사람들이 거주하고 있는 집과 소우리를 불태우고 대규모 추방이 무자비하게 감행되었다. 정부의 사파리관광 관련 일련의 작태들에 대해 마사이족 사람들은 전통적 소통매체, 온라인 조직화, 비디오 참여 등을 통해 그들의 정당성을 확보해 나갔고, 220만 명의 서명을 받는 등 대규모 저항운동을 전개해왔다. 이 저항운동의 선봉에 선 사뮤엘 응앙지리아(Samuel Nangiria)는 한 마디로 돈과 마사이족 사람들의 고유한 삶 간의 충돌로 인한 투쟁이라 했다.[14)]

외국기업들의 사파리관광개발에 대한 마사이족 사람들의 반감과 이에 따른 대규모 저항운동은 관계 당국에 충격을 주었고, 관계 당국도 원주민들의 고충 해결에 적극성을 보였다. 그렇지만 이러한 해결책은 일시적인 것이었다.

4) 아직도 끝나지 않는 이해집단 간의 의견충돌 격화

2022년 6월에는 탄자니아 세렝게티 국립공원 지역의 올로로소콴 마을에서 마사이족 원주민과 탄자니아 정부 당국 사이에 폭력 충돌이 벌어졌다. 공원 경비대뿐 아니라 경찰과 군대까지 동원됐고 사상자가 나왔다. 올로로소콴은 아랍 에미리트 연합의 Oretelo Business Corporation이 자국의 왕족들을 위한 트로피 사냥 관광사업을 하고 있는 지역이다. 트로피 사냥은 오락 목적으로 야생동물을 사냥한 뒤 사체 일부를 박제(剝製)해 전리품(戰利品: 트로피)처럼 과시하는 데서 나온 말이다.[15)]

1년 뒤인 2023년 6월, 비정부기구이자 인권운동단체인 국제앰네스티(Amnesty International)는 『탄자니아. "우리는 모든 것을 잃었다." 롤리안도 지역 마사이족 사람들의 강제퇴거』라는 제목의 보고서를 냈다. 앰네스티에 따르면 2022년 6월 탄자니아 당국의 폭력 사태는 이 지역에서 마사이족 원주민들을 쫓아내려는 네 번째 시도였다. 2009년, 2013년, 2017년에도 탄자니아 보안 당국은 롤리안도에서 관광사업과 사냥을 허가받은 민간 기업의 요원들과 함께 마사이족 주민들을 구타하고 집을 불태우며 고무탄과 실탄, 최루탄을 쏘는 등 잔혹한 폭력을 행사해 4개 마을의 주민들을 강제로 퇴거시켰다.

앰네스티의 지적에 따르면, 탄자니아 정부의 마사이족 강제퇴거는 탄자니아가 가입한 인종차별협약, 다시 말해 모든 형태의 인종차별 철폐에 관한 국제협약을 위배한 것이다. 앰네스티 보고서의 제목은 고향 땅에서 쫓겨나 케냐의 국경 마을에서 살게 된 69살 할머니의 다음과 같은 한탄에서 나왔다. "땅은 우리에게 모든 것이다. 우리의 문화, 우리의 정체성, 우리의 생계 수단이다. 우리는 (강제퇴거로) 모든 것을 잃었다."

2023년 12월엔 국제인권단체(Human Rights Watch)가 탄자니아 관광이 마시이족 사람들의 강제퇴거를 눈가림한다고 주장했다. 나아가 관광업은 원주민 공동체의 권리를 존중할 필요가 있다고 지적했다. 이 외에도 탄자니아 당국이 가축 사육으로 생계를 꾸리는 원주민의 방목을 제한하고 가축이 수원(水源)에 접근하는 것을 차단했으며, 응고롱고로 분화구를 비롯한 원주민 접근 제한 구역에서 가축을 방목했다는 이유로 정기적으로 원주민을 구타하고 체포한다며 비판했다.

2024년 3월 19일 미국 블룸버그(Bloomberg) 뉴스는 마사이족 사람들 수천 명이 정부의 관광지 개발 계획에 따라 조상의 땅에서 쫓겨날 위기에 놓였다고 보도했다. 탄자니아 마사이족 지도자이자 목축 원주민 비정부기구 포럼의 대표인 에드워드 포로코와 변호사는 이날 기자회견에서 정부의 마사이족 강제퇴거 계획을 다음과 같이 강하게 비판했다. "우리에게 심각한 문제가 닥쳤습니다. 우리의 땅이 또다시 사치성 관광, 트로피 사냥, 탄소배출권 거래의 길을 열어주는 위협에 처했습니다." 또한 포로코와 변호사는 정부로부터 확장 사업이 진행 중인 탄자니아 관문 공항인 킬리만자로 국제공항 주변 땅에서 최소 2만 명의 유목민이 집을 떠나라는 퇴거 통지를 받았다고 밝혔다.

마사이족 사람들, 탄자니아 정부, 외국 관광기업과 자본의 이해가 복잡하게 얽힌 갈등은 오래전부터 지속되어 온 문제다. 그러나 최근 몇 년 사이 탄자니아 정부가 관광 개발에 보다 많은 힘을 쏟으면서 문제가 더욱 심각해지고 있다. 탄자니아 정부의 마사이족 강제퇴거는 외국인 관광객 유치 계획과 밀접한 관련이 있다는 의혹을 받는데, 이는 최근 가파른 상승세를 탄 관광사업과 정부 계획으로 뒷받침된다.

탄자니아의 관광산업은 2019년 지구촌을 강타한 코로나19의 수렁에서 완전히 벗어나 청신호를 보이고 있다. 탄자니아 중앙은행의 최근 집계를 보면 2023년 한 해 탄자니아를 방문한 관광객은 약 181만 명, 외환수입은 33억 7천만 달러(약 4조 5,500억 원)로 사상 최고점을 기록했다. 전년보다 각각 24.3%, 36%나 급증했다. 탄자니아국가 비즈니스위원회는 2025~2026년 관광산업이 탄자니아 국내총생산(GDP)에서 차지하는 비중이 19.5%에 이를 것으로 전망했다. 탄자니아 정부는 5개년 개발 계획(2021/22~2025/26)에서 2025년까지 관광객 500만 명, 관광 수입 60억 달러를 목표로 관광산업을 급격히 부각시키고 있다.

마사이족 강제퇴거 사태는 원주민 생존권, 생물 종의 다양성 보전, 국가 경제 성장이라는 어느 하나 무시할 수 없고 병립하기도 쉽지 않은 현실과 대의(大義)가 충돌하고 있다. 이른바 보전 난민(Conservation Refugees)의 역설이다. 보전 난민은 조상 대대로 뿌리내리고 살던 지역이 야생 동식물 보존지구로 지정되면서 강제로 이주당한 원주민을 뜻한다. 강제 이주에 대한 보상이 폭력을 정당화할 수 없음을 관계 당국은 깨달아야 할 것이다.

마사이족 사람들은 새로운 도전에 직면해있다. 이들은 자신들의 강제 퇴거를 부추기는 단체 중에는 아랍 에미리트의 탄소배출권 거래기업 블루카본이 포함되어 있다고 주장한다. 블루카본은 자연 보전 활동 덕에 파괴되지 않은 삼림의 탄소 흡수량을 계산해 아프리카 국가 정부들로부터 탄소배출권을 산다. 화석연료 기업들은 이를 구매한 분량만큼 탄소배출 감축 의무를 덜 수 있다. 블루카본의 회장은 아랍 에미리트의 두바이 왕족인 셰이크 아흐메드 알 막툼이다. 야생동물을 위해 퇴거를 강요당하는 마사이족 원주민 마을이 기업들의 탄소배출권 거래와 왕족과 부자들의 사냥 놀이터로 변질되고 있다는 비난이 나오는 이유다.

탄자니아는 관광 관계 당국뿐만 아니라 범정부적 노력을 통한 관광산업 육성도 중요하지만, 그에 앞서 대체 산업에 대한 우선순위를 부여하고 집중적으로 육성하는 정책 수립이 시급하다. 이렇게 될 때 동식물을 포함한 자연 자원의 보호가 이루어지고 원주민들의 생활 터전도 보호되어 이해관계자들의 갈등이 줄어들 것이다.

참고문헌

제1장

1) 노길명 · 정태환 · 김응렬 · 서용석 · 현택수(2002), 『문화인류학의 이해』, 서울: 일신사, pp. 75-78.

2) 한상복 외(1993), 『문화인류학개론』, 서울: 서울대출판부, pp. 65-66.

3) 이광규(1980), 『문화인류학의 세계』, 서울: 서울대출판부, pp. 30-31.

4) 마빈 해리스(1982) 저, 박종렬 역, 『문화의 수수께끼』, 서울: 한길사, pp. 112-113.

5) EBS 지식채널 e, 신라 첨성대의 상징성을 아시나요, 2012년 6월 18일.

6) Brendan Canavan(2016), Tourism Culture: Nexus, characteristics, context and sustainablity, Tourism Management, Volume 53, pp. 229-243.

7) 橋本和也(1999), 『觀光人類學 - 文化の売り方 · 売られ方 -』, 日本: 世界思想社, pp. 3-4.

8) 岡本伸之 編(2001), 『觀光學入門』, 日本: 有斐閣, p. 20.

9) Stephen Wearing, Deborah Stevenson, and Tamara Young(2011), Tourist Cultures : Identity, Place and the Traveller, Sage, pp. 12-13.

10) 德久球雄·塚本珪一·朝水宗彦編著(2001), 『地域·觀光·文化』, 嵯山我野書院, pp. 5-6.

11) Abraham Pizam(1978), Tourism Impact : The Social Costs to the Destination Community as Perceived by Its Residents, Journal of Travel Research: pp. 8-12.

12) N. Wang(2000), Tourism and Modernity : A Sociological Analysis, Pergamon Press.

13) 김사헌(2007), 『국제관광론 : 국제관광현상의 사회문화론적 해석』, 서울: 백산출판사, p. 31.

14) Brendan Canavan(2016), Tourism Culture: Nexus, characteristics, context and sustainablity, Tourism Management, Volume 53, pp. 229-243.

15) Smith(1989), Host and Guest: The Anthropology of Tourism(2nd ed.), University of Pennsylvania Press, pp. 11-17.

16) V. Smith(1989), Introduction, In Valence Smith(ed.), Host and Guest: The Anthropology of Tourism(2nd ed.), Philadelphia: Univ. of Pennsylvania Press, p. 15.

17) John Lea(1988), Tourism and Development in the Third World, London: Routledge, pp. 62-63.

18) 橋本和也·左藤幸男(2003), 『觀光開發と文化 - 南からの問いかけ』, 日本: 世界思想社, pp. 98-103.

19) Brendan Canavan(2016), Tourism Culture: Nexus, characteristics, context and sustainability, Tourism Management, Volume 53, pp. 229-243.

20) 조명환(2002), 『국제관광문화』, 서울: 백산출판사, p. 103.

제2장

1) Vanden Berghe, and L. Pierre(1993), Cultural Impact of Tourism, VNR's Encyclopedia of Hospitality and Tourism, A Vannostrand Reinhold, pp. 619- 621.

2) Nelson H. H. Graburn(1976), Ethnic and Tourist Arts: Cultural Expression from the Fourth World, California: University of California Press; Charles F. Keyes, and Pierre L. Vanden Berghe(1984), Tourism and Ethnicity, Annals of Tourism Research, 11(3): 339-501.

3) George V. Doxey(1975), A Causation Theory of Visitor-Resident Irritants: The Impact of Tourism, San Diego, Sixth Annual Conference Proceedings, The Travel Research Association, pp. 26-27; G. Wall, and Mathieson(2006), Tourism: Change, Impacts, and Opportunities, New York: Prentice-Hall, pp. 232-234에서 재인용.

4) 오상훈(1993), 관광목적지의 진화주기특성과 마케팅 전략, 『관광 · 레저연구』, 제5호: 90-92.

5) M. L. Miller, & V. F. Gallucci(2004), Quantative Tourism and Fishery Management: Some Applications of the Logistic Model(http://www.destinationrecovery.com/destinationlifecycle.htm).
6) Edward M. Tuner(1991), Transformation of Self in Tourism, Annals of Tourism Research, 18: 238-250에서 재인용.
7) 김사헌(2007), 『국제관광론: 국제관광 현상의 사회문화론적 해석』, 서울: 백산출판사, pp. 190-207.
8) 조명환(2008), 『글로벌 리더로서 관광을 말하라』, 서울: 대왕사, pp. 193-214.
9) Vanden Berghe, and L. Pierre(1993), Cultural Impact of Tourism, VNR's Encyclo-pedia of Hospitality and Tourism, Van Nostrand Reinhold, pp. 619-628.
10) 이영완, 스페인어 쓰는 사람들 가장 낙천적, 중국어권 가장 비관적, 조선일보 2015. 2. 11., A12면
11) Bennetta Jules-Rosette(1984), The Messages of Tourist Art, New York: Plenum Press.
12) Dean Mac Cannell(1976), The Tourist : A New Theory of the Leisure Class, New York: Schoken.
13) Dean Mac Cannell(1973), Staged Authenticity, American Journal of Sociology, 79(3): 589-603.

제3장

1) E. Carpenter(1972), Oh What a Blow that Phantom Gave Me, New York: Holt, Rinehart, Winston의 관련 내용을 Nelson H. H. Graburn(1984), The Evolution of Tourist Arts, Annals of Tourism Research, Vol. 11: 394에서 인용.
2) P. Aspelin(1977), The Anthropological Analysis of Tourism : Indirect Tourism and Political Economy in the Case of the Mamainde of Mato Grosso, Brazil, Annals of Tourism Research, 4(3): 135-160.
3) D. MacCannell(1976), The Tourist: A New Theory of the Leisure Class, New York: Schocken.

4) 고고학 자료/문화유산, 문화진화론과 신진화주의, 2011.2.19.

5) N. H. H. Graburn(1976), Ethnic and Tourist Arts: Cultural Expression from the Fourth World, Berkeley: University of California Press.

6) B. Jules-Rosette(1982), Aesthetics and Market Demand: The Structure of the Tourist Art Market in Three African Settings, Paper Presented at the Conference on Popular Arts and Media in Africa, University of California.

7) 보이드 존슨 · 전경수 편역(1994), 관광과 문화: 통가문화에서의 관광의 역할, 서울: 일신사, pp. 286-299.

8) 예레미 보이세바인·전경수 편역(1994),『관광과 문화: 말타의 관광과 발전』, 서울: 일신사, pp. 112-113.

9) Kal-Ferdinand Schadlar(1978), African Arts and Crafts in a World for Changing Values, in V. L. Smith ed., Hosts and Guests, Oxford: Basil Blackwell, p.154.

10) J. Holder(1989), Tourism and the Future of Caribbean Handicraft, Tourism Management, Vol. 10(4): 310.

11) D. Evans-Pritchard(1993), Ancient Art in Modern Context, Annals of Tourism Research, Vol. 20(1): 10-11.

12) D. Evans-Pritchard(1993), Ancient Art in Modern Context, Annals of Tourism Research, Vol. 20(1):19-20.

13) Peggy Toe(1994), Assessing Socio-Cultural Impacts, Tourism Management, Vol. 15(2): 130-136.

제4장

1) 노길명 · 정태환 · 김응렬 · 서용석 · 현택수(2002),『문화인류학의 이해』, 서울: 일신사, pp. 75-78.

2) 변준영, 문화상대주의, 그 위험성(http://kampfgeist.egloos.com/1034618), 2015.9.26.

3) J. Urry(1990), The Tourist Gaze: Leisure and Trevel in Contemporary Societies, London: SAGE publications, pp. 1-3.

4) 윤현호(2013), 관광객과 주변의 시선 분석: 양동마을의 전통 및 진정성에 대한 문화기술지, 한양대학교 대학원 박사학위논문, pp. 163-166.

제5장

1) D. J. Boorstin(1964), The Image : A Guide to Pseudo Event in America, New York: Atheneum, pp. 119-170.
2) 오상훈(1994), 『관광객』, 서울: 일신사.
3) 김사헌(2007), 『국제관광론 : 국제관광현상의 사회문화론적 해석』, 서울: 백산출판사, pp. 83-88.
4) Dean MacCanell(1976), The Tourist : A New Theory of the Leisure Class, New York: Schoken Books, pp. 92-96.
5) 조명환(2002), 『국제관광문화』, 서울: 백산출판사, p. 107.
6) C. Halewood, and K. Hannam(2001), Viking Heritage Tourism : A Authenticity and Commodification, Annals of Tourism Research, 28(3): 565-580.
7) 양봉석(2006), 문화관광지의 관광체험과 고유성, 관광만족의 관계연구, 동아대학교 대학원 박사학위논문, p. 30.
8) N. Wang(1999), Rethinking Authenticity in Tourism, Annals of Tourism Research, 26(2): 349-370.
9) D. Delyser(1999), Authenticity on the Ground: Engaging the Past in a California Ghost Town, Annals of the Association of American Geographers, 89(4): 602-632.
10) 김희영 · 김사헌(2006), 탈근대성 시대의 고유성과 존재론적 고유성: 관광현상과의 관계를 중심으로, 『관광학연구』, 30(1): 2-27.
11) Y. P. Daniel(1996), Tourism Dance Performances Authenticity and Creativity, Annals of Tourism Research, 23(4): 780-797.
12) J. Urry(1990), The Tourist Gaze : Leisure and Trevel in Contemporary Societies, London: Sage.

13) 윤현호(2013), 관광객과 주변의 시선 분석 : 양동마을의 전통 및 진정성에 대한 문화기술지, 한양대학교 대학원 박사학위논문, 국문요지 부분 발췌.

14) Y. Wang(2007), Customized Authenticity Beings at Home, Annals of Tourism Research, 34(3): 789-804.

15) 김규호(2010), 문화관광의 고유성과 탈근대관광 : 문화유산의 관광자원화에 관한 논의, 『관광학 연구』, 34(2): 11-31.

16) 고원규(2005), 문화의 관광상품화를 통해 본 전통의 재구성-청학동의 사례연구-, 영남대학교 대학원 박사학위논문, pp. 186-193에서 부분 발췌.

17) 윤현호(2013), 관광객과 주변의 시선 분석: 양동마을의 전통 및 진정성에 대한 문화기술지, 한양대학교 대학원 박사학위논문, 국문요지 부분 발췌.

18) 曾士才(1998), 中国の エスニシク ツーリズム - 少数民族の 若者だちと 民族文化, 愛知大学現代中国学会, 『中国21』, Vol. 3: 43-68.

제6장

1) H. Michael Erisman(1983), Tourism and Cultural Dependency in the West Indies, Annals of Tourism Research, Vol. 10: 338.

2) Louis A. Jr. Perez(1975), Underdevelopment and Dependency: Tourism in the West Indies, Center for Inter-American Studies, Univ. of EI Paso, p. 1.

3) John M. Bryden(1973), Tourism and Development: A Case Study of the Commonwealth Caribbean, New York: Cambridge University Press.

4) Harry G. Matthews(1978), International Tourism: A Political and Social Analysis, Cambridge: Schenkman Publishing Company.

5) Louis A. Jr. Perez(1975), Underdevelopment and Dependency: Tourism in the West Indies, Center for Inter-American Studies, University of EI Paso.

6) 조지 리처(2003), 『맥도날드 그리고 맥도날드화』, 서울: 사유사.

7) 헨리 지루(2001), 『디즈니의 순수함과 거짓말』, 서울: 아침이슬.

8) 럭스브로우 아이안(1980), 『종속이란 무엇인가』, 서울: 청아출판사.

9) 김용기(1992), 『종속이론의 구조와 비판』, 서울: 한길사.

10) Ronald H. Chileote(1974), Dependency : A Critical Review of the Literature, Latin American Perspectives, 1(1): 4-29.

11) David Lowenthal(1972), West Indian Societies, New York: Oxford University Press.

12) Louis Tuner, and John Ash(1976), The Golden Hordes: International Tourism and the Pleasure Periphery, New York: St. Martin's Press.

13) H. Michael Erisman(1983), Tourism and Cultural Dependency in the West Indies, Annals of Tourism Research, Vol. 10: 351-359.

제7장

1) 조명환(2002), 『국제관광문화』, 서울: 백산출판사, p. 129.

2) 원융희(1999), 『관광과 문화』, 서울: 학문사, p. 370.

3) 폴 히버트(1996), 『선교와 문화인류학』, 서울: 죠이선교회출판부, p. 92.

4) C. Ward, and A. Kennedy(1993), Where's the Culture in Cross-Culture Transition? Comparative Studies of Sojourner Adjustment, Journal of Cross-Cultural Psychology, 24: 221-249.

5) L. Loeb(1989), Host and Guest : The Anthropology of Tourism(2nd eds.), University of Pennsylvania Press, pp. 237-245.

6) P. Adler(1975), The Transition Experience : An Alternative View of Culture Shock, Journal of Humanistic Psychology, 15: 13-23.

7) J. Gullahorn, and J. Gullahorn(1963), An Extension of the U Curve Hypothesis, Journal of Social Issues, 19: 33-47.

8) H. Prokop(1970), Psychiatric of Foreigners Vacationing in Innsbruck, Neurochirugle and Psychiatrie, 105: 363-368.

9) K. Oberg(1960), Culture Shock: Adjustment to Neo-Cultural Environments, Practical Anthropology, 17: 177-182.

10) E. Hall(1959), The Silent Language, New York: Duubleday.

11) S. Lundstedt(1963), An Introduction to Some Philippines : Cultural Frontiers of the Peace Corps, New York: Wiley.

12) 조명환(2002), 『국제관광문화』, 서울: 백산출판사, pp. 129-140.

13) 짐츄(1994), 『다문화권 선교』, 서울: 네비게이트출판사, p. 206.

14) 김영남(2000), 『선교사와 문화충격』, 선교논문집, p. 5에서 재인용.

15) Adrian Furnham(1984), Tourism and Culture Shock, Annals of Tourism Research, 11(1): 41-57.

16) 김숙현(1997), 하멜표류기 분석을 통한 문화 간 커뮤니케이션 연구, 『커뮤니케이션 논문집』, pp. 1-20.

제8장

1) Jason Sungil Kang, 제주토박이의 관점에서 본 제주 이주민 2: 문화혁신자와 문화브로커 사이, 2016.5.28일.

2) Jason Sungil Kang, Tourist Go Home, 제주에서 외쳐질까? 관광의 양적관리의 이유: 스페인(마요르카)의 사례, 2016.6.7.

3) 오미자·고미영·오상훈(2017), 제주관광 관련 연구동향 내용분석: 국내관광분야 KCI 등재지 학술논문을 중심으로, 관광연구논총 제29권 제1호, pp. 73-95에서 재인용.

4) 석주명(1968), 『제주도 수필』, 서울: 보진재.

5) 문기선(1981), 돌하르방의 미술해부학적 연구, 제주대학교 논문집 제13권 인문학편, pp. 191-208.

6) 심상도(1986), 관광현상이 원주민지역사회에 미치는 사회문화적 영향 - 제주도를 중심으로 -, 경기대학교 대학원 관광개발학과 석사학위논문.

7) 심상도(1992), 관광지의 사회문화구조 변화에 관한 연구, 경기대학교 대학원 관광경영학과 박사학위논문.

제9장

1) 橋本和也(1999), 『観光人類學の戰略 : 文化の賣り方·賣ちれ方』, 日本: 世界思想社, pp. 62-74.
2) V. Smith(1992), Introduction : The Quest in Guest, Annals of Tourism Research, 19(1): 1-17.
3) http://cafe.daum.net/cgsbong/208g/1793. 메카와 카바 신전에 관련된 종교의식에 대하여.
4) 요르그 리거 지음 · 홍병룡 옮김(2015), 여행, 관광인가 순례인가, 포이에마, pp. 71-74.
5) 배병삼, 관광과 순례, 2010년 2월 27일 토요일, 한겨레신문, 세상 읽기에서 발췌.
6) 김사헌(2007), 『국제관광론 : 국제관광현상의 사회문화론적 해석』, 서울 : 백산출판사, pp. 99-118에서 재인용.
7) Van Gennep(1960), The Rites of Passage, Chicago: The University of Chicago Press, pp. 41-44.
8) 빅터 터너, 코뮤니타스·리미널리티 사전(blog.naver.com/simplecake).
9) Nelson Graburn(1977), Tourism : The Sacred Journey in Host and Guests, the Anthropology of Tourism, Valence, L. Smith(eds.), Univ. of Pennsylvania Press, pp. 30-35.
10) V. Smith(1992), Introduction : The Quest in Guest, Annals of Tourism Research, 19(1): 4.

제10장

1) 山下晉司編·橋本和也(1999), 『観光人類學 - アィジーにおける民族文化の演出』, 日本: 新曜社, p. 167.
2) 안태정(2005), 피지 관광산업의 민족적(ethnic) 위계구조 - 호텔산업을 중심으로 - , 한국외국어대학교 외국학종합연구센터, 『국제지역 연구』, 9(3): 259-263.

3) 山下晉司編 · 橋本和也(1999), 『觀光人類學－アィジ－における民族文化の演出』, 日本: 新曜社, pp. 161-163.

4) Anna Park(2009), Daum 블로그, 피지 원주민의 신성한 카바의식, 2월 16일.

5) 橋本和也(1985), フィジ-火渡り, 『社會人類學年譜』, Vol. 11: 167-181.

6) 조명환(2002), 『국제관광문화』, 서울: 백산출판사, pp. 222-226.

제11장

1) http://cafe.naver.com/Isocialproblem/146.

2) Louis Tuner, and John Ash(1975), The Golden Hordes, London: Constable.

3) Harry G. Matthews 지음·김사헌 옮김(2002), 『국제관광 : 정치사회학적 분석』, 서울: 일신사, pp. 15-18.

4) Harry G. Matthews 지음·김사헌 옮김(2002), 『국제관광 : 정치사회학적 분석』, 서울: 일신사, pp. 152-153.

5) 김정도 기자, 태국 파타야, 여성 80%가 유흥업에 종사, 조인스뉴스, 2008.6.3.

6) Harry G. Matthews 지음·김사헌 옮김(2002), 『국제관광 : 정치사회학적 분석』, 서울: 일신사, pp. 110-113.

제12장

1) Marshall Sahlins 저·山本憤鳥 역(1993), 『歷史の島マ』, 日本: 法政大學出版局, pp. 21-23.

2) J. Noel Kent(1983), Hawaii Islands under the Influence, New York: Monthly Review Press, pp. 19-20.

3) 橋本和也(1999), 『觀光人類學の戰略 : 文化の賣り方·賣ちれ方』, 日本: 世界思想社, pp. 189-190.

4) 山中速人(1992), 『イメ－ジの樂園－觀光ハワイの文化史』, ちくまライブラリ, p. 74.

5) Eleanor C. Nordyke(1989), The Peopling of Hawaii, Honolulu: Univ. of Hawaii Press, pp. 178-179.

6) J. Noel Kent(1983), Hawaii Islands under the Influence, New York: Monthly Review Press, pp. 176-180.

7) 이기복(2011), 희비의 양날을 찬 모형의 무대 하와이 폴리네시안문화센터, 『해양과 문화』, Vol. 27, 가을호: 102-117.

제13장

1) 石森秀三編·江口信清(1996), 『觀光立國キュバのジレマー』, 日本: ドメス出版, pp. 139-153.

2) 어수웅 기자, 트렌드 돋보기: 에어비엔비와 쿠바 딜레마, 2016년 6월 15일자(copy rights©조선일보&chosun.com).

3) 江口信清(1994b), 『觀光, 比較文化キーワート』, 竹內實·西川長夫編, 日本: サイマル出版會, pp. 120-127.

4) 박종욱(2010), 영화, <나는 쿠바>에 있어서 역사적 트라우마 재연을 위한 문체적 특징 연구, 『중남미연구』, 제29권 1호: 57-78.

5) 쿠바관광객 폭증 올 200만 명 초과, 아바나공항 개축 프랑스에 맡겨, 2016년 8월 4일(Cmr@newsis.com).

6) 조명환(2002), 『국제관광문화』, 서울: 백산출판사, pp. 228-237.

7) 江口信清(1996), 觀光立國キュバの苦惱, 『季刊民族學』, 五八號: 114-122.

8) 김재명 분쟁지역 전문기자, 쿠바인들의 생존술, 2005년 3월 17일(www.googletag).

9) 어수웅 기자, 트랜드 돋보기: 에어비엔비와 쿠바 딜레마, 2016년 6월 15일자(Copyrights©조선일보&chosun.com).

제14장

1) Mohamed Amim, Ducan Willetts, and John Eames(1990), MAASAI, Capetown: Sruik Publishers.

2) 탄자니아와 케냐 국경지대에 살며 큰 키와 용맹함으로 유명한 아프리카의 소수민족은 누구입니까? https://trip.daum.net/question/101898673

3) 들꽃님, 마사이족 문화, 3. blog.daum.net/article contents view.do? blogid=OA ovp 2 article no=1

4) 나무위키, 조혼, 2020. 5. 7.

5) 나무위키 및 AI 1초 요약

6) Alex Renton(2009), Tourism is a curse to us, The Guardian, p. 1.

7) Alex Renton(2009), Tourism is a curse to us, The Guardian, p. 2.

8) Alex Renton(2009), Tourism is a curse to us, The Guardian, p. 2.

9) Dave Deb, 7 Comments, Africa Tanzania, Travel Blog the planeted, com/maasai-tribe-visit-culture-tanzania

10) Dave Deb, 7 Comments, Africa Tanzania, Travel Blog the planeted, com/maasai-tribe-visit-culture-tanzania

11) 오정준(2008), 관광공간에서 나타나는 규율권력에 대한 소고: 베트남 패키지 관광을 중심으로, 『한국지역지리학회지』, 14(4), pp. 436-451에서 재인용.

12) 김주락(2018), 케냐 마사이마라 국립보호구역의 사파리관광에서 드러나는 현대관광의 특성 『관광학 연구』, 제42권 제7호(통권 163호), pp. 11-27에서 재인용.

13) Roise Martin(2009), Maasai evicted so foreigners might play, Hunted Down, 12. 2.

14) Nic Dowson, Game over For Hunters in Tanzania, 2018. 01.

15) 조일준, 왕족과 부자의 '트로피 사냥' 놀음에 쫓겨나는 마사이족: 자연보존 내세운 관광개발로 삶터에서 밀려나는 '보전 난민'의 역설, 한겨레21, 2024. 4. 17.

Index

ㅇ

저자 조명환(曺明煥)

동아대학교 경영대학 관광경영학과에서 2018년 2월 말로 정년퇴직하고 현재 명예교수로 있다.

저자 조명환은 한국관광·레저학회 회장과 (사)한국관광학회 회장을 역임하였으며, 저술활동과 관련해서는 역서로 『문화관광론』(1999), 『문화유산 관광자원관리론』(2008)이 있고, 저서로는 『국제관광과 문화』(2000)가 있으며, 공저로는 『관광학의 이해』(2001), 『현대여가사회의 이해』(2003), 『글로벌리더로서 관광을 말하라』(2008), 『관광학총론』(2009), 『여가사회학』(2016), 『관광서비스지원관리』(2016), 『처음 만난 관광학』(2017) 등이 있다.

논문으로는 「인간소외 극복을 위한 관광의 역할에 관한 고찰」(1982)과 「전통문화의 관광자원화에 대한 지역주민의 태도 연구 – 지리산 청학동과 안동 하회마을 사례를 중심으로」(2003)와 「관광목적지로서의 부산이미지에 관한 연구」(2006) 외 다수가 있다.

관광문화론

2010년 2월 10일 초 판 1쇄 발행
2025년 12월 10일 제3판 1쇄 발행

지은이 조명환
펴낸이 진성원
펴낸곳 백산출판사
교 정 박상현
본문디자인 오행복
표지디자인 오정은

저자와의 합의하에 인지첩부 생략

등 록 1974년 1월 9일 제406-1974-000001호
주 소 경기도 파주시 회동길 370(백산빌딩 3층)
전 화 02-914-1621(代)
팩 스 031-955-9911
이메일 edit@ibaeksan.kr
홈페이지 www.ibaeksan.kr

ISBN 979-11-6639-553-6 93980
값 24,000원